◎ 高等院校经济与管理

国际经济与贸易专业

国际投资概论

INTERNATIONAL INVESTMENT

杜奇华 ◎ 主 编

首都经济贸易大学出版社
Capital University of Economics and Business Press
·北京·

图书在版编目(CIP)数据

国际投资概论/杜奇华主编. —北京:首都经济贸易大学出版社,2015.10

ISBN 978-7-5638-2425-0

Ⅰ.①国… Ⅱ.①杜… Ⅲ.①国际投资—概论 Ⅳ.①F831.6

中国版本图书馆 CIP 数据核字(2015)第 225466 号

国际投资概论

杜奇华 主编

出版发行	首都经济贸易大学出版社
地　　址	北京市朝阳区红庙(邮编100026)
电　　话	(010)65976483　65065761　65071505(传真)
网　　址	http://www.sjmcb.com
E-mail	publish@cueb.edu.cn
经　　销	全国新华书店
照　　排	首都经济贸易大学出版社激光照排服务部
印　　刷	北京泰锐印刷有限责任公司
开　　本	710 毫米×1000 毫米　1/16
字　　数	452 千字
印　　张	28.25
版　　次	2015 年 10 月第 1 版　2015 年 10 月第 1 次印刷
印　　数	1~3 000
书　　号	ISBN 978-7-5638-2425-0/F·1364
定　　价	44.00 元

图书印装若有质量问题,本社负责调换

版权所有　侵权必究

前言

国际投资是各国之间经济、科学、技术、文化等广泛联系以及相互依赖进一步加强而产生的投资活动，是当今世界经济发展中最活跃、最引人注目的因素。国际投资把当代世界各国的经济紧密地联为一体，一个国家参与国际投资的程度及范围，已经成为衡量该国经济发展水平的重要标志。人类步入 21 世纪以来，国际投资实现了资本、劳动、技术、管理等一揽子生产要素的跨国流动与配置，从而增强了国际的金融联系、生产联系及贸易联系。以跨国公司为主体的各种国际投资活动，使国与国之间的经济联系已从传统的流通领域发展到了生产领域，从简单的商品交换发展到了生产要素的组合配置，其中资本要素的国际移动使国际投资成为当今世界最活跃和最引人注目的经济行为，尤其是跨国公司的发展使国际投资活动变得更为活跃和更具生命力。国际投资对全球经济的影响正日益加深。

本书的目的就在于介绍国际直接投资和国际间接投资的各种理论，阐述国际直接和间接投资活动所需的各种基本知识和操作方法，探讨国际投资的现状、动机和方式，分析国际投资活动中存在的各种问题，以增强读者和中国企业对各种国际投资活动的了解和投资活动对经济发展重要作用的认识。

本书由杜奇华担任主编，具体章节的撰写分工如下：第一章至第六章由杜奇华撰写，第七章由杜奇华和李静撰写，第八章由杜奇华和刘玟均撰写，第九章由杜奇华和付思昱撰写，第十章由杜奇华和梁梦妓撰写，第十一章由杜奇华和王怀莹撰写，第十二章至第十四章由杨文勤撰写。

本书是为我国高等院校经济贸易类专业学生编写的，同时适用于政府部门有关经济管理和相关业务人员的培训使用。本书在编写的过程中，参阅了国内外大量书籍和报纸杂志上的一些文章,借鉴了诸多科研成果,在此谨向这些作者表示诚挚的谢意。由于作者的学识和写作水平有限,书中难免出现错误和遗漏,诚恳希望广大专家和读者提出宝贵意见。

作者
2015年5月

目 录

第一章　国际投资导论　1

第一节　国际投资概述　2
第二节　国际投资的分类　13
第三节　国际投资的产生、发展及发展趋势　22
第四节　国际投资研究的内容与方法　31

第二章　国际直接投资　41

第一节　国际直接投资概述　42
第二节　国际直接投资动机　45
第三节　国际直接投资的企业形式　49

第三章　国际直接投资理论　59

第一节　早期的国际直接投资理论　60
第二节　以发达国家为研究对象的国际直接投资理论　61
第三节　发展中国家国际直接投资理论　80
第四节　其他国际直接投资理论研究　85
第五节　国际直接投资理论的最新发展　90

第四章　国际直接投资环境　97

第一节　国际直接投资环境概述 …………………………………… 98
第二节　国际直接投资环境评估方法 …………………………………… 99
第三节　世界主要投资目标国投资环境分析 …………………………………… 113

第五章　国际投资方式　127

第一节　创建方式 …………………………………… 128
第二节　跨国并购 …………………………………… 128
第三节　非股权参与方式 …………………………………… 146

第六章　跨国公司　155

第一节　跨国公司概述 …………………………………… 156
第二节　跨国公司的组织管理 …………………………………… 167
第三节　跨国公司的经营战略 …………………………………… 171
第四节　跨国金融机构 …………………………………… 179

第七章　国际证券投资　189

第一节　国际证券投资概述 …………………………………… 190
第二节　国际证券投资的发展趋势 …………………………………… 192
第三节　国际证券市场 …………………………………… 194
第四节　世界著名的证券交易所 …………………………………… 199

第八章　国际证券投资理论　211

第一节　证券投资组合理论 …………………………………… 212

第二节	资本资产定价理论	223
第三节	套利定价理论	229
第四节	有效市场理论	234
第五节	期权定价理论	237
第六节	投资行为金融理论	238

第九章　国际证券投资分析　245

第一节	证券投资基本分析	246
第二节	证券投资技术分析	261
第三节	量价分析	262
第四节	证券投资技术分析理论	268

第十章　国际股票投资　293

第一节	股票的概述	294
第二节	股票的投资收益	302
第三节	显示股市行情的指标	304
第四节	股票的交易方式	308
第五节	股票市场流动性	310

第十一章　国际债券投资　317

第一节	债券的概念及特点	318
第二节	债券的种类与类型	320
第三节	国际债券的投资收益	325
第四节	国际债券市场及债券的发行	331
第五节	发达国家的债券市场	333

第十二章　国际投资基金　343

- 第一节　国际投资基金概述 …… 344
- 第二节　国际投资基金的种类 …… 346
- 第三节　投资基金的管理 …… 361

第十三章　国际风险投资　369

- 第一节　风险投资的含义及特点 …… 370
- 第二节　风险投资的运作 …… 379
- 第三节　国际风险投资发展的制约因素 …… 393
- 第四节　中国企业与风险投资 …… 396

第十四章　国际多双边投资协定　407

- 第一节　国际双边投资协定 …… 408
- 第二节　国际投资的区域协定 …… 412
- 第三节　国际多边投资协定 …… 416

附录　专业词汇中英文对照表　434

参考文献 …… 440

第一章 国际投资导论

Introduction to International Investment

现代意义的国际投资活动最早开始于19世纪上半叶，20世纪70年代以后，国际投资已成为当今世界最活跃和最引人注目的经济行为。此外，国际间接投资活动也在20世纪80年代以后得以飞速发展，而且规模很快超过了国际直接投资，这也促进了国际货币资本和产业资本的跨国界运营。本章重点介绍了资本、投资与国际投资的含义，国际投资的主体与客体，国际投资的各种方式，国际投资的特征，国际投资对世界经济的影响，国际投资的产生、发展及其发展趋势，国际投资研究的内容与方法。本章教学目的是使学生了解国际投资基本概况。

学习要点

Modern international investment activities start from the first half of 19_{th} century. International investment has become the most active and notable economic behavior since 1970s. Except for that, international indirect investment activities developed rapidly after 1980s, and its volume exceeded international direct investment quickly, which promoted the cross-border operation of international money capital and industrial capital. This chapter intensively introduces the meaning of capital, investment and international investment, the subject and object of international investment, different ways of international investment, the characteristics of international investment and the influence of international investment to the world economy. And it also introduces the generation, development and developing trend of international investment, and the content and methods of studying international investment. This chapter is aimed to let the students know the basic condition of international investment.

第一节 国际投资概述

一、国际投资的概念

(一) 投资与资本

1. 投资的含义。投资（Investment）是人类进行和组织社会生产和再生产的主要行为之一，它一般是指投资主体（资源所有者或使用者）为获得预期回报而将资源（货币或其他形式的资产）转化为资本，投入经济活动的行为过程。投资的特点主要表现在以下四个方面：

（1）投资是经济主体进行的一种有意识的经济活动。投资主体既可以是自然人，也可以是法人。投资活动既可以是私人投资，也可以是公共投资。

（2）投资的本质在于其经济行为的获利性。也就是说，投资者的目的是以投入一定数量的货币或其他资产来获得更高的经济回报，即能够使其"资本增值"或得到更高的"经济效益"。

（3）投资是把一定量的收入转换为资产的过程。其中，收入泛指政府的财政收入、企事业单位的利润和个人工资收入等；资产泛指机器设备、原材料、厂房用地等实物资产，现金及其他货币形式的金融资产，土地等有形资产，专利、商标、技术诀窍等无形资产。因此，收入转化为资产可以泛指剩余价值转化为资本、剩余产品转化为积累、消费基金转化为积累基金、储蓄转化为投资等。

（4）投资的过程存在着风险。由于投资者所期望的收益是在未来获得的，在未来到来之前，或者说在收益得到之前，可能会出现各种难以预料的风险因素及由此造成的损失，这就是与投资行为形影不离的投资风险。也就是说，投资必然同时具备收益性和风险性，而且二者呈正相关关系，即预期收益越大，风险也会越高。

2. 资本的含义。目前国际学术界对资本还未形成统一的认识，但从其涵盖的内容来看，资本可分为狭义的资本、中义的资本和广义的资本。狭义的资本是指企业的注册资本或所有者权益，持有这一说法的学者为数很少。中义的资本是指那些可用货币单位计量且被其所有者或使用者用于增值目的的资源，持有这一观点的学者将资本分为现金资本和非现金资本两大类。广义的资本则泛指一切被其所有者或使用者用做增进其自身利益的资源，它们被区分为人力资本和物力资本，其中：人力资本的形成需要消耗一定的物力资本，但人力资本通过其个体的劳动又可以创造出一定的物力资本。

总之，资本是投资的源泉，在科学技术飞速发展的今天，生产所依赖的资本形式呈现多样化。除了传统的资金、土地、生产资料以外,对技术、信息和管理等形式的资本依赖程度在不断地加强。

3. 投资与投机。长期以来,"投机"(Speculation)在我国一直被作为贬义词来使用,并认为投机是非法谋取利益的一种行为。但在西方国家中,"投机"则是中性词,它是指在做出大胆预测的前提下冒较大风险去追求较高利益的行为。

在金融和投资领域中,投机行为大量存在着。国内许多媒体和一些学者倾向于将证券市场中以获取买卖差价为目的的短线操作行为称做投机,而将兼顾资本利得和红利分配的长线操作行为称做投资。从获取收益和承担亏损的角度而言,投资和投机并无实质区别,只是在证券投资领域,经济学者约定俗成地使用投机、套期保值(Hedge)和套利(Arbitrage)这三个概念来区分三种不同的投资行为。在现实经济生活中,我们也很难把投资与投机行为明确地区分开,因为二者都是为了获得一定的回报,并希望回报率越高越好;同时二者又都要冒一定的风险,并希望风险越小越好。

尽管如此,投资与投机还是有一定的区别的,其区别主要表现在以下几个方面:

(1)投资活动既有金融投资也有实际投资,其交易多表现为实际的交割;投机活动基本上只在金融投资领域和期货交易中进行,其交易多表现为买空卖空的信用交易。

(2)投资者的行为具有长期性,因为他们往往以获取长期而稳定的收益为目标;投机者的行为则是短期的,这是因为他们往往急功近利,想抓住市场价格短期涨落的机会来博取溢价。

(3)投资者由于着眼于获取长期的稳定收益,因而所冒的风险相对较小;投机者由于着眼于短期的厚利,因而所冒的风险相对较大。

(二)国际投资的概念

从投资学的角度讲,投资本身是没有国际国内之分的,但由于国家的存在、各国经济制度和经济政策的不同,以及各国政府对外国资本流入或本国资本流出的态度不同,这就使投资收益和风险出现了人为的而非经济本身的因素,进而导致了投资分国内和国际两个概念。许多经济学家根据历史的沿袭,从不同侧面对国际投资进行了研究并做出了不同的定义。如从投资源于储蓄即延期消费的角度、从投资源于不同对象的角度、从投资的收益与风险呈同比例关系的角度等,都可以给出不同的国际投资的定义。但是,从现代国际投资的实践来看,无论在其主体、对象、目标、方式、工具方面,还是就其在促进世界经济发展中的地位和作用方面,国际投资都已成了一个非常宽泛的范畴。

所谓国际投资,即指各类具有独立投资决策权,并对投资结果承担责任的投资主体(包括跨国公司、跨国金融机构、官方与半官方机构和居民个人等),将其拥有的货币、实物及其他形式资产或生产要素,经跨国界流动与配置形成实物资产、无形资产或金融资产,并通过跨国运营以实现价值增值的经济行为。

作为跨国经济行为,国际投资涉及两类国家,即投资国和东道国。投资国亦称资本流出国或对外投资国,指从事对外投资活动的经济主体所在的国家。东道国亦称资本流入国、资本接受国或被投资国,是指允许和吸收外国资本在本国进行投资和接受外国资本贷款的国家。因此,国际投资一般由两部分构成:一是向国外投资,对投资国特别是对发达国家来说,对外投资是为过剩资本寻找出路、谋求海外高额利润的重要途径;二是向国际筹资,即引进海外资金,对东道国特别是对发展中国家来说,这是吸引并利用外资、解决国内资金短缺、引进国外先进技术和管理知识、促进本国经济发展的重要途径。就一个国家而言,参与国际投资活动可以以两种不同的身份出现,或投资国,或东道国:以投资国的身份出现时,其经济行为表现为对外投资;以东道国的身份出现时,其经济行为表现为引进外资。

但是,在现实经济生活中,就一国而言,往往难以做出明确的投资国与东道国的划分,如根据资本注入的形式来看,几乎所有的东道国都既是生产资本注入国,又是借贷资本流入国。第二次世界大战之后,国际政治经济格局发生了巨大变化,投资国与东道国的性质、数量、结构发生了较大的变化。就国际投资中的某一项投资而言,一国是投资国还是东道国其身份是确定的;但就一国参与国际投资整体而言,它既可能是投资国,也可能是东道国,而更为普遍的则是兼有投资国与东道国的双重身份,也就是说,此国既发展对外投资,又在一定程度上大力引进外资。

(三)国际投资的内涵

随着国际投资的发展,国际投资的内容和形式不断丰富,它已不能简单地被视为国内投资在跨国层面上的自然延伸。除了具有一般国内投资的盈利性和风险性两个基本特征以外,国际投资的内涵还应包括以下方面:

1. 国际投资蕴含着对资产的跨国运营过程。国际投资蕴含着对资产的跨国运营过程,这是国际投资区别于其他国际经济交往方式的重要特征。首先,国际投资不同于国际贸易,因为国际贸易主要是商品的流通与交换;其次,国际投资不同于国际金融,因为国际金融反映的是货币在国际上的运动和转移;最后,国际投资也不完全等同于国际资本流动,因为国际资本流动泛指资本的跨国界输入或输出,国际投资则是国际资本流动最重要的组成部分,它需要将上述投资客体加以整合运营,即还具有经营性、获利性等特征。正是因为国际投资蕴含着对资产的跨国运营过程,所以国际投资要面对更为复杂的投资环境,具有比一般国内投资更高的风险。

2. 国际投资的根本目的是实现价值增值。投资的目的是为了获取预期回报，国际投资自然也不例外。鉴于国际投资相对于一般投资更具多样化和复杂性的特点，国际投资预期回报的内涵可理解为价值增值，其中包括多重的价值目标，既可能是一般意义上的经济价值，也可能是政治价值、社会价值和公益价值等。但是不管国际投资的直接目标多么复杂，其最终的根本目的仍然是实现价值增值。

二、国际投资的主体与客体

(一) 国际投资的主体

投资主体是指具有独立投资决策权，并对投资结果负有责任的经济法人或自然人。国际投资的主体可以分为跨国公司、国际金融机构、官方与半官方机构、个人投资者四大类。

1. 跨国公司。跨国公司（Transnational Corporation）是国际直接投资最重要的主体。本书主要围绕这一投资主体进行分析，所以有关跨国公司的具体内容将在后面章节中详细介绍。

2. 国际金融机构。国际金融机构（International Financial Institution）包括跨国银行及非银行金融机构，它是指由成员方认购股份组成的专门从事某些特殊国际金融业务的金融机构。根据其成员方的组成及其所从事的业务范围的不同，国际金融机构可以大致区分为全球性国际金融机构和区域性国际金融机构两大类。它们是参与国际证券投资和金融服务业直接投资的主体，主要从事某些较为特殊的国际信贷业务。

3. 官方与半官方机构。官方是指一国政府，半官方是指超国家的国际性组织。这类投资主体包括各国政府部门及各类国际性组织，它们主要承担某些带有国际经济援助性质的基础性、公益性的国际投资，如对东道国政府发放政府贷款或政府优惠贷款（Government Loan/Government Concession Loan）、出口信贷、世界银行贷款等。当然，政府贷款一般要以两国外交关系良好、有合作诚意为前提条件，放贷国政府往往还会给政府贷款附加一些条件。

4. 个人投资者。自然人或个人作为国际投资主体一般参与国际间接投资，参与国际直接投资的个人相对较少。其中，个人参与国际间接投资的方式一般是国际证券投资，适合个人买卖或持有的国际证券投资品种或工具主要有国际投资基金（International Investment Fund）、外国债券（Foreign Bonds）和存托凭证（Depositary Receipts），等品种，买卖这些国际证券投资品种并不需要作为投资主体的个人离开自己的母国。个人参与国际直接投资的方式一般是在东道国设立个人独资企业（Individual Proprietorship），或者与其他个人或企业合作在东道国设立合伙制企业

(Partnership)或公司制企业(Corporation),这就要求投资者不得不离开自己的母国。

(二)国际投资的客体

投资客体是指投资主体为实现投资目标而进行经营操作的对象或载体。随着商品经济的高度发展,尤其是科学技术在社会各方面的渗透,可以用来投资的资本已不再是单纯的货币,而是包括了多种形式的资产。所以,国际投资的客体也呈现出多元化趋势,主要包括货币性资产、实物资产和无形资产。

1. 货币性资产。货币性资产(Monetary Assets)包括现金、银行存款、应收账款、国际债券、国际股票、衍生工具等其他货币形式。其中股票、企业债券和政府债券等有价证券本身具有资本属性,它们自身没有任何价值,仅代表取得收益的权利,故称为虚拟资本(Fictitious Capital)。不过,虚拟资本也可以用来进行再投资,比如将债券转换为股票,或以一个公司的股票换取另一个公司的股票等。

2. 实物资产。实物资产(Real Assets)包括土地、建筑物、机器设备、零部件和原材料等,其中建筑物和机器设备等用于投资的较多,被称为资本货物(Capital Goods)或生产者货物(Producer Goods)。货币性资产和实物资产都表现为有形资产(Tangible Assets)。

3. 无形资产。无形资产(Intangible Assets)包括生产诀窍、管理技术、商标、商誉、技术专利、情报信息、销售渠道等可以带来经济利益的各方面优势因素。

总之,上述各类资产和劳动力一起,构成了生产要素(Factors of Production),而国际投资所从事的跨国资本交易活动具有带动各种生产要素和产品转化的功能。正是由于国际投资的主体既可能采用一种客体投资形式,又可能同时采用多种客体投资形式,所以国际投资才具备了多样化和复杂性等各种特征。

三、国际投资与资本流动

(一)国际投资与国际资本流动

国际资本流动是指资本在国际上的转移、输出或输入,也就是资本的跨国界流动,即资本从一个国家(或地区)转移到另一个国家(或地区)。国家间为了某种经济目的所进行的经济交易是国际资本流动的产生原因。从广义上理解,国际资本流动包括了国际货币资本、国际商品资本和国际生产资本以及它们不断相互转化的综合流动;从狭义来理解,国际资本流动主要是指国际间接投资的货币资本与国际直接投资的实物资本的流动。

国际资本流动和国际投资都表现为资本在国际上的转移,它们有很多的相同之处,但是绝不能把二者完全等同看待。首先,国际资本流动所包含的内容比较广泛,它构成了国际投资的基础,而国际投资是国际资本流动的主要表现形式。也就是说,在观察同一现象时,国际资本流动的角度要比国际投资更广阔一些,包括的范围也更大一些。其次,国际资本流动只是从一国与他国资金往来的角度划分的,它并不完全以盈利为目的,其中既包含了趋利性的国际投资,也包含了带有跨国资金融通性质的非投资内容。比如,一国从另一国得到长期贷款,可能用于进口,并没有形成国际投资。国际投资的本质特征在于它的趋利性,现期的投入是为未来获得更大的产出。

(二) 国际投资与资本输出

资本输出(Capital Export)是资本主义国家或私人资本家为了获取高额利润(或利息)和对外扩张而在国外进行的投资和贷款。从历史上看,资本输出是在民族生产力不断发展的基础上产生和发展的,它包括货币、商品、技术、劳务等多种形态,对世界经济的形成和发展具有重要的促进作用。按照资本输出主体的不同,资本输出可以分为私人资本输出和国家资本输出;按照输出资本类型的不同,可以分为借贷资本输出(即对外国政府及私人企业提供贷款)和生产资本输出(即在外国投资开办各类企业)。总之,资本输出是国际投资的最初表现形式,二者之间既有联系又有区别。

资本输出与国际投资的联系主要体现在表现形式和目的上:从表现形式来看,二者都是资本从一国或地区流向另一个国家或地区的经济行为;从目的来看,二者都是为了追求盈利的最大化。

但是资本输出与国际投资又有着本质的区别。首先,二者性质不同:资本输出一般指垄断资本主义国家,将其过剩资本输出到落后殖民地国家,带有明显的不平等性质;国际投资则泛指国际上的投资活动,更能体现主权国家之间平等互利进行投资以及双向流动等特点。其次,二者所体现的经济关系不同:资本输出所体现的是资本主义国家与殖民地半殖民地国家之间的剥削与被剥削的关系;国际投资则体现了投资国与东道国之间的平等合作关系。再次,二者的直接目的不同:资本输出的直接目的是追求高额利润;国际投资的直接目的是带动商品出口、降低产品成本、分散资产风险、引进先进技术和设备等。最后,二者所造成的经济后果不同:资本输出造成的是资本输出国与接受国之间剥削关系的扩大以及加速资本输入国经济发展的双重后果;国际投资所带来的是增强投资国的国际竞争力,缓解东道国的资本短缺、促进东道国经济发展的双重效果。

四、当代国际投资的特征

投资就要讲究投入产出。从这一点来看,国际投资与国内投资只是投资活动所涉及的区域划分不同而已，它们的本质都是一致的，最终目标均为利润最大化。但是，国际投资毕竟是在主权国家间的流动，其基本特征体现在它的跨国性。从这一点来看，由于投资主体和投资对象都发生了变化，因此国际投资在实际运作中的关系更复杂了，目标多元化了，风险也更大了。具体来看，当代国际投资具有以下几个特征：

（一）国际投资的领域呈现不完全竞争性

国际投资活动体现着一定的国家利益和民族利益，各主权国家受政治、经济、自然、文化、社会等各方面因素的影响，将世界市场分隔为多个部分。因此，尽管国际投资是根据双方利益的一致性而发生的，但也必然包含了双方利益的矛盾或冲突。在这种情况下，国家作为社会的主权代表，就必须对国际投资进行干预与协调，以利于它的发展。从这个角度来看，国际投资具有不完全竞争性。

（二）国际投资的目的呈现多样性

国内投资的主要目的是为了获利和促进本国国民经济的发展，它的直接目标和最终目标是一致的，即追求盈利的最大化。国际投资的目的则比较复杂，其直接目标一般是开拓和维护出口市场、降低成本、分散资产风险、学习国外先进技术和获得东道国资源等。在实现资本保值、增值总体目标的前提下，有的国际投资活动目的在于建立和改善与东道国的双边或多边经济关系，有的国际投资活动目的在于带动两国间的贸易往来和其他合作项目的开展，还有一些则带有明显的政治目的。总之，国际投资除了获利的目的外，还常常有其他方面的考虑，这与其追求盈利最大化的最终目标是不完全一致的。

（三）国际投资的主体呈现双重性

投资主体是指具有独立投资决策并对投资结果负有主要责任的经济法人或自然人。国内投资的主体主要是各级政府、企业和个人，他们之间并不存在国家与国家之间的关系。国际投资的主体主要是跨国公司和跨国银行，这些投资主体不仅资金实力雄厚，技术先进，管理现代化，拥有独特的运行机制和经营方式，在世界各地设有众多的分支机构，而且就某一项投资而言，无论这一投资主体为国外的官方投资还是私人投资，政府面临的都是与投资主体和投资国的双重关系。

（四）国际投资所使用的货币呈现多元化

国内投资一般是使用本国货币，因此，其评价标准是单一货币；国际投资一般使用的是在国际货币市场上可自由兑换的货币，如英镑、美元、日元等。由于各国货币管理制度的不同和汇率的变化,使投资者的活动常受到不同程度的制约。即使是发行硬通货国家的投资者进行国际投资,也必然会发生投资者所在国货币与投资对象国(地区)货币的相互兑换,这是因为在投资对象国(地区)中只流通本国(地区)货币。由于各国所使用的货币不同,其货币制度也千差万别,特别是汇率的变动、货币本位的差别等都决定了货币的国际相对价格具有差异性,这必然又会影响到国际投资的规模、流向和形式等。

(五)国际投资的环境呈现差异性

投资环境是指影响投资活动整个过程的各种外部条件,即人为资源、自然资源、经济政策、社会文化等诸多因素的有机统一体。进行国内投资,投资者所面临的投资环境具有单一性,投资者对本国的政治环境比较熟悉,易于了解,对经济环境具有较大的适应性。进行国际投资,投资者所面临的投资环境往往与国内环境相差极大,而且呈多样化和复杂状态。在国际投资中,各国的政治环境不同,经济环境差异较大,法律环境也很复杂,同时还会遇到语言不同、风俗习惯各异等方面的障碍。对这些差异性较大的投资环境能否全面了解并很快适应,直接影响着投资者的投资效益。

(六)国际投资的运行呈现曲折性

投资本身是一项综合和复杂的事业,涉及经济生活的各个方面。与国内投资相比较,国际投资的运行更为复杂和曲折。一方面,这种曲折性表现在投资前期的准备工作上。比如,对东道国的投资环境需进行全面细致调查研究,与东道国政府或合作者要进行详尽的商务谈判等。另一方面,这种曲折性还表现在投资项目运行中诸多问题的处理上。比如,资金的调动、产品的销售等常会受到东道国的种种限制,各种经济纠纷的解决也常会受非经济因素的影响而困难重重。

(七)国际投资的过程呈现更大风险性

国内投资的环境单一,投资风险一般也比较小,故进行国内投资仅需要考虑安全性、收益性和变现性这三项基本因素即可。国际投资面临的投资环境复杂多变,所以进行国际投资会遇到若干在国内遇不到的风险因素:比如汇率风险,国际投资必然会涉及不同货币间的兑换问题,由于国际资金市场上的汇率经常变动,常会导致投资者手中的货币出现大幅度贬值,造成投资者的非经营性损失;又比如国家政治风险,由于东道国政府更迭而出现对外政策的剧变,由于东道国的民族纠纷和内战,使外资企业的安全性难以得到保障,由于国际社会对东道国的经济封锁,使外资企业的经营难以正常进行等。这些都会给投资者造成预期之外的经济损失,也使国际投资的决策变得更加复杂。因此,除了考虑安全性、收益性和变现性以外,进行国际投资还必须考虑国家风险、政治风险、汇率风险、利率波动风险等。

五、国际投资对经济的影响

跨越国界的投资活动直接影响东道国和投资国经济发展进程,进而又会影响世界经济的发展。这种影响既有积极的,也有消极的。

(一)对东道国经济的影响

1. 对东道国国际收支的影响。就短期而言,外国资本的流入对东道国的国际收支是有利的,因为资本的流入不仅使东道国的外汇收入得以增加,国际收支状况改善,而且由此引发产品的大量出口以替代产品的进口,进而使国际收支得以改善。

但是,外国资本的流入影响并非都是积极的,因为外国资本流入也会导致技术、原材料、设备和零部件的进口。而且从长期看,资本的注入毕竟是一次性的或持续较短一段时间,投资收益的回流将是投资者的最终目的,这必然对东道国国际收支产生负面影响。

2. 对东道国对外贸易的影响。国际投资对东道国对外贸易的影响比较复杂,这主要体现投资产品的流向以及原材料和零部件的来源。如果投资者将在东道国生产的产品主要销往母国或其他国家,那国际投资产生了促进贸易发展的效应;如果投资者将在东道国生产的产品主要在东道国销售,那很可能产生贸易替代效应。如果在东道国生产产品的原料或零部件主要来源于国外,而且产品又主要以内销为主,那国际投资会对东道国的对外贸易产生消极的影响;如果在东道国生产产品的原料或零部件主要来源于国内,而且产品又主要以外销为主,那国际投资会对东道国的对外贸易产生积极的影响。

当今的国际投资活动中,东道国虽然大都实行有利于外资进入的政策,但东道国对外资一般都是有选择的,他们不仅要考虑外资的进入对本国对外贸易的影响,也要考虑对本国产业结构和技术进步的影响。多数发展中国家更侧重外资对技术进步和产业结构的影响,其最终目的是通过技术进步和产业结构的调整,来增强经济和技术实力,进而扩大出口;技术先进和实力强大的国家则可能更多地考虑外资对本国对外贸易的影响问题。

3. 对东道国就业的影响。外资的流入无疑会增加东道国的就业机会,这是因为外资进入某些东道国空缺或薄弱的领域,会使该领域的竞争能力加强或建立新的产业,尤其是投资于以国外为主要销售市场的产品生产,进口替代作用会大大增加东道国的就业数量或增加新的就业机会。

此外，吸收外国投资还可以提高就业质量，外国企业为东道国的各类劳动力提供较好的工资待遇、工作条件和社会福利，使东道国的劳动力得到较高的收入和更好工作环境，如果外国投资企业对东道国劳动力进行业务培训，还可提高劳动力的基本素质。

4. 对东道国产业结构的影响。作为投资者，无论在发展中国家投资还是在发达国家投资，为了达到目的，其引用的技术必须要领先或平行于东道国的技术，这不仅促进了东道国的技术进步，而且推动东道国产业结构的升级，在很多情况下，东道国利用外资建立起自己的新兴产业，如美国在欧洲的投资，使欧洲国家出现了石油化学产业。国际投资对东道国产业结构升级的作用在发达国家向发展中国的投资中表现得最为明显。

(二) 对投资国经济的影响

1. 对投资国国际收支的影响。对外投资对投资国来说，在对外投资的初始阶段，投资企业会以货币资本的方式对外直接投资，致使资金大量外流，使国际收支处于不利的状况。资金外流的同时，外流资金的产品会替代投资国产品的出口，甚至使国外的产品回流到投资国，但是对投资国国际收支的不利影响往往是短期的。

从长期来看，对外投资者进入投资的盈利阶段后，将利润不断地回流到投资国，而且对外投资将带动投资国原材料、中间产品、制成品的出口，这又会对国际收支产生一定的积极效应。总体上看，对外投资对投资国虽然在短期内有一定的负面影响，但长期积极影响要远远大于负面影响，这是因为对外投资者的最终目的还是盈利，况且投资者一般都有较强的融资能力，后期所需的投资资金一般都在东道国和国际金融市场上通过融资获得。

2. 对投资国对外贸易的影响。对外投资对投资国对外贸易所产生的影响，学术界有较大的分歧，曼德尔和维农认为投资与贸易是替代关系，即对外投资对投资国的对外贸易会产生负面影响，理由是，在海外投资生产，虽然扩大了市场，但会使投资国产品的出口大幅度下降，技术的扩散也会增加外国产品的竞争能力，从而影响投资国产品的出口。坚持投资与贸易是互补关系的是帕维斯和小岛清，他们认为，对外投资不仅是资本的流动，同时也是技术、知识和中间产品的整体转移，实际上是为投资国创造了贸易机会。

这两种观点主要是从不同的角度得出的，如果投资国在国外投资生产与母国相同的产品，即水平型分工，国外产品凭借在劳动力、运输等成本方面的优势，确实会对投资国产品产生替代作用。如果投资者在海外投资的产品是能够促使母国原材料、零部件、成品和技术出口的产品，即垂直分工，那会对投资国产品的出口带来积极的效应。此外，对外投资还可以通过售后服务、技术服务、金融等带动技术贸易和服务贸易的发展。从这个意义上说,对外投资对投资国产生的贸易促进效应要大于贸易替代效应。

3. 对投资国就业的影响。从表面来看,对外投资会使投资国产业内的就业人数减少或失去就业机会,但从另一个角度看,对外投资由于带动了技术转让和服务贸易的发展,进而又增加了很多新的就业机会。此外,对外投资的行业往往都是投资国生产效率低的劳动密集型产业,这会使投资国的劳动力转向就业于劳动生产率更高的产业,由第二产业流向第三产业,从而提高就业质量。有大量研究表明,对外投资对投资国就业所产生的积极效应大于负面效应。

4. 对投资国产业结构的影响。投资者在投资活动的整个过程中,不仅促进了东道国产业结构的升级,也优化了投资国的产业结构。伴随着投资国由第一产业、第二产业、第三产业的依次转移,由劳动密集型向资本密集型和知识密集型的产业转移,由技术含量低和低附加值的产业向技术含量高和高附加价值的产业转移,符合从初级产业向制造业转移、再转向服务业的发展趋势。总之,战后的对外投资总是伴随着投资国产业结构的不断升级。

5. 对资本聚集的影响。对东道国的投资往往会使东道国产生资本聚集效应。海外投资者资金的注入,改善了东道国的投资环境,使外国资本不断涌入,再加上外国投资者不断地追加投资,使东道国的资本不断聚集。此外,东道国为加大外资的效应也往往提供辅助投资,从而使东道国的存量资本不断增加,进一步刺激更多的外国投资者注入新的资本。

(三) 对世界经济的影响

国际投资活动深刻地影响着世界经济活动,甚至决定着世界经济发展的速度。跨国公司近40年来的发展使科学技术飞速进步、世界经济迅猛发展,他们的投资规模和流向促进着世界上各种经济活动的进行。

1. 促进了资本国际化和生产的国际化。科学技术的发展和管理的科学化支持着各种形式的国际投资活动。现代通信技术为企业在全球范围内设立子公司和分公司提供了物质基础,以人为本的科学管理方法使母公司能有效控制全球范围内的各子公司和分公司的生产,因此,从事国际化生产的跨国公司如雨后春笋般迅速繁衍,使跨国公司数量从1980年的1万个发展为目前的8万多个。

生产国际化也必然导致资本的国际化,资本国际化主要是指货币资本国际化、生产资本国际化和商品资本国际化。货币资本国际化,主要是规模庞大的国际化生产需要巨额的资本,于是国际范围内的资本借贷和证券投资活动十分活跃;生产资本的国际化主要是指一个产品需要经过若干个国家的若干个生产企业才能最后完成,以至于都很难判断该产品的原产地;商品资本的国际化主要表现为零部件、中间产品和半成品以及技术等在国际范围内广泛流动。国际投资活动促使资本在国际上的良性循环和生产在国际范围内有序进行。

2. 促进了科学技术的发展。国际直接投资的主体是跨国公司，跨国公司凭借生产规模和技术优势不断将世界资本进行聚集，超额的垄断利润也使跨国公司有足够的资金和技术实力不断地进行技术创新，是他们将世界上的制造业从劳动密集型产业变成资本密集型和知识密集型产业，进而又繁衍出以新能源、新材料、电子技术、生物工程、航天技术、海洋生物技术和智能机器人为代表的高新技术产业。雄厚的资本是跨国公司从事科学技术研究的子弹，国际投资则是他们从事科学研究的武器。国际投资正在成为科学技术进步和创造高新技术产业的一种手段。

3. 促进了区域经济一体化。发达国家之间的相互投资使他们在科技水平、财政政策、货币政策、金融体制、社会政策等方面日益接近，转而使他们通过区域经济一体化的形式来统一经济和社会等各项政策，以消除由于国际政策的不同而给投资者带来的各种障碍。可以说，国际投资活动极大地加快了区域经济一体化的进程。

第二节 国际投资的分类

一、国际投资的传统分类

鉴于投资主体、投资目标、投资要素、投资方式、投资流向、投入与产出关系等诸多因素的内在统一，国际投资的内容十分丰富，方式也多种多样。不同的国际投资方式的特点和功能并不一样，其所要求的投资环境和条件也不尽相同，因而会对投资者和引进外资者产生不同的经济效益。了解和掌握国际投资方式，对于投资者和引进外资者来说都是十分重要的。国际投资按照不同的分类标准，可以有以下四种不同的分类。

（一）实业投资和金融投资

西方学者早期把投资行为作为金融活动的一个组成部分来看待，认为投资行为主要是通过购买各种债券或股票来实现的。近代，人们开始从更广泛的角度来看待投资，认为一切为获得未来收益而进行的现期投入都算做投资行为，他们已开始把更多的注意力转移到与物质生产紧密相连的投资行为上来。因此按照投资对象的不同，国际投资可以分为实业投资（Industry Investment）和金融投资（Financial Investment）。

实业投资和金融投资的主要差异在于是否与自然界有密切关系。实业投资不仅涉及人与人之间的金融关系，而且涉及人与自然界的关系，如开办厂矿和开垦农场的行为;金融投资只涉及人与人之间的财务交易,并不涉及与自然界的关系,如进行一笔借款或贷款、购买或转卖债券或股票、领取股息等行为。尽管我们有这一区分,但在现代经济社会中,这两类投资之间并不是互斥的,而应该是互补的,如高度发达的金融投资可以使实业投资更为方便迅捷。

(二) 长期投资和短期投资

按照投资期限长短的不同,国际投资可以分为长期投资(Long-term Investment)和短期投资(Short-term Investment)。

按照国际收支统计分类:投资期限在一年以内的债权称为短期投资,如证券投资者购买股票、债券等国外证券,并在短期内将证券转手出售;与之相对的是,投资期限在一年以上的债权、股票以及实物资产等称为长期投资,如投资者在国外投入资本兴建企业等。但在实践中,无论官方或民间,一般的国际投资项目均以一年以上贷款居多,因此也有另外一种观点,即以投资期限是否超过5年作为划分长期投资和短期投资的依据。

(三) 公共投资(官方投资)和私人投资

由于财富可能属于私人也可能属于官方,因此按照投资主体的不同,或按照投资资本的来源及用途的不同,国际投资可以分为公共投资(Public Investment)和私人投资(Private Investment)。

1. 公共投资。公共投资通常是指由一国政府或国际组织(如世界银行、国际货币基金组织等)用于社会公共利益而进行的投资,这类投资多为项目贷款,如某国政府投资为东道国兴建机场、铁路、体育场所等。

一般情况下,公共投资的流向多是民间资本认为收益低且风险大的项目。这类投资的目的并不仅仅是自身的经济效益,它们可能是为了向国际收支困难的国家提供援助,以避免出现由于一国不景气而造成其他国家经济衰退的连锁反应,也可能是以提供出口信贷的方式促进出口国产业的发展,或是仅以援助借款国经济的恢复及发展为目的。总之,这种投资一般不以盈利为主要目的,而是以友好关系为前提并带有一定的国际经济援助性质。

2. 私人投资。私人投资一般是指一国的个人或企业以盈利为目的而对东道国经济活动进行的投资,如私人或私人企业购买其他国家企业发行的股票或公司债券,或将资本投放到另一个国家兴办企业的行为。私人投资的投资主体多为私有跨国公司。这些跨国公司除在国内从事生产经营活动以外,还在国外从事投资,设立自己的子公司,它们的生产和经营在世界的生产和贸易中占有相当大的比重,对世界经济的发展具有很大的推动作用。因此,私人投资无论是从投资者的数目还是从投资的总金额来看,都是当前国际投资中最活跃和最主要的部分,因而这类投资也是国际投资学研究中的主要内容。此外,需要指出的是,在国际直接投资的统计中,一国政府或国际组织进行的投资,也归入私人直接投资的范围。

(四)国际直接投资和国际间接投资

按照投资性质(投资主体是否拥有对海外企业的实际经营管理权)的不同,国际投资可以分为国际直接投资(International Direct Investment)和国际间接投资(International Indirect Investment),这也是我们在实务和理论研究中最有意义的划分方法。

1. 国际直接投资。国际直接投资又称为对外直接投资、境外直接投资、外国直接投资或海外直接投资,是国际投资的主要形式之一,其基本标志可以用国际货币基金组织(IMF)的定义来说明:"从事获取投资者所在国之外企业的长期利益的投资活动,投资者的目的是能够对企业的经营管理拥有有效的控制"。这个定义反映了当今国际直接投资的实际情况,具有一定的权威性。

从这一定义可以看出,国际直接投资是指资本输出国的自然人、法人或其他经济组织依照东道国的有关法规,在东道国单独出资或与其他投资者共同出资创立新企业,或增加资本扩展原有企业,或收购现有企业形成经营性资产,并按照东道国的有关法规和与其他投资者所签订的有关投资协议获取该经营性资产的经营收益或承担其经营亏损的行为或过程。也就是说,国际直接投资是投资者以拥有或控制国外企业经营管理权为核心、以获取利润为主要目的而进行的投资,这种投资不单纯是资金的外投,而是资金、技术、经营管理知识等生产要素由投资国的特定产业部门向东道国特定产业部门的转移。

国际直接投资的建立包括到海外创办新企业("绿地投资")、购买外国企业的股票并达到控股水平、利用以前国际直接投资的利润在海外再投资三种形式。此外,从所有权角度划分,国际直接投资主要包括国际合资经营企业、国际合作经营企业和国际独资经营企业三种基本形式。

2. 国际间接投资。国际间接投资是国际资本流动的一种重要形式,也是传统的国际投资形式。19世纪末20世纪初,垄断代替自由竞争后,资本输出的主要形式就是国际间接投资。第二次世界大战后,随着生产的国际化和国际直接投资的迅猛发展,国际间接投资在国际投资总额中的比重有所下降。但到了20世纪80年代以后,随着资产证券化的蓬勃发展,国际间接投资又再次成为国际投资的一种重要形式。如今,仅将国际间接投资视为国际证券投资已经是一种狭义的定义,从广义上来看,除国际直接投资以外的各种国际资本流动形式均可纳入国际间接投资的范畴。

国际间接投资,又称为对外间接投资或国际金融投资,是指一国的个人、企业或政府通过购买外国的公司股票、公司债券、政府债券、衍生证券等金融资产,按期收取股息、利息,或通过买卖这些证券赚取差价收益的投资。

从上述定义可以看出,国际间接投资是一种仅以获取资本增值或实施对外援助与开发,而不以控制经营权为目的,以购买外国公司的股票和其他证券以及提供国际信贷为手段,以取得利息或股息等为形式,以被投资国的证券为对象的跨国投资,它主要包括以下两种投资方式:

(1)国际证券投资。国际证券投资是指一国居民与第三国居民之间进行股票、债券以及其他各种衍生金融工具交易的投资方式,它主要包括股本证券投资和债务证券投资,其中债务证券又可进一步划分为长期债券、中期债券、货币市场工具和其他衍生金融工具。

(2)国际信贷投资。国际信贷投资是指由一国的政府、银行或由国际金融组织向第三国政府、银行及其他自然人或法人提供借贷资金,后者要按约定时间还本付息的一种资金运动形式或投资形式,它包括政府贷款、国际金融组织贷款和国际商业银行贷款三种形式。

3.国际直接投资与国际间接投资的区别。无论是国际直接投资还是国际间接投资,二者的最终目的都是盈利。但是,作为国际投资的两种不同方式,国际直接投资和国际间接投资又有所区别,这主要体现在以下四个方面:

(1)能否有效地控制国外企业的经营管理权。国际直接投资与国际间接投资的基本区分标志是投资者能否有效地控制作为投资对象的国外企业,即是否掌握对国外企业经营管理的有效控制权。国际直接投资的特点是投资者对所投资的外国企业拥有有效的控制权,而国际间接投资一般是通过国际证券市场进行的,投资者一般不亲自建立公司企业,也不负责对公司企业的经营管理,因而不构成对企业经营管理的有效控制。

一般来说,对国外企业实现有效控制的基本途径就是控股。根据国际货币基金组织的解释,这种有效控制权是指投资者拥有企业一定数量的股份,因而能行使表决权并在企业的经营决策和管理中享有发言权。也就是说,股权地位的差别是国际直接投资中投资者拥有不同控制权的直接原因,投资者对企业的控制权与其对此企业股份的拥有权相匹配,他拥有的股权比例越高,控制权也就越大。这是在理论上区分国际直接投资与国际间接投资的标志。

但在实际运作过程中,这种有效控制权的界限往往又是模糊的,国际直接投资所要求的有效控制权往往并不与股份拥有比例构成确定的数量关系。这是因为按照国际投资实践的通行原则,这种有效控制权是指投资者实际参与企业经营决策的能力和在企业经营管理中的实际地位。目前,国际上还没有形成对于国际直接投资范畴所需拥有的最低股权比例的统一标准,但为了便于统计上的分类,许多国家以及国际组织都相应地规定了在持有国外企业的股票时,划分国际直接投资与国际间接投资的不同的"量的界限",即构成国际直接投资所需拥有的最低股权比例的不同标准。例如:美国商务部1956年规定,如果某国外公司完全受美国公司控制,或者某国外公司50%的股东权益由一群相互无关的美国人掌握,或者某国外公司25%的股东权益由一个有组织的美国人集团拥有,或者某国外公司10%的股东权益是由一个美国人(法人)所拥有,则对该公司的投资即可视为美国的国际直接投资;加拿大政府规定,当一个外国企业的50%或更多的投票股份为加拿大居民所持有时,或就外国在加拿大的投资税,当一个加拿大企业的50%或更多的投票股份被外国人所持有时,原则上都认为存在控制;日本外汇管理法规定,拥有国外法人发行的股票总数或出资额的10%以上,或者持有10%以上的国外法人证券及超过一年以上的贷款,或者持有10%以下的股票、但通过拥有国外法人的发行证券或者提供超过一年以上的贷款,而向海外派遣董事长、长期提供原材料或销售产品,提供重要的技术,并为此保持长久关系的投资经营活动,均可视为是国际直接投资;相比之下,德国、英国和法国规定的"门槛"比较高,只有当外国投资者拥有这些国家企业25%(德国)或20%(英国和法国)的股票或债券,才可算是国际直接投资;根据我国国家统计局的定义,如果一个企业全部资本中25%或以上来自外国或地区(包括我国港、澳、台)投资者,该企业就被称为外国(商)投资企业。不满足有效控制权标准的国际投资就被视为国际间接投资。由此可见,各国的实际划分标准不尽相同,但确定国际直接投资的最低比例一般是在5%~50%。此外,国际货币基金组织编写出版的《国际收支手册》认为,一个紧密结合的集体在其所投资的企业中拥有25%或更多的投票权,可以作为控制所有权的合理标准,一个外国投资者拥有东道国企业10%或更多的股份可以算做是国际直接投资。但是,这些只是为了满足统计时的需要,国际货币基金组织在具体操作时还允许一定的变通:有时候,尽管某一集体拥有此企业的股份不足25%(或某一外国投资者拥有此企业的股份不足10%),甚或并不拥有此企业的股份,但只要它对这家企业的经营管理拥有有效的发言权,仍可以被视为是国际直接投资。在这种情况下,对国外企业的有效控制体现在此投资者通过其所拥有的技术和管理技能对国外企业经营资源的直接支配程度上。

总之,由于不同企业的组织形式和股权结构不同,投资者取得有效控制权所需要的股权比例也有所不同。尽管如此,从当今国际投资的发展趋势来看,投资者为了降低投资风险,更多地会采取低股权或非股权的参与方式,所以,对国际直接投资范畴的有效控制权所需的股权比例的要求也相应地有所降低。目前,按照国际惯例,超过企业10%股权的外国投资即可被视为国际直接投资。

(2)二者资本移动形式的复杂程度不同。一般来说,国际直接投资比国际间接投资资本移动的形式复杂。国际直接投资是生产资本在国际上的流动或转移，它所体现的不仅是货币资本的国际转移，还有生产资本和商品资本的国际转移以及无形资产的输出，它是企业生产和经营活动向国外的扩展，国际直接投资过程与资本、劳动力、生产设备、技术诀窍和专利、管理技术、自然资源等各类生产要素的跨国移动紧密联系在一起，它在确认资产作价、谈判以及实际操作过程等各方面都要比国际间接投资复杂一些。国际间接投资的性质比较简单，它一般仅仅体现为国际货币资本的流动或转移，其过程也相应地比较简单。

(3)投资者获取收益的具体形式不同。国际直接投资主要是获取利润收益，因此其收益大部分是浮动的，随投资企业经营状况的变化而变化。国际间接投资者主要是获取利息收益和股息收益，因而除了购买少量普通股之外，其收益相对固定。

(4)投资者投资风险的大小不同。国际直接投资的风险一般要大于国际间接投资。这是因为：国际直接投资一般都要参与企业的具体生产经营活动，它们与项目的联系密切，这类项目较长的生产周期必然会导致国际直接投资的周期也较长，再加上国际直接投资的收益多为浮动性的，它们会受到诸多难以准确预测的经济及社会因素的影响，这些都必然会加大投资者的风险；国际间接投资的风险相对就小得多，一方面是因为国际间接投资的周期较短，另一方面是因为国际间接投资的收益相对固定。

以上所述为国际直接投资与国际间接投资的主要区别。事实上，二者相互影响、相互交融于现实经济活动中，它们共同影响着国际收支的平衡。不论是国际直接投资或是国际间接投资，它们不仅存在着相互带动的关系，而且还能以股权投资、跨国并购、可转换公司债券、债转股以及风险投资等各种途径相互转化。

二、对新兴国际投资方式的认识与分类

随着世界经济的不断发展和科学技术的不断进步，各国之间的经济联系和交往日趋紧密。与此同时，在利益的驱使下，各国间在贸易、金融、技术等领域中的竞争也愈加激烈。正是在这种背景下，当代国际投资方式不断地创新和发展，并形成了一系列新兴的国际投资方式——国际灵活投资。

所谓国际灵活投资，是指不同国家的双方当事人就某一共同参加的商品生产和商品流通业务达成协议，采取一些灵活方式进行的投资活动。在国际投资领域中，这类业务活动并不是像国际直接投资或国际间接投资那样的纯粹的投资活动，而是把投资与贸易活动紧密结合在一起，将投资行为和目的实现隐含在商品或劳务的贸易活动之中，它们一方面和国际直接投资或国际间接投资相联系，另一方面又与国际贸易、国际金融、国际技术转让以及国际经济合作等相融合，并不断适应

发达国家与发展中国家的实际情况而推陈出新。因此,国际灵活投资方式的选择日益受到各国的重视,这类投资方式主要有补偿贸易、加工装配贸易、国际租赁、国际工程承包、BOT投资和风险投资。

(一) 补偿贸易

20世纪60年代末70年代初,国际补偿贸易在传统易货贸易的基础上逐渐发展起来,它是指进口方在外汇资金短缺的情况下,原则上以不支付现汇为条件,而是在信贷的基础上从国外卖方引进机器、设备、技术资料或其他物资,待工程建成投产后,以其生产的产品或者商定的其他商品或劳务分期偿还价款的一种投资和贸易相结合的、灵活的国际投资方式。

由于国际补偿贸易可以解决国际投资和国际贸易中的外汇短缺问题,因此这种投资方式广泛应用于发达国家与发展中国家以及发达国家之间,它的具体形式主要有以下三种:

1. 直接补偿,又称产品返销或回购,指进口方用引进设备或技术所生产的全部或部分产品分期偿还进口技术设备的价款,这是当前补偿贸易的基本形式。

2. 间接补偿,又称互购,指用进出口贸易双方商定的其他产品或劳务分期偿付进口技术、设备价款。

3. 综合补偿,指补偿贸易中进口设备和技术等的价款,以一部分直接产品和一部分间接产品进行偿付。

(二) 加工装配贸易

作为集国际贸易与国际投资于一体的比较灵活的新型国际直接投资形式,国际加工装配贸易是利用外资和本国(本地区)的劳务相结合的一种方式,它不需要东道国的投资,并可利用现有的厂房、土地、劳动力等,达到引进先进技术和利用外国投资的目的,因此这种投资方式特别适合于缺少外汇、技术相对落后的发展中国家和地区。国际加工装配贸易的具体形式主要有以下四种:

1. 进料加工。进料加工指一国厂商从国外进口原料进行加工后,再把成品销往国外,其特点是自进原料、自行加工、自主出口、自负盈亏,原料进口与成品出口之间没有必然联系的一种加工装配贸易形式。

2. 来料加工。来料加工指由外方(委托方)提供部分或全部原材料、辅助材料和包装物料,必要时也提供某些设备,东道国企业(承接方)按委托方在合同中规定的质量、规格、款式和技术等要求进行加工生产,生产的成品按规定时间交给委托方销售,承接方只收取加工费的一种加工装配贸易形式。来料加工是一种委托加工关系,这是与进料加工的主要区别。

3. 来件装配。来件装配指由国外委托方提供所需的元器件、零部件、包装物件及技术,必要时提供某些专用设备,由承接方按委托方的设计、规格、工艺及商标要求进行装配,组装的成品交给对方销售,承接方只收取装配费的一种加工装配贸易形式。

4. 来样加工。来样加工指由委托方提供样品或图纸,承接方企业提供全部原料和辅料进行生产并收取成品出口的全部货款的一种加工装配贸易形式。来样加工不仅简单易行,而且创汇水平较高,因而适合于自然资源丰富、劳动力价格低廉、拥有特殊加工技艺的中小型企业和乡镇企业。

(三) 国际租赁

国际租赁是指一国的租赁公司(出租人)将机器设备等物品长期出租给另一国的企业或组织(承租人)使用,在租期内承租人按期向出租人支付租赁费的一种国际投资形式。这是一种兼有商品信贷和金融信贷两重性质的新型贸易方式,是企业获得设备的一种独特的筹资手段,它能有效地发挥投资、融资和促进销售三种作用,因而逐渐受到世界各国企业的重视。国际租赁的具体形式主要有以下六种:

1. 经营租赁。经营租赁指出租人根据租赁市场的需求购置设备,以短期融资的方式提供给承租人使用,出租人负责提供设备的维修与保养等服务,并承担设备过时风险的一种可撤销的、不完全支付的租赁方式。这种租赁方式的租期较短,其租赁对象多为有一定市场需求的通用设备,如电子计算机、复印机、汽车、仪器等。

2. 融资租赁,又称金融租赁,指在企业需要添置设备时,不是以现汇或向金融机构借款去购买,而是由租赁公司融资,把租赁来的设备或购入的设备租给承租人使用,承租人按合同的规定,定期向租赁公司支付租金,租赁期满后退租、续租或留购的一种融资方式。

3. 杠杆租赁,又称衡平租赁,指由出租人提供购买拟租赁设备价款的20%~40%,其余80%~60%由出租人以设备作抵押向银行等金融机构贷款,便可在经济上拥有设备所有权及享有政府给予税收优惠,然后将用该方式获得的具有所有权的设备出租给承租人使用的一种租赁方式。杠杆租赁实际上是把投资和信贷结合起来的一种融资方式,它适用于价值百万元以上以及有效寿命在10年以上的大型设备或成套设备,如飞机、卫星系统等。

4. 售后租赁,简称回租,指承租人将其所拥有的设备出售给出租人,然后承租人再从出租人手里将出售给出租人的设备重新租回来的一种租赁方式。回租的租赁物多为已使用过的旧设备,回租新设备的情况极为少见。

5. 维修租赁。维修租赁主要是指运输工具的租赁,出租人在把运输工具出租给承租人使用后,还提供诸如运输工具的登记、上税、保险、维修、清洗和事故处理等一系列服务的一种租赁方式。由于维修租赁的出租人除了出租设备以外,还要提供其他服务,所以租金要高于融资租赁,但一般要低于经营租赁,它适用于飞机、火车等技术较复杂的运输工具。

6. 综合租赁。综合租赁是一种租赁与贸易相结合的租赁方式,如租赁与补偿贸易相结合、租赁与加工装配业务相结合、租赁与包销相结合以及租赁与出口信贷相结合等。

(四)国际工程承包

国际工程承包是指一国的承包商,以自己的资金、技术、劳务、设备、原材料和许可权等,承揽外国政府、国际组织或私人企业即业主的工程项目,并按承包商与业主签订的承包合同所规定的价格、支付方式收取各项成本费及应得利润的一种国际投资方式。国际工程承包的方式主要有以下六种:

1. 总包。总包指从投标报价、谈判、签订合同到组织合同实施的全部过程(其中包括整个工程的对内和对外转包与分包),均由承包商对业主(发包人)负全部责任的国际工程承包方式。

2. 单独承包。单独承包指由一家承包商单独承揽某一工程项目的国际工程承包方式,它适用于规模较小、技术要求较低的工程项目。

3. 分包。分包指业主把一个工程项目分成若干个子项或几个部分,分别发包给几个承包商,各分包商都对业主负责的国际工程承包方式。

4. 二包。二包指总包商或分包商将自己所包工程的一部分转包给其他承包商的国际工程承包方式。二包商不与业主发生关系,但总包商或分包商选择的二包商必须征得业主的同意。

5. 联合承包。联合承包指由几个承包商共同承揽某一个工程项目,各承包商分别负责工程项目的某一部分,他们共同对业主负责的国际工程承包方式。它一般适用于规模较大和技术性较强的工程。

6. 合作承包。合作承包指两个或两个以上的承包商,事先达成合作承包的协议,各自参加某项工程项目的投标,不论哪家公司中标,都按协议共同完成工程项目的建设,对外则由中标的那家承包商与业主进行协调的国际工程承包方式。

(五)BOT 投资

BOT 投资是自 20 世纪 80 年代以来日渐活跃的投资方式,它又称为公共工程特许权,是英文 Build – Operate – Transfer 的缩写,意即建设—经营—转让。典型的 BOT 投资是指:政府同私营机构(在中国表现为外商投资)的项目公司签订合同,由该项目公司承担一个基础设施或公共工程项目的筹资、建造、营运、维修及转让;

在双方协定的一个固定期限内(一般为 15~20 年),项目公司对其筹资建设的项目行使运营权,以便收回对该项目的投资、偿还该项目的债务并赚取利润;协议期满后,项目公司将该项目无偿转让给东道国政府。不论是欧美发达国家还是广大发展中国家,都常常采用 BOT 投资来建设大型基础项目,例如英法两国曾采用这种投资方式合作建成横穿英吉利海峡连接两国的欧洲隧道。

BOT 投资主要适用于一国的基础设施和公共部门的建设项目,它在发展过程中出现了一系列演变方式,主要有以下几种:(1)BOO(Build – Own – Operate):意为建设—拥有—经营;(2)BOOT(Build – Own – Operate – Transfer):意为建设—拥有—经营—转让;(3)BOOST(Build – Own – Operate – Subsidize – Transfer):意为建设—拥有—经营—补贴—转让;(4)BTO(Build – Transfer – Operate):意为建设—转让—经营;(5)BLT(Build – Lease – Transfer):意即建设—租赁—转让;(6)BT(Build – Transfer):意即建设—转让;(7)BMT(Build – Manage – Transfer):意即建设—管理—转让。BOT 的各种变形方式各有其特点,但它们都与 BOT 投资方式有某些相似的地方。

(六)风险投资

风险投资的定义是指为获取高技术成功的巨大收益,而愿冒一定风险将资本以股权形式投入到成长中的高风险企业,并参与风险企业的创建与管理,待风险企业成熟后出售股权、收回投资的一种新型投资机制。

第三节 国际投资的产生、发展及发展趋势

一、国际投资的产生

国际投资的最初表现形式为资本输出,它是在资本主义国家内部出现资本过剩,本国市场趋于饱和,而新兴世界市场又通过殖民战争得以开辟的条件下产生的,其历史可以追溯到 18 世纪中后期。当时,英国完成了具有历史意义的工业革命,这标志着英国是第一个从工场手工业占统治地位的国家变成了机器大工业占优势的国家,资本主义制度在英国取得了完全的胜利。一方面,工业革命的胜利推动了英国社会生产力的巨大发展,积累起了大量的资本,使当时的伦敦成了为其他国家工业革命提供资金的资本市场;另一方面,英国的工业资本家为了满足工业革命造成的对原材料和生活资料的极大需求而大举进行海外投资,形成一批从事掠夺性经营的殖民地公司,如中国人熟悉的从事对华鸦片贸易的东印度公司等。随后,其他资本主义工业国也先后加入了积极开展对外投资、扩展国际市场的活动,

这就是在历史上最早开展的国际投资活动。国际投资实际上是商品经济发展到一定阶段的产物，它伴随着国际资本的产生而产生，并随着国际资本的发展而发展。

二、国际投资的发展

国际投资是科学技术进步和国际生产分工加深的必然结果，并随着生产力提高以及国际政治、经济格局的演变呈现出特定的发展过程。纵观整个国际投资的发展历程，大致可分为起步、低迷徘徊、恢复增长、逐渐发展和高速增长五个阶段。

（一）起步阶段（18世纪末～1914年）

从18世纪末一直到第一次世界大战前夕，是国际投资的起步阶段，这一时期是资本主义的自由竞争阶段，工业革命推动下的科学技术迅速进步，使生产力大大提高和国际分工格局基本形成。随着工业资本和金融资本的相互渗透，国际投资活动日益活跃。这一阶段国际投资活动的主要特征表现在以下几个方面：

第一，从事国际投资的国家较少，基本上局限于英国、法国、德国、美国和荷兰等少数资本主义工业化国家，英国的对外投资一直居于主导地位。到1914年，主要资本主义国家的资本输出总额为440亿美元，其中英国达到了145亿美元，仍居首位，是最大的资本输出国。

第二，国际投资主要流向北美洲、拉丁美洲、大洋洲等自然资源丰富的国家以及亚洲、非洲的一些殖民地半殖民地国家，并主要用于这些国家的铁路、资源开发业以及公用事业。

第三，以借贷资本和证券为代表的国际间接投资是当时的主要投资形式，国际直接投资所占的比重较小。直到1914年，国际投资中的90%都是证券投资，生产性直接投资仅占10%的比例。

第四，由于东道国或者处于自由竞争的资本主义阶段，或者已沦为殖民地半殖民地，私人的海外投资较少受到当地政府的干预和限制，因此这一时期的国际私人投资异常活跃。到1914年为止，各主要资本主义工业国对外投资总额超过了410亿美元，其中绝大部分都是私人对外投资。

（二）低迷徘徊阶段（1914～1945年）

这一阶段处于两次世界大战之间，战争和经济危机造成国际资本严重短缺，使国际投资深陷低迷徘徊，此时国际投资的主要特征体现在以下四个方面：

第一，国际投资的总额下降。从总体上来看，由于两次世界大战和20世纪30年代资本主义世界经济大危机的发生，导致世界主要投资国的对外投资增长缓慢，各类国际投资活动陷入停顿甚至倒退状态。到1945年第二次世界大战结束时，世界主要国家的国际投资总额下降至380亿美元。

第二,国际投资的格局发生重大变化。在这一时期,源于战争借款的增加和对外投资额的削减,再加上对外投资的贬值,都严重削弱了英国、法国等传统国际投资大国的地位;德国由于支付战争赔偿费、协约国的投资被没收以及在其他地区的投资贬值,从而由国际债权国沦为净债务国;美国借着战争的机遇,作为一主要对外投资大国开始迅速崛起。

第三,尽管这一阶段的国际投资方式仍然以国际间接投资为主(例如1920年,美国的私人海外投资中有60%为证券投资;1930年,英国的对外投资中有88%为间接投资),但是,国际直接投资的规模正在迅速扩大,国际间接投资已相应地受到了一定程度的影响。

第四,国际投资的主体发生了变化。1914年以前,对外投资基本上局限于私人对外投资。1914年以后,虽然私人对外投资仍占主导地位,但由于当时国际政治、经济形势动荡,政府对外投资的规模迅速扩大。

(三)恢复增长阶段(1946~1979年)

这一阶段是从第二次世界大战后到20世纪70年代末,殖民主义体系在此期间崩溃。因此,西方国家不能再继续无偿占有原来殖民地的经济资源,必须通过贸易和投资方式来获得,这也促进了国际投资活动的恢复和发展。这一阶段国际投资的主要特征是:

第一,国际投资的规模迅速扩大。在这段时期中,世界政治局势相对平稳,又兴起了第三次工业革命,促使国际投资迅速恢复并呈现增长态势,发达资本主义国家的对外投资总额由1945年的510亿美元增长至1978年的6 000亿美元。此外,诸如韩国、新加坡、印度、巴西、墨西哥、阿根廷等发展中国家和地区也逐渐开始发展国际投资。

第二,国际投资的格局再次发生变化。第二次世界大战使得除美国以外的各参战国经济惨遭破坏,从而美国获得了世界政治、军事、经济的霸主地位,迅速而大规模地向外扩张,并最终取代了英国,成为国际资本的主要来源地和世界主要债权国。但从20世纪60年代末期起,美国的国际收支开始出现持续逆差状态,到20世纪70年代初,由于受到国际石油危机的严重打击,美国的世界债权国的地位发生了动摇。

第三,国际投资的方式以国际间接投资为主转变为以国际直接投资为主。电子计算机、喷气式飞机、原子能等发明的相继问世,以及交通运输、通信技术、企业组织结构和管理方式的不断创新,都为跨国经营带来了方便,使资本、技术、管理技能等要素在生产经营中的联系日趋紧密,并最终推动了国际直接投资逐步取代国际间接投资而成为国际投资的主流。国际直接投资额从1945年的200亿美元增至1978年的3 693亿美元,它所占国际投资总额的比重也由1945年的39.2%上升至1978年的61.6%。

(四) 逐渐发展阶段(20世纪80年代)

进入20世纪80年代以来,虽然国际投资的发展表现出一定的起伏,但是,总的来看,这一阶段的国际投资依然保持了较快的增长势头,其主要特征也发生了以下变化:

第一,国际直接投资的规模迅速扩大。进入20世纪80年代以后,一些主要对外投资大国国际直接投资的增长速度放慢了,尽管如此,由于参与国际直接投资的国家和地区不断增加,国际直接投资的规模仍在不断扩大,再加上经济全球化的迅猛发展,都使国际直接投资进入了飞速发展的新阶段。与1986年的7 755亿美元相比,1990年国际直接投资总额已经突破了10 000亿美元。

第二,国际投资的格局再次发生重大变化。这一时期,美国一国独霸国际投资领域的格局已被美国(当时世界上的头号债务国)、日本(当时世界上的头号债权国)、西欧"三足鼎立"的新格局所代替。此外,广大发展中国家逐渐兴起,它们以更为积极、主动的态度参与国际投资,成为国际投资领域越来越活跃的角色,使国际投资领域呈现出多元化的发展趋势。

第三,国际投资的流动方向转向了以发达国家为主。早期的资本输出主要是由发达资本主义国家向其殖民地国家和附属国的单向流动,但第二次世界大战后的资本流动发生了较大变化,国际投资中的较大比重(尤其是国际直接投资)更多地流向了发达资本主义国家。如1989年,日本对外直接投资的48%投向了美国,22%投向了欧共体。据联合国《1992年世界投资报告》统计,1990年流向发达国家的国际直接投资额占全世界国际直接投资总额的80%以上。其中,美、日、欧三国所吸收的国际直接投资就达到了总额的70%。

第四,国际投资的参与方式更加灵活。第二次世界大战以前,国际直接投资的方式基本上都是股权参与,而且是拥有或控制分支机构的全部股权。进入20世纪80年代,除了对高技术部门的海外投资仍较多地采用全资拥有的股权参与方式外,与东道国兴办合营企业方式已在许多国家和许多部门被采用,许多非股权参与的方式也获得了广泛发展。

(五) 高速增长阶段(20世纪90年代)

20世纪90年代以来,随着世界经济一体化进程的发展,国际投资规模持续扩大,国际资本市场和投资活动表现出以下特点:

第一,国际直接投资总额大幅上升。随着西方发达国家经济出现复苏,国际直接投资止跌回升,1993年达到2 080亿美元,1995年扩大到2 330亿美元。与此同时,发达国家资本需求增加,对流投资的集聚化进一步加强,美国重新恢复世界最大的对外投资和吸引外资国家的地位。发展中国家吸引跨国投资增长很快,1995年总额达到900亿美元,为1991年的两倍多,主要集中流向亚洲和拉美等十几个国家,中国成为居世界第二位的引资国。

第二,国际直接投资产业分布的转化。随着世界产业结构从低级向高级演进,国际投资的产业分布和结构已开始由资源和劳动密集型产业转向技术密集型的制造业和服务业,由传统工业转向新兴工业。高新技术企业、金融保险业、贸易服务业正日益成为投资的重点。70年代,世界各国有关服务业的对外投资占25%,到90年代已增至50%以上。发达国家在服务业上的投资发展极为迅速。90年代占服务业外来投资存量的80%以上投向了发达国家,尤其集中于金融、贸易等行业。即使在发展中国家,第三产业的投资比重也一直处于上升态势,占比由70年代的23.5%提高到目前的1/3左右。随着科技的进步,服务业和高技术、高附加值产业在各国国内生产总值中的地位上升,国际投资正在进一步向技术、知识密集型产业和服务业倾斜。

第三,国际投资主体向多元化发展。长期以来,世界主要投资国一直为西方发达国家。美国、日本、西欧的对外投资一直占据全球对外投资的绝大部分份额,其中1991年这一比重达到86%。进入90年代,发展中国家,特别是新兴工业化国家和地区的对外直接投资迅速发展。1980~1984年,发展中国家的对外直接投资仅占世界总投资的5.0%,到1995年,这一比例上升到15%,金额达470亿美元。发展中国家的对外投资在世界总投资中所占份额虽然不高,但增长速度惊人。传统的美、日、西欧三足鼎立的模式正在向多极化的模式转变。

第四,跨国并购成为国际直接投资的重要方式。90年代外国企业在美国创建、收购兼并企业的总金额中,收购兼并占80%以上。在美国对外直接投资中,企业购并的比率也在增加,西欧各国的交叉投资中,企业购并也占很高比例并呈增加之势。1991年,全世界涉及10亿美元以上的跨国并购案为7起,涉及金额204亿美元。2000年,全世界涉及10亿美元以上的跨国并购案猛增到175起,涉及金额高达8 660亿美元①。之后跨国并购的金额虽然有所减少,但是仍然作为国际直接投资中的重要方式。2013年,全世界涉及10亿美元以上的跨国并购案数量达到161起,金额高达4 719亿美元。

第五,国际投资流向重点在区域经济集团内部。90年代,随着世界经济区域

---

① OECD. World Investment Report 2002.

化、集团化的发展,对外直接投资流向也出现了明显的区域偏好。以欧共体为例,区域内部的交叉投资十分普遍,占其外来直接投资总额的比率在1992年已达67.2%。1993年美国的对外投资1/5流入加拿大,而加拿大对外投资总额的2/3被美国所吸引。在亚太地区,亚太经济合作组织1994年的区域内直接投资比率已高达55.9%。

第六,新兴的发展中国家成为国际投资的热点。虽然全球国际直接投资的主要流向仍是发达国家,但流入发展中国家的数额占总投资的比重不断提高。1995年流向发展中国家的国际直接投资额达900亿美元,占总流量2 350亿美元的38.3%,重点流向东亚、东南亚、中欧、东欧等一些经济增长迅速、充满活力的新兴地区。1995年流入发展中国家的外国直接投资总额有80%被10个经济增长较快的亚洲和欧美国家吸收,其中东亚、东南亚吸收的外资占流向发展中国家的2/3[1]。截至2013年止,发展中经济体的FDI流入量已创新高,达到7 780亿美元,占全球FDI流入量的54%。

三、国际投资的最新发展趋势

步入21世纪以来,随着国际分工的不断深入,经济的全球化,贸易和投资的自由化,以资本和技术要素为主的各种生产要素的国际移动,使国际投资活动呈现以下发展态势。

(一)全球外国直接投资增速先降后升

2001年全球的外国直接投资流入量比上一年猛跌51%,降至7 350亿美元,这是10年来的第一次下降,也是30年来最大的一次降幅。发达国家下跌了59%,只有5 030亿美元;发展中国家下降了14%,只有2 050亿美元,流入49个最不发达国家的外国直接投资只有全球总额的0.5%[2]。

2002年全球外商直接投资流入额下跌了1/5,跌至6 510亿美元。2003年,全球外商直接投资总额继续下降,降至5 600亿美元,这是1998年以来的最低水平。在全球195个经济体中,有108个经济体的外资流入额下跌。下降原因在于世界大部分地区经济增长放慢,复苏前景不乐观,流入发达国家的外国直接投资减少,2003年流入发达国家的外国直接投资较上一年锐减25%,仅为3 670亿美元,其中流入美国的仅300亿美元[3]。证券市场价值缩水、公司利润率下降、某些产业公司重组步伐放慢、跨国公司并购价值减少,以及一些国家结束私有化等因素也同样不

---

[1] OECD. World Investment Report 1997.
[2] OECD. World Investment Report 2002.
[3] OECD. World Investment Report 2004.

可忽视。

不同国家和地区所受的影响是不同的,受影响最大的是一些发达国家。英美两国FDI流入量减少最多,26个发达国家中的16个都出现了下降,但也有明显的例外,如德国、日本和芬兰就出现了增长。在发展中国家中,所有地区的FDI流入量都在下降。拉丁美洲和加勒比地区以及非洲受到的影响最大。流入亚洲和太平洋地区的FDI下降最少,这主要是得益于流入中国的外国直接投资的持续增长,中国以创纪录的527亿美元流入量成为2002年全球最大的外国直接投资接受国,这是发展中国家首次成为外国直接投资的首选地。马来西亚和巴基斯坦也增长显著。与近年来的趋势一致,中东欧的外国直接投资流入量继续保持增长,中东欧外国直接投资流入量整体增长,达到了290亿美元创纪录的水平。2003年全球外国直接投资流量呈不均衡下降,国际直接投资总体流量保持稳定。

随着跨国并购活动的恢复以及经济增长的加速,从2004年开始,全球外国直接投资流量回升至6 120亿美元,较2003年增长了6%,2005年达到8 970亿美元,比2004年增加了29%。虽然在2008年世界金融危机的影响下全球直接投资流量有所回落,但很快出现回升。2013年,全球FDI流入量增长了9%,达到1.45万亿美元。近年来全球外国直接投资快速上升主要有三方面原因:第一,2004年世界经济、贸易强劲增长。按照国际货币基金组织的数字,2004年全球经济增长率达到5.1%,是10年来增长最快的一年。2005年全球经济增长率仍为3.2%。同时,世界贸易2002年开始复苏,增速逐步加快,2004年在世界经济强劲增长带动下更是呈现出大幅增长势头。第二,随着经济复苏,跨国公司的经营状况明显改善。2004年全球500强企业的经营利润总额比上年同期增长了4.8倍,2005年500强利润总值也上扬了27%。这也使得企业的股票价格不断攀升,为企业通过股市等融资途径进行跨国并购提供了资金支持。2004年和2005年全球并购交易总额分别为1.9万亿美元和2.5万亿美元。第三,发展中国家吸收外国直接投资的数量飞速增长,2004年,发展中国家吸收的外国直接投资比上一年猛增48%,达2 550亿美元。受世界金融危机的影响,2009年发展中国家吸收外国直接投资额减少到4 000亿美元,发展中国家在世界外国直接投资流入量中所占的份额增至35%,创1997年以来的最高水平。流入发展中国家的外国直接投资仍然高度集中,排名前五位的接受国/地区:中国、中国香港、巴西、墨西哥和新加坡,占到了流入总量的60%以上。

(二)大型跨国公司主宰全球经济

主宰全球经济局面的仍然是世界上最大的跨国公司。随着国际化大生产的发展,跨国公司在世界经济全球化中所起的作用越来越大。截至2005年12月底,全球的跨国公司大约有 7 万家,这些跨国公司拥有大约 100 多万家国外分支机构。2009 年这些分支机构的雇员大约有 9 100 万人,而在 1990 年只有 2 400 万人。

2004 年,这些公司的全球销售额已超过 20 万亿美元,是当年全球出口额的四倍。2012 年,跨国公司的国际生产继续稳步扩张,跨国公司的外国子公司创造了价值 26 万亿美元的销售额(其中 7.5 万亿为出口额),贡献的增加值达 6.6 万亿美元,约占全球国内生产总值的十分之一。如果把跨国公司在全球范围内的国际分包、生产许可证发放、合同制造商等活动都考虑在内,那么跨国公司占全球 GDP 的份额就会更高。

(三)外国直接投资流量将继续集中在"三巨头"国家

从长期来看,外国直接投资流出量和流入量主要集中在欧盟、日本和美国,这一趋势仍相当稳定。从输出者和输入地来看,发达国家外国直接投资存量占全球存量的 2/3。欧盟遥遥领先,是外国直接投资流出存量最大的输出者,2002 年达 3.4 万亿美元左右,是美国(1.5 万亿美元)的两倍以上。

1980 年发展中国家外国直接投资流入存量只占国内生产总值 13%,到 2005 年已升至国内生产总值 1/3。发展中国家外国直接投资流出存量增长甚至更为迅猛,1980 年只占国内生产总值 3%,2005 年上升至 15% 左右。

与非合作伙伴相比,欧盟、日本和美国与其合作伙伴签署了更多的双边投资协定和双重课税协定,这表明三巨头成员及其发展中国家合作伙伴的"经济区"已渐渐从国家范畴扩展到区域范畴。贸易协议与投资协议之间日益密切的联系可能会使加入这类巨型集团的发展中国家获益。

(四)政府加速开放外国直接投资政策

面对外国直接投资流入量下跌现象,许多政府加速放开外国直接投资政策。2002 年 70 个国家对本国法规所做的 248 处修订中,236 处修订有利于外国直接投资。亚洲是自由化速度最为迅猛的资本输入区域之一。包括拉丁美洲和加勒比国家在内,越来越多的国家不仅放开了外国投资,而且还实行了更有针对性和更有选择性的投资目标战略和投资促进战略。

(五)签订了更多的双边协定和投资协议

越来越多的国家签署了双边投资协定和双重课税协定,这是一个较长期的趋势,而不光是面对外国直接投资下跌而采取的对应措施。2004 年,全世界共缔结了 73 项双边投资协定,其中亚太地区 33 项,中国和韩国分别为 6 项和 4 项。2004 年,全球共达成 84 项避免双重征税协定,其中亚洲 26 项。截至 2013 年年末,国际投资协定制度共有3 236项协定,其中包括2 902项双边投资条约和334项"其他国际投资协定",例如涉及投资问题的一体化或合作协定。

贸易与投资协议数目也增加了,最近签署的许多贸易协议直接涉及投资问题,或对投资具有间接作用,这一趋势明显有别于以前缔结的区域贸易协议和双边贸易协议。在发达国家中,欧盟缔结的协议数目最多,且主要是与中欧和东欧国家以及地中海国家合作伙伴缔结的。欧盟2004年增加10个新成员国以及即将围绕非加太集团—欧盟经济伙伴协定举行谈判也可能会推动这些区域的外国直接投资。

亚太区域缔结的这类协议有助于提高竞争力,吸引更多的外国直接投资,并有助于更好地应付竞争加剧带来的挑战。在拉丁美洲和加勒比区域,《北美自由贸易协定》产生的作用最明显不过了。该协定推动了外国直接投资流量,外资流入了销往美国市场的制成品加工行业。目前正在谈判的美洲自由贸易区一旦设立,即可扩大市场准入,并吸引追求效益的外国直接投资。非洲在设立有效的自由贸易与投资区方面仍进展缓慢,非洲增长和机会法案(AGOA)并非一项自由贸易协议,而是一项单方优惠办法,它有望扩大非洲区域的贸易与投资。

(六)中国将成为全球最具活力的外商投资地区

2001年流入中国的外国直接投资达到470亿美元,比2000年增长15%,实际使用外资居发展中国家第一位,在全球居第6位。2002年中国吸收外商直接投资增速持续强劲,外国直接投资流入量增至527亿美元,实际使用外资一举超过美国跃升到全球首位。2003年和2004年中国利用外资继续增长,2003年和2004年分别利用外资535.05亿美元和606.3亿美元,2005年中国利用外资额为600亿美元。近些年来,中国利用外资持续增长,2008年和2009年分别利用外资923.95亿美元和900.33亿美元。据统计,2014年,全国设立外商投资企业23 778家,实际使用外资金额达到1 195.6亿美元。在中国吸引外资的主要领域中,传统的农、林、牧、渔等第一产业实际利用外资额降幅较大,尤其是农业降幅最大。在第二产业中,制造业虽然仍是外商投资的主要领域,所占比重超过七成,但新设立企业数和实际使用外资金额均呈负增长,外商新设立的企业主要集中在通信设备、计算机及其他电子制造设备、化学原料及化学制品、交通运输、专用设备、通用设备等制造业。在第三产业的服务贸易领域,实际使用外资金额有所下降,投资主要集中于计算机应用服务业、分销服务、电力煤气及水的生产和供应、运输服务业等领域,服务贸易中的房地产业是外商投资的主要行业。但在制造业和服务贸易领域,合同外资金额上涨非常明显,这些都说明外商对中国的投资充满信心。截至2011年12月31日,经批准设立的外商投资企业累计达73.8万家,实际使用外资超过1.2万亿美元。外商投资结构明显优化，新设立外商投资企业中制造领域占73%，其中以IT领域为主的高新技术企业增速明显。投资的来源地已超过180个，主要集中在对华投资前十位的中国香港、维尔京群岛、日本、韩国、美国等国家和地区。

全国已设立的外商投资企业总体运行良好，对国民经济持续快速健康发展的促进作用明显增强。由于中国经济的基础稳固，结构调整成效显著，吸收外资的综合优势日益凸显，中国将继续成为全球最具活力的外商投资地区。

第四节　国际投资研究的内容与方法

一、国际投资研究的内容

国际投资学是研究资本在国际的运动过程及其对世界经济影响的客观规律的学科。由于国际投资活动是整个国际经济活动的一个有机组成部分，毫无疑问，对它的研究不能孤立地进行，而必须同时研究国际投资和其他国际经济活动以及有关国家的国内经济活动的相互关系和影响。

具体地说，国际投资学研究的基本内容主要包括国际投资理论、国际投资主体、国际投资客体以及国际投资管理等。国际投资理论研究主要包括对国际投资的基本概念、国际投资分类、国际投资动机，以及国际投资理论问题的研究；对国际投资主体的研究主要是指对跨国公司的发展、组织结构、经营战略以及各类从事国际投资活动的国际机构的研究；国际投资活动客体研究主要是指对国际投资方式，其中包括直接投资方式和各种类型的间接投资方式的研究；国际投资管理研究主要是研究投资环境、投资项目的可行性及投资活动面临的各种风险。

总之，作为一门应用学科，对国际投资活动，特别是国际投资活动的理论和实务方面的研究均是建立在理论与实践相结合、宏观与微观相联系基础之上的。随着世界经济的快速发展和区域经济一体化的不断深入，国际投资学将会面对更多值得研究的问题。

二、国际投资学与相关学科的关系

国际投资学作为一门新兴学科，其出现是人类社会实践发展和知识深化的必然结果。但是，长期以来国际投资学的有关内容包括在相关的学科之中，随着国际投资实践的发展和国际投资理论研究的深入，国际投资学已成为一门独立的经济学科。为了更准确地把握国际投资学的研究对象，我们必须进一步分析国际投资学与相关学科的关系。

(一)西方投资学与国际投资学的关系

从本义上说,西方投资学的研究对象是证券投资微观理论,如证券组合理论、金融资产定价模型等。它与国际投资学之间既有联系,又有区别。

二者之间的联系,主要表现在国际间接投资理论是在西方国内证券投资理论基础上发展起来的,它是证券组合理论向国际领域的延伸与发展。此外,二者之间的区别也较为明显,体现在以下两方面:第一,国际投资学的研究范围不仅包括证券投资领域,还包括直接投资领域;第二,贯穿于国际投资学的一个核心问题在于"跨国性"的研究,即为什么不在国内而要去境外投资,而西方投资学的核心却并没有体现出这一点。

(二)国际贸易学与国际投资学的关系

国际贸易学是研究商品和劳务在国际的运动过程及其客观规律的学科,它与国际投资学都属于国际经济学的一个分支学科,二者之间既有联系又有区别。

1. 国际贸易学与国际投资学的联系。

(1)二者的研究领域都涉及商品和劳务在国际的流动。国际贸易学研究商品和劳务的跨国界流动,国际投资学的研究范围既包含了商品和劳务的跨国界流动,又包含了货币的跨国界流动。

(2)二者之间存在着相互影响。一方面,国际贸易活动往往是国际投资行为的基础和先导。许多企业通常是首先通过产品出口来开辟国外市场,并进一步了解国外市场的需要,当发现某一产品在国外就地生产、就地销售或向本国返销更为有利可图时,就会把原来向国外出口产品转变为向国外进行投资,这实际上是受成本驱使的。另一方面,国际投资又会对国际贸易产生反作用。因为国际投资行为的发生,会引起购买力在国际的转移,从而带动国际贸易的发展,而当国际直接投资完成、形成生产能力后,又会引起东道国进口的减少。总之,现今的国际贸易大部分是与国际投资有直接或间接关系的,它们之间存在着错综复杂的影响。

2. 国际贸易学与国际投资学的区别。

(1)二者的研究领域不同。国际贸易学的研究范围既包含了资本的跨国界流动,又包含了非资本的跨国界流动,侧重点是商品和劳务的非资本特性。而国际投资学仅仅研究那些已转化为资本的商品和劳务的跨国界流动,侧重点是商品和劳务的资本特性。

(2)二者研究的侧重点不同。国际贸易学对商品流动的研究侧重于交换关系方面,从原则上讲,国际贸易活动是在价值相等的基础上实现使用价值的交换,商品最终进入消费领域;国际投资学则侧重于对商品生产属性方面的研究,从根本上看,国际投资活动是把商品作为生产要素投入生产领域并实现价值增值。

(3)二者分析问题的角度不同。国际贸易学重在研究一国商品的国际竞争能力,以便获得更大的比较利益;国际投资学重在研究一国参与国际生产的能力,以便创造更大的比较利益。

(4)二者对经济活动产生的影响不同。当代经济活动实践表明,推动国际经济发展的主要动力已经由国际贸易转向国际投资,这从国际投资的增长幅度较长期地快于国际贸易增长幅度的事实得到体现。另外,国际投资作为国际经济往来的一种形式,不仅在国家之间表现出已超过贸易往来的趋势,而且与国际贸易不同的是,国际投资的互补性体现在要素而不是产品方面,尤其是直接投资具有带动资金、技术设备、管理等要素全面转移的功能。因此,从根本上看,国际投资是体现企业乃至一个国家对国际经济活动深入参与的更高形式。

(三)国际金融学与国际投资学的关系

国际金融学是研究货币在国际的运动过程及其客观规律的科学,它与国际投资学同样既有密切联系,又有明确区别。

1.国际金融学与国际投资学的联系。

(1)二者的研究领域都包括货币资本的国际转移。国际金融学研究货币的跨国界流动;国际投资学的研究范围则既包含了货币的跨国界流动,又包含了商品和劳务的跨国界流动。

(2)二者之间存在着相互影响。一方面国际金融领域的利率、汇率变动将影响国际证券投资的价格和收益分配,也会影响国际直接投资的利润,从而进一步影响国际投资的流向和规模;另一方面,国际投资的效果好坏,也将制约货币的流向,从而引起国际金融领域利率和汇率的变动。设备、专利等非货币形态生产要素的流动,在用于投资时,虽然不会立即引起货币的回流,但在资本撤回或利润汇回时,最终会转化为货币形态,从而成为国际金融活动的组成部分。因此,国际金融和国际投资在研究中也会涉及一些共同的因素。

2.国际金融学与国际投资学的区别。

(1)二者的研究领域不同。国际金融学仅仅研究货币领域,而国际投资学不仅涉及货币要素,还研究各种生产性要素,如设备、原材料、技术、管理、专利等,国际投资对货币资本的研究是将其作为能够带来增值的交易关系的要素之一。

即使在对货币的研究范围方面,二者的研究重点也不相同。国际金融学研究各种短期资金的流动以及各种非投资活动引起的货币转移,如国际贸易活动引起的货币转移,国际援助引起的国际货币转移,以及因利率、汇率变动引起的国际货币转移等,而国际投资涉及的主要是中长期资本的运动以及资本所能取得的经济收益。

（2）二者研究的侧重点及行为主体不同。国际金融学着重研究资本运动对国际收支平衡、汇率利率波动及对一国长期经济贸易地位的影响等问题,其行为主体是国家或国际组织;国际投资学着重研究资本运动所能取得的经济收益,其最主要的行为主体是私人投资者,即跨国公司。

（3）二者分析问题的角度不同。国际金融学主要是分析国际资本运动对国际金融市场、国际货币体系、各国国际收支状况等方面的影响;国际投资学主要是分析国际资本运动对国际竞争、国际贸易,以及对投资国和东道国经济发展的影响。

综上所述,国际投资学与西方投资学、国际贸易学和国际金融学尽管有许多交叉相关的研究内容,但作为一门关于投资的学科,更应注重于利用资本要素以实现增值的研究与创新。

三、国际投资学的研究方法

科学的研究方法是人们正确认识事物不可缺少的条件。研究国际投资学,既要重视理论研究的指导原则,又要重视具体的研究方法,要运用马克思主义唯物辩证法方法论的原则去分析和研究国际投资活动中的各种矛盾运动,并揭示其内在的规律性。为此,研究国际投资学必须坚持以下的基本观点和方法。

（一）总量分析与个量分析相结合

个量分析就是把复杂的国际投资活动分解为若干简单的要素和方面,以便单独地考察它们,认识每个组成要素固有的性质和特征;总量分析就是把分解的各个要素和方面结合成一个整体,把国际投资活动作为统一的整体来认识,以正确反映国际投资各要素和各方面之间的内在联系。

通过个量分析和总量分析,既能认识国际投资活动的各个方面、各种组成要素的性质和特征,又能将国际投资活动的各个组成要素、各个方面综合起来,作为一个有机整体来研究,以全面地、正确地认识国际投资活动的运动规律。也就是说,对于国际投资项目,在分析它给投资者带来的微观效益的同时,还要考虑它将给国家的宏观经济总量造成的影响,从而达成最佳的政策协调状态。

（二）静态分析与动态分析相结合

静态分析就是在承认国际投资相对稳定的前提下,对某一时间点上的国际投资活动的现状进行分析,这种分析的方法可以考察某一时期国际投资活动的发展状况和特点;动态分析是在承认国际投资总是处在不断地运动、变化、发展的前提下,对某一时期国际投资活动所发生的变化进行序列分析,以研究国际投资活动的变化和发展过程,考察其发展的方向和趋势。二者互为前提、互相补充。

我们对国际投资的研究,不仅要了解其现状,如投资规模存量、行业结构等,更要分析其发展趋势,如流量、投向变化等,从而及时地调整策略。因此,应该把静态分析和动态分析有机地结合起来,这样不仅可以考察国际投资活动的过去,预测其发展的趋势和前景,而且,对于揭示国际投资活动的发展规律具有重大意义。

(三) 定性分析与定量分析相结合

定性分析就是运用正确的立场、观点来揭示国际投资活动中的各种质的规律性和本质联系;定量分析就是运用数学方法对国际投资活动中的各种数量关系和数量变化进行定量描述,以深化对国际投资从量变到质变的规律性的认识。

对于国际投资活动的现象和结果,不仅需要在总体上给予定性的判断和预测,还需要进行定量的计算和分析。对此,西方长期以来形成了一套现代化管理方法,广泛深入地运用经济数学,如对投资项目进行可行性研究、对投资效果进行投入产出分析、对金融资产设立定价及风险控制模型等,使国际投资活动建立在科学精确的基础上。

(四) 历史分析与逻辑分析相结合

国际投资学是国际投资实践活动的经验总结和理论概括。在国际投资学的研究中,必须运用历史分析的方法,分析国际投资的产生、发展和演变过程,准确描述国际投资发展的客观过程。但是,国际投资的发展不仅表现为一个历史过程,也必须遵循其内在的逻辑次序。运用逻辑分析方法进行分析,有助于寻找出国际投资活动的客观规律。事实上,国际投资活动内在的逻辑次序及其发展的历史进程是相一致的,因此,在国际投资学的研究中,必须坚持历史分析与逻辑分析相结合的研究方法。

(五) 抽象分析与实证分析相结合

作为一门新兴的应用经济学科,国际投资学必须根据前人揭示的经济学原理,从理论上分析国际投资实践活动,总结国际投资运行的规律。但同时也应看到,国际投资学是在国际投资实践中产生的,投资实践繁杂多样,只有在具体实证分析的基础上才能进行理论分析,否则,凭空得出的理论难以解释国际投资实践活动。当代一些著名的国际投资学流派的理论都是在具体实证分析某一国(或某类国家)对外投资活动的基础上得出的。因此,在国际投资学的研究中,必须坚持抽象分析与实证分析相结合的研究方法。

(六) 理论总结与实践操作相结合

只有通过具体的国际投资实践活动,才能探求其内在客观的联系,从而归纳成为理论,再度指导实践过程,并通过不断修正、发展,形成适合国情的国际投资学。

四、研究国际投资学的意义

研究任何一门学科,只有在认识到它的实际作用的基础上,才会产生内在的动力。研究国际投资学的意义就在于以下几个方面:

首先,从宏观层面来看,研究国际投资学是深刻认识世界经济形势的需要。近几十年来世界经济发展的历史和现实表明,国际投资在世界各国对外经济关系和国内经济发展方面的地位和作用越来越重要了。从发展趋势来看,国际投资的增长速度快于国际贸易,这反映了以生产国际化为基础的国际分工日益深化。有不少国家对来自外国的商品进口实行这种或那种限制,但对来自外国的投资则采取欢迎态度,甚至提供一些优惠措施。国际投资造成了许多国家经济中"你中有我,我中有你"的局面,增加了它们之间的相互依存性,成为国际经济合作的强有力的纽带。

其次,研究国际投资学还是我国经济建设和对外开放不断深入发展的需要。过去的几十年中,我国的改革开放事业有了长足的发展,国民经济持续快速增长,经济运行正在逐步地融入世界经济运行的总轨道之中。在引进外资方面我们已取得了很大的成就,大量的国际直接投资资本和间接投资资本被我国吸引进来,有力地促进了我国经济的发展。但是,在对外投资方面,我们做得还远远不够,或者说是刚刚起步。形成这种状况的原因是多方面的,其中对国际投资不熟悉、对国际资本运动的机制和规律不了解是重要原因之一。因此,为了继续贯彻执行对外开放政策,还需要解决怎样利用外资、怎样到国外进行投资等问题,这就需要我们全面、详细地学习和掌握国际投资的理论与实务知识。

最后,从微观层面来看,研究国际投资学是投资者寻求最佳投资方式、获得最佳投资效益的需要。国际投资发展到现代,出现了很多新式的投资方式。在不同的投资背景、不同的投资对象、不同的投资目的或条件下,应选择不同的投资方式,才能使投资者在最短的时间里,以最小的代价,获得最好的投资效益。学习国际投资学,正是为了掌握和熟悉各种不同投资方式的特点及其利弊,学习如何避免投资风险,如何寻求最安全可靠的投资途径,以便使手中的有限资本能在竞争激烈的国际投资领域中得到迅速的增值。

> 案例研究

案例一 苏宁电器的并购

一、入主日本 LAOX,苏宁开始国际化

LAOX 公司是日本家电连锁企业,创立于 1930 年,在东京交易所上市,在日本国内享有较高的知名度与口碑。但由于市场竞争格局的变化,近年来 LAOX 公司经营日趋严峻。但苏宁电器认为,LAOX 是一家上市公司,信息披露十分透明,同时经营规模适度,风险可控性强,且并购对价 5 700 万元人民币仅相当于苏宁当年第一季度 22 亿元经营现金流入的 2.6%、228 亿元总资产的 2.5‰。更重要的是,此次收购将带来三大提升:一是借鉴日本家电连锁行业在商品规划、店面运营和客服等方面的经验;二是形成采购协同平台,从日本引进动漫游戏、玩具模型等产品;三是契合"走出去"的海外市场发展战略。此交易完成是苏宁电器管理团队第一次海外并购的训练。

二、对香港镭射公司的并购

在对位列香港电器零售连锁前三甲的镭射公司并购时,苏宁坚持了一贯的稳健风格,对目标公司进行了全面的尽职调查。结果显示,镭射公司品牌资信良好、资产相对透明、业务规范、员工结构稳定、店面网络资源分布合理,符合作为收购目标的基本条件。按照收购协议,仅支付 3 500 万港元后,苏宁电器将全面接收镭射品牌、业务及网络,原有人员也将转入新的公司,届时苏宁将正式进入香港市场。此外,苏宁还考虑到香港市场拥有四大优势:一是拥有 700 万人均 GDP 超过 2.5 万美元的本土居民,以及超过 3 000 万的国际化客流;二是导向作用明显;三是法律完善,与国际接轨做得很好;四是国际化人才储备拥有得天独厚的条件。以并购方式进入香港后,苏宁将对现有网络基础进一步优化,并开始实施自主开店,在镭射 22 家门店基础上,标准开发,全面连锁。首先进一步完善核心商圈布局,其次拓展区域商圈和社区型商圈,3 年内在香港新开 30 家店面,占香港电器消费市场 25% 以上的份额,同时,针对目前香港家电零售业态普遍存在的店面过小、消费者购物体验和产品选择不足,苏宁将会在核心商圈开出 4~5 家 2 000 m² 左右的旗舰店。最终经过整合,在供应链方面,苏宁电器充分发挥内地采购平台、供应链的协同效应,与内地联合规模化统一采购,提升产品价格竞争力;在产品方面,引进更多内地品牌、产品,丰富香港电器消费市场的品牌、品类,给香港消费者提供更多的选择;在服务方面,除了传统的售后配送服务外,苏宁还把近 20 年来在内地市场积累的自营服务经验更多地移植到香港市场,并重点推广内地和香港两地的产品联保服务,实现异地维修和退换货等。

案例思考与讨论:

试根据以上材料分析苏宁对日本 LAOX 公司和香港镭射公司进行国际并购的不同之处。

案例二 三星的国际化之路

三星集团(以下简称三星)成立于 1938 年,如今已经成长为国际著名的跨国企业集团。三星集团国际化是一个渐进的学习和积累的过程,概括地说,这个过程先后经历了贸易、低价扩张和高端品牌三个发展阶段。

一、出口贸易阶段(20 世纪 30 年代到 70 年代末)

这一阶段,三星集团采取了零星出口、通过独立代理商出口和建立海外销售机构三种模式,并通过为日本企业生产来学习国际化经营和管理经验。20 世纪 60 年代,随着技术水平的提高和劳动力成本的上升,劳动密集型产业在发达国家渐渐变得无利可图。韩国利用美国等发达国家进行产业调整的机遇,针对国内市场狭小、资源短缺和劳动力相对丰富的情况,实施了出口主导战略。顺应韩国政府的出口导向战略,三星公司千方百计地开辟国际市场,并先后在东京、纽约设立办事处,后来又扩展到加拿大、南美洲、澳大利亚和非洲。1969 年,三星以 OEM 的方式使用三洋电气的商标生产 12 英寸黑白电视机,向三洋公司学习半导体等技术。70 年代初期三星开始生产电视、录像机等家用电器并开始进入国际市场。三星在低档市场的优势由于劳动力成本相对较低和日本公司的逐步退出而加强。1977 年,三星专门设立了对外贸易部门。1978 年,三星电子黑白电视机的产量超过日本松下,成为世界第一。

为了扩大出口市场,1979 年,三星电子在美国建立了海外销售子公司。针对美国市场容量大、自由度高和技术领先的特点,三星在美国的销售集中在低档产品市场,从而发扬了廉价劳动力带来的成本优势,又避开了自身的技术劣势。由于三星品牌在美国的知名度并不高,三星进入美国市场时选择了"经销商品牌"的产品策略,依靠大的零售商已经建立起来的营销网络来实现规模销售。

二、低价扩张阶段(20 世纪 80 年代至 90 年代中期)

在韩国政府的政策引导下,从 20 世纪 80 年代开始,三星加快了在海外投资设厂的步伐,先后在美国、欧洲和亚洲建立了自己的生产基地。由于在国际化经验、资金、技术实力和营销模式等方面缺乏足够的积累,同时由于看到在低端领域有巨大的利润空间,三星采取了低价扩展策略,定位于生产和销售低价、低技术含量的产品来参与国际竞争。

1984年,三星集团在美国新泽西州建立了SII(Samsung International Inc.)。SII在新泽西的工厂是三星在美国的第一个生产投资项目,该项目获得了当地政府的低息资助。三星公司在美国投资设厂的直接诱因是1983年几家美国公司和工会针对三星提出的反倾销诉讼。当然,三星建立SII还有多重目的,包括扩展国际市场、学习美国先进的管理技术、绕过美国政府的关税保护和提高三星在美国的品牌形象等。为了适应北美自由贸易区的建立,三星在1988年把新泽西的组装厂搬到了墨西哥的蒂华纳,并于1992年对该厂进行了扩建。

90年代初,三星集团的版图扩张到了欧洲。1992年,三星收购了德国一家生产电视机显像管的工厂,每年生产160万支显像管,后来又对该厂追加投资。通过这一举动,三星不仅获取了电器产品的潮流和市场信息,而且获得了融资方面的便利,进入了欧盟这一容量巨大的成熟电子电器消费市场。90年代,三星还在西班牙设厂,生产录像机、洗衣机和吸尘器等产品。

三、高端品牌阶段(1997年以后)

经过几十年的国际化实践,三星集团积累了丰富的国际化经验。开始于1993年的"新经营"运动使三星从一个单纯模仿他人技术的低端产品制造商逐步向一个拥有自己核心技术的创新领导者转变。然而,真正从根本上促使三星全面向高端路线转变的是1997年爆发的亚洲金融危机。

20世纪90年代后期,在海外市场上,虽然三星已经建立多个海外生产基地,但技术方面与索尼、飞利浦相比还有很大差距,且占领的主要是低端市场。此外,来自其他发展中国家厂商的竞争也威胁到了三星的发展。在韩国国内市场,一些外国公司(譬如索尼、松下、通用电气等)已大举进入,发展分销网络、专业销售人员和售后服务,竞争变得越来越激烈。1997年,亚洲金融危机爆发。韩国GDP在一年内缩水了6.7个百分点,30家最大的集团公司中有16家被收购、合并或倒闭。到1997年年底,三星集团负债(在当时的汇率下)达到了380亿美元,资产负债率达到366%!经过几年的调整之后,三星将多方面的产品分散到世界各地进行生产和设计,并通过绿地投资和收购等手段不断扩大自己的市场,不断提高品牌的科技含量。

2004年,三星电子在上海科技馆举行了"全球商品展示会"。会上,三星电子CEO尹钟龙表示,三星的战略是使中国从生产基地变成全球经营的前沿阵地、从新兴市场变成未来的战略市场、从制造人力的中心变成获得市场营销及研发等核心人才的中心。三星电子一再强调,三星在中国的战略是"选择和集中""打造高端品牌""加强以当地为主的经营"。三星计划到2010年把其在中国的销售额增加至250亿美元。

案例思考与讨论:
1. 试根据以上材料分析三星进行国际投资的途径。
2. 分析三星国际化道路上所包含的国际投资知识。

思考题

1. 国际投资的概念是什么?
2. 当代国际投资的特征有哪些?
3. 国际投资对经济有哪些影响?
4. 国际投资的发展分为几个阶段?
5. 国际直接投资与国际间接投资有什么区别?
6. 新兴国际投资方式有哪几种形式?

第二章 国际直接投资

International Direct Investment

20世纪50年代以后,推动世界经济增长的国际直接投资,正受到人们越来越多的关注。本章主要介绍了有关国际直接投资的概念、影响国际直接投资的主要因素,深入分析了国际直接投资的动机,阐述了国际独资企业、国际合资企业和国际合作企业等国际直接投资的基本方法。

学习要点

Foreign direct investment which promotes world economic growth has attracted more and more attention after 1950s. This chapter mainly introduces the concept of foreign direct investment, the factors which influence FDI, the motivations of FDI. This chapter also describes the basic method of international direct investment, such as sole proprietorship, joint venture, cooperation enterprise and so on.

第一节 国际直接投资概述

一、国际直接投资的含义及其发展的原因

（一）国际直接投资的含义

国际直接投资（International Direct Investment）又称外国直接投资（Foreign Direct Investment，FDI）。国际上的很多机构都对国际直接投资进行过解释，其中较具权威性的是世界银行所下的定义。按照世界银行的解释：外国直接投资是投资者在其所属的经济体以外的地方，为获得对一个企业经营的持续的管理权（10%及其以上有投票权的股份）而进行的投资的净流入量。

按照我国大多数学者的解释，国际直接投资是指投资者在其境外设立新企业、扩展原有企业，兼并或收购本国、东道国或东道国以外国家的企业，对本国、东道国或东道国以外国家企业控股的一种行为。实际上国际直接投资是以收益为目的、以控制国（境）外企业的经营管理权为核心的对外投资行为。至于控股权达到企业股权的何种程度才算直接投资，各国的规定并不相同，一般在10%～25%。直接投资要求投资者不仅能行使表决权，而且在企业的经营和管理中享有决策权。

（二）国际直接投资迅速发展的原因

20世纪60年代以后，以跨国公司为主体的国际直接投资得以迅速发展，其主要原因在于国际分工的新发展、科技创新引起的生产工具革新、国际经济一体化趋势的加强，以及发达国家鼓励对外投资和发展中国家吸引外资的政策四个方面。

1. 国际分工的新发展。国际分工的新发展是国际投资发展的客观前提。国际分工是生产力发展和科学技术进步的必然结果，是社会分工超越国界的产物，也是国际经济交往的客观前提。第二次世界大战以后，首先是世界政治格局发生了根本性的变化，原先的帝国主义殖民体系土崩瓦解，许多弱小国家摆脱了帝国主义的控制，成为独立的主权国家，新的国际经济秩序开始建立。其次，随着战后经济的恢复发展，新兴工业部门不断出现并蓬勃发展，使各国在产业部门间分工出现多样化，国际分工不断向纵深发展。国际分工的深度发展使不同发展水平的国家根据产业发展递进规律而进行更为复杂的分工，这时不仅有一般的国际分工，还出现了部门内部的国际分工，这都为国际投资提供了充分的舞台。从这一时期开始的以企业利益为主体、以在全球范围组织生产经营活动为使命的更大规模、更迅速开展的国际投资是以国际分工新发展为客观前提的。

2. 科技创新引起的生产工具的革新。科技创新引起的生产工具的革新是国际投资大发展的物质基础。自 20 世纪 50 年代开始的以原子能、电子计算机、空间技术、材料科学、生物工程为基础的第三次科学技术革命,遍及各个科学和技术领域,并把科学和技术紧密结合起来而形成新的生产力因素。比如,第三次科技革命推动了交通、通信的现代化和管理的计算机化,使得人类在联系上的空间大大缩短,为跨国公司在世界范围内组织生产创造了物质前提。所以说,科技创新为国际直接投资的发展提供了物质条件。

3. 国际经济一体化趋势的加强。国际经济一体化趋势的加强为国际投资活动提供了渠道。新科技革命促进生产力发展,在世界经济生活中造成的最终结果是经济生活的国际化。当代国际经济联系越来越密切,任何国家都不可能在全封闭的状态下求得生存和发展,国家间的经济相互依赖,具体表现为国际经济一体化趋势的加强。实际上,国际经济一体化反映了当代经济生活国际化的要求,既是跨国公司在全球范围内进行大规模的国际直接投资、组织跨国界的生产经营活动的结果,又为其更大规模的扩展提供了畅通的渠道。

4. 发达国家鼓励对外投资和发展中国家吸引外资的政策。发达国家鼓励对外投资和发展中国家需要引进外资,促进了国际投资的发展。在经济生活国际化、国际经济一体化趋势逐渐加强的情况下,各发达国家政府出于维护和增强本国利益的需要,都采取鼓励对外投资、扶植本国跨国公司成长和发展的政策措施,主要包括:组织国有或公私合营的跨国公司从事海外扩张;向跨国公司的国外直接投资提供融资便利和投资风险保证;向跨国公司开拓国际市场上有竞争力的新产品提供研制费用;对跨国公司的海外利润在税收上给予优惠,并鼓励在海外的利润再投资;利用提供国际发展援助的机会,诱使受援国接受有利于本国跨国公司发展的条件等。

与此同时,战后殖民主义体系的瓦解,使许多殖民地、半殖民地国家获得了主权独立。但是,这些发展中国家在其经济发展过程中,遇到了资金缺乏、生产技术水平落后、人员素质不高和管理经验不足等困难,而发达国家的跨国公司在进行国外直接投资时,往往具有将资本、技术、培训、贸易和环境保护等结合起来的优势。这样,发展中国家希望在尊重自己国家主权的前提下,吸收外国投资的愿望能够与跨国公司投资的优势结合起来:首先,外国资金的流入填补了发展中国家国内"投资—储蓄"缺口,从而获得了经济发展所急需的资金;其次,通过吸收外国投资,还可以引进物化了的先进技术,提高了现有资本和新增资本的生产力;第三,外国公司较高的资本—劳动生产率还会对发展中国家的国内投资效益带来积极影响,进而通过竞争压力、示范学习效应和对当地人力资源的开发,以及与当地供应商和消费者的前向联系、后向联系等,促进当地企业提高效率;另外,跨国公司庞大的贸易销售网络为发展中国家的出口增长提供了便利,有利于发展中国家外汇的增加等。基于以上利益,发展中国家纷纷制定吸引外资的优惠政策,也为国际投资的扩展提供了良好的外部条件。

二、影响国际直接投资活动的主要因素

影响国际直接投资活动的主要因素既有宏观的、也有微观的,既有国内的、也有国外的,其主要表现在以下几个方面。

(一) 国际经济的增长状况

国际直接投资的规模变化总是随国际经济增长的起伏而变化的,国际经济发展较快时,国际投资的增长一般也较快,反之,国际经济增长低迷,国际投资的增长也必将受到影响。特别是那些对外直接投资数量较多的发达国家,其经济增长的状况直接影响着对外投资的状况。

(二) 东道国的投资环境与外资政策

投资者进入东道国投资肯定要考虑当地投资环境的优劣,以及东道国外资政策的完备和优惠程度,这两者之间存在着正相关关系。

(三) 投资母国的政策

如果母国政府对本国企业和个人的对外投资采取比较自由的政策,则有利于对外投资规模的扩大;如果采取较为严格的限制政策,对外投资的发展将会放缓。近年来,绝大多数国家对本国企业的对外直接投资采取了逐步放宽的政策。母国政府采取什么样的对外投资政策与母国的经济发展水平、市场经济成熟程度以及该国应对经济全球化的措施直接相关。

(四) 国际直接投资政策的协调

政策协调包括双边(两国之间)的,也包括区域性的和多边的。政策协调顺利有助于保障和促进投资的进行。投资政策的协调主要通过签订不同层次的国际投资条约与协定实现。

(五) 国际产业转移

国际产业转移与商务成本提高、技术进步和产业结构调整相关,国际产业转移的进程对国际分工格局有直接影响。与产业国际转移相伴随的是资本、技术、管理和人员等生产要素的国际移动,是企业的国际迁徙。

（六）自由贸易区等区域经济一体化组织的发展

区域经济一体化组织包括特惠关税区、自由贸易区、关税同盟、共同市场和经济同盟。目前，世界上签署了大量的自由贸易区协定，其中一些包含着促进和鼓励成员之间相互投资的内容。比如签订共同市场或经济同盟的协定，必然包含加快成员之间资本要素移动的内容。另外，自由贸易区等区域经济一体化组织的发展对区域外国家商品的进入具有一定的限制作用，对区域内国家的商品则基本上实现了自由移动和自由贸易，这也迫使和诱导区域外国家增加对区域内国家的直接投资。由此看来，自由贸易区等区域经济一体化组织的发展也是影响国际投资的一个重要因素。

（七）跨国公司的发展和跨国化指数的提高

开展对外直接投资的有中小型企业，也有大型企业，同样，跨国公司也规模各异。各种类型的跨国公司是国际直接投资的主要承担者和从事者，跨国公司的发展就意味着国际直接投资的扩大。跨国化指数(the Trans Nationality Index，缩写为TNI)是根据海外资产占总资产的比率、海外销售额占总销售额的比率和海外雇员占总雇员的比率这三个比率的平均数计算得出的。跨国公司跨国化指数表明其国际化程度，同时也表明其对外投资的规模。近些年来，跨国公司的跨国化指数一直在稳步上升。

第二节　国际直接投资动机

由于国际直接投资活动是以各种形式的收益为目的，所以每个投资主体都有其具体的投资动机。不同的投资动机决定了投资者的投资和管理方式。因此，确定投资动机不仅是投资者在对外投资前必须清楚的，而且了解外国投资者的动机也是有效利用外资的基本前提。

一、市场导向型动机

这种类型的投资主要以巩固、扩大和开辟市场为目的，具体又可分为以下几种不同的情况：

第一，投资企业本来是出口型企业，它在本国进行生产，通过出口使商品进入国外市场，但由于东道国或区域性经济集团实行了贸易保护主义，影响和阻碍了企业的正常出口，因而企业转为对外投资，在当地设厂，就地生产就地销售，维持原有的市场或开辟新的市场。有时也会转向没有受到出口限制的第三国投资生产，再出口到原有市场所在国。

第二，企业对国外某一特定市场的开拓已达到一定程度，为了给顾客提供更多的服务，巩固和扩大其市场份额，在当地直接投资进行生产和销售，或者在当地投资建立维修服务和零部件供应网点。例如，机电产品在国外某一市场销售达到一定规模后，就有必要加强售后服务，建立一些维修服务和零部件供应网点。又如食品制造商或汽车制造商在国外有足够规模的生产设施，需要就地取得食品容器或汽车零配件，这时，制造容器或零配件的公司就会配合需要，在国外投资建厂，以便就地供应，免得失去顾客或买主。

第三，企业为了更好地接近目标市场、满足当地消费者的需要而进行对外直接投资。如快餐食品、饮料和食品原料等商品，这些商品不能久储或不耐长途运输，其顾客却分散在世界各地，为了更好地接近或维持国外销售市场，企业不得不在国外投资设立网点，以利于就近提供新鲜食品。至于无形商品服务，有些商品几乎无法储存与运输，所以要想抢占市场就必须通过对外投资在国外设立企业，边生产边出售。

第四，企业的产品在国内市场占有比例已接近饱和或是受到其他企业产品的有力竞争，因而企业在国内的进一步发展受到限制，冲破限制的有效办法之一就是对外投资，开发国外市场，寻求新的市场需求。

综合上述几种情况可以看出，市场方面的考虑在对外投资决策中占据主导地位。

二、降低成本导向型动机

出于这种动机所进行的投资主要是为了利用国外相对廉价的原材料和各种生产要素等，以降低企业的综合生产成本、提高经营效益、保持或提高企业的竞争能力。这一类投资可以分为以下几种具体情况：

第一，出于自然资源方面的考虑。如果原料来自国外，最终产品又销往原料来源国，那么在原料产地从事生产经营活动可节省与原料进口和产品出口相关的运输费用；此外，企业为了获得稳定的原材料供应，也会在资源丰富的国家投资建立原材料开采或生产性企业，以满足本企业原材料供应的需要。

第二，出于利用国外便宜的劳动力和土地等生产要素方面的考虑。对于劳动密集型产业来讲，工业发达国家之所以进行对外投资，主要是想利用发展中国家廉价的劳动力，以降低生产成本。如果本国土地要素价格偏高，企业也有可能通过对外投资将生产经营转移到土地价格较低的国家去。

第三，出于汇率变动方面的考虑。汇率的变动会直接导致出口商品价格的变动，当一国的货币升值时，会使其出口商品以外币表示的价格升高，影响其商品在国际市场的竞争力。在这种情况下,该国企业往往会扩大对外直接投资,以克服本币升值的不利影响。

第四,出于利用各国关税税率的高低来降低生产成本的考虑。如果一个国家的关税税率高,那么其他国家的企业就可能为了降低产品成本而在该国投资进行生产;反之,如果一个国家的关税税率低,国内市场上进口商品竞争力强,则会促使该国企业到生产成本更低的国家投资建厂。

第五,出于利用闲置的设备、专利与专有技术等技术资源方面的考虑。以对外投资形式向国外输出闲置的设备与技术资源,可降低企业的生产与经营成本,并实现规模生产,提高经营效益。

三、技术与管理导向型动机

这种投资的目的主要是为了获取和利用国外先进的技术、生产工艺、新产品和先进的管理知识等。有些先进的技术和管理经验通过公开购买的方式不易得到,可以通过在国外设立合营企业或兼并与收购当地企业的方式获取。获取和充分利用这些技术和管理经验,可促进投资企业的发展,提高竞争力。技术与管理导向型投资具有较强的趋向性,一般集中在发达国家和发达地区。曾有报告称,日本通过与美国公司和大学建立合资项目,获取了美国大量的尖端生物工程技术。

四、分散投资风险导向型动机

这种投资的目的主要是为了分散和减少企业所面临的各种风险。投资者在社会稳定国家投资的目的是寻求政治上的安全感,因为社会稳定国家一般不会采取没收、干预私有经济等不利于企业的措施,企业在这类国家从事生产经营决策的灵活性较大。再有,这些国家一般不会出现给企业生产经营活动造成极大影响的国内骚动或市场销售状况的突发性变动。很明显,企业的投资过分集中在某个国家、某个地区、某个行业,一旦遇到风险时,会由于回旋余地小而出现较大损失。

企业所要分散的风险主要是政治风险,同时也包括经济的、自然的和社会文化方面的风险。一般而言,直接投资的这种动机是出于对国际投资风险的考虑,但在某些情况下,也有出于国内风险原因而进行对外投资的。如一家企业在世界各地进行投资生产与经营活动,不仅可以起到扩大销售的积极作用,而且还可以带来原材料、技术、人员以及资金等多元化的供应来源,从而使企业不受一国国内条件有限的制约。

五、优惠政策导向型动机

在这类动机下,投资者进行对外投资的主要目的是为了利用东道国政府的优惠政策以及母国政府的鼓励性政策。东道国政府为了吸引外来投资常会制定一些对外来投资者的优惠政策,如优惠的税收和金融政策、优惠的土地使用政策以及创造尽可能良好的投资环境等,这些优惠政策(尤其是税收上的优惠政策)会诱导外国投资者做出投资决策。同样,母国政府的鼓励性政策也会刺激和诱发本国企业或个人做出对外投资决策,如鼓励性的税收政策、金融政策、保险政策以及海外企业产品的进口政策等。

除了以上五种投资者所具有的较普遍的国际直接投资动机之外,还有一些其他动机,如全球战略导向型动机(投资的主要目的是提高企业的知名度,在世界范围内树立良好的企业形象,以实现其全球发展战略)、信息导向型动机(主要目的是获取国际经济贸易方面的最新信息和最新动态)、"随大流"型动机(跟随本企业的竞争对手或本行业的带头企业进行对外投资)、公司决策者个人偏好型动机(因公司决策者对某个国家或地区的某方面事物的偏好而决定进行的投资)、为股东争利导向型动机(进行对外投资的目的是为了给企业的股东特别是普通股股东争取更多的利益)等。

在分析和理解国际直接投资的动机时应注意下列几个问题:

(1)国际直接投资的动机大多是从必要性的角度分析的,而对可能性方面考虑得比较少,把必要性与可能性结合起来进行分析是国际直接投资理论应解决的问题。因而为了加强对国际直接投资动机的理解,还应学习和研究国际直接投资的主要理论。

(2)上述各种投资动机都是国际直接投资的经济动机,并未考虑政治与军事方面的动机。

(3)国际直接投资的根本动机和目的是利润最大化,各种类型国际直接投资动机是追求利润最大化的不同途径与方式。在获取利润的问题上,有直接与间接、局部与整体、近期与远期之分,这也导致投资动机呈现多样化。另外,不同企业的内外条件与所处环境之间存在着相当大的差异性,这也使不同企业在追求相同的目标时采取了不同的手段。

(4)国际直接投资的动机是复合的、相互交叉的。投资者就一个项目的对外投资可能有一个动机,也可能有两三个动机。同时并存的动机越多,投资完成之后对投资者的好处就越大。例如,一家美国企业在中国深圳经济特区投资建立了一家劳动密集型企业,其产品90%以上在国内市场销售,这家美国企业的在华投资可能具有这样几个动机:降低成本导向型动机、市场导向型动机和利用中国政府给予外商投资企业的优惠政策导向型动机等。

（5）不同类型国家之间直接投资的主要动机并不相同。发达国家之间出于市场导向型和分散投资风险导向型动机的相互投资相对较多，发展中国家之间的投资出于市场导向型和降低成本导向型动机多于其他动机，发达国家向发展中国家的投资主要是出于市场的动机和降低成本的动机，发展中国家向发达国家的投资多数考虑的是市场、技术、管理和分散风险。

第三节　国际直接投资的企业形式

一、国际独资企业

（一）国际独资企业的含义

国际独资企业（Sole Proprietorship or Individual Enterprise）是指由某一外国的投资者依据东道国的法律，在东道国境内设立的全部资本为外国投资者所有，投资者独自享有企业利润并独自承担经营风险的企业。国际独资企业的经营优势在于所有权与经营权独占，从而具有许多经营方面的优势。

独资企业是历史最悠久的企业形式，这类企业在现代经济社会中的数量占绝大多数。如在美国，独资企业约占整个企业总数的79%、近1 000万家。在其他国家也十分盛行。究其原因，主要是由于它作为一种企业形式，对投资者具有很多有利之处。

（二）设立国际独资企业的好处

1. 相对其他企业形式而言，独资企业受政府控制较少。这主要是因为多数国家规范独资企业的法律一般极少，而且主要集中在对其所从事业务活动范围的限制，而不像公司企业那样必须遵守数量庞杂的法规。

2. 企业经营管理具有特别的灵活性。因为经营管理大权高度集中在企业主手中，企业主实施管理的自由度很大，既没有董事会（或管理委员会）的制约，也没有股东们的干预。

3. 独资企业的税负比较轻。作为举办独资企业的投资者，只需缴纳一次所得税。如果独资企业是自然人企业，按大多数国家税法规定，独资企业缴纳了企业所得税后，企业主可以免缴个人所得税。而不必像公司企业的股东（投资者），在公司缴纳了法人所得税后，还必须缴纳股息税及个人所得税。

4. 容易保守业务秘密。在竞争性的市场经济中，保守秘密是很重要的，企业的成功往往是在保守商业秘密基础上取得的。社会对中小型企业的销售量、利润、财务状况知道得越少,一般就越有利。独资企业除在所得税表格中需要填写的项目以外,其他方面都可以保密。因此独资企业属于保密性最好的一类企业形式。

5. 竞争性和进取性较强。举办独资企业将面临激烈竞争,由于本微势单,遭受失败的可能性特别大,大多数企业是在大中型(公司)企业的竞争夹缝里求生存、谋发展的,这就要求它们顽强地进行奋斗。独资企业的这种地位,决定了其竞争力强的特点。

(三)国际独资企业的形式

1. 国外分公司。国外分公司是指一家母公司为扩大生产规模或经营范围,在东道国依法设立的,并在组织和资产上构成母公司的一个不可分割部分的国外企业。它本身在法律上和经济上没有独立性,即不具有法人资格。

(1)国外分公司的特点,可以概述为下述三点:一是分公司没有自己独立的公司名称和公司章程,只能使用与总公司同样的名称和章程;二是分公司主要业务活动完全由总公司决定,分公司一般是以总公司的名义并根据它的委托进行业务活动;三是分公司的所有资产全部属于总公司,因此,总公司要对分公司的债务承担无限责任。

(2)国外分公司的好处。设立国外分公司是直接投资的形式之一,它主要有以下好处:

一是在国外建立分公司进行投资,手续比较简单,而且只需缴纳少量的登记费用就可以在这个国家取得分公司的营业执照。申请时,一般要提供总公司的营业状况和一些法定文件,包括它的资产负债表、损益表等财务报表。此外,还应提交分公司经理人选的一些简况以及总公司对其规定的权限范围。

二是总公司能够直接地全面领导和控制分公司的经营活动。因为分公司仅仅是总公司的一部分,其管理人员是以完全受母公司控制为条件而受雇的。而母公司控制子公司就相对复杂一些,因为子公司是一个独立的法人,具有自己的董事会,母公司只能通过子公司的董事会,再由董事会通过子公司的具体管理人员对其进行领导和控制。

三是分公司的所在国对分公司在国外的财产没有法律上的管辖权,而子公司的所在国对其国外的财产具有法律上的管辖权。这是因为分公司不具有法人资格,而子公司是其所在国或者东道国的法人所致。因此,分公司在东道国之外转移财产比较方便。

四是设立分公司对总公司在纳税上具有一定的优惠。这种优惠,主要表现在如下两个方面:

一方面,对于来自国外分公司的所得或者亏损并入总公司的盈亏额一起计算应纳所得税额。因此,如果总公司在其母国当年盈利多,其纳税额也高,但如果它在国外的分公司发生了亏损,该亏损额可以从其母国总公司的税前利润中减除,然后总公司再进行纳税。其结果是分公司在国外亏损的一部分(一般接近于亏损的一半)就由总公司的母国政府通过税的形式进行了补贴,这显然对总公司在国外设立分公司以探索投资经验是有利的。《中华人民共和国合资经营企业所得税法》第一条就有类似规定:合营企业在中国境内外的分支机构从事生产、经营所得,由总机构汇总缴纳所得税。第16条又规定:合营企业及其分支机构,在国外缴纳的所得税,可以在总机构应纳所得税额内抵免。

另一方面,对外国分公司汇出的利润一般不作为红利缴纳利润汇出税,而子公司汇出去的利润必须要缴纳利润汇出税。即分公司在其所在国只缴所得税、不缴汇出税,而子公司不仅须缴所得税,如把利润汇出境外,还必须缴利润汇出税,需两次纳税。因此,分公司就能获得少纳一次税的优惠。例如:澳大利亚税法规定,分公司的利润所得税率是51%,而子公司的所得税率是46%。但是当子公司把它的税后利润汇回去的时候,还要交纳汇出利润额的30%作为汇出税,实际上子公司要交的税是46% +30% ×(1 -46%) =62.2%,与分公司相差11.2%,那就相当高了。因此澳大利亚和其他的一些国家签订避免双重征税条约,相互减免汇出税。比如美国和澳大利亚签订了避免双重征税协定,把税后利润的汇出税率相互降为15%,即使如此,子公司实际缴纳的税还要大于分公司缴纳的税,46% + 15% ×(1 -46%) =54.1%,子公司在澳大利亚实际缴纳的税率比分公司要多出3.1%。

(3)国外分公司的缺点。对投资者而言,设立国外分公司除具有上述好处外,也带有一些制约:

一是总公司要对分公司的债务负无限连带责任,这对投资者(总公司)显然是不利的。

二是分公司在国外完全是作为外国企业从事经营活动的,没有所在国的股东,因此,其影响面就比较小,开展业务活动比较困难,因为它没有当地股东帮助其扩大影响和展开业务。

三是分公司登记注册时必须提交总公司在全世界范围内经营状况的资料,这样显然会给总公司带来不便。

四是分公司终止或撤离所在国时,只能够出售其资产,而不能出售其股票(股份),也不能采取与其他公司合并的方式。

五是在国外设立分公司常会引起总公司所属国税收减少,因此,其所属国对分公司的法律保护措施较弱。

世界各国对外国公司在本国内开设分公司是有不同法律规定的。一般来说,西方资本主义国家和一部分发展中国家对外国公司在本国设立分公司持欢迎态度。有些发展中国家(如印度、尼泊尔等国)通常禁止外国公司在本国设立分公司。有些国家(如伊拉克、阿尔及利亚等国)则把外国的分公司视为捐客,不愿与之交往。因此,在决定是否在外国开设分公司之前,投资者必须了解该国对待外国分公司的基本态度。

2. 国外子公司。国外子公司是指由母公司投入全部股份资本,依法在东道国设立的独资企业。它虽然受母公司控制,但在法律上是独立的企业法人。

(1)国外子公司的特点:①子公司具有自己独立的公司名称和公司章程;②子公司具有自己独立的行政管理机构,如果子公司采取股份有限公司的形式,它具有自身的股东大会和董事会,如果属于中小型的有限责任公司,那么它只有董事会,总之,子公司的行政管理机构都是独立的;③子公司具有自己的资产负债表和损益表等财务报表,进行独立核算并自负盈亏;④子公司可以独立地以自己的名义进行各类民事法律活动,包括进行诉讼。

(2)国外设立子公司的利弊。投资者在国外设立子公司的利弊可从以下方面描述:

一是在税收方面,多数国家的税法规定,只有当子公司的利润实际汇回到母公司的时候,才在母公司的所属国纳税,否则子公司没有义务向其母公司的所属国纳税,这是因为子公司在其所在国是独立的法人。这与分公司就不同,分公司即使不将其利润汇回到总公司,总公司也有义务在其母国为分公司在国外的盈利缴纳所得税。因此如果母公司在国外(尤其是在一些避税地)设立子公司,然后再开展业务活动,可以获得纳税方面的好处。

二是子公司可以在其所在国获得股权式投资的灵活性。因为子公司是以企业法人资格注册登记的公司,它有权在该国通过其母公司的担保向公众或其他的企业出售股票或以其他招募股本的方式来增强资本和扩大影响。这样做,实际上也是在帮助母公司扩展它的营业范围和势力范围。

三是可以独立地在其所在国银行贷款,而不必像分公司那样在其所在地贷款必须由其总公司担保。

四是子公司在其所在国终止营业时,可采用出售其股票(股份)、与其他公司合并或变卖其资产的方式回收其投资。

五是设立子公司的手续较分公司复杂,费用也较高,产品进入东道国市场的竞争激烈。

3. 国际避税地公司。国际避税(Tax Avoidance)指跨国纳税人(自然人或法人)利用各国税法内容的差异,采取变更经营地点或经营方式等各种合法的形式和手段,谋求最大限度地减轻国际纳税负担的行为。国际避税是在各国税法不完善的基础上产生的,它具有与逃税(Tax Evasion)所不同的性质。国际避税的结果是进行国际投资和经营的企业减少所缴纳的税款、提高收益水平。国外许多公司在进行国际性生产和经营决策时,往往把避税的因素考虑进去。从国际避税的发展趋势来看,设立避税地公司和利用转移价格避税是很普遍的做法。

避税地(Tax Haven)可以理解为外国投资者能够赚取利润或拥有财产而无需缴纳高额税款的国家或地区。简单地说,是指无税或低税的国家或地区。因此高税率国家的母公司(跨国公司或个人)可以首先在避税港设立一个子公司,母公司把在海外经营所得的一部分甚至全部利润汇到这个子公司,而不汇回国内的母公司。这样,母公司可以在其所属国免缴所得税而在子公司的所在国只缴少量甚至不缴所得税,从而达到"合法"逃税的目的。这种办法在发行债券时被广泛地采用,即由设立在避税港的子公司充当母公司的债券发行人,由其母公司任保证人,发行债券所募集的款项则由子公司贷给母公司,这就为母公司节省了大量发行债券应缴纳的税款。但是要指出的是,避税地(港)对外国母公司在其地区设立子公司,在法律上也有一定限制,主要体现在要求子公司对其负债与股本之间保持一定的比例,即债与股之比(Debt Equity Ratio)必须适当,子公司的负债不得超出股本(自有资金)太多,这是在避税港设立子公司进行逃税的母公司必须严肃考虑的问题。目前属于避税的国家和地区主要有巴哈马、百慕大、开曼群岛、瑙鲁、巴拿马、哥斯达黎加、牙买加等。从地理分布上看,这些避税地主要在靠近美洲的大西洋和加勒比海地区、欧洲、远东和大洋洲地区。大多数的避税地通常没有太高的财政支出需要,或者有其他财政收入来源,无需以所得税作为其财政收入的主要来源。多数的避税地都具有良好的基础设施(如机场、码头、邮政、通信、金融服务)和宽松的金融环境,能适应外国公司的经营需要,能够为外国公司的设立和经营提供便利条件。

避税地公司是一种特殊类型的公司,一般是指跨国公司为了税收上的利益在避税地设立的国外公司。在避税地活动的公司主要有以下几种类型:①持股公司,是指在其他公司里拥有一定数量股份从而能取得有效控制权的公司,它的收益主要来自股息和资本所得;②投资公司,是指专门进行各类证券投资的公司;③金融公司,是指专门为本公司体系内各经营实体提供融资便利而设立的内部金融机构;④贸易公司,是指主要经营商品劳务和租赁等项业务的公司。上述这些公司又被称为基地公司,它们以避税地为基地,转移和积累在第三国经营业务或投资而产生的利润。

避税地公司的基本作用在于它能为资本再投入和资本转移提供便利,从而使整个公司得到财务或税收上的利益。这种利益的取得往往通过各种公司内的转移价格来实现。转移价格是公司体系内部各种交易的内定价格。转移价格的确定要服从于母公司总体战略目标的需要。转移价格具有随意性、机密性和独立于外部市场价格的特点。跨国公司通过转移价格来调整公司体系内各公司的生产成本,转移公司的利润收入。从税收方面考虑,就是利用转移价格把高税地区的经营利润转移到低税地区或避税地,从而减少实际缴纳的税额。

二、国际合资经营企业

(一) 合资企业的含义

合资经营企业(Joint Venture)是指由两个或两个以上国家或地区的投资者,在选定的国家或地区(在投资者中的一方所在国家或地区)投资,并按照该投资国或地区的有关法律组织建立起来的、以营利为目的的企业。合资经营企业由投资人共同经营、共同管理,并按投资股权比例共担风险、共负盈亏。

联合国工业发展组织在1968年编写的《发展中国家工业合营企业协议手册》中将合营企业分为两种基本类型:股权式合营企业与契约式合营企业。股权式合营企业是以货币计算各方投资的股权和比例,并按股权和比例分担盈亏的具有法人地位的合营实体;契约式合营企业一般不是严格用各自投入的资本多寡来决定合作各方面的权利义务,而是按契约的约定分享利润和承担风险。在我国,合资经营企业指的是股权式合营企业,契约式合营企业则是指合作经营企业或合作经营项目。

(二) 合资企业的形式

1. 无限责任公司。这是指由两个以上的股东组成的对公司债务承担无限责任的公司,即所有股东用自己的全部财产对公司债务承担责任,而不光是用投入企业中的资本承担公司债务。无限责任公司的特点有:

(1) 全体股东对公司债务负有连带责任,即共同对同一债务负责。当公司资产不足以清偿其债务时,债权人可以对公司的全部股东,也可对部分或一位股东要求偿还全部债务,而不管该股东出资多少,因此,无论哪个股东都有清偿全部债务的责任。

(2) 股东有权直接管理公司事务,公司所有权和行政管理权完全融为一体。

(3) 股本可以任意增加或减少,无需得到当地政府的核准。

(4) 不必公开任何经济账目(包括董事会和审计员的报告)。

无限责任公司在西方资本主义国家虽然还有,但已日趋减少。在社会主义国家和第三世界国家与外国投资者联合举办的企业,基本上不采用这种形式。

2. 有限责任公司。它是指由两个以上的股东组成的仅以投入企业中的资本额承担债务的公司。有限责任公司有如下特点:

(1)不得发行股票。股东各自的出资额一般由股东协商而定,股东交付股金后,公司出具股份证书,作为股东在公司中享有权益的凭证。

(2)股份不允许在证券交易所公开出售,也不得任意转让。特殊情况需要转让,必须经全体股东一致同意。西方国家公司法规定,股东欲转让其股份,其他股东有先买权。

(3)股东人数较少。西方国家公司法对股东人数有最高限额的规定。

(4)股东可以作为公司雇员直接参加公司管理,法律允许公司所有权和行政管理权合二为一。

3. **股份有限公司**。它是指通过法定程序,向公众发行股票筹集资本,股东的责任仅限于出资额的一种公司企业组织。在西方国家,绝大多数跨国公司和合资经营企业都采取股份有限公司的形式。股份有限公司有如下特点:

(1)股份可以自由转让,其股票可以在社会上公开出售。股东人数众多,企业规模庞大。

(2)股东个人的财产与公司财产是分离的,股东对公司债务不负任何责任,一旦公司破产或解散后进行清算,公司债权人无权直接向股东起诉,只有公司以本身的全部资产对公司的债务负责。

(3)绝大多数公司的股东不担任公司的管理者。负责股份公司日常营业活动的是董事会和经理,其中经理通常要以自己的全部财产对公司负责。

(4)账目必须公开。在每个财政年度终了时公布公司年度报告,包括董事会的年度报告、公司损益表和资产负债表等。

股份有限公司就它的资金来源、营业范围、经营规模来说,比有限责任公司具有更广泛的社会性和国际性。

4. **两合公司**,一般有两种形式:一种是无限责任和有限责任的两合公司,它是由无限责任股东和有限责任股东共同组成的公司,不通过发行股票筹集资本。无限责任股东用自己的全部财产对公司债务负责,有限责任股东仅以投放在公司的资本对公司债务负责。无限责任股东负责公司的管理工作,有限责任股东一般只是负责监督。

另一种是无限责任和有限责任的两合股份公司,其特点是可以通过出售股票募集资本。这种形式的公司,目前在西方资本主义国家还有一定数量存在,但已经不如有限责任公司和股份有限公司那样普遍。

我国的中外合资经营企业是根据我国《中外合资经营企业法》的规定组建的,其组织形式为有限责任公司。股东是固定的,合营各方的注册资本如果转让,必须经合营各方同意。开设在我国境内的合资经营企业,其一切活动应遵守中华人民共和国法律、法令和有关条例规定。

三、国际合作经营企业

（一）合作经营企业的概念

国际合作企业（Cooperation Enterprise）是指外国投资者和东道国投资者在签订合同的基础上依照东道国法律共同设立的企业。它的最大特点是合作各方的权利、义务均由各方通过磋商在合作合同中订明，是典型的契约式合营企业。

总的说来，国际合作企业与国际合资企业在利弊上大体相似，只是合作企业由于以合同规定作为各方合作的基础，所以在企业形式、利润分配、资本回收等方面可以采用比较灵活的方式，适应合作各方不同的需要。

（二）国际合作经营企业的形式

1. "非法人式"的合作经营企业。"非法人式"的合作经营企业是由两个以上合营者作为独立经济实体，通过契约组成的松散的合作经营联合体，不具有法人的地位。这种合作经营企业没有独立的财产所有权，只有财产管理权和使用权。合作经营各方仍以各自的身份在法律上承担责任，合作经营企业的债权债务，由合作经营各方按照合同规定的比例承担责任。合作经营企业的经营管理，可由各方派代表组成联合管理机构进行管理，也可委托合作经营中的一方或聘请无关的第三方负责承担。合作经营企业对承担债务，一般都以其全部出资为限，实行有限责任制。

2. "法人式"的合作经营企业。"法人式"的合作经营企业是由两国或两国以上的合营者在东道国境内，根据该国有关法律通过签订合同建立的契约性合营企业。这种合作经营企业具有独立的财产权，法律上有起诉权和被诉权，订立企业章程，建立独立的公司组织，并成立董事会为该企业的最高权力机构，任命或选派总经理对企业进行经营管理。其对外承担的债务责任以它的全部财产为限，实行有限责任制。

案例研究

案例一　长安福特入主哈飞汽车

2015年1月13日至2015年2月23日，在此期间中华人民共和国商务部网站对长安福特汽车有限公司（以下简称"长安福特"）收购哈飞汽车股份有限公司（以下简称"哈飞汽车"）部分资产案进行公示。长安福特作为当前国内增速最快的合资车企，新车型的引入成为其高速增长的保障。对于长安福特2014年的出色表现,长安福特 CEO 马瑞麟充分肯定,并明确表示将冲击中国车企销量规模前四的目标提升为行业前三。为了目标的实现,长安福特势必在产能上进行扩充,更何况其钟情哈飞汽车已有时日。

最近一段时间,哈飞汽车总经理刘正均异常忙碌,他频繁穿梭于北京与哈尔滨两地,因为他管理的哈飞汽车有一系列问题需要解决,包括企业减员、工厂减产、经销商安抚等,而与母公司中国长安汽车集团方面商讨哈飞汽车的未来走向,是他近来现身北京重要的原因之一。

哈飞汽车曾经生产哈飞赛马、哈飞路宝和哈飞赛豹等轿车产品,但由于种种原因,目前业务仅为重庆长安代工老款车型悦翔 V3。2012 年哈飞亏损额已高达 7.6 亿元,2014 年年初哈飞汽车提出在当时现有的 5 000 名员工基础上再减员 1 200 人的计划,虽然这一方案并没有通过,但悲观的氛围却在哈飞汽车内部蔓延,这也是长安汽车集团 2009 年入主哈飞汽车以来提出的第二次裁员计划。

由于微型车乃至整个行业竞争压力不断加大,加之政策和体制机制因素,哈飞汽车生产经营多年来都处于困境。由于多年没有新产品推出,在市场中缺乏竞争力,导致销量连年下滑。目前,哈尔滨地方政府全力支持哈飞汽车走出困境,在法律框架下积极破解企业提出的土地评估、担保抵押等问题,哈飞汽车也希望在合资合作等方面探索自身的发展。

早在两年前长安福特就规划将哈飞汽车收入麾下,经过一番波折,如今双方合作事宜终于尘埃落定。长安福特拟从哈飞汽车收购其轿车工厂及相关资产,用于投产旗下乘用车产品,该工厂预计将于 2015 年 6 月投产。业内人士分析指出:由于福特最近在华投入多款车型抢夺市场,面临着大量的产能压力。收购哈飞汽车后,长安福特有望迅速新增 20 万辆汽车产能,可明显缓解其产能压力。

除了解决产能限制问题,收编哈飞汽车也让长安福特在北方有了大本营。长安福特在华生产基地包括重庆三个工厂和杭州第四工厂,若能在哈尔滨再建一个基地,可有效降低北方市场的物流运输成本,实现北有哈尔滨、中有重庆、南有杭州的三点联动。

从当前长安福特的产能布局方面看,新的杭州第四工厂将于 2015 年投产,总产能共计 120 万辆,若加上哈飞汽车第五工厂,总产能可达 140 万辆。分析人士认为,长安福特北上建立新基地,对其布局北方市场、扩大产能有重要意义,哈飞汽车则可以利用闲置产能逐步走出亏损泥潭,本次交易可以利用现有产能,对目标资产进行升级改造,未来生产基于福特技术的整车产品。另一方面,哈飞汽车通过本次交易得以对其整车产品结构进行调整,有利于汽车产业结构调整,进而有利于中国汽车产业持续、健康发展。

案例思考与讨论:

1. 为何汽车产业会出现很多合资公司?

2. 长安福特入主哈飞汽车,对于双方发展有何好处?

案例二　华为全球首个美学研究中心在巴黎落成

中国华为公司在全球的首个美学研究中心2015年4月12日在巴黎落成,该研究中心主攻美学创新设计,是华为在法国直接投资的重要部分。

当日,巴黎副市长让·路易·米西卡、中国驻法国大使馆临时代办邓励、华为轮值首席执行官胡厚崑等出席落成仪式。

华为巴黎美学研究中心致力于通过时尚与艺术研究,使美学理论与尖端科技相结合,从而把更多创意融入华为产品的色彩与风格设计中,引领华为产品的设计方向。此前,该中心已参与华为本月初于全球移动通信大会发布的第二代智能手环的设计研发。

目前,该中心研究团队共有10名来自法国和中国的设计师,均是奢侈品设计、时尚、汽车、3D设计、数字行业或品牌战略方面的专家。首席设计师马蒂厄·勒阿诺尔来自法国,其作品广布科学、艺术及技术领域,有多项作品被纽约现代艺术博物馆等国际知名艺术机构收藏。

胡厚崑在致辞中表示,巴黎是全球艺术与时尚中心,拥有丰富的创新和设计资源。巴黎美学研究中心未来必将在华为全球范围创新发展中扮演重要角色。华为在欧洲共设17个研发机构,分布在比利时、芬兰、法国、德国、爱尔兰、意大利、瑞典和英国8个国家。在法国,除美学研究中心外,华为拥有芯片、数学、家庭终端和无线标准4个研究中心。

华为2003年进入法国市场,拥有一支超过700人的专业团队,是在法国投资规模最大的中国企业之一。

案例思考与讨论:

请利用本章所学企业国际直接投资动机的有关知识,说明华为为何在法国巴黎设立美学研究中心?

思考题

1. 影响国际直接投资活动的主要因素有哪些?
2. 企业为何进行国际直接投资?
3. 国际直接投资的企业形式有哪些? 各自有何优缺点?
4. 有限责任公司与股份有限公司的区别与联系是什么?

第三章 国际直接投资理论

Theories of International Direct Investment

随着国际直接投资的发展，国际直接投资理论也日益受到学术界及跨国公司的普遍重视。本章主要介绍垄断优势、产品生命周期、内部化、比较优势、国际生产折衷等主流的国际直接投资理论，还有小规模技术理论、技术地方化理论、技术创新产业升级理论、发展周期理论等发展中国家的对外直接投资理论，探讨了有关跨国公司的跨国投资、中小企业的直接投资理论问题以及有关服务业投资的理论问题，并就代表最新国际投资研究成果的动态比较优势理论、投资诱发要素组合理论和竞争优势理论等进行了分析。

学习要点

With the deep development of foreign direct investment, international direct investment theory has attracted more and more academia attention and multinational companies. This chapter mainly introduces the mainstream of the international direct investment theory, such as monopolistic advantage theory, the theory of internalization, the theory of product life cycle, theory of comparative advantage, and the eclectic theory of international production. Foreign direct investment theories of developing countries have also been introduced in this part, such as technology localization theory. This section discusses transnational investment of multi-national corporation, foreign direct investment of small and medium-sized enterprises and the service industry investment. This part also analyzes the theories which represent the latest research results of international investment, such as the dynamic comparative advantage theory.

第一节　早期的国际直接投资理论

纳克斯于1933年发表一篇题为《资本流动的原因和效应》的论文,揭开了国际学术界对国际直接投资理论研究的序幕。但在纳克斯的论文中,他把国际直接投资当做国际资本流动来研究,并没有明确国际直接投资这一概念,他所分析的国际资本流动主要是产业资本的跨国流动,即后来所说的国际直接投资。因此,虽然纳克斯从未提及过国际直接投资这一概念,但后人往往认为他是最早研究国际直接投资理论的学者。

纳克斯国际投资理论认为,国际资本流动是由于各国间利率水平的不同而引起的,资本总是从利率低的国家流向利率高的国家,而产生利率差的原因又是由各国资本的供求关系决定的,"利率诱因"会打破原来的供求关系,从而又使利率发生逆向变动,形成利率和资本的循环往复变动即国际资本的动态平衡,最终造成了国际资本不断的流动。在实践中,纳克斯的利率诱因理论只解释为通过借贷来进行跨国资本流动,表现为交叉投资和相互投资。纳克斯利率诱因理论实际上体现了两个观点:①资本跨国流动最直接的动机是利润,而且是产业资本的利润;②引起跨国资本流动的主要因素是产业资本。从上述两点上看,他实际上研究的是国际直接投资,但没有把国际直接投资和国际间接投资区分开来,因为其论文中涉及了市场需求、产业活动、技术创新和利润机会等研究国际直接投资所必须考虑的主要因素。

20世纪40年代以后,麦克道格尔和肯普在纳克斯资本收益率差别引起的资本流动理论的基础上,用几何图形来解释国际直接投资活动的发生及其福利效果,这一资本流动理论在当时颇具影响。但麦克道格尔和肯普的资本流动理论仍然没有区分国际直接投资和国际间接投资,没有阐明国际资本流动是通过信贷方式还是通过生产转移方式来进行的,没有谈及投资者是否参与或控制经营活动,甚至没有提及产业、技术和市场等影响国际直接投资活动的重要因素。它仅仅使用几何图形诠释了国际直接投资和间接投资的共性,所以麦克道格尔和肯普的资本流动理论时间虽然在后,但离国际直接投资实践更远。

20世纪60年代以后,随着跨国公司迅速崛起和规模的不断增大,国际直接投资已成为资本流动的主要形式。因此,国际直接投资受到发达国家学者的普遍关注,他们不只从利率差异的角度来研究国际直接投资,而且开始强调产业活动、技术创新、市场动态和产品差异等因素对国际直接投资活动的影响,独立的国际直接投资理论便应运而生,并形成了众多的学派。

第二节　以发达国家为研究对象的国际直接投资理论

一、垄断优势理论

(一)垄断优势理论产生的背景

在第二次世界大战初期,由于国际贸易在经济生活中占有主要地位,也就掩盖了国际贸易背后的国际投资现象。西方学者的研究仅限于国际贸易理论,并将贸易理论直接应用于国际投资活动的分析上,但西方的古典国际贸易理论建立在生产要素在国际中不能直接流动的假设前提之上,不能解释国际投资领域中出现的一些问题,如利率诱因只能解释借贷资本的跨国流动,不能解释国际直接投资行为。这就使西方学者对用国际贸易理论不能解释的国际投资领域的一些现象产生了极大的兴趣。1960年,美国麻省理工学院的学者斯蒂芬·海默(Stephen H. Hymer)在他的博士论文《国内企业的国际经营:对外直接投资研究》中首先提出了以垄断优势来解释对外直接投资的理论。海默的垄断优势理论第一次论证了外国直接投资不同于一般意义上的金融资产投资,从而开创了以外商直接投资为研究对象的新的研究领域。这一理论是在批判国际资本流动的理论基础上形成的,按照国际资本流动理论的假设,各国产品和生产要素市场是完全竞争的市场,各国生产要素的边际产值或价格是由生产要素禀赋的相对差异决定的,资本从资本供给丰裕(即利率低)的国家流向资本供给稀缺(即利率高)的国家。而海默认为传统的国际资本流动理论仅仅解释的是证券资本的国际流动,不能解释第二次世界大战以后出现的发达国家企业对外直接投资以及与对外投资相联系的企业技术和管理才能的转移。海默认为:国际直接投资是一种包括技术、管理技能、企业家精神等一揽子资源的转移,而不仅仅是金融资本的转移;企业到国外进行生产的目的是通过资源的移动和对资源实施重新组织与调配来获取更多的利润,而不是通过资本市场上的交易活动来换取利润,两者之间获取利润的模式是不同的。海默由此而提出了垄断优势理论(Monopolistic Advantage Theory),也称厂商垄断优势理论。其导师金德尔伯格(Charles P. Kindleberger)对该理论进行了补充和发展,金德尔伯格在《对外直接投资的垄断理论》等论文中着重强调了市场结构的非完美性和跨国公司的垄断优势[1],如拥有某项专门技术的控制权、某些原材料和核心中间产品的垄断权、规模经济、销售渠道的垄断权等。1976年,海默又通过对美国企业的

---

[1] 李清柳. 西方国际直接投资理论的发展[J]. 金融教学与研究,1997(2).

研究,在《国内公司与国际化经营:一项国际直接投资的研究》一书中较系统地阐述了美国公司的对外直接投资理论,从而使垄断优势理论更加完善。垄断优势理论的提出标志着独立的国际直接投资理论开始形成。垄断优势理论是以产业组织理论为基础的,因此也被称为产业组织理论。

(二)垄断优势理论的基本观点

海默对美国企业进行了大量的实证分析后发现,美国公司的对外投资仅限于少数几个行业,这些行业对利率的差异并不敏感,他们的海外资产中相当部分是通过在海外举债筹集的,对外直接投资和垄断的工业部门结构有关。海默认为,跨国公司拥有的垄断优势是它们开展对外直接投资的决定因素,美国企业之所以从事对外直接投资是因为其比东道国同类企业有更强的垄断优势,不是追求利率的差异,而是获得高于在本国投资的投资收益。其他国家企业的对外直接投资也与部门的垄断程度较高有关。跨国公司所具有的垄断优势一般有以下几种:

1. 技术优势。跨国公司拥有庞大的研发队伍,拥有专利、专有技术等知识产权,技术的垄断使跨国公司得以不断地开发出新技术、新产品和新工艺,并通过知识产权的保护来保持技术的垄断。这些垄断的技术只在跨国公司内部进行转让,这样不仅可以限制竞争者进入市场,而且增加了竞争对手的交易成本。

2. 资本筹集优势。跨国公司规模庞大,不仅拥有巨额的资本,而且拥有像信誉等无形资产。因此,它们在国际金融市场上可以获得比竞争对手多的借贷资本,而且是更低的成本,这是其他类型的企业所无法比拟的。

3. 规模经济优势。跨国公司利用国际分工在全球实施一体化经营,实际上是一种规模经营,规模经营可以降低成品成本,增加边际收益。此外,跨国企业为谋求规模经济而投入的巨额资本,对欲加入市场与之竞争的新企业来说无疑是一道难以逾越的门槛,从而使新企业或新进入者的投资风险加大。跨国公司可以利用国际专业化生产来合理配置生产经营的区位,避免母国和东道国对公司经营规模的限制,同时扩大国际市场的占有份额。

4. 管理优势。跨国公司拥有较为完善的组织系统,这为企业高效率运营提供了基础。他们还拥有人数众多的有经验的高级管理人员和训练有素的员工队伍,从而保证企业的投资能获取更高的回报。

5. 来自产品市场不完全的垄断优势。如来自跨国公司拥有的产品差异化能力、商标、销售技术和渠道、市场特殊技能、政府的干预以及包括价格联盟在内的各种操纵价格的条件;如东道国和母国政府可以通过市场准入、关税、利率、税率、外汇及进出口管理等方面的政策法规对跨国公司的直接投资进行干预,跨国公司可以从政府提供的税收减免、补贴、优先贷款等方面的干预措施中获得某种垄断优势。

(三)对垄断优势理论的完善

海默和金德尔伯格提出了垄断优势理论之后,很多学者开始对此理论进行补充和发展,其中对此理论发展贡献较大的学者包括以下几位:

1. 约翰逊。约翰逊(H. G. Johnson)于1970年发表了一篇题为《国际公司的效率与福利意义》的论文,他在继承了海默和金德尔伯格垄断优势理论的基础上,提出了跨国公司的垄断优势来自企业对知识资本使用的控制,知识资本在公司内部的转移是直接投资过程的关键,知识是生产成本最高的资本,而其边际成本却很低。与此同时,知识资本富有弹性,它可以在不同的地点同时使用。他强调知识的对外转移是直接投资的关键,跨国公司以较低的价格将知识资本转让给国外的子公司,可以使子公司以较低的价格利用知识资本。

2. 凯夫斯。凯夫斯(H. E. Cave)于1971年发表了一篇题为《国际公司:对外投资的产业经济学》的论文,他在承认垄断优势的同时,认为跨国公司的垄断优势在于产品的差异性,即跨国公司所拥有的是使产品发生异质的能力。跨国公司凭借强大的资金和技术优势可以针对不同地区、不同层次的消费者偏好设计和改造其产品,产品的差异化使其产品在性能、形态和包装等方面有别于其他产品,并通过广告宣传、公关等有力的促销手段使消费者偏爱和购买其产品。

3. 尼克博克(F. T. Knickerbocker)。美国学者尼克博克沿着与海默不同的思路,对美国跨国公司对外直接投资的现象提出新的见解。他在分析了美国1948~1967年的对外投资状况之后,于1973年发表的一篇题为《寡占反应与跨国公司》的论文。他在文中指出,垄断优势理论不足以全面解释对外投资的决定因素。他认为战后美国企业对外直接投资是由寡占行业的少数几家寡占公司在同一时期进行的。所谓寡占是市场由少数几家大企业组成,或是一种几家大公司占统治地位的行业或结构。在这种结构或市场中,每一个大企业都占有举足轻重的地位,其中任何一家企业的行为都会影响其他几家大企业,因此寡头企业的行为具有相互的依赖性,这也叫寡占反应行为。寡占反应行为的目的在于抵消竞争对手率先行动所带来的优势和给自己带来的风险,以保持彼此的力量均衡。尼克博克把对外直接投资分为进攻型和防御型两大类,他认为,进攻型的投资是由在海外建立第一家子公司的寡头公司进行的投资,而防御型的投资是由同一行业的其他寡头公司为追随先行者而与先行者在同一地点进行的投资。他还认为寡占行为必然导致国际直接投资成批进行,因为只有盈利率高的行业的跨国公司,才拥有雄厚的资金实力,才能做出防御性反应。寡占反应论实际上就是对防御型投资的一种论证,尼克博克的解释使垄断优势理论更加完善。

(四) 对垄断优势理论的评价

海默的垄断优势理论不仅开创了国际直接投资领域的研究,还突破了从资本流动的角度来分析国际直接投资的分析模式,提出生产要素市场的不完全竞争是导致对外直接投资的根本原因。此外,他还把国际直接投资与国际间接投资明确地区分开来,使后来更多的学者开始探讨跨国公司各种行为的内外在原因,以及融资与投资活动的相互关系和相互影响。应该说垄断优势理论为后来国际直接投资的研究和发展奠定了基础。

垄断优势理论的局限性在于它的研究基础是战后美国制造业少数具有资金和技术优势部门的境外直接投资活动,它强调的是现有的技术和资金实力,探讨的问题不仅是局部的,而且是静态的,并没有深入研究企业如何才能具备垄断优势,因此该理论缺乏动态分析。此外,垄断优势理论还带有很强的绝对性,它特别强调对外直接投资的主体是少数寡头企业,但20世纪60年代以后,发达国家没有垄断优势的中小企业以及一些发展中国家的企业也开始对外进行直接投资,垄断优势理论对此显得束手无策。

二、内部化理论

(一) 内部化理论产生的背景

内部化理论(The Theory of Internalization)也称市场内部化理论,是20世纪70年代以后西方跨国公司研究者为了建立所谓"跨国公司一般理论"所提出和形成的,它是解释对外直接投资动因的一种比较流行的理论。垄断优势最早可以追溯到20世纪30年代的内部化定理。1937年美国学者科斯(R. H. Coase)就在一篇题为《企业的性质》的论文中,探讨了在市场交易中发生的交易成本问题。他把市场成本分为寻找和确定合适贸易价格的活动成本、确定合同签约人的责任成本、接受这种合同的风险成本和从事市场贸易所支付的交易成本。他认为企业的内部化组织是一种低成本、有效的生产联系方式,当企业内部组织交易的成本低于通过市场交易的成本时,企业就会倾向于内部化交易。这实际上说明了对外直接投资是企业建立内部市场的根本动因。

第二次世界大战以后,很多西方的学者将科斯定理直接引入到国际直接投资理论中来解释国际直接投资的动因。英国里丁大学学者巴克莱(Peter J. Buckley)和卡森(Mark Casson)分别于1976年和1978年合作出版了《跨国企业的未来》和《国际经营论》,在书中他们以市场不完全为假设,把科斯的市场交易成本理论融入国际直接投资理论之中,提出更具现实意义的具体市场。他们认为,把外部市场建立在公司内部,用内部市场取代外部市场,可以降低生产成本,即通过市场内部化可以取得降低外部市场交易成本的额外收益。1979年,卡森在《跨国企业的选择》中对内部化概念做了进一步的理论分析。1981年,加拿大学者拉格曼(Allan M. Rugman)出版了《跨国公司内幕》一书,该书对内部化理论做了更为深入的探讨,扩大了内部化理论的研究范围。事实上,内部化理论形成之时,正是跨国公司在全球范围内进行组织分工之日。

(二)内部化理论的基本观点

内部化理论探讨的是在企业内部建立市场的过程,以企业的内部市场代替外部市场,从而解决由于市场不完整而带来的不能保证供需交换正常进行的问题。企业内部的转移价格起着润滑剂的作用,使内部市场能像外部市场一样有效地发挥作用。跨国化是企业内部化超越国界的表现。该理论从中间产品的性质与市场机制的矛盾来论证内部化的必要性,这在一定程度上解释了企业通过直接投资可以取得内部优势,使交易成本最小化,从而保证跨国经营的优势。

1. 内部化理论的基本假设。内部化理论是以市场不完全为假设的,这种市场不完全假设主要体现在三个方面:

(1)假设企业在不完全竞争市场上从事各种贸易活动存在障碍,其内部化经营的目的是利润最大化。

(2)生产要素市场尤其是中间产品市场不完全时,企业可以用内部市场替代外部市场。

(3)在不完全市场上实施内部化来降低生产成本,当这种内部化跨越国界时就产生了跨国公司和对外直接投资。

从上述三种假设可以说明,在不完全市场上,当技术、管理、原材料、信息等外部的生产要素市场交易成本高于内部市场的交易成本时,或难以保证交易正常进行时,企业为了实现利润最大化,会将其市场内部化。

2. 市场内部化的影响因素。市场内部化的过程取决于四个因素:

(1)产业特定因素(Industry-Specific Factor),主要包括产品性质、外部市场结构和规模经济等有关的因素。

(2)区位特定因素(Region-Specific Factor),主要包括区位地理上的距离、文化差异和社会特点等引起的交易成本变动的因素。

(3)国家特定因素(Country-Specific Factor),主要包括东道国的政治、法律和财经制度对跨国公司业务的影响因素。

(4)公司特定因素(Firm-Specific Factor),主要包括不同企业组织内部市场的管理能力等因素。

在这几个因素中,产业特定因素是最关键的因素,因为如果某一产业的生产活动存在着多阶段生产的特点,那么就必然存在中间产品(原材料、零部件、信息、技术、管理技能等),若中间产品的供需在外部市场进行,则供需双方无论如何协调,也难以排除外部市场供需间的摩擦和波动,为了克服中间产品市场的不完全性,就可能出现市场内部化。其次是企业特定因素,市场内部化会给企业带来多方面的收益。

3. 内部化的成本。实现内部化的目的是为了增加利润,但内部化的过程也需要支付一定的额外费用,内部化额外的成本主要包括四个方面:

(1)资源成本。跨国公司将市场内部化后,就等于将一个完整的市场分割成若干个独立的相对较小的市场,内部化后的市场也无法使资源在整个社会实现最佳配置,无法使企业在最优经济规模的水平上从事经营。资源成本实际上是牺牲规模经营而产生的成本。

(2)通信成本。通信成本主要包括两个方面:①跨国公司的各个分支机构遍布全球的每个角落,其在与母公司以及与各分支机构进行联系时,由于地理、语言以社会环境的差异,显然会比非跨国公司的通信成本高得多;②跨国公司遍布全球的分支机构在进行通信联络时,为了防止技术、管理方法和信息的泄漏,不能通过正常的费用相对低廉的外部通信系统,代之以特殊的成本相对较高的内部通信系统进行通信联络。

(3)管理成本。跨国企业市场内部化后,母公司必须对遍布世界各地的分支机构进行严格有效的控制,必须采用更有针对性的管理手段,这种管理手段的成本一定高于非跨国经营企业。

(4)国家风险成本。跨国公司在东道国作为外国企业,不同程度地受到东道国政府的限制(如政策歧视等),甚至其资产会遭遇被没收等国家风险。

市场的内部化是有成本的,有些方面的成本会高于非跨国公司。但从总体上说,内部化后的市场交易成本会降低,这就诱使具有某种特殊优势的企业向境外扩张,形成跨国企业。只有在内部化后的交易收益与成本之比大于非内部化后交易收益与成本之比时,企业才会对外进行直接投资,创建跨国企业。

4. 内部化的收益。在国内市场容量一定的情况下,企业在国内的边际收益就会下降,企业便会产生向外扩张的欲望。既然市场内部化可降低交易成本,企业内部化后的收益也就会相应地增加,增加的收益主要表现在以下几个方面:

(1)跨国公司统一协调相互依赖的各分支机构的各项业务活动,获取了由于消除外部市场经常出现的"时滞"所产生的经济效益。内部化后的跨国企业,实施相对的统一计划和统一生产,所有分支机构都处于母公司的控制之下,这样母公司可以准确地根据市场的供求变化不断地调整各分支机构的中短期投资计划,协调内部市场的供求关系，避免了外部市场由于时滞或外部市场信息的不准确给企业带来的经济损失。

（2）利用中间产品的差别价格或实施转移价格，达到获取利润的目的。企业将中间产品市场内部化以后，根据中间产品的性能、应用性和时效来制定不同的价格，并在各分支机构间实施转移定价，使跨国企业整体利益最大化，这种效果是外部市场上非内部化的企业所无法达到的。

（3）利用技术优势控制给企业带来的经济效益。跨国公司保持对知识资产的有效控制，是保证企业实现利润增长的最有效手段。在知识产品市场价格机制失效时，知识产品的模仿者可以比知识产品创造者以更低的价格获得和利用知识产品。为防止技术产品在外部市场因销售而导致的扩散并不断地保持技术优势，就必须进行对外直接投资，通过知识资本的内部化，让企业的知识产品在其内部进行转移，这不仅补偿了因创造知识产品所花费的成本，而且可以使知识产品的收益保持在市场的内部。

（4）消除了因外部市场上的垄断因素给企业造成的经济损失。在竞争的世界市场上，行业垄断和产品垄断都是难以避免的，垄断往往使中间产品的价格极不稳定，进而使企业的生产成本有很大的不确定性，因此会给企业带来很多不确定的损失。市场内部化后，一个最终产品的大部分中间产品都由市场内部提供，这样不仅可以保持供求稳定，而且还可以使内部供应价格稳定，从而保持稳定的利润。

（5）避免了市场不完全给企业带来的经济损失，进而使经济效益得以增加。在外部市场上，各国政府一般都通过税收和价格等手段对市场进行干预，通过市场内部化，跨国公司不仅避免了上述干预造成的损失，而且可以享受东道国的各种优惠政策，从而得到更高的经济效益。

对内部化原理的解释重点放在知识产品等中间产品上，巴克莱和卡森认为知识的优势不是企业从事对外直接投资的充分条件，企业的技术优势是在国内形成的，必须以低成本的方式转移到国外，转移成本必须低于由转移带来的利润。市场的内部化实际上就是建立由公司调拨价格起作用的内部市场，使之在不受或少受外部市场的干扰下继续有效地发挥作用，从而保持其技术等方面的垄断优势地位。

（三）对内部化理论的评价

内部化理论解释了20世纪70年代跨国公司从事对外直接投资的动机，并从国际分工和企业生产的组织形式的角度来探讨跨国公司对外直接投资的决定因素。内部化是建立在交易成本基础之上的解释跨国公司形成动因的一种理论，它既是对科斯开创的企业理论的一种发展，同时也是西方国际直接投资理论研究的转折点。其最重要的贡献主要有三点：①研究跨国公司的角度发生了变化。垄断优势理论主要是从市场的不完全竞争和寡占的角度分析发达国家对外直接投资的动机和决定因素,而内部化理论则从企业国际分工、不同国家企业之间的产品交换形式、国际生产组织形式等角度来研究国际直接投资的动机和行为。②与其他理论相比,内部化理论解释了跨国公司对外直接投资的动因,市场的不完全导致外部市场交易成本的上升,通过市场的内部化来降低生产成本,论证了只要内部化后的收益与内部化成本之比大于非内部化企业的收益与成本之比,企业就会从事对外直接投资。③内部化理论不仅可以解释发达国家的对外投资行为,也可以说明发展中国家为什么要开展对外投资,即内部化可以避免因许可合同而造成的技术优势丧失所带来的成本负担,可以减轻因贸易壁垒所带来的出口销售的额外成本,并且可以利用调拨价格在全球范围内实现利润最大化。

此外,内部化理论也显示出许多方面的缺陷:①只强调了成本与利润之间的关系,未能考虑在现存的世界经济结构中制约跨国公司发展的各种因素,尤其是非生产要素对跨国公司对外直接投资的巨大影响;②只强调了国际生产的一般规律,忽略了对跨国公司这种典型的垄断组织行为特征的研究;③内部化理论过分强调知识资本内部转移的益处,却没有对国际直接投资的地理分布和区域分布的原因做出分析;④内部化理论只强调了市场竞争的不完全对投资行为的消极影响,忽略了它对投资的积极作用。

三、产品生命周期理论

(一)产品生命周期理论产生的背景

在20世纪60年代以前,国际贸易发展十分迅速,跨国投资的现象也日益普遍,但对国际贸易和国际投资的分析是割裂开来的,对于国际贸易的理论解释还主要是比较优势理论和要素禀赋理论。当时美国哈佛大学跨国公司研究中心教授雷蒙德·维农(Raymond Vernon)认为,传统的贸易理论脱离现实,从理论上已难以有力地解释各种形式的国际贸易活动。而解释国际直接投资的是海默的垄断优势理论,这一理论也仅仅从静态的角度来解释国际直接投资,无法解释处于动态中的国际直接投资的过程。当时确实需要一种同时能解释国际贸易和国际直接投资行为的理论。

因此,维农于1966年在《经济学季刊》发表的《产品周期中的国际投资与国际贸易》一文中提出了产品生命周期理论(The Theory of Product Life Cycle)。该理论在垄断优势理论的基础上,将垄断优势、产品生命周期和区位因素结合起来,来解释国际直接投资的动机、时机和区位的选择。他十分重视创新的时机、规模经济、新产品开发中的知识积累和一些不稳定性因素的重要性,并以此为变量来分析国际直接投资行为,以反映国际投资的动态过程。维农把美国企业对外直接投资的变动与产品的生命周期联系起来,把国际直接投资同国际贸易和产品的生命周期结合起来,利用产品生命周期的变化,解释美国战后对外直接投资的动机与区位的选择。这一理论既可以用来解释新产品的国际贸易问题,也可以解释对外直接投资的目的。

(二)产品生命周期理论的基本论点

产品生命周期理论继承了垄断优势理论中跨国企业所具有的垄断优势的分析,同时结合产品兴衰循环的周期过程,来探讨垄断优势的分散和转移。维农把一种产品的生命周期划分为创新、成熟和标准化三个阶段,某种产品所处的产品生命周期的不同阶段决定了不同的生产成本和生产区位,同时也决定跨国公司在不同的阶段采用不同的贸易和投资战略。

1. 产品生命周期理论的基本假设。该理论的基本假设有:①消费者的偏好因收入的不同而有所差别;②企业之间以及企业与市场之间的沟通成本随空间距离的增加而增加;③产品的生产技术和市场的营销方法会经历可预料的变化;④国际技术转让市场存在非完美性。

2. 产品生命周期理论的主要内容。产品的生命周期指的是一种产品从推出、流行到退市的整个兴衰过程。维农产品生命周期理论的解释是,拥有知识资产优势和创新能力的企业总是力图保持其技术的优势地位,以便享有新产品的创新利益。但是新技术不可能长期被垄断,随着这些产品制造技术的成熟,会被很多生产者仿制,垄断优势会逐渐丧失。因此,产品的生产区位会随着产品的生命周期发生相应的转移。

(1)产品创新阶段(New Product Stage)。维农认为,在产品的创新阶段,新产品刚刚投入市场,创新企业垄断着新产品的生产技术,产品的生产主要集中在创新国国内,新产品的需求也主要在国内,而且仅满足国内少数高收入阶层的消费需求。至于其他经济结构和消费水平与创新国类似的国家如果对这种新产品有需求,则创新国企业主要通过出口而不是直接投资来满足这些国家的市场需求,这一阶段一般不会出现国际直接投资行为。由于产品尚未标准化,产品需要不断地改进设计和性能才能适应消费者的需求。尽管这一阶段产品的价格偏高,但消费者由于是高收入的消费群体,而且他们缺乏比较的参照物,所以产品的需求价格弹性很低,企业往往不太关心产品的生产成本,重视的只是产品的设计和性能,生产成本的差异对公司生产区位的选择影响不大。

这一时期,由于市场上还未形成强有力的竞争对手,新产品的生产企业绝对垄断着产品的生产技术,企业主要利用产品差别等竞争手段,力图以垄断新产品的生产来占领市场,获得垄断利润。这时创新国企业对技术的垄断程度高,加之创新国拥有丰富的原材料和高质量的中间产品,这一阶段的产品生产并未发生转移,更适合在国内生产。

(2)产品成熟阶段(Mature Product Stage)。产品进入成熟期以后,产品逐渐趋于标准化,最有效的生产工序已经形成,产品的生产技术基本稳定,这时市场将会出现以下几个变化:一是技术和市场的寡占程度被削弱。随着新产品生产技术日益成熟、产品销售价格降低、需求量增大,生产者的垄断技术开始扩散,市场上出现了仿制品和替代品,在国内市场需求扩大的同时市场竞争也日趋激烈,新产品生产企业的技术垄断地位和寡占市场结构被削弱。二是成本因素成为市场竞争的主要手段。随着产品的设计和性能日益完善,企业为了收回该产品的研发投入,尽管部分降低了产品价格,但整体价格仍然较高,对该产品的消费需求会相应增加,产品的需求价格弹性逐步增大,降低成本对提高竞争力的作用增强,因而如何降低生产成本成为企业考虑的首要因素,为此,企业力图通过规模经济来降低成本,通过价格竞争来维持和占领国际市场。三是具有技术垄断优势的企业开始将生产移至国外。在国内竞争日趋激烈、国内市场日趋饱和、国外市场对这类产品的需求不断扩大,以及世界各国纷纷实行贸易保护主义的情况下,创新国企业开始进行对外直接投资,在国外建立企业,将生产逐渐迁移到国外。对外投资选择的地区一般是那些劳动力成本略低于创新国、消费水平与创新国相似、生产条件好的地区。通过对外投资来弥补市场垄断程度减弱带来的损失,并防止或消除这些地区潜在的竞争对手。

(3)产品标准化阶段(Standardized Product Stage)。维农认为,在产品的标准化阶段,产品的生产技术、工艺、规格和样式等都已完全标准化,产品已完全成熟。随着技术的扩散,创新国企业的技术优势已经不复存在,产品的生产已完全标准了,众多的企业开始进入市场,在生产中对技术的要求和生产者技术熟练程度的要求均比以前减弱了,企业之间的竞争更加激烈,其竞争的焦点和基础是成本和价格,因此,企业开始在世界范围内寻找产品生产成本更低的地区进行投资设厂,于是自然资源丰富、劳动力成本低的发展中国家就成为创新国对外投资选择的最佳区位。维农认为,那些对外部条件依赖程度小、产品需求弹性高、已经标准化了的劳动密集型产品最适合转移到发展中国家生产。通过对外直接投资将产品的生产转移到生产成本低的发展中国家和地区,以降低生产成本,继续参与市场竞争,然后将发展中国家生产的这些标准化的产品再返销回发达国家,以满足国内对该产品的需求,原来新产品的生产企业也将转向另一新产品的研究和开发,当另一新产品推出时,原产品生命周期终结,新产品则进入一个新的产品生命周期。

上述维农的产品生命周期理论是通过研究美国企业对外直接投资的行为而总结出来的。按照维农的理论,对外投资必须与产品的生命周期联系起来,在产品的创新阶段不会发生对外直接投资行为,因为创新企业拥有对技术的垄断优势,还不存在竞争对手,只有在产品的成熟和标准化两个阶段,随着技术垄断优势的丧失和出口的受阻才会出现对外直接投资,而且在这两个阶段随着技术垄断程度和出口受阻程度的不同,对外直接投资分别选择与自己经济发展和收入水平相近的发达国家和有一定距离的发展中国家。这种解释将美国企业的对外投资行为解释为贸易替代型。这一理论解释了美国大量向欧洲国家投资的原因。

(三) 对产品生命周期理论的发展

1. 维农对产品生命周期理论的修正。产品生命周期理论提出后不久,这一理论的提出者——维农本人就发现了其不足,他在1974年出版的《经济分析与跨国公司》一书中,专门探讨经济活动的区位这一论题,对产品生命周期理论做了修正。1979年他又发表了题为《一个新的国际环境下的产品生命周期假说》的文章,进一步完善了产品生命周期理论。

维农通过引入寡头市场行为的概念来对原来的产品生命周期理论进行修正,他把跨国公司定义为寡占者,用国际寡占行为来解释跨国公司的对外直接投资行为。维农把寡占者分成三类:技术创新期的寡占者、成熟期的寡占者和衰退期的寡占者,并把寡占者的寡占行为与产品的生命周期结合起来。技术创新时期的寡占者拥有技术的垄断优势,为保持这一优势,他必须投入大量的资金和技术力量,它们受要素禀赋的影响,生产在创新国国内,寡占者享受着垄断利润,只有在标准化阶段,由于出口和竞争对手的出现,才会将生产移至国外,以降低生产和运输成本。成熟期的寡占者由于其垄断技术的扩散和逐渐丧失,并在由于贸易壁垒导致出口成本增加的条件下把生产移至国外,利用技术转移以及生产、销售、研发的规模经营来替代创新因素,用自己控制的技术扩散来获得寡占利润,他们采用的是相互牵制战略和盯住战略来维持自己的市场份额。衰退期寡占者的技术优势已经丧失,寡占利润已不复存在,寡占者通过商标、广告宣传等手段使自己的产品与别人的产品相区别,以建立新的垄断优势,由于竞争者过多,生产成本已成为寡占者考虑的主要因素,拥有廉价劳动力和广阔市场的发展中国家便成为这类寡占者理想的投资场所。维农对产品生命周期理论的修正实际上是从寡占竞争的角度分析对外直接投资的,揭示了寡占者对外投资的目的就是使寡占利润最大化。维农的修正,在强调产品生产周期的基础上,开始关注生产效率,这就使产品生命周期理论更贴近现实,对直接投资的指导性更强。

2. 约翰逊对产品生命周期理论的发展。美国学者约翰逊在维农的产品生命周期三阶段模型的基础上,通过对影响对外直接投资区位选择的因素进行深入的分析,进一步补充了该理论。约翰逊认为有以下因素影响投资的区位选择:一是劳动力成本和劳动力的素质。劳动力成本和劳动力的素质在不同国家差异是很大的,在产品的创新和成熟阶段,高技术的生产就需要高素质的劳动力,这只能到发达国家投资或利用发达国家的劳动力,在产品的标准化阶段,迫于成本和价格的竞争,只能把产品的生产移至发展中国家。二是市场因素。市场的需求也是影响企业从事对外直接投资的主要因素,在产品的创新和成熟阶段,相对较高的价格只有发达国家的消费者才能接受,在进入标准化阶段以后,激烈的竞争使产品的价格大幅度下降,较低的价格使发展中国家的消费者也加入该产品消费者的行列,此时转向发展中国家进行生产,既可以扩大市场份额又可以实现规模生产。三是贸易壁垒。贸易壁垒也是促使创新企业选择向发展中国家进行投资的一个因素,产品在进入成熟期以后,随着仿制者的增多,发展中国家开始通过贸易壁垒来保护本国工业的发展,创新企业只有选择在发展中国家投资来绕过贸易壁垒。四是东道国对外资的态度。东道国政府对外国投资者实施优惠政策也是吸引创新国企业的投资诱因。

(四)对产品生命周期理论的评价

产品生命周期理论的贡献在于将垄断优势、产品生命周期和区位因素结合起来,来解释国际直接投资的动机、时机和区位的选择,这就使理论从动态的角度分析对外直接投资,并增添了时间因素把国际直接投资同国际贸易和产品的生命周期结合起来,解释美国战后对外直接投资的动机与区位的选择,使国际投资理论既可以解释对外直接投资,也可用来解释新产品的国际贸易。

产品生命周期理论的缺陷也是明显的:一是将跨国公司的产品开发、市场营销渠道和市场竞争手段这三项相互依存的决策程序分开,这与跨国公司同时整体考虑这三项决策的实际不符。二是由于产品生命周期理论是以特定时期美国制造业企业的对外直接投资活动为背景展开研究的,所以这一理论对非制造业企业、对发展中国家、对非出口替代领域和高科技与研发领域的对外投资行为无法做出科学的解释。三是该理论也无法解释20世纪80年代以后出现的发达国家企业直接在发展中国家从事新产品研发的行为。

四、比较优势理论

(一)比较优势理论产生的背景

比较优势理论(The Theory of Comparative Advantage)也称产业选择理论、边际产业扩张论、切合比较优势理论,是日本小岛清教授(Kiyoshi Kojima)在20世纪70年代提出来的。从第二次世界大战结束到20世纪70年代中期,日本理论界接受和流行的对外直接投资理论主要是海默和金德尔伯格的垄断优势理论以及维农的产品生命周期理论。随着20世纪70年代日本经济的迅速崛起,日本的对外投资尤其是对发展中国家的投资发展迅猛,表现出与美欧发达国家对外投资的不同特点。针对日本对外直接投资与美欧对外直接投资的不同特点,小岛清认为垄断优势理论和产品生命周期理论是解释美国跨国公司对外直接投资问题的理论,没有考虑其他国家对外直接投资的特点,不能解释日本的对外直接投资问题。小岛清对日本企业的对外投资做了大量的分析和研究,并根据国际贸易的比较优势理论,提出了符合日本国情的对外直接投资理论,即比较优势理论。小岛清在其于1979年出版的《对外直接投资论》中系统阐述了比较优势理论,并在1981年出版的《跨国公司的对外直接投资》及《对外贸易论》等书中又做了进一步的补充。

(二)比较优势理论的基本观点

小岛清认为国际分工与比较成本的原则是一致的,不同国家劳动和经济资源的比率存在差异,导致比较成本和比较利润率出现差异,垄断优势理论过分强调了对外直接投资的微观经济因素的分析,却忽略了宏观经济因素的分析。根据比较成本和比较利润来分析对外贸易和对外投资更具普遍性。

1. 比较优势理论的三个命题。比较优势理论对国际直接投资的分析是围绕着以下三个命题展开的:

(1)国际贸易理论中的赫克歇尔—俄林模型(H−O模型)中的资源禀赋或资本—劳动要素比例的假定基本是合理的,但在运用其分析对外直接投资时,可使用比资本更广义的经营资源(Managerial Resources)的概念来代替资本要素。经营资源是一种既包括有形资本也包括技术和技能等人力资本的特殊要素。如果两国的劳动力与经营资源的比率存在差异,则他们在两种商品中的密集度也有差异,因此也会导致比较成本的差异。

(2)比较投资利润率的差异与比较成本的差异有关。凡是具有比较成本优势的行业,其比较投资利润率也较高。建立在比较成本或比较投资利润率基础上的国际分工原理不仅可以解释国际贸易的发生,也可以说明国际投资的原因,因为国际分工原理与比较成本和比较投资利润率的原则是一致的,国际贸易受它们的综合影响。对外直接投资是根据比较利益的原则进行的。

(3)日本式的对外直接投资与美国式的对外直接投资不同。美国企业的对外投资是把经营资源作为特殊要素的一种带有寡头性质的直接投资。

2. 比较优势理论对直接投资动机的分析。小岛清对日本企业对外投资做了深入的分析,他认为企业对外直接投资动机可以分为以下四种:

(1)自然资源导向型。这类投资者的目的是进口国内不可能生产的产品或稀缺的资源,其中很多是用于生产的资源和中间产品,形成一种垂直的国际分工。

这种动机有时也可以弥补国内失去的比较优势。小岛清也把它叫贸易替代型的对外直接投资。

（2）劳动力导向型。在经济发展过程中，发达国家的劳动力成本在不断地提高，为降低生产成本，把劳动密集型的产业转移到劳动力成本较低的发展中国家是符合比较成本和国际分工原则的，劳动力成本的变化会使国际分工发生变化。

（3）市场导向型。怀有这种目的的投资者一般是在两种情况下进行对外投资：一是挤占国际市场，二是为了绕过东道国的贸易壁垒。美国的制造业企业多具有这种动机，它实际上也是一种反贸易导向型的对外直接投资。

（4）生产和销售国际化型。拥有这种目的的投资者多是一些市场中的寡头，即一些大的跨国公司，它们既搞垂直型的国际分工，也搞水平型的国际分工，多是想从国内寡头发展成为国际寡头。

以上四种动机决定了跨国企业从事对外直接投资的规模和方式。

3. 日美对外直接投资的比较分析。小岛清在对日美经济及投资状况进行深入分析的基础上，得出美国的垄断优势和产品生命周期理论无法解释日本的对外直接投资行为的结论。日本的对外直接投资与美国相比有几点明显的不同：

（1）美国的海外企业大多分布在制造业部门，从事海外投资的企业多处于国内具有比较优势的行业或部门。这种投资模式使比较投资利润率与比较成本发生背离，这与比较优势是不符的。而日本对外直接投资主要分布在自然资源开发、纺织品生产和标准化的零部件等劳动力密集型行业，这些行业是日本已失去或即将失去比较优势的行业。对外投资是按照这些行业比较成本的顺序依次进行的，这与直接投资和比较成本指示的方向一致。

（2）美国对外直接投资是贸易替代型的，其对外直接投资的行业是拥有技术垄断优势的行业，投资结果会使比较成本差距缩小，投资数量的增加反而会使一些行业产品出口下降。而日本的对外直接投资行业是在本国已经处于比较劣势而在东道国正在形成比较优势或具有潜在的比较优势的行业，所以对外直接投资的增加会带来国际贸易量的增加，是贸易创造型的投资。

（3）美国从事对外直接投资的主体多是拥有先进技术的大型寡头企业，目的在于海外扩张以维护垄断地位。而日本的对外直接投资以中小企业为主体，所转让的技术也多为适用技术，比较符合当地的生产要素结构及水平。

（4）美国公司设立的海外企业一般采用独资形式，与当地的联系较少，类似"飞地"。而日本的对外直接投资多采用合资形式，注意吸收东道国企业参加，有时还采用非股权安排方式（Non-Equity Arrangement）。

（5）美国的企业投资流向多为西欧的发达国家，而日本对外直接投资的流向多为发展中国家。

(6)美国寡头企业由于转让的多是生产中间产品的先进技术,而且这些技术控制在美国企业的手中,对东道国的技术进步和经济发展的作用有限,大多会增加东道国的国际收支逆差和失业率。而日本由于转让的多是适用技术,有利于东道国的产业结构调整,促进了东道国的经济发展。

4. 比较优势理论的核心内容。小岛清的比较优势理论是建立比较成本原理基础上的,采用正统的国际贸易理论 2×2 模型,即对两个国家两种产品进行分析。其核心内容是,对外直接投资应该从本国已经处于或即将处于比较劣势的产业依次进行。在本国已处于或趋于比较劣势的生产活动都应通过直接投资依次向国外转移,因此可以扩大投资国与东道国的比较成本差异,实现数量更多的贸易,使两类国家在直接投资中都能受益,形成新的互补格局。小岛清的对外投资理论将投资国已经处于或即将处于比较劣势的产业称为边际产业,这里的边际产业是指边际性产业、边际性企业和边际性部门。

(1)边际性产业。那些在日本由于劳动力成本的逐步提高,和发展中国家相比已失去或即将失去比较优势的劳动力密集型产业属于边际性产业。

(2)边际性企业。在劳动密集型的企业当中,失去或即将失去比较优势的中小型企业属于边际性企业。

(3)边际性部门。在同一企业中,那些处于比较劣势的部门则属于边际性部门。

小岛清认为,边际产业是指已处于比较劣势的劳动力密集部门或者某些行业中装配或生产特定部件的劳动力密集的生产环节或工序,这些产业在投资国已失去发展空间,但在东道国可能正处于优势或潜在的优势地位。日本的传统工业部门很容易在海外找到立足点,传统工业部门到国外生产要素和技术水平相适应的地区进行投资,其优势远比在国内新行业投资要大[1]。

5. 比较优势理论的结论。小岛清的比较优势理论利用国际分工的比较成本原理进行宏观的考察,并详细分析和比较日本和美国对外直接投资的特点,得出了日本企业对外投资发展之路的结论。

(1)国际贸易理论和国际投资理论都可以统一到比较成本理论上进行解释。各国应投资拥有比较优势的产业并出口其产品,减少或不再投资比较劣势的产业并进口其产品,双方均可得到贸易利益。对外直接投资应该从本国已经处于或即将处于比较劣势的产业依次进行,这样既可以使投资国发挥比较优势,又可以扩大比较成本的差距,使双方都能获取投资利益。

(2)日本在对外投资时要创造和扩大对外投资。从本国已经处于或即将处于

---

[1] [日]小岛清. 对外贸易论[M]. 天津:南开大学出版社,1987.

比较劣势的产业依次进行对外直接投资,不仅可以带动机器设备的出口,国外廉价的产品可以返销国内或其他国家,东道国国民收入提高后会进口更多的日本产品,因此日本的对外投资属于贸易创造型。

(3)应从比较成本的角度对两种或两种以上产品或产业进行分析,建立在对一种产品或产业基础之上的分析缺乏科学性。

(4)应在比较成本差距较大的基础上进行投资。小岛清认为,发达国家之间的对外投资大都是因为贸易壁垒引起,而且建立在比较成本差距很小的基础上进行,很难产生经济效益,发达国家应该停止这类投资。

(5)对外投资应从与东道国技术差距最小的产业依次进行,这样可以在发展中国家找到立足点,占领当地市场,对双方都会产生更大的比较优势和创造更高的利润。

(三)对比较优势理论的评价

与垄断优势理论、内部化理论和产品生命周期理论相比,比较优势理论的论点更具独立性,甚至很多观点与上述理论相反。具体地说该理论的积极性主要体现在以下几个方面:

1. 提出了对外直接投资基础应该是两国比较成本差距较大的论点。投资国和东道国同一产业的企业拥有不同的生产函数,形成了比较利润的差别,构成了双方实物资产、技术水平、劳动力和价格等经济资源的差异,生产要素在这种情况下的组合更合理,更能发挥各自的优势。

2. 它首次将国际贸易理论和国际投资理论在比较成本的基础上融合起来,提出了对外直接投资与对外贸易并不相悖,而是相互促进,摒弃了用对外投资替代国际贸易的论点。

3. 它否定了垄断优势在对外直接投资中的决定性作用,强调运用与东道国相适应的技术进行投资。

4. 它论证了中小企业拥有的技术更适合东道国的生产要素结构,因而较好地解释了发达国家在20世纪70年代以后出现的中小企业对外直接投资的原因和动机。

5. 该理论首次提出了产业概念,这比以前以企业为研究对象的国际直接投资理论大大地进了一步。

比较优势理论与垄断优势理论、产品生命周期理论一样,也是立足本国企业的实际情况,因此也无可避免地存在很大的局限性:其一,比较优势理论符合20世纪80年代以前日本大量向发展中国家投资的情况,但它却无法解释20世纪80年代以后日本企业对欧美等发达国家制造业的大量投资,这种投资大部分属于贸易替代型,而非贸易创造型,这也表明日本企业随着日本经济的发展,其对外投资与美国的对外投资日益趋同。其二,按小岛清的解释,发展中国家是不能对外进行直接投资的,更不能对发达国家进行直接投资,它无法解释发展中国家开始向发达国家的投资现象。因此,小岛清的比较优势理论也不具有普遍的指导价值。

五、国际生产折中理论

(一)国际生产折中理论产生的背景

垄断优势理论、内部化理论、产品生命周期理论、比较优势理论都是作者在对本国的具体情况进行了深入分析和研究后提出来的,它们很难具有普遍意义。20世纪60年代以前,国际生产格局比较单一,以美国为基地的跨国公司在国际生产中占有重要地位,国际生产主要集中在技术密集的制造业部门和资本密集的初级工业部门,投资主要流向西欧、加拿大及拉美国家,海外子公司大多采用独资形式。国际生产格局在70年代以后呈现出复杂的趋势,西欧和日本的跨国公司兴起,发达国家间出现相互交叉的投资现象,一些跨国公司开始向新兴工业化国家(地区)和其他发展中国家投资,合资形式成为海外企业的主要形式,在他们眼里不具备从事对外直接投资条件的发展中国家,也开始加入到对外投资者的行列,这些理论对此现象都无法进行解释。鉴于上述理论的局限性,英国里丁大学教授邓宁(John H. Dunning)试图建立一种全面的理论,用以说明对外直接投资的起因和影响对外投资发展方向的因素。他认为,目前缺乏统一的国际生产理论,传统的理论只注重资本流动方面的研究,而缺乏将直接投资、国际贸易和区位选择综合起来加以考虑的研究方法。把若干理论综合起来才能对跨国公司的国际生产活动做出较为准确的解释。1977年他宣读了一篇题为《贸易、经济活动的区位与跨国企业:这种理论探索》的论文,提出了国际生产折中理论(The Eclectic Theory of International Production),1981年出版著作《国际生产和跨国公司》。他的理论将企业的特定垄断优势、国家的区位与资源优势结合起来,为国际经济活动提供了一种综合分析的方法,所以他的理论也可称为国际生产综合理论[①]。

(二)国际生产折中理论的基本观点

邓宁认为,国际生产理论主要沿着三个方向发展:一是以海默等人的垄断优势理论为代表的产业组织理论;二是以阿利伯的安全通货论和拉格曼的证券投资分

[①] 余海峰,冯忠铨. 二战后国际投资理论的发展演变[J]. 经贸论坛,2001(2).

散风险论为代表的金融理论;三是以巴克利和卡森等人的内部化理论为代表的厂商理论。但这三种理论对国际生产和投资的解释是片面的,他们只从一种或两种主要因素来分析对外投资,没有把国际生产与贸易或其他资源转让形式结合起来进行分析,特别是忽视了对区位因素的考虑。基于这种考虑,邓宁集上述理论之长,并结合区位理论,提出了国际生产折中理论,用以解释对外直接投资的动因和条件。

国际生产折中理论的核心是"三优势模式"(O.I.L. Paradigm),从产业组织理论和国际贸易理论中选择了他认为最关键的变量:厂商特定所有权优势(Ownership – Specific Advantages)、内部化优势(Internalization – Specific Advantages)和国家区位优势(Location – Specific Advantages)。三个变量不分主次,它们之间的相互联系和不同组合决定了国际投资活动方式。只有当上述三个条件都得到满足时,投资者才愿意进行对外直接投资。

1. 所有权优势。所有权优势也称厂商优势,它主要是指企业所独有的,国外企业无法获得的,或在国际市场上优越于其他厂商的特定优势。邓宁认为跨国公司所拥有的所有权优势主要包括三个方面:①资产性的所有权优势(Asset ownership advantage),它是指如设备、先进技术和原材料等价值资产优势;②交易性的所有权优势(transactional ownership advantage),它是指管理、专利、商标、信息、货币、商誉等无形资产优势;③规模经济优势,它包括成本和创新等优势。邓宁认为,跨国公司在进行对外直接投资和海外生产引起成本提高与风险增加的情况下,还继续在海外进行直接投资并能够获得利益,是因为拥有一种东道国竞争者所没有的比较优势,这种比较优势带来的收益大于海外生产所引起的附加成本和政治风险产生的损失。所有权优势是跨国企业从事对外直接投资的基础。

2. 内部化优势。内部化优势是指企业为避免外部市场的不完全性对企业经营的不利影响,通过对外直接投资将其资产或所有权内部化而拥有的优势。市场的不完全主要是指结构性的市场不完全和自然性的市场不完全,政府干预和贸易壁垒属于结构性的市场不完全,而信息等属于自然性的市场不完全。邓宁认为,市场的不完全可以使企业的所有权优势逐步丧失,企业将拥有的资产通过对外投资转移给国外子公司,即将企业优势内部化,可以比通过交易转移给其他企业获得更多的利益。企业拥有的所有权优势不是企业进行对外直接投资的决定因素,它既可将所有权资产或资产的使用权出售给其他企业或别国企业,把资产的使用外部化,也可以将资产在分支机构之间转移,把资产的使用内部化。企业在资产内部化和外部化之间的选择取决于利益的比较。在外部市场不完善的情况,企业选择了内部化以避免丧失所拥有的各种优势,因为内部化的利益要大于市场交易所得。企业将所有权优势内部化的过程就是对外直接投资活动。

3. 区位优势。邓宁所讲的区位优势指的是可供投资的国家或地区对投资者来说在投资环境方面所具有的优势。区位优势是投资者选择投资地点的重要条件，形成区位优势的条件主要包括以下因素：①自然因素，包括自然资源禀赋、劳动力资源和地理条件，这类因素会直接影响运输成本和生产成本；②经济因素，包括经济发展水平和经济结构，这类因素会影响企业产品的生产量和销售额；③制度和政策因素，包括贸易壁垒及政府对外国投资的政策，会影响投资者的成本和生产活动。在邓宁看来，一家企业具备了所有权优势，并有能力将这些优势内部化，还不能完全解释清楚直接投资活动，还必须加上区位优势。企业进行国际生产时必然受到区位因素的影响，只有国外的区位优势大时，企业才可能从事国际生产。

当企业只具备所有权优势，没有能力实施内部化，而每个可供投资的地区对投资企业来说都不具备区位优势时，只能通过许可证贸易参与国际经济活动；当企业具备所有权优势并有能力实施内部化，但每个可供投资的地区对投资企业来说都不具备区位优势时，只能以国内生产并出口产品的形式参与国际经济活动；只有当企业具备所有权优势、内部化优势和区位优势时，才可通过对外投资方式参与国际经济活动。企业拥有三种优势的情况决定了企业参与国际经济活动的方式，见表3-1。

表3-1　　　　企业的优势与参与国际经济活动模式选择的关系

经济活动方式	所有权优势	内部化优势	区位优势
许可合同方式	有	无	无
产品出口方式	有	有	无
直接投资方式	有	有	有

（三）对国际生产折中理论的评价

国际生产折中理论是目前国际上有关研究跨国公司理论中最具影响的理论，它借鉴和综合了以往国际直接投资理论的精华，较为全面地分析了企业发展对外直接投资的动因和决定因素，其高度的概括性和广泛的涵盖性得到了理论界的普遍认同。该理论的主要贡献在于以下三个方面：一是它继承了海默的垄断优势理论的核心内容，吸收了巴克莱内部化的观点，增添了区位优势因素，弥补以前国际投资理论的片面性；二是引入了所有权、内部化和区位优势三个变量因素来对投资决策进行分析，较好地解释了企业选择参与国际经济活动方式的理论依据，创建了一个关于国际贸易、对外直接投资和国际协议安排三者统一的理论体系；三是邓宁将这一理论同各国经济发展的阶段与结构联系起来进行动态化分析,还提出了"投资发展周期"学说,这就较好地解释了跨国公司国际直接投资的决定因素及其动态变化对跨国公司直接投资行为的影响。

国际生产折中理论也有很多不足之处:一是认为该理论将利润最大化作为跨国公司对外直接投资的主要目标,这与近些年来对外直接投资目标多元化的现实不符,而且该理论几乎综合了其他各种对外直接投资理论,缺乏一个统一的理论基础,缺乏独创性;二是国际生产折中理论将所有权、内部化和区位优势三个因素等量对待,没有强调它们之间的关系对直接投资的影响,这就使该理论仍然停留在静态的分析中;三是该理论探讨了选择国际贸易、对外直接投资和国际协议安排三种国际经济活动方式的依据,但在对其依据的探讨中,缺乏对跨国公司管理这一环节的深入研究;四是国际生产折中理论的研究对象仍然是发达国家,还是无法解释不具备技术优势的发展中国家跨国企业从事的国际直接投资活动;最后,邓宁的国际生产折中理论虽然力图使其研究与以前的理论研究相比更具动态性,但与他后来提出的投资发展周期相比,其动态性还有很大的欠缺。

第三节　发展中国家国际直接投资理论

传统的国际直接投资理论都属于发达国家的直接投资理论,因为它们都以发达国家为研究对象,并对发达国家的对外直接投资动因和方式有较强的说服力。进入20世纪80年代以来,随着发展中国家跨国公司的形成和发展,他们对外投资活动日益普遍,这就对传统的国际直接投资理论提出了挑战,很多学者开始注意研究适用于发展中国家对外投资行为的直接投资理论,一些专门用来解释发展中国家企业对外直接投资行为的理论便应运而生。

一、小规模技术理论

(一)小规模技术理论产生的背景

传统的国际直接投资理论把技术优势和规模经济作为企业对外投资的先决条件,但是在技术、资本、管理和规模方面均不如发达国家的发展中国家的企业开始走上对外直接投资的道路,不少发展中国家的企业还打入了发达国家市场,传统国际投资理论对此无法做出科学的解释。

美国哈佛大学教授刘易斯·威尔斯(Louis T. Wells)对发展中国家对外直接投资行为进行深入的研究后,于1977年发表了题为《发展中国家企业的国际化》一文,文中提出了小规模技术理论。他在1983年出版的《第三世界跨国公司》一书中,对小规模技术理论又做了进一步的论述。威尔斯的小规模技术理论被西方理论界认为是研究发展中国家对外直接投资最有代表性的理论。

(二) 小规模技术理论的基本观点

威尔斯小规模技术理论的核心观点是,发展中国家的跨国企业也拥有竞争优势,其技术优势具有十分特殊的性质,这种技术优势主要来自生产的低成本,它与母国的市场结构密切相关[1]。具体来说,发展中国家跨国公司的技术优势主要体现在三个方面:

1. 拥有为小市场需求服务的小规模生产技术。由于发展中国家收入低,制成品市场的规模一般不大,发达国家跨国企业大规模生产技术很难从中获益,而发展中国家的企业一般是先引进技术,然后不断加以改造,使其生产技术适合小规模生产,提供品种繁多的产品,以满足发展中国家多样化的市场需求,这也正是发展中国家企业的技术优势所在。

2. 拥有当地采购和特殊产品优势。威尔斯发现,发展中国家的企业在引进技术以后,往往用本国的原材料和零部件进行生产,以弥补技术引进导致进口增加使生产成本上升带来的损失。另外,发展中国家的对外直接投资往往还带有鲜明的民族特色,尤其在某一国的海外移民达到一定规模时,他们生产的产品总是满足海外同一种族的需要,即能够提供具有民族文化特点的特殊产品,而这些民族产品的生产利用的往往是母国的资源,从而享有成本优势。例如华人社团的形成,带动了一大批东南亚的投资者投资食品加工、餐饮、新闻出版等行业。

3. 拥有物美价廉优势。发展中国家的跨国企业经常采用低价营销战略,这往往是他们占据市场份额的主要手段。发展中国家跨国公司之所以能做到低价销售其产品,主要是因为发展中国家的生产成本与发达国家相比,不仅劳动力成本和母国的原材料成本普遍较低,而且广告支出较少,发展中国家的跨国公司很少使用广告手段来推销其带有民族性质的产品。

(三) 对小规模技术理论的评价

威尔斯的小规模技术理论的贡献在于将发展中国家跨国企业自身优势与发展中国家自身市场特征结合起来,解释了发展中国家跨国企业的相对优势,摒弃了只能以技术的垄断优势进行对外投资的观点,这种相对优势在多元化、多层次以及不断变换的世界市场中有很强的竞争力。但该理论也存在明显的缺陷,威尔斯始终

---

[1] [美]刘易斯·威尔斯. 第三世界跨国企业[M]. 上海:上海翻译出版公司,1986.

将发展中国家的技术创新活动局限于对现有技术的继承和使用上,认为发展中国家生产产品所使用的技术是降级技术,会导致发展中国家企业在国际生产中被边缘化,鉴于此种观点,小规模技术理论更无法解释发展中国家高新技术企业的对外投资行为。

二、技术地方化理论

(一) 技术地方化理论产生的背景

技术地方化理论与小规模技术理论是在同样的背景下提出的,在发展中国家对外投资现象日益普遍的情况下,很多西方学者都意识到传统对外直接投资理论已经解释不了这些现象,他们开始对发展中国家进行大量的调研,探求新的理论以解释发展中国家企业的对外投资行为。英国经济学家拉奥(Sanjaya Lall)在对印度跨国公司的竞争优势和投资动机进行了深入研究之后,提出了关于解释发展中国家跨国公司对外直接投资行为的技术地方化理论。

(二) 技术地方化理论的基本观点

拉奥所讲的技术地方化,是指发展中国家跨国公司可以对外国技术进行消化、改进和创新,从而使得产品更适合自身的经济条件和需求。和小规模技术理论一样,技术地方化理论也是从技术角度来分析发展中国家跨国公司竞争优势的,拉奥强调发展中国家的创新过程是企业技术引进的再生过程,而非单纯的被动模仿和复制。拉奥认为,发展中国家企业之所以能形成自己的特殊竞争优势,是由四方面条件决定的:一是技术的地方化,因为发展中国家投资环境不同于发达国家,而且与发展中国家的要素价格和要素质量有关;二是经过改造的产品更适合发展中国家自身的需求,只要把引进的技术进行一定程度的改造,产出的产品就可以更好地满足当地或邻国消费者的需要,这本身就是一种竞争优势;三是经过发展中国家企业改造后的适合小规模生产的技术,与未经改造的西方国家的技术相比,在当地的生产中能产生更高的经济效益;四是虽然发展中国家的产品无法与发达国家的名牌产品相比,但由于发展中国家消费者购买能力的限制,使发展中国家的廉价产品拥有更大的市场。

(三) 对技术地方化理论的评价

与威尔斯的小规模技术理论相比,拉奥分析了使发展中国家企业产生竞争优势的各种因素,它的技术地方化理论不再认为发展中国家跨国公司是被动地接受发达国家的降级技术,或被动地模仿和复制其技术,对技术的改进也是一种技术创新。因此,尽管拉奥对发展中国家经济优势和技术创新的解释是粗线条的,但他的理论在一定程度上论证了发展中国家企业参与跨国生产活动的可能性,这是技术地方化理论的最大贡献。

三、技术创新产业升级理论

(一)技术创新产业升级理论产生的背景

20世纪80年代以后,随着发展中国家经济的发展,发展中国家的对外投资现象不仅日益普遍,而且成为发达国家跨国公司从事国际化生产和经营的主要竞争对手,特别是像韩国、新加坡等新兴工业国家大举向发达国家进行投资,传统的国际直接投资理论在这种趋势面前显得无能为力。英国学者坎特威尔(John Cantwell)与其学生托兰惕诺(Paz E. Tolentino)对发展中国家对外直接投资问题进行了系统的考察,提出了发展中国家技术创新产业升级理论。

(二)技术创新产业升级理论的基本观点

技术创新产业升级理论强调技术创新对一国的经济发展至关重要,是一国产业和企业发展的根本动力。但发展中国家跨国公司的技术创新与发达国家跨国公司的技术创新活动有所不同,发展中国家跨国公司的技术创新活动具有明显的"学习"特征,换句话说,这种技术创新活动主要利用特有的"学习经验"和组织能力,为的是掌握和开发现有的生产技术,但由于投入所限,他们缺乏研发能力。坎特威尔和托兰惕诺认为,不断的技术积累可以促进一国经济的发展和产业结构的升级,而技术能力的不断提高和积累与企业的对外直接投资直接相关,它影响着发展中国家跨国公司对外直接投资的形式和增长速度。他们还认为,发展中国家对外直接投资的产业分布和地理分布随着时间的推移而逐渐变化:在产业分布上,先是开展以自然资源开发为主的纵向一体化活动,然后再进行以进口替代和出口导向为主的横向一体化活动;先是传统产业,然后逐渐延伸到高科技产业。在地理分布上,先是在周边国家投资,积累了经验后再向其他更远的国家或地区投资。

(三)对技术创新产业升级理论的评价

技术创新产业升级理论最大的贡献是强调了发展中国家的技术创新来自经验的积累,他们认为,发展中国家引进技术的过程就是学习和积累经验的过程,从而导致发展中国家在经验积累的基础上进行技术创新。与此同时,该理论还为发展中国家的投资活动进行了在产业上和地理上的布局。这种解释和布局虽然不尽符合发展中国家的实际情况,但仍对发展中国家的对外直接投资活动有普遍的指导意义。

四、投资发展周期理论

(一) 投资发展周期产生的背景

邓宁的国际生产折中理论一经发表就引起理论界的普遍关注,虽然获得了相当程度的认可,但也有人称它缺乏新意,对发展中国家跨国公司的对外投资行为解释力较差,能体现其新意并较好地解释发展中国家对外投资行为的则是邓宁提出的投资发展周期理论。邓宁于1981年在《投资发展周期》一文中,将国际生产折中理论从企业层次推论到国家层次,并阐明处于经济发展阶段不同的国家,其所有权、内部化和区位优势是不同的,实际上是从动态的角度来分析经济发展水平不同的国家在对外直接投资中的地位,以完善他先前提出的国际生产折中理论。

(二) 投资发展周期理论的基本观点

邓宁通过对67个发达国家和发展中国家在1967～1978年的对外投资流出量和流入量进行分析后发现,一个国家的人均国民生产总值水平与对外投资流入和流出有关:人均国民生产总值在400美元以下的国家,对外直接投资的流出、流入均很少,因为它既没有可供投资国选择的区位优势,又不拥有从事对外直接投资的所有权优势和内部化优势;人均国民生产总值在400～1 500美元的国家,对外直接投资的流入量大于流出量,而且差额很大,这是因为它可供投资国选择的区位优势在增强,但没有实力形成拥有从事对外直接投资的所有权优势和内部化优势;人均国民生产总值在1 500～4 000美元的国家,对外直接投资流出量的增幅大于流入量的增幅,但仍为对外直接投资的净流入国,而且流出流入的差额在缩小,这是因为这些国家不仅可供投资国选择的区位优势在增强,而且其所有权优势和内部化优势正在增强,外国企业要想进入这些国家必须更多地利用其所有权优势和内部化优势;人均国民生产总值在4 000美元以上的国家,拥有从事对外直接投资的所有权优势和内部化优势,并有能力运用区位优势来对外进行直接投资。邓宁的这一分析后来被称为投资发展周期理论。

(三) 对投资发展周期理论的评价

邓宁的投资发展周期理论实际上是国际生产折中理论在发展中国家的运用和延伸,他首次将对外直接投资与一国的国民生产总值联系起来,论证了一国的对外投资地位随着其竞争优势的消长而变化,从动态的角度描述了跨国投资与经济发展的辩证关系,扩大了理论的解释范围,从而解释了发展中国家跨国企业从事对外投资的原因。该理论的最大贡献是给了发展中国家很多的启示,其中包括一国的经济发展水平决定引资和对外投资的能力,而引资和对外投资优势是发展中国家发展经济和提高其在国际经济活动中地位的重要途径。邓宁的投资发展周期理论在企业所有权、内部化和区位优势的微观基础上来分析宏观上的总趋势,虽然他的这种分析方法力图解释发展中国家对外投资的现象,但事实上处在同一经济发展阶段的国家仍会出现直接投资流入与流出趋势不一致的情况。

第四节 其他国际直接投资理论研究

一、关于跨国公司直接投资的理论研究

(一) 跨国公司战略联盟理论研究

跨国公司的发展致使国际市场竞争日趋激烈,为应付国际市场激烈的竞争,跨国公司之间开始采取合作的模式,这就形成许多的跨国公司战略联盟。战略联盟可以使跨国公司共同分摊研发费用,共担投资风险,而且可以使优势叠加。许多学者从交易成本、技术创新、公司结构和竞争战略的角度来研究跨国公司的战略联盟。

对形成战略联盟最有代表性的解释是泰吉(T. Tyebjee)和奥兰德(E. Osland)提出的"战略缺口"。他们认为,在巨大的竞争压力面前,跨国公司的战略绩效目标与它们依靠自身能力所能达到的目标之间存在一个缺口,这一缺口是战略缺口,这就限制了跨国公司的发展,客观上要求跨国公司通过建立战略联盟来弥补这一缺口,达到其指定的战略绩效目标。战略缺口越大,跨国公司组成战略联盟的动力越强。

理查森(B. Richardson)认为,跨国公司在从事多项活动而无法实现规模经济时,应进行合作性的协调。他是从技术协调的角度来解释跨国公司组成战略联盟的动机。

威廉姆森(E. Williamson)认为,由于技术和区位等因素使跨国公司组成了战略联盟。他是从交易成本的角度来分析战略联盟的。

关于战略联盟的理论研究对跨国公司的发展产生了重要影响,同时也使传统的跨国公司理论受到了很大的冲击。

(二) 跨国公司战略管理理论研究

1972 年美国学者斯托弗(M. Stopford)与威尔士(T. Wells)在《管理跨国企业》

一书中,对跨国公司组织结构中的国际部、产品部、矩阵式和混合式之间的关系进行了详细的论述。此后,高歇尔(S. Ghoshal)对上述关系进行动态分析,认为它们会随着环境的变化而做出相应的调整。后来波特引入了价值链来分析跨国公司的经营管理特征,他认为,企业跨国经营行为表现为合理地分配母公司和分支机构的职能,从而使整个公司的增值活动协调起来,也就是说,跨国公司在进行经营活动时,组织价值链上的各个环节应协调运作。跨国公司战略管理理论是对跨国公司全面地从事生产活动和采用全面的管理模式的一种突破。

(三)跨国公司特征的理论研究

20世纪90年代后,发达国家的跨国公司除原有的特点以外,又出现管理柔性化、研发全球化以及受政府政策影响大等新特征,这些特征引发了众多学者的研究兴趣。

巴克莱和卡森对跨国公司在20世纪90年代出现柔性化管理特征进行了研究,他们认为,国际市场竞争更为激烈,世界市场是一个动态的市场,随时都可能出现创新技术及公司间的并购行为,面对世界市场的不确定性,企业需要柔性化管理方式。

研发全球化这一现象也引起了很多学者的注意,库莫勒(Kuemmerle)认为,跨国公司之所以将研发中心设立在包括发展中国家的全球每一个角落,是因为跨国公司设立研发中心的地点受到区位优势的影响,国家的研发环境不同,对跨国公司研发行为的吸引力也是不同的,研发全球化可以增加现有知识的存量或利用享有的知识。

跨国公司与政府的关系在20世纪90年代以后发生了变化,垄断优势理论、内部化理论和产品生命周期理论都忽略了政府行为对跨国公司投资行为的影响,邓宁在国际生产折中理论中,强调了政府因素对投资的影响。持"谈判能力理论"的学者认为,跨国公司与东道国的关系是相互对立的。也有学者认为,随着实力的增强,跨国公司的议价能力也随之提高,不管是投资国还是引进资金的国家的经济都受到跨国公司的影响,双边政府作用均在减弱。

上述对跨国公司新特征的理论研究,使人们对跨国公司对外投资的动因有了更深的了解。

(四)跨国公司选择直接投资方式依据的理论研究

对跨国公司选择直接投资方式依据的研究历来都是理论界研究的重点问题,因此研究的学者非常多,论点也层出不穷,而研究成果对国际直接投资理论有一定影响的学者有以下几位:

阿利伯(Aliber),美国芝加哥大学教授,1970年他发表了《对外直接投资理论》一书,对国际直接投资方式的选择做了较有深度的研究。他认为货币相对坚挺国家的企业一般对外进行投资,因为没有货币贬值的风险,并可由于货币溢价获得额外的收益,他们还可以在国际金融市场上以低利率筹得资金进行对外直接投资。

希尔施(S. Hirsch),美国经济学家,他于1976年发表了《厂商的国际贸易和国际投资》一书,通过建立选择出口贸易模式和投资模式的比较模型,来论证跨国公司选择直接投资方式和出口贸易方式的依据。其选用的变量有国内生产成本以及国外生产成本、出口销售成本、包括运输等在内的协调成本、知识资产泄漏成本等。当国内生产成本与出口销售成本之和既大于国外生产成本和额外协调成本之和,又大于国外生产成本和技术丧失成本之和时,企业选择对外直接投资可以获得比出口模式更大的利润;反之,跨国公司选择出口贸易模式。希尔施是从成本的角度分析选择贸易和国际直接投资方式依据的。

鲁特(Frabklin R. Root)在对跨国公司进行直接投资与许可证贸易方式之间做比较时认为,专利、商标和专有技术等知识产权可以通过许可证交易方式进行转让,但公司的技术创新能力、销售技能和管理能力是难以转让的。企业通过对外直接投资,将容易转让的和难以转让的技术协同作用,这样才能具有垄断优势,这是通过许可证贸易无法实现的,这也正是跨国公司采用对外直接投资方式的原因。

曼斯菲尔德(Edwin Mansfield)认为选择许可证贸易方式容易使跨国公司拥有的垄断技术泄密,企业之所以选择对外直接投资方式就是为了保持其技术的领先地位,以避免技术的购买方成为市场上的竞争对手。

二、关于中小企业直接投资的理论研究

即使拥有垄断优势的大企业在国际市场竞争中占有绝对的优势,但发达国家的中小企业仍占其企业总数的95%以上,解决世界发达国家2/3以上人口的就业问题,中小企业在世界经济中占有举足轻重的地位。垄断优势理论、产品生命周期理论和国际生产折中理论都是解释具有优势的大企业对外投资行为的,随着世界经济和科学技术的发展,中小企业正在成为世界经济活动中不可忽视的力量。小规模技术理论、技术地方化理论、技术创新产业升级理论只是解释发展中国家中小企业的理论,其实发达国家有很多中小企业准备或正在从事各种形式的对外直接投资活动,这些现象引起了各国学者的注意,并提出了一些解释中小企业对外直接投资行为的理论。其中主要有防御性投资理论、国家支持投资理论、信息技术投资理论和依附投资理论等。

(一)防御性投资理论

防御性投资理论的主要观点是,当一国企业由于国内条件的变化在国内失去

竞争优势的时候,到海外进行直接投资,利用海外的廉价资源继续进行其在国内从事的行业。这种理论是中国台湾的学者在研究了台湾中小企业海外投资的实践后得出的结论。20世纪60年代以后,台湾的中小企业靠出口加工业得以发展,但到了80年代,台币升值,通货膨胀严重,房地产价格狂升,致使岛内的生产成本急剧上升,造成短期资金的大量流入,靠出口加工业生存的中小企业已无法继续经营下去,只能通过海外投资来寻求发展的机会。这些中小企业到海外投资不是为了扩张,而是寻求生存的空间,所以人们把这种理论解释为防御性理论。

(二)依附投资理论

依附投资理论的主要论点是,中小企业从事对外直接投资主要是依附大型跨国企业,其成功与否主要取决于大型跨国企业垄断优势和内部化优势的外溢效应的大小。这一理论主要是想说明,大型跨国企业的对外直接投资,传播了先进的技术和管理经验,为东道国的中小企业对外投资奠定了技术基础,这是其外部效应。大型跨国公司产业内部化,使网络销售战略得以实施,实际上为发展中国家企业提供了广大的世界市场,这是大型跨国公司对外投资的外溢效应。东道国企业利用大型跨国企业的技术和市场使自己的实力得以增强,进而有能力从事对外直接投资。

(三)信息技术投资理论

世界进入信息时代以后,信息高速公路发达,这就使以前无法向世界各地派驻联络人员和设立海外分支机构的中小企业,得到了充分的获得信息的途径。本来就具灵活性的中小企业在信息的配合下,可以从事诸如服务业等信息密集型产业的投资。但信息技术投资理论只指出了中小企业利用信息技术对外从事服务行业的投资活动,并没说明利用信息技术是否适合投资制造业。

(四)国家支持投资理论

国际支持理论是在很多学者的投资理论中都涉及的一种理论,该理论认为,中小企业与大企业相比力量悬殊,他们无法与大型跨国企业抗衡,他们的成功取决于政府对中小企业的支持,政府应该颁布中小企业投资法案,鼓励中小企业走出去从事对外直接投资,并在税收、融资等方面给予优惠,以增强中小企业从事对外投资的抗风险能力。

三、关于服务业投资的理论研究

服务业的国际化进程远远落后于制造业,这与服务业的发展速度密切相关。

第二次世界大战后,在科学及技术的发展带动下,制造业发展迅速,跨国公司的海外投资主要发生在制造业部门,因此有关投资方面的主流理论研究也一直集中于制造业,而很少对服务业的对外直接投资进行分析。随着科学技术的进步和经济的发展,发达国家的居民收入大幅度提高,服务业在发达国家经济中所占比重不断提高,从事服务业投资的跨国公司日益增加,对服务业跨国生产和经营的研究也开始发展起来。其中具有代表性的研究学者主要有以下几位:

鲍德温(Boddewyn)在1989年发布的一项研究成果中,试图使用发达国家的主流理论来解释服务业跨国公司的对外直接投资行为。他发现服务产品具有一定的特殊性,这种特殊性会引发诸如对理论假设前提的违背、难以区分服务产业的特定优势等问题,他认为只需通过简单的条件限制和另加详细说明就能运用现有的对外直接投资理论来解释服务业的对外投资行为,不需要用特定的理论进行解释。

邓宁(Dunning)将其解释制造业的国际生产折中理论应用于服务业部门。他在1989年发表一篇题为《跨国企业和服务增长:一些概念和理论问题》的论文,文中解释了服务业跨国公司有关概念和一些理论问题。邓宁认为所有权优势、区位优势和内部化优势的"三优势模型",以及服务业的特殊性使服务业企业必然选择跨国经营,还列举出了一些服务行业对外直接投资所需具备的优势。

1989年,恩德韦克(Enderwick)承认国际生产折中理论可以运用于服务业跨国公司的对外投资行为,但强调该理论模型应用于服务部门时要特别注意的一些问题,因为相当多的服务业部门技术含量较低,很难确定服务业企业的特定优势。此外,制造业跨国公司惯用的许可证、管理合同、特许经营等非股权方式也在服务业中被广泛使用,因此,研究主流理论应用于服务业部门这一问题意义重大。

索旺(Sauvant)在1993年对服务业跨国公司进行综合实证分析,他用回归法对不同国家11个部门中最大的210个企业10年间(1976~1986)的数据进行了检验,对影响服务业跨国公司对外直接投资的决定因素进行了分析,得出了市场规模、东道国的商业存在、文化差距、政府法规、服务业的竞争优势、全球寡头反应、产业集中度、服务业的可贸易性、企业规模与增长是服务业对外直接投资主要因素的结论,这一检验结果也论证了邓宁理论的解释力。

卢格曼(Rugman)认为内部化理论适用于服务业跨国企业的对外投资行为,但他是以银行业为基点来分析内部化理论在服务业的适用性。他认为,按照内部化理论,跨国公司通过创造内部市场来克服世界商品市场和要素市场的不完全性,同样地,跨国银行也可以实现交易内部化,从而克服国际金融市场的不完全性。

格瑞(Gray)揭示了区位优势理论对银行业投资行为的适用性。当一个银行选择在超国家的市场(例如欧洲货币市场)经营时,不必拥有相同的优势条件,因为在超国家金融市场,没有当地银行,不需要以所有权优势作为补偿优势。他实际上把区位优势重新做了定义,将区位优势的范畴从某一特定国家扩展到了超国家市场。

此外,亚诺普勒斯(Yannopoulos,1983)、考(Cho,1983)、格鲁伯(Grube,1977)、佩克乔利(Pecchioli,1983)和威尔斯(Wells,1983)等学者也都以银行业为分析对象,阐明了邓宁的国际生产折中理论在解释跨国银行业发展方面的合理性。当然,饭店业、商业服务业等银行业之外的一些服务部门,同样适用于所有权优势、内部化优势和区位优势理论,只不过需要根据行业特点做一些限制和详细说明而已。

第五节 国际直接投资理论的最新发展

20世纪后半叶以来,随着经济全球化的加速,以及跨国公司对全球经济影响日益加大,国际理论界对国际投资理论的研究不仅日益重视,而且研究范围和视角不断拓展,研究方法也日益创新,虽然目前对国际直接投资理论的研究还缺乏突破性的成果,多是对传统国际投资理论的补充和完善,但对国际经济现象的解释更趋合理。

一、动态比较优势理论

动态比较优势论是日本学者小泽辉智(Ozawa)于1992年提出来的。进入20世纪80年代中期以后,跨国公司对世界经济发展所产生的巨大作用已受到理论界的高度关注,并着手对其原因进行研究,小泽辉智的动态比较优势理论试图把跨国公司对经济增长的推动作用与开放经济发展理论结合在一起,他强调世界经济结构或会对世界经济的运行尤其是国际直接投资产生重要的影响。他认为,当前世界经济结构特点是:①经济实体内部的供给和需求双方均存在差异;②世界各国的经济实力存在差异;③企业不仅创造如技术等无形资产,也在将这些无形资产进行交易;④各国经济结构和经济发展水平不仅存在阶段性,而且其升级是一个循序渐进的过程;⑤各国的经济政策都在从内向型向外向型转变。

小泽辉智认为,由于各国经济发展的不平衡性,以及世界各国经济水平和技术差距存在阶梯形等级结构,就为发达国家转移技术提供了机会,这种技术转移反过来也为技术相对落后的发展中国家提供了赶超机会。

小泽辉智认为,发展中国家应该通过引进外资来提高其比较优势,发展中国家应先从引进外国投资开始,然后逐步过渡到从事对外投资,这一过程一般要经过四个阶段:第一阶段就是直接引进;第二阶段是在引进资源导向型和劳动力导向型的外国投资的同时,开展劳动力导向型的对外投资;第三阶段从劳动力导向型的对外投资逐步过渡到技术导向型的对外投资;第四阶段是技术密集型的资金流入和技术导向型的对外投资交叉进行阶段。发展中国家的对外投资模式只有与工业化战略结合起来,将经济发展、比较优势和对外直接投资这三种相互作用的因素结合起来才能最大限度地发挥其比较优势。动态比较优势理论的贡献在于提出了处于不同阶段的发展中国家应采用不同的对外投资模式。

二、投资诱发要素组合理论

投资诱发要素组合理论是国际学术界在20世纪80年代末90年代初形成的,其核心观点就是任何形式的对外直接投资都是在投资的直接诱发要素和间接诱发要素的组合作用下发生的。直接诱发组合要素主要包括劳动力、资本、技术、信息、管理和技能,它是导致直接投资发生的主要因素。直接诱发要素的拥有者既可以是投资国也可以是吸引外资的国家,当投资国拥有直接诱发要素时,这些国家通过对外投资运用这些要素来获取利益,当吸引外资的国家拥有直接诱发要素时,会吸引投资者前来投资,因为投资国也想通过对外投资来分享运用这些要素带来的利益。间接诱发组合要素是指直接诱发要素之外的非生产性要素,主要包括东道国环境、投资国环境和国际经济环境三方面内容。东道国环境主要包括东道国的软硬件环境和对外资的态度,投资国环境主要包括对资金流出的鼓励政策及与东道国的合作关系,国际经济环境主要是指经济一体化的程度、科技的发展和金融市场的汇率变动等。

发达国家从事对外投资主要是直接诱发要素的作用,因为对外投资不仅可以利用其所拥有的优势,而且可以利用东道国的劳动力、资源等直接诱发要素。发展中国家从事对外直接投资在很大程度上主要是由东道国的间接诱发要素所引发的,因为它们不具有发达国家所拥有的优势。诱发要素理论认为,单纯的直接诱发要素不可能全面解释跨国公司对外投资的动因和条件,跨国公司从事直接投资是直接诱发要素和间接诱发要素双重作用的结果。

与以前的对外直接投资理论不同的是,投资诱发要素组合理论强调影响国际直接投资活动的外部条件,其中突出了东道国的投资环境和国际经济环境对国际直接投资的影响,这就使其对国际直接投资动机和条件的分析更为全面和更有说服力。

三、竞争优势理论

竞争优势理论是美国哈佛大学商学院教授迈克尔·波特(Michael E. Porter)在1990年撰写的《国家竞争优势》一书中提出的,后来分别在《竞争战略》《竞争优势》两本书对竞争优势问题进行过专门的论述。波特认为,竞争优势是指超越竞争对手而获得的竞争利润。一个国家竞争力的发展分为四个阶段:第一个阶段是资源要素导向阶段,这一阶段是一个国家参与竞争的起始阶段,处于这一阶段的企业,由于缺乏技术的创造力,只能从自然资源和廉价劳动力等基本生产要素方面获取竞争力;第二个阶段是投资导向阶段,处于这一阶段的企业,在引进和改进外国技术,并利用廉价的资源和劳动力等最基本的要素优势来改变其利用资源参与国际竞争的地位;第三阶段是创新导向阶段,处于这一阶段的企业不仅要将引进的技术进行改进,而且还能发明新技术和新方法;最后一个阶段是财富导向阶段,在投资不断成功的基础上企业不断投资和创新,只是创新动力减弱,最终导致企业的衰落。

波特认为,企业要想获得持久的竞争优势,应采用低成本战略和差异化战略。低成本战略就是指企业应成为其行业中低成本的生产者,这样可以获得高于平均水平的收益;差异化战略就是企业要注重众多客户所重视的一个或多个特征,然后将自己的产品和服务定位在这种其他企业尚未发现的特殊需求上,以获得溢价收益。波特将跨国公司的各种职能用价值链来描述,价值链是跨国公司组织跨国生产过程中的价值增值行为的方法,其中设计、生产、销售、管理和其他辅助性生产活动都构成了价值链上的每一个环节,价值链是企业竞争优势的来源。他认为,来自于资源的低成本竞争优势容易被别人仿效,而产品的差异化竞争优势主要来源于对设备、技术、管理和营销等方面的创新能力,很难被仿效,是企业最重要的竞争优势。

波特的竞争优势理论从宏观上分析跨国公司的对外投资行为,突破了传统的比较优势和垄断优势理论的分析框架,使其更贴近现实。此外,该理论强调了生产中各个环节,尤其是重视对管理的研究,并把它们解释为产业链,这比以前只重视技术优势的传统理论进了一步。

案例研究

案例一 中国汽车企业对外直接投资与技术创新——奇瑞的成功之路

2009年以来,在金融危机和贸易保护主义的双重夹击下,中国汽车出口市场一片黯淡。在这样一个特殊时期,出口急剧减少,但中国车企的海外投资却日渐增加。在众多中国车企中,奇瑞的海外扩张举动无疑是最成功的,成功的关键是在对外直接投资中坚持技术创新。

奇瑞汽车是国内少数在创业生产周期进入国际创业阶段的企业之一,在短短几年内,奇瑞完成了它的国际化创业过程,从出口开始,然后海外建厂,此后开始走国际化路线。奇瑞开始出口的主要市场是中东地区。2001年10月奇瑞接到了出口叙利亚的第一笔订单,打破了长期以来国产轿车零出口的记录。之后奇瑞汽车开始出口叙利亚、伊拉克、伊朗、埃及、孟加拉国、古巴、马来西亚等10余个国家。2003年,奇瑞在伊朗合作建立了一个CKD整车厂。2004年年初,古巴购买了奇瑞汽车作为古巴的国务院用车,随后,古巴的政府企业又带来了1 100台轿车的订单。2004年12月,阿拉多公司以整车进口的方式将10 000辆QQ运抵东盟市场,扩大了奇瑞在当地的影响力。2005年奇瑞实现了出口西方的梦想,奇瑞与美国梦幻汽车公司秘密签约,向美国市场出口汽车。合资厂商占主要地位的国内市场竞争异常激烈,而欧美等汽车工业发达国家已经形成了坚固的贸易壁垒,在这种情况下,奇瑞开始通过对外直接投资在竞争中站稳脚跟,不断加大了在海外建厂的力度。

2008年奇瑞公司与埃及DME集团合作,先后进行A5出租车项目、H13和A13等新项目合作开拓当地市场。此外,公司还将国内生产的QQ、A3,以及乌拉圭生产的A1引入到巴西市场。2001年,奇瑞与伊朗SKT公司确定了合作关系,经过一年多的报核审批,获得了伊朗政府的生产销售许可证,通过与SKT公司的合作,奇瑞实现了建立海外工厂的第一步。之后,奇瑞借助伊朗工厂的影响力进入了黎巴嫩市场。在进入中东市场后,东南亚、拉美等地区也进入了奇瑞的视线范围。

2004年11月12日,奇瑞与马来西亚ALADO公司签署了技术转让及汽车出口合同,从而进入东盟市场。目前这家位于马来西亚的工厂可以制造、组装并销售奇瑞提供的各种车型。与ALADO的合作并不是简单的一次性输出,奇瑞将在马来西亚建立自己的CKD厂,并进行长期的合作。通过到国外办厂,奇瑞实现了中国自主轿车企业走出国门办厂的零的突破。目前奇瑞已经与全球23个国家和地区签订了整车或CKD出口合同,产品涉及风云、旗云、QQ、东方之子以及即将投产的SUV和NEWCROSSOVER等车型。奇瑞凭借着不断增强的实力进军国际市场,在国际市场的锻炼反过来又增强了自身的实力。

奇瑞在对外投资之初就确定了"以我为主,整合利用世界资源"的自主开发路线。奇瑞曾经受制于国内外某些大集团零部件的供应,这使得奇瑞下定决心自己寻求发动机与变速箱等关键零部件的解决之道。新的发动机和变速箱的研发成功不仅解决了奇瑞的后顾之忧,在实现自我供给之后,还进入了全球的零部件采购系统。奇瑞利用国际化资源,开发自主知识产权产品,真正走上了自主研发之路,实现了国际化的转变。

案例思考与讨论:

通过奇瑞的案例,思考企业走出去与技术创新之间的关系。

案例二　华为并购三叶背后的启示

海外并购是近些年来中国企业"走出去"战略的重要形式,也是我国企业提高竞争能力和开拓海外市场的重要手段。中国企业在实施跨国并购时成功与否不仅取决于对市场风险、经营管理风险以及文化风险等的分析与决策,很大程度上与东道国的国际政治因素密切相关。

2010年5月,中国华为技术有限公司(以下简称华为)在美国以200万美元收购一家即将破产的美国三叶公司的特定资产,其中包括若干件涉及云计算(Cloud Computing)领域的核心专利技术。然而,就是这样一个小型收购却遭遇了"安全魔咒"。2011年2月,美国外国投资委员会(CFIUS)以华为收购的专利将对美国"国家安全"构成威胁为由,要求华为剥离收购三叶公司所获得的全部科技资产。2011年2月18日,华为迫于美国政府方面的压力只好"忍痛割爱",宣布弃购。

在美国,许多问题不是经济问题,而是政治安全甚至还有些民族心理的问题,高科技及电信资产被视为特别敏感的目标,而华为恰恰是高科技和电信资产两大关键词的受害者。事实上,华为自2008年联合竞标3Com失败后,就成了美国政府高度关注的目标。但遗憾的是,华为的法律顾问并没有吸取教训,处理好与CFIUS的关系,事先未征得CFIUS的批准便完成专利收购。另外,在美国,如果并购达到一定规模,需要对美国国会进行公关,而华为并没有重视做美国议员的工作,以及寻求在民众中树立良好且温和的企业形象。

随着中国成为世界第二大经济体,西方国家开始鼓吹"中国威胁论"。尤其是美国十分重视其高新技术的垄断地位,希望通过限制高新技术和人才的流动来遏制中国的崛起。华为并购三叶公司适逢中美关系特别阶段,例如:贸易关系紧张,美国对中国加紧了一系列反倾销调查;美国对华施压要求人民币升值;针对中国兑现入世承诺发出一系列责难;等等。由于华为的总裁任正非曾是解放军军官,美国政府便认为华为与中国军方有着千丝万缕的联系,甚至怀疑华为的并购行为是政府行为,认为华为的并购行为会威胁到美国的国家安全。国际舆论和现实的政治选择最终成为华为并购失败的原因之一。

事实上,华为收购遇挫并非个案,正如商务部的声明所说,近年来美国有关方面以包括保护国家安全在内的各种理由,对中国企业在美贸易投资活动进行阻挠和干扰。美国在高科技领域对中国企业在美并购设置了多重障碍,在传统手段无法奏效的情况下,已上升到采取"国家安全审查"手段来打压中国企业,这也成为贸易保护主义的又一个动向。金融危机后,欧美各国经济状况令人担忧,为了保护国内企业的发展和促进本国经济复苏,欧美各国倾向于贸易保护主义,非关税壁垒增加,尤其是国际政治壁垒成为一个新动向。我国企业在对外投资时必须要十分警惕政治壁垒,因为来自政治方面的打击往往是致命的。

案例思考与讨论:
华为并购三叶的失败给中国企业进行海外投资带来了什么经验和启示。

案例三 中国商务环境的忧与喜

近日,美国在华商会公布了《2013年商务环境调查》,商会主席葛国瑞在前言中表示:中国力推更高质的经济增长,在华325家美国受访企业对中国商业前景持保守意见,尤其在经济增长放缓时,产业政策的动向对投资者的情绪有不可忽视的影响。

劳动成本上升与中国经济高速增长势头放缓并列今年美国在华企业商业风险之首。

数年之内,沿海城市用工荒从零星的个案突然跃升成外企面临的最大难题,这是中国人口结构变化带来的不可避免的挑战,只是来势凶猛,令企业措手不及。合格劳动力短缺和管理人才匮乏分别名列商业风险的第三和第四。以往当经济高速增长时,这两项不足在廉价劳工的优势之下相对可以承受,然而随着劳动成本的增加,人力资源素质和管理人才缺失长期累积的问题就更显突出。

这类商务环境的调查报告通常重点不是回顾过去,显示的也不一定是当下的情况,而是带有前瞻性的预测,放眼在不久的未来可能发生的变化。当2008年金融危机席卷全球时,中国受益于4万亿投资计划,经济突飞猛进,外商认为中国真是一块乐土。到了2011年之后,全球经济复苏出乎意料的缓慢,美国和欧盟挤泡沫的过程漫长,失业率居高不下,消费者购买力疲弱,中国经济不能像以往一样靠出口拉动,目标转向以内需促进增长。

美国一些经营灵活的企业立即由以往从事中国制造产品出口,转向瞄准中国这一庞大的消费市场,报告中,预计从事"在华生产、采购产品或服务,供应中国市场"的比例超过了70%。

然而今年的调查中可以看出来美国商人对中国投资环境的担忧:只有28%受访者认为投资环境正在改善,而一年前这个比例还高达43%。

中国对经济结构进行调整必然会影响经济增长预期,有35%的受访者认为因为产业政策向国有企业倾斜,使得自己的企业遭受了不利影响,还有更多的企业出于对监管的担心,计划减缓在华投资速度。

调查报告中对知识产权执法和保护的担心也日益加剧。连续三年的调查数据显示,认为中国知识产权执法无效的受访者比例逐年上升。在全球经济对通信的依赖度日益加深的背景下,互联网审查给企业及时检索市场信息及沟通交流造成极大的障碍。

这些负面的因素加起来,只有18%的受访者表示计划一年内增加21%~50%在华投资,而四年前持此种愿望的受访者比例有1/3。

多年快速增长之后,适合投资的项目基本已经正在建设或已建成,外商直接投资放缓的趋势很自然。在被问及为何打算放缓投资时，1/3 的受访者提到了中国经济高速增长势头放缓，也有相当数量的受访者担忧外国企业的市场准入壁垒，以及监管的不确定性。然而外商并没有明确提到人工成本上升这一因素。其实，在受访企业中服务业占 31%，制造业占 28%，劳动密集的比例不大，人工成本的影响的确有限。前一阵子，耐克运动鞋向越南大举迁移厂房，在该国产量已超过在华制造，但这并非典型的例子。

如果这些负面的因素都加在一起，附带上近年来空气质量恶化和外籍管理层驻华费用昂贵等因素，外商企业会用脚投票吗？答案至少在短期内是否定的。

细读这份报告，我们可以看到外商对目前盈利的状况仍然是相当满意的：今年的受访者对未来两年的运营前景乐观程度稍有下降，但整体对在华运营依旧认为前景光明。七成的会员企业在华运营收入在 2012 年实现了增长，44% 的会员企业在华运营利润率依然高于企业的全球平均利润率，而且超出的幅度约四成，相当可观。企业在华运营的持续竞争力，加上中国庞大又潜力无限的市场，支撑了企业在华运营前景乐观的预期。

案例思考与讨论：
1. 思考中国吸引外商投资的因素有哪些。
2. 中国应如何加快吸引外商投资的步伐？

思考题

1. 早期的国际直接投资理论的主要观点是什么？
2. 垄断优势理论与内部化理论的主要区别是什么？
3. 小岛清的比较优势理论是如何分析国际直接投资动机的？
4. 产品生命周期理论的基本观点是什么？
5. 国际生产折中理论的局限性主要表现在哪些方面？

第四章 国际直接投资环境

International Direct Investment Climates

国际直接投资环境影响投资者的决策和投资收益,以及整个投资活动过程的各种风险。本章主要介绍了有关国际直接投资环境的基本概念、国际直接投资环境的分类,阐述了投资障碍分析法、国别冷热比较法、投资环境等级评分法、动态分析法、加权等级评分法、抽样评估法和体制评估法等。

学习要点

Foreign direct investment climates have a profound effect on the decisions of investors and investment income, as well as the risks of the whole process of investment activities. This chapter mainly introduces the basic concept and classification of foreign direct investment climates and also illustrates the investment barrier analysis, the country hot and cold comparison method, the level of investment environment evaluation method, dynamic analysis, weighted grade evaluation method, the sampling method, and system evaluation method, etc.

第一节 国际直接投资环境概述

一、国际直接投资环境的含义

投资环境(Investment Climates),顾名思义,是指投资者进行生产投资活动所面临的各种外部因素。投资者在不同的地区、不同的国家和不同的时间所面对的投资环境是不同的,从而影响投资资金的流向。国际直接投资环境是指影响一国的投资者从事跨越国境投资活动的外部因素。这些外部因素涵盖面很广,既包括诸如地理条件等客观存在或自然形成的自然条件,也包括人为产生的基础设施、收入水平、国际收支状况、贸易政策、经济政策等经济因素,以及体现人类文明的政治制度等政治因素和有关法律法规方面的法律因素。此外,包括宗教、语言、风俗和社会习惯等社会文化因素也是投资者所考虑的因素之一。

二、国际直接投资环境的分类

从不同的角度进行划分,我们可以把国际直接投资环境分为不同的类型。

(一)狭义的投资环境和广义的投资环境

狭义的投资环境和广义的投资环境是从国际直接投资环境所包含的内容和因素的多寡方面来划分的。狭义的投资环境仅仅是指投资的经济环境,即一国经济发展水平、收入水平、消费倾向、经济体制、产业结构、外汇管制和货币稳定状况等。广义的投资环境除经济环境外,还包括自然、政治、社会文化和法律等对投资可能发生影响的所有外部因素。我们在这里研究的国际投资环境主要是指广义的投资环境,因为发达国家之间的投资或发展中国家投资者对发达国家的投资更多地考虑狭义上的投资环境,而发达国家投资者对发展中国家的投资一般从广义上去考虑投资环境。

(二)国家宏观投资环境和地区微观投资环境

按地域划分,国际直接投资环境可分为国家宏观投资环境和地区微观投资环境。国家宏观投资环境是指一个国家各种投资环境的所有因素,国家宏观投资环境往往是投资者在投资决策时首先考虑的,它决定了投资的国别流向。地区微观投资环境是指一国某个地区范围内影响投资活动的各种因素,地区微观投资环境是投资者在确定了投资国之后才考虑的,它决定了投资资金在一国内的地区流向。地区微观投资环境同样对投资者目标的实现有直接的影响。

（三）硬环境和软环境

硬环境和软环境是从各种环境因素所具有的物质和非物质性来划分的。所谓硬环境是指能够影响国际直接投资的外部物质条件，如能源供应、交通和通信、自然资源以及社会生活服务设施等，硬环境一般也被称为物质环境或有形环境。所谓软环境是指能够影响国际直接投资的各种非物质因素，如经济发展水平和市场规模、贸易与关税政策、财政与金融政策、外资政策、经济法规、经济管理水平、职工技术熟练程度以及社会文化传统等，软环境一般也被称做人际环境或无形环境。

（四）自然因素、人为自然因素和人为因素

从各因素的稳定性来区分，可将国际直接投资的环境因素归为三类，即自然因素、人为自然因素和人为因素（见表4-1）。

表4-1　　　　　　　国际投资环境因素稳定性分类

A 自然因素	B 人为自然因素	C 人为因素
a_1 自然资源 a_2 人力资源 a_3 地理条件 a_4 ……	b_1 实际增长率 b_2 经济结构 b_3 劳动生产率 b_4 ……	c_1 开放进程 c_2 投资刺激 c_3 政策连续性 c_4 ……
相对稳定	中期可变	短期可变

人们普遍认为，在上述因素中，人为自然因素是影响投资活动的主要因素，自然因素和人为因素是影响投资活动的次要因素。

第二节　国际直接投资环境评估方法

国际直接投资活动是在一定的环境下进行的，由于各国政治、经济、法律、地理条件和文化的不同，各国的投资环境也是不同的，因此在开展国际投资活动之前，对目标投资国进行投资环境评估，对防范投资风险、确保投资收益是十分必要的。20世纪60年代以来，随着国际直接投资活动在全世界范围内的广泛开展，国际上出现了多种评估投资环境的方法，其中具有影响的评估方法主要包括投资障碍分

析法、国别冷热比较法、投资环境等级评分法、动态分析法、加权等级评分法、抽样评估法和体制评估法等。

一、投资障碍分析法

投资障碍分析法是依据潜在的阻碍国际投资运行因素的多寡与程度来评价投资环境优劣的一种方法。其主要方法是先列出投资环境中阻碍国际投资活动的主要因素,并在所有潜在的投资目标国之间进行对照比较,以投资环境中障碍因素的多与少来断定其投资环境的优劣。投资障碍分析法把阻碍国际投资活动顺利进行的障碍因素分为以下10类:

(1)政治障碍:①目标投资国的政治制度与投资国不同;②政治动荡(包括选举变动、国内骚乱、内战、民族纠纷等)。

(2)经济障碍:①经济停滞或增长缓慢;②外汇短缺;③劳动力成本高;④通货膨胀和货币贬值;⑤基础设施不良;⑥原材料等基础产业薄弱。

(3)资金融通障碍:①资本数量有限;②没有完善的资本市场;③融通的限制较多。

(4)技术劳动力短缺:①技术人员短缺;②熟练工人短缺。

(5)实施国有化政策与没收政策。

(6)对外国投资者实施歧视性政策:①禁止外资进入某些产业;②对当地的股权比例要求过高;③要求有当地人参与企业管理;④要求雇用当地人员,限制外国雇员的数量。

(7)目标投资国政府对企业干预过多:①实行物价管制;②规定使用本地原材料的比例;③国有企业参与竞争。

(8)普遍实行进口限制,如限制工业品和生产资料的进口。

(9)实行外汇管理和限制汇回:①一般的外汇管制;②限制投资本金和利润等的汇回;③限制提成费汇回。

(10)法律及行政体制不健全:①外国投资法规在内的国内法规不健全;②缺乏完善的仲裁制度;③行政效率低;④贪污受贿行为严重。

投资障碍分析法是一种简单易行,并以定性分析为主的国际投资环境评估方法,其优点在于投资者能够迅速、便捷地对投资环境的优劣做出结论,从而减少了评估过程中的工作量和费用。但它的不足是仅仅根据个别关键因素就做出判断,有时会使评估的准确性大打折扣。

二、国别冷热比较法

国别冷热比较法是以"冷""热"因素表示投资环境优劣的一种评估方法。热因素多的国家为热国,即投资环境优良的国家,反之,冷因素多的国家为冷国,即投资环境差的国家,它因此也被称做冷热国对比分析法或冷热法。国别冷热比较法是美国学者伊西·利特瓦克(Isian A. Litvak)和彼得·拜延(Piter M. Barting)根据对20世纪60年代后半期美国250家企业海外投资的调查,于1968年在《国际经营安排的理论结构》一文中提出的,他们将各种环境因素综合起来分析,归纳出影响海外投资环境"冷""热"的7大基本因素、59个子因素,并评估了100个国家的投资环境。所谓"热国"或"热环境",是指该国政治稳定、市场机会大、经济增长较快且稳定、文化相近、法律限制少、自然条件有利、地理文化差距不大,反之即为"冷国"或"冷环境",不"冷"不"热"者居"中"。

国别冷热比较法中的七大因素具体表现为:政治的稳定性主要体现在政府得到国民的拥护,并能鼓励促进企业的发展,以及为企业的发展创造适宜的环境,政治稳定性高为热因素,反之为冷因素,一般则居中;市场机会是指外国投资者投资生产的产品和提供的劳务在目标投资国市场上的有效需求尚未达到满足,离有效需求达到满足还有较大的距离,市场机会大应为热因素,反之为冷因素,市场机会一般为中;经济发展与成就指的是目标投资国的经济发展速度快和经济运营良好,经济发展与成就大应为热因素,反之为冷因素,经济发展速度快但运营一般,经济发展与成就应为中;文化一体化指的是目标投资国国民的相互关系、处世哲学、人生观和奋斗目标受传统文化的影响大小,受传统文化影响大、文化一元化程度高应为热因素,反之为冷因素,受传统文化影响一般则为中;法令阻碍指的是目标投资国法律繁杂对企业经营的阻碍程度,目标投资国法律繁杂对企业经营的阻碍程度高应为冷因素,阻碍程度小则为热因素,阻碍程度一般则为中;实质性阻碍指的是目标投资国的自然资源和地理环境对企业经营生产的阻碍程度,实质性阻碍程度小为热因素,反之为冷因素,阻碍程度一般为中;地理文化差距指由于投资国与目标投资国距离遥远,文化、社会观念、风俗习惯和语言上的差距对投资的影响,地理文化差距小为热因素,反之为冷因素,差距一般为中。

在表4-2所列的七大因素中,前四种的程度大就称为"热"环境,后三种的程度大则称为"冷"环境,中表示不"冷"不"热"的环境。由此看来,一国投资环境的七个因素中,前四种越小,后三种越大,其投资环境就越差,即"越冷"的投资目标国。表4-2用美国投资者的观点对加拿大、英国、德国、日本、希腊、西班牙、巴西、南非、印度和埃及10个国家进行了冷热对比分析,并将这10个国家当时的投资环境分析的结果由"热"到"冷"进行了排序。

表4-2　　　　　　　　　十国投资环境的冷热比较

国别		政治稳定性	市场机会	经济发展与成就	文化一元化	法令障碍	实质障碍	地理文化差距
加拿大	热	大	大	大		小		小
					中		中	
	冷							
英国	热	大			大	小	小	小
			中	中				
	冷							
德国	热	大	大	大	大		小	
						中		中
	冷							
日本	热	大	大	大	大			
							中	
	冷				大			大
希腊	热				小			
			中	中	中			
	冷	小					大	大
西班牙	热							
			中	中	中	中		
	冷	小					大	大
巴西	热							
			中		中			
	冷	小		小		大	大	大
南非	热							
			中	中		中		
	冷	小			小		大	大
印度	热							
		中	中	中				
	冷			小		大	大	大

续表

国别		政治稳定性	市场机会	经济发展与成就	文化一元化	法令障碍	实质障碍	地理文化差距
埃及	热							
					中			
	冷	小	小	小		大	大	大

在这项研究中,学者们还计算了美国250家企业在上述东道国的投资进入模式分布频率。结果表明,随着目标市场由热类国家转向冷类国家,企业将越来越多地采用出口进入模式、越来越少地采用投资进入模式。在一般热类国家,出口进入模式占所有进入模式的47.2%,在当地设厂生产的投资进入模式占28.5%,技术许可合同和混合模式占余下的24.3%。与此形成鲜明对照的是,在一般冷类国家,出口进入模式占所有进入模式的82.6%,投资进入模式仅占2.9%,技术许可合同和混合模式占余下的14.5%。一般中间类国家的进入模式介于上述两类国家之间。

三、等级评分法

等级评分法是美国经济学家罗伯特·斯托鲍夫(Robot B. Stobauch)于1969年发表的《如何分析外国投资气候》一文中提出。他认为影响投资环境的各种因素对投资活动的影响程度并不相同,应该根据影响度的大小来确定其等级分数,并按每一个因素中的有利或不利的程度给予不同的评分,然后把各因素的等级得分进行加总,作为对其投资环境的总体评价,总分越高表示其投资环境越好,总分越低则投资环境越差(见表4-3)。等级评分法由于是对影响投资环境的八种因素进行评分,所以又称多因素等级评分法。

表4-3 投资环境等级评分标准表

投资环境因素	投资环境因素的具体状况	等级评分标准
资本抽回		0~12分
	无限制	12
	只有时间上的限制	8
	对资本有限制	6
	对资本和红利都有限制	4
	限制十分严格	2
	禁止资本抽回	0

续表

投资环境因素	投资环境因素的具体状况	等级评分标准
外商股权		0~12分
	准许并欢迎全部外资股权	12
	准许全部外资股权但不欢迎	10
	准许外资占大部分股权	8
	外资最多不得超过股权半数	6
	只准外资占小部分股权	4
	外资不得超过股权3成	2
	不准外资控制任何股权	0
对外商的歧视和管制程度		0~12分
	外商与本国企业一视同仁	12
	对外商略有限制但无管制	10
	对外商有少许管制	8
	对外商有限制并有管制	6
	对外商有限制并严加管制	4
	对外商严格限制并严加管制	2
	禁止外商投资	0
货币稳定性		4~20分
	完全自由兑换	20
	黑市与官价差距小于1成	18
	黑市与官价差距在1~4成	14
	黑市与官价差距在4成~1倍	8
	黑市与官价差距在1倍以上	4
政治稳定性		0~12分
	长期稳定	12
	稳定,但取决于关键人物	10
	政府稳定,但内部有分歧	8
	各种压力常左右政府的政策	4
	有政变的可能	2
	不稳定,政变极可能	0
关税保护程度		2~8分
	给予充分保护	8
	给予相当保护但以新工业为主	6
	给予少数保护但以新工业为主	4
	很少或不予保护	2

续表

投资环境因素	投资环境因素的具体状况	等级评分标准
当地资金的可供性		0~10分
	完善的资本市场,有公开的证券交易所	10
	有少量当地资本,有投机性证券交易所	8
	当地资本少,外来资本不多	6
	短期资本极其有限	4
	资本管制很严	2
	高度的资本外流	0
近五年的通货膨胀率		2~14分
	<1%	14
	1%~3%	12
	3%~7%	10
	7%~10%	8
	10%~15%	6
	15%~30%	4
	>30%	2
总计		8~100分

资料来源:斯托鲍夫.如何分析外国投资气候[J].哈佛商业评论,1969(9).

从斯托鲍夫提出的这种投资环境等级评分法的表格中可以看出,其所选取的因素都是对投资环境有直接影响、为投资决策者最关切的因素;在各项因素的分值确定方面,采取了区别对待的原则,在一定程度上体现出了不同因素对投资环境作用的差异,反映了投资者对投资环境的一般看法;评价时所需的各种因素的资料既易于取得,又易于比较;采用的评价方法仅仅是简单的累计加分的方法,使定性分析具有了一定的数量化内容,而且不需要高深的数理知识,投资者在决策时易于采用。这种投资环境评估方法有利于使投资环境的评估规范化。等级评分法的缺陷也是明显的,如对投资环境因素的等级评分是主观的,标准化的等级评分法难以如实反映环境因素对不同的投资项目所产生影响的差异,而且所确定的八因素不够全面,特别是忽视了东道国的交通和通信设施状况等硬环境。所以投资者在实际应用中,应根据具体目标和不同的行业对投资环境因素进行增加和删减,并对等级评分进行相应的调整。

四、闵氏多因素评估法

香港中文大学教授闵建蜀在等级评分法的基础上提出闵氏多因素评估法,它与等级评分法既有密切的联系又有一定区别。闵氏多因素评估法将影响投资环境的主因素分为11类,每一类主因素又由一组子因素组成(见表4-4)。

表4-4　　　　　　　　多因素评估法主因素与子因素组成

主因素	子因素
1. 政治环境	政治稳定性,国有化可能性,当地政府的外资政策
2. 经济环境	经济增长,物价水平
3. 财务环境	资本与利润外汇,汇率稳定性,集资与借款的可能性
4. 市场环境	市场规模,分销网点,营销的辅助机构,地理位置
5. 基础设施	国际通信设备,交通与运输,外部经济
6. 技术条件	科技水平,适合工资的劳动生产力,专业人才的供应
7. 辅助工业	辅助工业的发展水平,辅助工业的配套情况等
8. 法律制度	商法、劳工法、专利法等各项法律制度是否健全,法律是否得到很好的执行
9. 行政机构效率	机构的设置,办事程序,工作人员的素质等
10. 文化环境	当地社会是否接纳外资公司及对其信任与合作程度
11. 竞争环境	当地竞争对手的强弱,同类产品进口额在当地市场所占份额

根据闵氏多因素评估法,先对各类因素的子因素做出综合评价,再对各因素做出优、良、中、可、差的判断,然后按下列公式计算投资环境总分:

$$投资环境总分 = \sum_{i=1}^{11} W_i(5a_i + 4b_i + 3c_i + 2d_i + e_i)$$

式中:W_i 表示第 i 类因素的权重;a_i,b_i,c_i,d_i,e_i 表示第 i 类因素被评为优、良、中、可、差的百分比。

投资环境总分的取值范围在 11~55,分值越高,说明投资环境越佳。

闵氏多因素评估法是对某国的投资环境做总体性评估时所采用的方法,不适用于评估投资某一行业和某一具体产品的可能性。

五、关键因素评估法

关键因素评估法是投资者怀着明确的动机,考察对其投资动机影响程度较大的投资环境因素的一种方法,见表4-5。使用关键因素评估法时,投资者对投资环境因素的考察是有选择的,找出与此动机密切相关的因素,其他关系不大的因素可以忽略不计。

表 4-5　　　　　　　　　　关键因素评估法

投资动机	影响投资的关键因素
降低成本	适合当地工资水平的劳动生产率 土地费用 原材料与部件价格 运输成本
发展当地市场	市场规模 营销辅助机构 文化环境 地理位置 运输条件 通信条件
原材料和零部件供应	资源 当地货币汇率的变化 当地的通货膨胀 运输条件
风险分散	政治的稳定性 国有化可能性 货币汇率 通货膨胀率
竞争者	市场规模 地理位置 营销辅助机构 法律制度
获得当地生产和管理技术	科技发展水平 劳动生产率

关键因素投资法的特点在于,只对影响投资目的的关键因素进行评估,因此这种评估方法的针对性很强,评估的结果对目的性强的项目决策更有参考价值。但由于它的评估结果是针对某一特定项目的,因此该方法的评估结果不能代表整个国家和地区的投资环境。

六、动态分析法

投资环境不仅因国别而异,而且是动态的,即使同一个国家的投资环境也会随时间的推移以及客观条件的变化而发生变化。国际投资活动都有一定的时间跨度,短则1~3年,长则5~10年,甚至10年或20年以上。因此,在考虑投资环境时,不仅要考虑现在的投资环境,而且还要考虑各种环境因素未来可能出现的变化,从动态的角度去分析和评估投资目标国的投资环境。美国道氏化学公司对投资环境采用的评估方法就是从动态的角度去分析的(见表4-6)。

表4-6　　　　　　　　　投资环境动态分析法

企业现有业务条件	引起变化的主要原因	有利因素和假设汇总	预测方案
评价以下因素: (1)经济实际增长率 (2)能否获得当地资产 (3)价格控制 (4)基础设施 (5)利润汇出规定 (6)再投资的自由 (7)劳动力技术水平 (8)劳动力稳定性 (9)投资优惠 (10)对外国人的态度 ⋮ (40)	评价以下因素: (1)国际收支结构及趋势 (2)被外界冲击时易受损害的程度 (3)经济增长与预期目标的差距 (4)舆论界和领袖观点的变化 (5)领导层的确定性 (6)与邻国的关系 (7)恐怖主义的骚扰 (8)经济和社会进步的平衡 (9)人口构成和人口变动趋势 (10)对外国人和外国投资的态度 ⋮ (40)	对前两项进行评价后,从中挑选出8~10个在某国某项目能获得成功的关键因素(这些关键因素将成为不断核查的指数或继续作为投资环境评价的基础)	提出四套国家或项目预测方案: (1)未来7年中关键因素造成的"最可能"方案 (2)若情况比预期的好,会好多少 (3)若情况比预期的糟,会如何糟 (4)会使公司"遭难"的方案

道氏化学公司认为其在国外投资所面临的风险为两类:第一类是"正常企业风险"或称"竞争风险",例如自己的竞争对手也许会生产出一种性能更好或价格更低的产品。这类风险存在于任何基本稳定的企业环境中,它们是商品经济运行的必然结果。第二类是"环境风险",即某些可以使企业环境本身发生变化的政治、经济及社会因素。这类因素往往会改变企业经营所必然遵循的规则和采取的方式,对投资者来说这些变化的影响往往是不确定的,它可能是有利的,也可能是不利的。

道氏化学公司把影响投资环境的诸因素按其形成的时间及作用范围的不同分为两部分：一是企业现有的业务条件；二是有可能引起这些条件变化的主要原因。这两部分又分别包括40项因素，先是对这两部分因素做出评价，然后对投资项目的预测方案进行比较，最后确定具有良好投资环境的投资目标国。表4-6中第一栏是企业现有业务条件，主要对投资环境因素的实际情况进行评价；第二栏是引起变化的主要原因，主要考察社会、政治、经济事件今后可能引起的投资环境变化；第三栏是有利因素和假设的汇总，即在对前两项评价的基础上，找出8~10个使投资项目获得成功的关键因素，以便对其连续地进行观察和评价；第四栏是预测方案，即根据对未来7年环境变化的评估结果提出4套预测方案供企业经营决策时参考。道氏化学公司的动态分析以未来7年为时间长度，这是因为该公司预计项目投产后的第7年是盈利的最好时期。在实际运用中，可根据不同具体情况来确定时间跨度。

动态分析法的特点在于充分考虑未来环境因素的变化及其结果，从而有助于公司减少或避免投资风险，保证投资项目获得预期的收益，但动态分析法也具有较强的主观性，而且操作复杂，工作量大，应用起来较为困难。

七、加权等级评分法

加权等级评分法是投资环境等级评分法演变而成的，它由美国学者威廉·戴姆赞于1972年提出。企业在运用这种方法时大体上分三个步骤：

第一步是先对投资环境的每个因素的重要性进行排列，并根据其重要性给出相应的权数。

第二步是根据各环境因素对投资活动产生利弊影响的程度进行等级评分，每个因素的评分范围都是从0到100，即从完全不利的影响到完全有利的影响。

第三步是将各种环境因素的实际得分乘上相应的权数后进行加总。

表4-7就是采用加权等级评分法对甲、乙两国投资环境进行评估和比较的情况。按照总分的高低，可供选择的投资目标国被分为以下五类：①投资环境最佳的国家；②投资环境较好的国家；③投资环境一般的国家；④投资环境较差的国家；⑤投资环境恶劣的国家。

表4-7　　　　　　　　　投资环境加权等级评分法

按其重要性排列的环境因素	甲国			乙国		
	(1)重要性权数	(2)等级评分0~100	(3)加权等级评分 (1)×(2)	(1)重要性权数	(2)等级评分0~100	(3)加权等级评分 (1)×(2)

续表

	甲国			乙国		
1. 财产被没收的可能性	10	90	900	10	55	550
2. 动乱或战争造成损失的可能性	9	80	720	9	50	450
3. 收益返回	8	70	560	8	50	400
4. 政府的歧视性限制	8	70	560	8	60	480
5. 在当地以合理成本获得资本的可能性	7	50	350	7	90	630
6. 政治稳定性	7	80	560	7	50	350
7. 资本的返回	7	80	560	7	60	420
8. 货币稳定性	6	70	420	6	30	180
9. 价格稳定性	5	40	200	5	30	150
10. 税收水平	4	80	320	4	90	360
11. 劳资关系	3	70	210	3	80	240
12. 政府给予外来投资的优惠待遇	2	0	0	2	90	180
加权等级总分	5 360			4 390		

表中甲国的加权等级总分为5 360分,大于乙国的4 390,这意味着甲国的投资环境优于乙国的投资环境。如果公司在甲、乙两国之间选择目标投资国的话,甲国是比较理想的目标投资国。

八、抽样评估法

抽样评估法是指通过对东道国的外商投资企业进行抽样调查,来了解它们对东道国投资环境的一般看法,从而得出东道国投资环境优劣的一种评估方法。其基本步骤是:

第一,选定或随机抽取不同类型外商投资企业,列出评估投资环境要素。

第二,由外商投资企业的高级管理人员进行口头或笔头评估,评估通常采取调查问卷的形式。

投资者可以通过这种方法来了解和判断东道国的投资环境。东道国政府则可采取这种方式来了解本国投资环境对外国投资的吸引力如何,以便调整吸收外资的政策、法律和法规,改善本国的投资环境。组织抽样评估的单位既可以是从事国际投资活动的企业或国际咨询公司,也可以是东道国政府的有关部门或其委托的单位。

抽样评估方法不仅选定的调查因素是主观的,而且结论也是主观的,但该方法可以在短时间内就得到别人的评估结果而且大大节省了评估成本。

九、矩阵评估模型

矩阵评估模型是美国印第安纳大学教授法莫(R. N. Farmer)和阿尔尼亚大学教授理查曼(B. M. Richman)创立的。法莫和理查曼把企业经营过程视为10类关键因素的组合,即模型中的B因素(见表4-8),这10类因素又被进一步细分为76项子因素,并将环境因素分为国内环境因素和国际环境因素,即表4-8中的C因素和I因素,国内环境因素包括4类主因素和29项子因素,国际环境因素包括3类主因素和21项子因素。它实际上是通过矩阵模型的形式,将企业经营过程的诸因素(B因素)与国内环境因素(C因素)和国际环境因素(I因素)的相关关系予以计量化,再加权、累积,最后求出企业在特定环境条件下的综合效率,由此评估投资环境对企业经营的影响。

表4-8　　　　　　　　矩阵评估模型的因素构成

经营过程因素(B因素)	B1:计划与革新 B2:控制 B3:组织 B4:人事 B5:指导、领导、激励 B6:市场与营销 B7:生产与采购 B8:研究开发 B9:财务 B10:公共关系
国内环境因素(C因素)	C1:教育因素 C2:社会因素 C3:政治、法律因素 C4:经济因素
国际环境因素(I因素)	I1:社会因素 I2:政治、法律因素 I3:经济因素

矩阵评估模型首次将计量分析方法引入国际投资环境评估方法中,该计量模

型计算起来非常复杂,所以难以被普遍采用。

十、成本分析法

成本分析法就是把投资环境的各因素折合为数字作为成本的构成,然后得出东道国的投资环境是否适合投资的决策。英国经济学家拉格曼(Larger N. Men)经过深入研究,提出了拉格曼公式,将投资环境因素作为成本构成代入公式,一般会出现三类情况:

(1) 如果 $C + M^* < C^* + A^*$,便选择出口,因为出口比对外直接投资有利

$C + M^* < C^* + D^*$,便选择出口,因为出口比转让许可证有利

(2) 如果 $C^* + A^* < C + M^*$,便建立外国子公司,因为对外直接投资比出口有利

$C^* + A^* < C^* + D^*$,便建立子公司,因为对外直接投资比转让许可证有利

(3) 如果 $C^* + D^* < C^* + A^*$,便转让许可证,因为转让许可证比对外直接投资有利

$C^* + D^* < C + M^*$,便转让许可证,因为转让许可证比出口有利

公式中,C 表示投资国国内生产正常成本;C^* 表示东道国生产正常成本;M^* 表示包括运输、保险和关税等出口销售成本;A^* 表示国外经营的附加成本;D^* 表示包括技术泄密、产品仿制等各种风险成本。

其中第(2)类公式是适合做出投资决策的。成本分析法不仅综合了各种因素所造成的成本,而且把它和参加国际市场的三种形式结合起来,因此被发达国家投资者广泛采用。

十一、三菱评估法

三菱评估法是日本三菱综合研究所在1974年对欧洲做投资分析时,发明并采用的一种投资环境的评估方法。三菱评估法的具体做法是先把投资环境的因素分为四大类:一类是经济活动水准,根据东道国经济活动水准来衡量,并以工业生产成长指数和产业现代化指数作为衡量子因素;二是地理条件,这是对于工厂位置选择有直接关联的要素,其子因素为工厂用地条件和运输设施;三是劳动条件的评价,其子因素为薪资水准和就业状况;四是奖励制度,其子因素为东道国政府对外资的政策和制度运用情况。然后通过对各国的经济条件、地理条件、劳工条件和奖励制度这四项因素进行比较评估,来评定各国投资环境的优劣,并根据各因素对投资活动影响的重要程度赋予不同的权重。最后计算得出各国投资环境优劣顺序。

三菱评估法的最大特点就是简单,但需要注意的是,应根据投资的行业和产品类型不同对各因素的权数进行相应调整,如投资劳动密集型产业,劳动条件的权数要相应提高;如投资资本密集型产品,奖励条件的权数要相应提高。

第三节 世界主要投资目标国投资环境分析

一、欧盟国家投资环境分析

(一) 欧盟概述

欧洲联盟(European Union, EU)简称欧盟,是目前世界上最大也是经济一体化程度最高的一体化组织。欧盟经济一体化进程以关税同盟为起点,通过实施共同市场、统一大市场最终向全面的经济货币联盟迈进。欧盟成员国现有28个,总体面积约440万平方千米,人口约5亿,2013年GDP达到17.96万亿美元,经济总量位列世界第一。

(二) 欧盟主要国家的自然环境

德国位于欧洲中部,面积约35.7万平方千米,人口8 062万,是欧盟人口最多的国家。德国自然资源贫乏,除硬煤、褐煤和盐的储量丰富之外,在原料供应和能源方面很大程度上依赖进口,2/3的初级能源需进口。森林覆盖面积为1 070万公顷,占全国面积29%。

英国是位于欧洲西部的岛国,面积24.36平方千米,人口约6 410万。英国是欧盟中能源资源最丰富的国家,也是世界主要生产石油和天然气的国家。英国的主要能源有煤、石油、天然气、核能和水力等。英国目前供发电的核电站有14座。英国重视对新能源及可再生能源的研究开发。

法国位于欧洲西部,面积约55万平方千米,人口6 603万。法国能源储量贫乏,铁矿石完全依赖进口,煤储量几近枯竭,有色金属储量很少,几乎全部依赖进口。能源主要依靠核能,水力资源和地热的开发利用比较充分。森林面积约1 500万公顷,覆盖率26.7%,占欧盟森林总面积的25%,人均拥有绿化面积0.28公顷。

(三) 欧盟主要国家的经济环境

1. 宏观经济状况。德国是高度发达的工业国家,经济实力位居欧洲首位,为世界第四大经济体和美国、中国之后的第三大贸易国。近年来受金融危机的影响,德国经济增长持续走低,国内生产总值开始下滑。2011年扣除价格因素后,国内生产总值同比增长3.0%,2012年受欧债危机影响,德国国内生产总值仅增0.7%,2013年增长率进一步下滑至0.4%,但德国就业形势一直保持良好势头,2013年,就业人数达4 184万，较上年增加23万人。①

英国经济规模居世界第六，2008年金融危机爆发以来，由于经济高度依赖以金融业为代表的服务业，英国经济遭受重创，陷入深度衰退。2010~2012年，受欧债危机和财政紧缩政策拖累，英国经济复苏缓慢，GDP增长率只有1.3%、0.7%和0.3%。2013年开始，得益于宽松货币政策和商业信心恢复，英国经济呈现全面复苏势头，GDP增长率达到1.8%，为金融危机爆发以来最高。②

法国是发达的工业国家，GDP仅次于美、中、日、德，居世界第五位。近年来受全球金融危机和欧债危机的影响，法国经济增长乏力。③ 统计数据表明，2013年，法国经济增长0.1%，打破了2012年经济停滞的局面。

2.投资政策。德国的外国投资主要来自美国、荷兰、法国等国。从20世纪70年代中期以来，外国在德国投资增长低于德国在国外投资的增长。外国投资主要集中在商业、化工、金融、电子技术、汽车制造、石油化工和机械制造部门。中小企业是德国经济体系最重要的支柱，因此，为中小企业创造尽可能良好的框架条件是联邦政府的首要任务。除了已经规划的减轻企业税收负担的措施外，还专门为中小企业规划了其他的措施：企业的创业计划将享受特别高的促进税率，联邦政府还将同银行、资本投资公司以及保险公司一起彻底研究建立风险资本基金的各种可能性。

英国政府鼓励外国向英国投资。2012~2013财年，外资来源地排名前五位依次是美国、意大利、中国、日本和印度，美国连续四个财年成为英国最大的投资国，外国投资的领域包括软件业、金融、商业服务、媒体和汽车等。投资形式为收购、兼并现有企业，扩建已有生产厂，建立科研基地或跨国公司区域总部等。英国的外资优惠政策主要有：投资企业享受国民待遇；投资领域几乎不受限制；没有外汇管制；企业所有权不受限制；对资本支出实行补贴；提供竞争性的补助金和奖励。

法国是世界经济强国，是欧盟第二大市场，对外国在法的直接投资基本实行国民待遇，每年吸引大量外国直接投资。法国吸收的外国直接投资主要来自欧美发达国家，投资领域以制造业和服务业为主。目前，法国政府积极采取措施鼓励外国在法投资，如设立国际投资署(AFII)、放宽条例、为投资提供帮助等。

（四）欧盟主要国家的政治环境

德国政府在注重保持内外政策稳定性和连续性的同时，将解决失业、振兴经济

---

① 对外投资合作国别(地区)指南——德国(2014年版).
② 对外投资合作国别(地区)指南——英国(2014年版).
③ 对外投资合作国别(地区)指南——法国(2014年版).

和促进可持续发展作为施政重点,社会总体形势保持稳定。税收、医疗和养老保险等方面的改革计划和措施引起社会一些阶层的强烈不满,建筑、银行等行业相继举行大规模罢工,劳资矛盾有所增加,教育质量下降等问题亦引起社会普遍关注和担忧。

英国政府积极采取措施,削减公共开支,降低财政赤字,防范主权债务风险,同时鼓励中小企业发展,促进经济复苏;推出"大社会"计划,动员民众充分参与决策,进行教育、医疗、养老金等改革。外交方面,强调加强外交与安全政策的协调,成立由首相直接领导的国家安全委员会;主张保持英国核威慑力量;将阿富汗问题列为外交第一要务;巩固英美"特殊关系";积极推进英国在欧盟的利益,重申英国不加入欧元区、未经公投不向欧盟让渡主权的立场,拒绝加入欧盟新财政契约;加大与中国、印度等新兴力量的接触力度,注重"经济外交"。[①]

法国政局总体稳定,社会党及左翼执政联盟掌控议会两院,但因经济增长乏力,失业率居高不下,社会党政府支持率长期在低位徘徊,在2014年3月底举行的市镇选举中失去地方第一大党地位。在金融和欧债危机背景下,左翼政权施政空间受限,政府推出的财税、退休、教育等多项改革措施引发民众争议,特别是税负过重成为批评焦点。[②]

二、中东欧国家投资环境分析

(一)中东欧概述

中东欧国家总人口1.2亿,总面积约114万平方千米。中东欧国家在20世纪80年代末政治体制发生了剧变,由原来的一党执政变成了多党议会制。在政治体制的变革中,经过一段时间的动荡、分化、组合,现在趋于平稳,政治斗争基本在法制、议会的框架内进行。在此期间,中东欧国家的经济普遍出现较大幅度的下降。

(二)中东欧主要国家的自然环境

俄罗斯位于欧洲东部和亚洲北部,面积1 707.54万平方千米,人口1.435亿。俄罗斯自然资源十分丰富,种类多,储量大,供给程度高。俄罗斯森林覆盖面积8.67亿公顷,居世界第一位,其天然气、煤、铁、水力资源、铀、黄金等储量都居世界前列。

罗马尼亚位于东南欧巴尔干半岛东北部,面积约23.8万平方千米,人口约

---

① 中华人民共和国外交部. 英国国家概况. 2015.
② 中华人民共和国外交部. 法国国家概况. 2015.

2 100万。罗马尼亚森林面积为625万公顷,约占全国面积的26%,水力资源蕴藏量为565万千瓦,内河和沿海盛产多种鱼类。

(三)中东欧主要国家的经济环境

1. 宏观经济状况。俄罗斯工业、科技基础雄厚,苏联曾是世界第二经济强国,1978年被日本赶超。苏联解体后俄罗斯经济一度严重衰退。2000年后,俄经济快速回升,外贸出口大幅增长,投资环境有所改善,居民收入明显提高。俄罗斯的主要工业部门有机械、冶金、石油、天然气、煤炭及化工等,轻纺、食品、木材加工业较落后,航空航天、核工业具有世界先进水平。

罗马尼亚经济在金融危机前保持快速增长势头,金融危机后,罗马尼亚经济在2011年和2012年逐步走出衰退。2013年,罗马尼亚经济增速3.5%,在欧盟28个成员国中位列第一。

2. 投资政策。俄罗斯市场容量大,市场竞争水平较低;自然资源丰富,原料和燃料价格相对便宜;工业基础雄厚,军工高科技优势明显;俄整体文化素质较高,拥有技术熟练而又比较便宜的劳动力资源,是一个潜力巨大的投资市场。自金融危机后,2009年俄吸引外资陷入低谷。为吸引更多外资,俄政府提出了"现代化战略"和国有资产私有化,并通过修改相关法律法规、简化外资手续、调低外资准入门槛、成立"俄直接投资基金"等举措来吸引外资。俄罗斯为吸引外资(特别是外商直接投资),采用的政策工具主要包括为外国投资提供法律保障,实施鼓励性政策、保护性政策和限制性政策。

罗马尼亚是新兴工业国家,因劳动力、土地、税收等方面的优势,成为东欧地区最具吸引力的目标投资国之一。根据罗马尼亚现行法律,外国投资者在不危害环境、不危害国家安全、公共秩序、道德标准的前提下,可在金融、保险、工业、自然资源勘探及开发、通信、科学研究和技术开发、农业、服务、旅游等任何部门成立独资或合资公司。

(四)中东欧主要国家的政治环境

俄罗斯国内政局保持稳定,推进现代化问题成为俄社会政治生活的主线之一。普京当选俄罗斯联邦总统后,加强总统垂直权力系统,打击金融寡头非法干政,加强舆论控制。大力改善同俄共等反对派的关系,加强与各党派的对话与合作,使朝野矛盾和斗争趋向缓和。目前,俄罗斯政坛左中右党派格局基本形成,政局稳定的态势进一步得到巩固。

罗马尼民主体制不断完善,政局相对稳定,并成为北约和欧盟成员国,入盟后法律与欧盟接轨,执行力度加大。

三、北美洲国家投资环境分析

（一）北美洲概述

北美洲位于西半球北部,东临大西洋,北接北冰洋,西濒太平洋,南以巴拿马运河为界与南美洲相邻。

北美大陆人口4.62亿,约占全世界总人口的8%,绝大部分人口分布在东南部地区。从民族来看,欧洲移民的后裔占全部居民的80%以上,黑人占12%左右,还有少量比例的亚裔、印第安人等。居民主要信奉基督教新教和天主教。官方语言以英语、西班牙语、法语为主。

（二）北美洲主要国家的自然环境

北美洲地形西高东低,中部为广阔的平原,著名的五大湖（苏必利尔湖、密歇根湖、休伦湖、伊利湖、安大略湖）位于该地区的中部,是世界上最大的淡水湖群。河川冲积平原较多,其中密西西比河三角洲是世界上最大的三角洲。

北美大陆中部广大地区位于北温带,冬季寒冷,夏季暖热。全年降水较多,一半以上的地区年降水量在500毫米以上。

北美洲矿产资源丰富,主要有石油、天然气、煤炭、铁、金、银、铜、铅、锌等,森林、草原、水力资源等也较丰富。

（三）北美洲主要国家的经济环境

1. 宏观经济状况。北美洲经济总量在全球排第三位,各国经济发展差异显著,加拿大与美国经济高度发达,发展中国家除墨西哥有一些工业基础外,其余各国多为单一经济国家,主要发展种植业,经济总量较小。

加拿大与美国具有高度发达的现代市场经济与完善的国民经济宏观调控体系,劳动生产率、国内生产总值、对外贸易额都居于世界前列。美国是目前世界上最发达的工业国家,工业体系基础雄厚,门类齐全,生产能力巨大,科学技术先进,行业产值占国内生产总值的1/3以上,集中和垄断程度很高。汽车、钢铁和建筑业是美国经济三大支柱。

北美洲采矿业规模较大,主要开采煤、原油、天然气等,其中生铁、钢、铜、锌等开采量占世界总量的20%左右,铝占40%以上。

北美洲农业生产专门化、商品化和机械化程度都很高。中部平原是世界著名的农业区之一,其大豆、玉米和小麦产量在世界农业中占重要地位。中美洲地区主要生产甘蔗、香蕉、咖啡、可可等热带作物。北美洲海洋资源丰富,渔业发达,其中加拿大生产的75%的渔产品出口,是世界上最大的渔产品出口国。

美国与加拿大的服务业相当发达,两国服务业产值均已超过国民生产总值的70%,提供的就业岗位比例大于75%。

2. 投资政策。由于外资可以为东道国创造就业机会,促进各地区平衡发展,加强与世界市场的沟通,提高生产能力,改进技术,因此北美洲国家对外资进入的政策大都比较开放,各国都积极地采取各种优惠措施来鼓励、吸引外资,为投资者提供公平的、非歧视的良好投资环境。

如美国多数州和地方政府给新开办的外资企业 5~15 年的财产税减免,允许外资企业的工厂和设备实行加速折旧,从美国银行、储贷机构和保险公司获得的收入和股票证券交易所得可以免税。加拿大对开发自然资源、建立新企业或原有企业的扩大、现代化的项目或商业企业等行业的投资,给予政府补助或享受税收减免。墨西哥的保税加工出口制度规定,凡所有用于生产出口产品的进口机械设备、原材料和零配件均可免进口关税和增值附加税。

许多国家为吸引外资而加强基础设施的建设,同时还提供一些特殊服务,如提供外资新工厂设计和布局的咨询服务、给外资企业利用当地大学或政府研究和开发机构的便利、地方政府支持外资企业培训工人计划等。

在外资进入的审查方面,美国对外资一直采取开放政策,无特定限制。除考虑国家安全的个别情况,对外资拥有的股份比率没有限制,没有外汇管制,外资进出自由。

此外,各国对外资进入领域的限制也有不同程度的规定,大都集中涉及国家安全、基础能源、新闻出版、邮政通信、交通等行业,一般通过规定外资投资比例、提高审查标准等方式实现限制。

(四)北美洲主要国家的政治环境

北美洲共有 23 个国家,各国政治体制不尽相同,近年来政局大都比较稳定。

美国是三权分立的资产阶级共和国。墨西哥政体与美国相似。加拿大实行君主立宪制下的民主联邦政府制,由女王行使统治权,总督代表女王在加拿大实施统治。古巴是社会主义国家,最高权力机关为全国人民代表大会,拥有立法与修宪权。

四、南美洲国家投资环境分析

(一)南美洲概况

南美洲位于西半球南部,东濒大西洋,西临太平洋,北滨加勒比海,南隔德雷克海峡与南极洲相望。

南美洲地区人口3.87亿,约占世界总人口的5.6%。人口分布极不平衡,西北部和东部沿海一带人口稠密,并且高度集中在少数大城市。南美洲的白人占总人口的一半以上,其次是印欧混血人、黑人、印第安人,还有少数其他民族。南美洲大部分国家官方语言为西班牙语,巴西的官方语言是葡萄牙语。

(二)南美洲主要国家的自然环境

南美洲地势西高东低,中部的亚马孙平原是世界上最大的冲积平原,也是世界上最大的热带雨林区。南美洲火山较多、地震频繁且多强烈地震,尤其以太平洋沿岸地区最为频繁。

南美洲大部分地区属热带雨林和热带草原气候,温暖湿润,全年气温落差比较小。全洲降水充沛,年降水量在1 000毫米以上的地区约占全洲面积的70%以上。

南美洲自然资源丰富,已探明的铜储量超过1亿吨,居各洲储量之首,石油、天然气、煤、铁、铝土矿、银、锌等能源性资源储量也居世界前列。森林面积约占世界森林总面积的23%,草原面积约占世界草原总面积的14%多。

(三)南美洲主要国家的经济环境

1. 宏观经济状况。第二次世界大战之后,南美洲的经济有了快速的发展,经济结构发生显著变化,但各国经济发展水平很不均衡。巴西与阿根廷是南美最发达的国家,两国已经建立了完整的工业体系,门类齐全,技术水平高。两国的核电、信息、军工、飞机制造等都已跨入世界先进国家行列。其中,巴西的经济实力和工艺均居南美首位,经济总量超过整个南美地区的1/3。

委内瑞拉、哥伦比亚、智利、秘鲁等国的经济建设也取得了一定的成就,但仍然普遍缺乏先进的科学技术和较高的工业化水平,主要工业部门集中在食品加工、装配业和采矿业、石油精炼、造纸、化工等科技含量不高的行业。

南美矿藏丰富,采矿业是各国的基础部门,除自给外,大部分矿产供出口,是世界上主要的能源供应地区。

农业是南美各国最主要的产业,其中可可、菠萝、马铃薯、巴西橡胶树等经济作物种植业占据绝对优势。巴西咖啡、甘蔗、柑橘产量和出口量均居世界第一,农产品出口量仅次于美国。阿根廷等国则大量出口肉类和粮食。秘鲁和智利为世界著名渔业国。但是,尽管南美洲大部分国家中多数人从事农业生产,但粮食生产仍不足自给,大多数国家需进口粮食。

南美洲各国正在积极地发展服务业,推行改革,提高服务水平与效率。阿根廷服务业已发展到一定水平,特别是在金融和商业服务领域较发达。南美各国旅游业发展很快,巴西是世界十大旅游创汇国之一。

此外,南方共同市场与安第斯共同体是南美洲两个重要的国际经济组织,积极地推动该地区经济的发展,推动成员国科技进步以及拉美地区经济一体化进程的发展。

2. 投资政策。从 20 世纪中后期开始,南美各国政府相继推行了经济稳定及自由化政策,减少贸易壁垒,取消资本流动限制,实行对外国投资者经济开放的政策,给予外资国民待遇,尽量扩大外资投入领域的范围,外国投资得到迅速增长。

在巴西,外资可以直接使用外币投资而不必事先经巴西政府批准。在巴西投资建厂或获得现有巴西企业的所有权,只需通过巴西有权进行外汇操作的银行将外国货币汇入巴西。

秘鲁法律规定,除投资于武器制造业需获得批准、获得秘鲁边境 50 千米以内区域的矿产开采权及使用权需获得国家最高法令的授权外,外国投资者可以在秘鲁任何经济部门进行投资,并且享受国民待遇。

(四) 南美洲主要国家的政治环境

近年来,巴西、智利、委内瑞拉等大国的局势趋于稳定,阿根廷、秘鲁、厄瓜多尔等政局基本稳定,经济恢复增长,但局部地区仍动荡不安,如海地等国的政局不太稳定,政府多次改组,执政危机频频出现。

五、东南亚国家投资环境分析

(一) 东南亚概况

东南亚包括越南、老挝、柬埔寨、缅甸、泰国、马来西亚、新加坡、印度尼西亚、菲律宾、文莱、马尔代夫 11 个国家,面积约 462 万平方公里,人口约 6.25 亿,大多数信仰伊斯兰教,泰国主要信仰佛教。

(二) 东南亚地区的自然环境

东南亚地区岛屿星罗棋布,火山地震频繁。气候以热带、亚热带季风和热带雨林气候为主,风力小,湿度大,全年温差很小,年平均气温为 25~27 摄氏度,大部分地区雨量丰沛。

东南亚地区自然资源丰富,主要矿产资源有锡、钨、铁、石油、宝石、天然气等。森林覆盖率在 50% 左右。水产丰富,柬埔寨的洞里萨湖为东南亚最大的天然淡水渔场,素有"鱼湖"之称。

(三)东南亚主要国家的经济环境

1. 宏观经济状况。东南亚地区各国都属于发展中国家,但各国经济发展水平并不平衡。新加坡属于富裕国家,人均国民生产总值达5万美元;最不发达国家如老挝等,人均国民生产总值仅为1 300～1 700美元。

印尼是东南亚地区最大的经济体,是东南亚经济稳定、持续发展的国家之一。现有工业主要是轻工、加工和装配业、钢铁工业。进入20世纪90年代,旅游业也越来越成为印尼重要的创汇部门之一。

泰国、马来西亚两国经济发展水平居东盟国家前列。近几年,两国均着力发展制造业与服务业,传统的初级产品加工业在制造业中的地位逐步下降,制造业朝着高技术、高附加值的方向转变。

越南是世界著名的"谷仓"之一,连续多年保持世界第三大稻米出口国的地位。柬埔寨是最不发达国家,农业是国民经济的重要支柱,工业基础薄弱。

2. 投资政策。

(1) 投资鼓励政策。东南亚各国目前都在积极吸引外资,通过政府扶持、税收优惠等措施引进先进技术,扩大出口,促进自然资源的开发,创造更多的就业机会,开发节能产品,促进区域经济的发展,并承诺不将外国投资国有化。

目前泰国投资促进委员会向投资者提供两种形式的优惠政策:一是税务上的优惠,主要包括免缴或减免法人所得税及红利税、免缴或减免机器进口税等;二是非税务上的优惠权益,主要包括允许引进专家技术人员、允许汇出外汇以及其他保障和保护措施等。

缅甸《外国投资法》规定:制造业及服务业从开始经济运行第1年起连续5年免所得税,并视项目情况延长减免期限;项目利润作为专项资金在1年内用于追加该项目投资的,减免所得税;外国人缴纳所得税税率享受国民待遇。缅甸政府鼓励外商企业投资于能够扩大当地就业、增加出口、无污染的加工制造型企业。而且,由于缅甸目前是世界上最不发达国家之一,在缅投资所生产产品增值率达45%以上时,即可取得缅原产地证,向发达国家出口享受普惠制关税待遇。

(2) 投资限制政策。东南亚各国对外资投资的行业、投资控股比例都有不同程度的限制性规定。

泰国的《外国经营法》规定,外资在农业、某些制造与食品加工行业(特别是以泰国本地农业资源为基础的行业)和大部分专业性服务部门的企业中,拥有的所有权股份最大比率为49%。

马来西亚政府规定,只有投资于制造业且出口占其产值80%或以上的外资企业,没有股权条件的限制。其他行业如服务业、农业、建筑业并不积极吸引外资,金融服务业(除再保险业务)、石油和天然气工业仍然限制外资进入,由政府严格控制。

印尼政府要求外资企业在经营后15年内,公司应通过直接销售或通过国内证券交易所的非直接方式,把部分股权转让给印尼的个人或法人。

(四)东南亚主要国家的政治环境

东南亚各国政治体制不尽相同,近年来政局较稳定。马来西亚实行君主立宪制度,国会为两院制。泰国为君主立宪制,国家元首为国王,由总理掌握国家行政权力。印度尼西亚国家最高权力机构为人民协商会议,负责制定、修改、颁布宪法和国家大政方针,选举并监督总统。菲律宾实行三权分立,国会为最高立法机构,由参议院组成。越南是社会主义国家,国会是国家最高权力机关。

六、非洲国家投资环境分析

(一)非洲概述

非洲位于东半球的西南部,地跨赤道南北,西北部的部分地区伸入西半球。面积约3 020万平方千米(包括附近岛屿),占世界陆地总面积的20.2%,仅次于亚洲,为世界第二大洲。人口10.325亿,占世界人口总数15%,仅次于亚洲,居世界第二位。非洲人口的出生率、死亡率和增长率均居世界各洲的前列,人口分布极不平衡。

(二)非洲主要国家的自然环境

南非位于非洲大陆最南端,面积约12.2万平方千米。其黄金、铂族金属、锰、钒、铬、钛、硅铝酸盐的储量居世界第一位,蛭石、锆居第二位,氟石、磷酸盐居第三位,锑、铀居第四位,煤、钻石、铅居第五位,锌居第六位,铁矿石居第九位,铜居第十三位。

尼日利亚位于西非东南部,面积约92万平方千米,人口1.52亿。尼日利亚资源丰富,已探明有30多种矿藏,主要有石油、天然气、锡、煤、石灰石等。迄今尼日利亚已探明石油储量270亿桶,以目前产量可继续开采30~50年。已探明天然气储量达5.3万亿立方米,居世界第八位,目前已开发量仅占总储量的12%。煤储量约27.5亿吨,为西非唯一产煤国,1996年恢复中断了多年的煤炭出口。

(三)非洲主要国家的经济环境

1. 宏观经济状况。非洲各国曾长期遭受帝国主义的控制,许多国家独立后,为了维护国家主权和民族利益,采取了有利于本国经济利益的政策和措施,取得了一定的成绩。在发展民族经济的道路上,非洲各国正在改变过去殖民统治所造成的"单一经济"状态。

南非属于中等收入的发展中国家,GDP 约占非洲 25%,对外贸易占非洲 24%,是非洲经济最发达的国家。金融、法律体系比较完善,通信、交通、能源等基础设施良好。矿业、制造业和农业是经济三大支柱,深矿开采等技术居于世界领先地位。但南非国民经济各部门发展水平、地区分布不平衡,二元制经济特征明显。

尼日利亚石油天然气资源十分丰富。自 1970 年以来,石油出口逐渐成为该国最主要的经济来源,石油出口收入占出口总收入的 98%,占国家总收入的 83%。尼日利亚的主要制造业为纺织、车辆装配、木材加工、水泥、饮料和食品加工,大多集中在拉各斯及其周围地区。基础设施年久失修,技术水平较低,多数工业制品仍依赖进口。农业在国内生产总值中占 40%,全国 70% 的劳动力从事农业。

2. 投资政策。南非自 1994 年大选后由原先的资本净流出国变为净流入国,外国直接投资来自西欧国家,主要有英国、德国、法国、瑞士等。在南非拥有资产的外国公司投资大多集中于采矿、制造、金融、石油加工和销售等部门。政府实施的国企重组计划有助于南非吸引更多外国中长期直接投资。

尼日利亚允许外国投资者汇出资本、利润、股息,但须支付技术费、进口技术服务与科技权利金,处置资产所得收益亦可汇出。但总的说来,除石油、汽车装配、纺织业外,尼日利亚所吸引的外资不多,一般消费品加工工业仍十分落后。在尼投资也可享受关税方面的优惠。

(四)非洲主要国家的政治环境

南非以非国大为主体的民族团结政府奉行和解、稳定、发展的政策,妥善处理种族矛盾,全面推行社会变革,实施"重建与发展计划""赋予黑人权力计划""肯定行动",努力提高黑人政治、经济和社会地位,顺利实现由白人政权向多种族联合政权的平稳过渡。

尼日利亚政局总体保持稳定,但种族和宗教冲突、恐怖爆炸事件时有发生,北部伊斯兰宗教极端主义组织"博科圣地"多次在首都等地制造恐怖爆炸事件,南部产油区反政府武装不时制造恐怖事件。

七、大洋洲国家投资环境分析

(一)大洋洲概述

大洋洲陆地总面积约 897 万平方千米,约占地球陆地总面积的 6%,是世界上最小的一个洲。人口 2 900 万,约占世界人口的 0.5%,是除南极洲外世界上人口最少的大洲。大洋洲有14个独立国家,各国经济发展水平差异显著,澳大利亚和新西兰两国经济发达,其他岛国多为农业国,经济比较落后。

(二)大洋洲主要国家的自然环境

澳大利亚位于南太平洋和印度洋之间,面积769.2万平方千米,人口2 400万。澳大利亚矿产资源丰富,其中铅、镍、银、钽、铀、锌的已探明经济储量居世界首位。澳大利亚是世界上最大的铝土、氧化铝、钻石、铅、钽生产国,黄金、铁矿石、煤、锂、锰矿石、镍、银、铀、锌等的产量也居世界前列,同时,还是世界上最大的烟煤、铝土、铅、钻石、锌及精矿出口国,第二大氧化铝、铁矿石、铀矿出口国,第三大铝和黄金出口国。

(三)大洋洲主要国家的经济环境

1. 宏观经济状况。澳大利亚是一个后起的工业化国家,农牧业和采矿业为澳传统产业,为国民经济主导产业,占GDP 70%左右。自20世纪70年代以来,澳大利亚进行了一系列的经济改革,大力发展对外贸易,经济持续较快增长。

2. 投资政策。澳大利亚虽是发达国家,但在资本进出问题上却不同于其他发达国家,基本上属于资本输入国。由于其对资本输入的需求大于资本输出,故外资政策在鼓励外资进入的同时又注意防止外资的深入渗透,在外资投向、参股比例、审批标准等方面,也比一般发达国家要求严格,限制较多。

澳大利亚全部产品的1/3是由海外投资的公司生产与经营。除了铀矿开采业、宣传媒介、航空工业等适当控制外,澳大利亚政府非常欢迎海外投资者来澳投资,特别是在高科技领域、矿藏、原料及农产品加工业等方面进行合作。澳政府对投资企业向境外汇出资金与利润不加限制。在澳投资者对有关利润、红利分成、知识产权所得收入、资金以及属于投资者的收入有着自我决定和处置权。

(四)大洋洲主要国家的政治环境

澳大利亚对外奉行务实政策,在继续加强与美国的安全和军事合作的同时,重视发展同亚洲国家的经济和政治关系,把澳美、澳日和澳中关系列为其对外关系中重要的方面。

案例研究

案例一 非洲五国矿业投资环境不容乐观

非洲地区矿产资源丰富,全球最重要的50种矿产资源中,非洲有17种资源的储量位居世界第一。非洲有丰富的铂族金属、铜、钴、锰、铬、钻石、锗等资源。各种矿产储量占世界总储量的20%~90%，石油储量约为105亿吨，占世界总储量的8%。

更为诱人的是，这些丰富的资源储量绝大部分尚未得到开发，而且矿床形态在当前技术条件下是易于开发的。

现在非洲的矿业公司都在寻求包括中国在内的海外投资者去投资，但是由于管理混乱，目前投资非洲存在诸多风险，有报告指出，苏丹、尼日利亚、埃及、埃塞俄比亚、肯尼亚这几个国家，投资者尤其要注意。

苏丹矿产资源比较丰富，原油和黄金是其最重要的矿产，已探明的油气田主要分布在南部的穆格莱德等盆地，原油已探明储量约12亿桶，天然气储量为850亿立方米。金矿主要分布在东北部、东部和南部，主要金矿区有巴德鲁克(Baderuk)、哈道澳阿迪布(HadalAuatib)和奥德鲁克(Oderuk)等。

在2014年内华达矿业协会发布的"政策感受指数"排名中，苏丹位于116名（122个国家列入名单），该指数用于反应投资环境风险等级。

苏丹当地虽然金矿丰富，但存在大量民间非法开采，政府管理非常混乱，一直都处于无序发展的状态。2014年5月，苏丹卫生部暂停了6个违反环保法规经营的黄金矿业公司的许可证。

尼日利亚拥有丰富的矿产资源，拥有探明储量的矿产达34种，其中能源矿产资源有煤炭、石油、天然气和沥青，金属矿产有铁、铅、锌、锡、金、铌、钽、钨、锆、钼等，非金属矿产有滑石、石膏、重晶石、高岭土、石灰石、大理石等。

尼日利亚具有丰富的油气资源，据第十四届世界石油大会估计，其常规石油可采资源量居非洲第二位，常规天然气可采资源量居非洲第一位。根据2013年和2014年内华达矿业协会发布的"政策感受指数"排名，尼日利亚分别位于75名和112名（总共122个国家），可见投资尼日利亚矿产资源的风险呈逐年加大的趋势。此外，尼日利亚也存在着非法开采矿产资源的现象。

由于尼日利亚当地政府只专注于石油和天然气的开发，而且不希望外国投资者参与，所以阻碍了外国投资者的步伐。

埃及的非金属矿藏比较丰富，主要有天然气、石油、大理石、白砂、黑砂、石膏等。埃及天然气远景储量预计将达120万亿立方英尺，主要集中在地中海深水海域——尼罗河三角洲之间的地区、西部沙漠地区和苏伊士湾地区。埃及的整个石油开发潜力为67.18亿桶。

在2014年内华达矿业协会发布的"政策感受指数"排名中，埃及位于96名。

案例思考与讨论：
试用投资障碍分析法对非洲矿业的投资环境进行评估。

案例二　中国投资环境优化提振外企信心

近年来,中国着力构建开放型经济新体制,不断优化投资环境,着力吸引外资,取得明显成效。2014年,中国实际使用外商直接投资1 196亿美元,居世界首位。2015年4月10日,新的外商投资产业指导目录将实施,外商投资核准范围将大幅缩减。中国政府的一系列举措进一步提振了外国投资者信心,外国企业相关负责人纷纷对中国放宽外商投资限制表示欢迎,认为中国的投资环境日益优化,给外资企业带来便利,相信未来会有更多外资企业到中国投资兴业。

根据新修订的外商投资产业指导目录,中国第一、第二、第三产业进一步对外资开放,重点扩大服务业和一般制造业开放。外商投资限制类条目从79条减少至38条,放宽外资比例限制,鼓励类条目数量基本不变。此外,中国鼓励外商投资现代农业、高新技术、先进制造、节能环保等领域。

日本夏普公司2011年成立了夏普(中国)投资有限公司,统筹管理中国的投资项目。目前,夏普在中国拥有1个地区总部、6个生产基地、5个销售基地和2个研发基地。2013年度中国地区的销售额已占到夏普海外市场销售总额的一半以上。夏普(中国)投资有限公司董事长兼总经理新原伸一表示,夏普已将健康环境产业列为今后在中国投资的战略重点,预计中国市场健康环境商品销售规模2016年将达到2013年的两倍。夏普还加强了针对中国市场的本地化研发,去年开发出带PM2.5检测功能的空气净化器。

案例思考与讨论:
1. 影响中国投资环境的主要因素有哪些?
2. 试分析中国吸引外商投资的有利环境。

思考题

1. 什么是国际直接投资环境?
2. 国际直接投资环境如何分类?
3. 广义投资环境和狭义投资环境的区别是什么?
4. 如何运用加权等级评分法对投资环境进行评估?

第五章 国际投资方式

Patterns of International Investment

投资方式的多样化是国际直接投资深入发展的表现形式,它依据投资者的动机以及投资环境来决定。本章主要介绍了创建、兼并以及非股权参与等国际直接投资的基本方式,阐述了跨国并购的特点和各种理论,分析了企业从事跨国并购的主要动因等。

学习要点

Diversification of investment is the manifestation of the further development of international direct investment. Investment is decided by investors' motives and investment environment. This chapter mainly introduces the basic way of international direct investment, such as green field investment, mergers & acquisitions and non-equity participation. The characteristics and theories of cross-border M&A are also elaborated in this part. This section also analyzes the motivations of cross-border M&A.

第一节　创建方式

一、创建方式的定义及其特点

创建方式也称绿地投资（Green Field Investment），是指跨国公司等投资主体在东道国境内依照东道国的法律设立的部分或全部资产所有权归外国投资者所有的企业。从创建的定义来看，创建新企业会直接导致生产能力、产出和就业的增长，简单意义上的收购则意味着仅仅是企业所有者的更改。

绿地投资作为国际直接投资中取得实物资产的重要方式是源远流长的。早期跨国公司的海外拓展业务基本都是采取这种方式，后来随着跨国收购兼并的兴起，它所占的比例有所下降。但就在跨国收购兼并风行的今天，绿地投资仍不失其重要性，以收购兼并所无法具备的特点不时受到投资者的青睐。

绿地投资与并购方式比较，其特点是显而易见的。绿地投资的突出优点是：在创建新企业的过程中，跨国经营企业独立地进行项目的策划、建设，并实施经营管理，投资者能够在很大程度上把握项目的风险，并能在较大程度上掌握项目策划各个方面的主动性。其突出的缺点是：创建新企业需要大量的筹建工作，而且建设周期长、速度慢、缺乏灵活性，因而整体投资风险较大。

二、创建方式的基本形式

创建国外企业，其形式可分两种：一是建立国际独资企业，二是建立国际合资企业。国际独资企业的形式有国外分公司、国外子公司和国外避税地公司。国际合资企业的形式有股权式合资企业和契约式合资企业。上述企业的具体内容已在前文中做了详细阐述。

第二节　跨国并购

一、兼并与收购的概念

企业跨国并购的概念是由企业国内并购的概念引申扩展而来的。企业并购（Mergers & Acquisitions）包括兼并和收购两层含义。取得其他企业的产权兼并是兼并方与被兼并方合为一体，而收购是收购方实现对被收购方的控制，收购方的法人地位不变，被收购方的法人地位也可能不变。从广义看，收购可视为兼并的一种特殊形式。国际上习惯将兼并和收购合在一起使用，统称为 M&A，在我国称为并购。

（一）兼并

兼并（Mergers）是指两个或两个以上的企业按照某种协议联合组成一个企业的产权交易行为，通常是指一家企业以现金、证券或其他形式购买取得其他企业的产权，使其他企业丧失法人资格或改变法人实体，并取得对这些企业决策权和控制权的经济行为。

（二）收购

收购（Acquisitions）是指一企业以某种条件获得另一企业的大部分产权，从而处于控制地位的产权交易行为，通常也是一家企业以现金、证券或其他形式购买另一家企业的部分或全部资产或股权，以获得该企业的控制权。

收购的对象一般有两种，即股权和资产。收购股权与收购资产的主要区别在于：收购股权是购买一家企业的股份，收购方将成为被收购方的股东，因此要承担该企业的债权和债务；收购资产则仅仅是一般资产的买卖行为，由于在收购目标公司资产时并未收购其股份，因此收购方无需承担其债务。

（三）兼并与收购的异同

1. 兼并与收购的相同点。收购与兼并有许多相似之处，主要表现在：

（1）基本动因相似。兼并与收购的目的基本上都是为扩大企业的市场占有率，为扩大经营规模、实现规模经营，为拓宽企业经营范围、实现分散经营或综合化经营。总之，二者都是增强企业实力的外部扩张策略或途径。

（2）都以企业的产权为交易对象。

2. 兼并与收购的区别。兼并与收购的区别在于：

（1）在兼并中，被合并企业作为法人实体不复存在；而在收购中，被收购企业仍可以法人实体的形式存在，其产权可以是部分转让。

（2）兼并后，兼并企业成为被兼并企业新的所有者和债权债务的承担者，是资产、债权、债务的同一转换；在收购中，收购企业是被收购企业的新股东，以收购出资的股本为限承担被收购企业的风险。

（3）兼并多发生在被兼并企业财务状况不佳、生产经营停滞或半停滞之时，兼并后一般需调整其生产经营、重新组合其资产；收购一般发生在企业正常生产经营状态，产权流动比较平和。

由于在运作中兼并和收购的联系远远超过其区别，所以兼并、合并与收购常作为同义词一起使用，统称为购并或并购，泛指在市场机制作用下企业为了获得其他企业的控制权而进行的产权交易活动。所以在以后的讨论中我们就不再强调这三者的区别,并把并购一方称为并购企业,把被并购一方称为目标企业。

从经济发展的历史进程看,企业跨国并购是在企业国内并购的基础上发展起来的,但企业跨国并购涉及两个或两个以上国家企业及其在国际的经济活动,它的内涵及其对经济发展的影响与一般的国内并购有着很大的不同。下面将在以上一般并购概念的基础上介绍跨国并购的定义、类型、方式及运作程序,并对跨国并购的特点做一个简要的分析。

二、跨国并购的基本含义

跨国并购(Cross–border M&A)是指跨国公司等投资主体通过一定的程序和渠道,取得东道国某现有企业全部或部分资产所有权的投资行为。

跨国并购是国内企业并购的延伸,涉及两个以上家的企业、两个以上国家的市场和两个以上政府控制下的法律制度。它除了具有国内并购的基本含义外,还具有一些与国内并购所不同的特点:

第一,跨国并购主要是指跨国收购而不是跨国兼并。跨国收购的目的和最终结果并不是改变公司的数量,而是改变目标企业的产权关系和经营管理权关系。跨国兼并则意味着两个以上的法人最终变成一个法人,不是母国企业消失,就是目标企业消失,这种情况在跨国并购中是很少见的,也与跨国公司的全球发展战略不相吻合。

第二,基于跨国并购的跨国性,其发生的原因与国际因素具有更大的相关性。因此,对跨国并购的分析和研究要综合考虑世界市场的竞争格局、世界经济一体化进程、区域集团化趋势、跨国投资的国际协调等因素。

第三,跨国并购具有比国内并购更多的进入障碍,主要表现在并购母国和并购目标国之间在经济利益及竞争格局、公司产权及管理模式、外资政策及法律制度和传统文化等方面。

第四,国内并购非常直观地表现为市场份额的改变和市场集中程度的提高,而跨国并购分别就并购母国和并购目标国市场而言,并未直接表现为市场份额和市场力的改变,而是表现为并购者对市场份额的占有程度和市场竞争能力的扩展,表现为世界市场份额和市场力集中程度的改变。它对国内市场的影响是潜在的,即通过两国或两国以上比较优势的组合和各类资源的配置,对国际市场的未来变化起作用。

第五,跨国并购的主体更多的是跨国公司,而跨国公司实施并购计划更多的是从全球发展战略的角度来考虑经济利益的得失问题,这就使跨国并购理论与一般并购理论有显著不同。

三、跨国并购的特点

(一) 跨国并购的优点

与创建方式相比较,跨国并购具有如下优点:

1. 市场进入方便灵活,资产获得迅速。收购兼并方有可能得到东道国一些现成的有用的生产要素,如土地、厂房和熟练劳动力等,可以大大缩短项目的建设周期和投资周期,从而使跨国公司可以迅速获得资产,目标市场的进入也更加机动灵活。

2. 获得廉价资产。跨国公司以收购兼并方式获取资产的出价往往低于目标公司资产的真实价值。造成目标公司资产价值低估可能是出于以下三种情况:

(1) 收购公司比目标公司更清楚了解目标公司资产潜在的真实价值。

(2) 目标公司在经营中陷入困境而使收购公司可以压低价格收购。

(3) 收购公司利用东道国股市下跌时以低价购入目标公司的股票。

3. 比较容易得到当地的融资。跨国公司收购兼并目标企业,使得原来对该企业提供信贷资金的银行等债权人有可能继续维持与该企业的借贷关系。

4. 获得被收购企业的市场份额,减少竞争。跨国并购不仅可以直接获得被收购企业的原有资产,而且收购方企业可以直接占有被收购企业原有的销售市场、利用被收购企业的销售渠道。此外,收购原有企业一般不会增加原有的市场供给,从而减少了竞争对手,也可以避免因厂商增加而导致平均销售额下降的风险。

5. 利用适合当地市场的原有管理制度和管理人员。当跨国公司因发展迅速而缺乏管理人员或者收购母国的投资环境与目标国有较大差异时,收购是企业跨国经营决策应优先考虑的。

6. 便于企业扩大经营规模,实现多元化经营。跨国公司要超越原有的生产范围、实现多样化经营,在缺乏有关新行业生产和销售等方面的技术和经验时,收购东道国现有企业是实现多元化经营的一种迅速而又行之有效的途径。

(二) 跨国并购的障碍及问题

1. 东道国的限制。为了保护本国的民族工业,防止外国投资者在某些部门处于垄断地位,东道国政府有时会限制某些行业的并购。

2. 原有契约及传统关系的束缚。被收购企业同其客户、供货商和职工已具有的一些契约上或传统上的关系,往往成为跨国公司继续管理的障碍。例如我国存在的企业间"三角债"问题和企业与银行之间的债务问题等。

3. 价值评估的困难。对跨国企业的价值评估是跨国收购最关键也是最复杂的环节。由于国际会计准则差别、市场信息障碍和无形资产评估等问题的存在,对目标企业的价值评估显得非常困难,从而加大了决策的难度。

4. 企业规模和选址上的制约。由于被收购企业的规模、行业和地点都是固定的,所以收购东道国原有企业时,跨国公司很难找到一个与自己全球发展战略要求的地点及生产规模等都相符的企业。

5. 失败率较高。实际统计数字表明,跨国并购方式的经营失败率要高于创新企业的经营失败率。除了以上几方面的原因之外,目标企业原有的管理体制与收购企业不适应、观念转变不及时也是造成这一较高失败率的重要因素。

四、跨国并购的类型

跨国公司采取并购方式进行直接投资,其动机包括:开拓国际同类市场;取得产品商标、品牌和已有的行销网络;保证原材料的供应和产品的销售市场;经营领域、区域和资产的多元化等。由此可以将跨国并购分为不同的类型。

(一) 横向并购、纵向并购和混合并购

从跨国并购双方的行业关系划分,跨国并购可以分为横向并购、纵向并购和混合并购。

1. 横向并购(Horizontal M&A)。横向并购又称水平式并购,是指两个或两个以上国家生产或销售相同或相似产品的企业之间的并购。并购方与被并购方处于同一行业,生产或经营同一产品,生产的工艺也相近,并购后可按收购企业的要求进行生产和加工。

这种跨国并购的目的通常是扩大世界市场的份额或增加企业的国际竞争力或垄断实力,确立或巩固企业在行业内的优势地位,扩大企业规模。并购双方比较容易整合,进而形成规模经济和内部化交易,促进利润的增长。横向并购是跨国并购中经常采用的形式。

2. 纵向并购(Vertical M&A)。纵向并购又称垂直式并购,是指两个或两个以上国家生产相同或相似产品但又处于不同生产阶段的企业之间的并购。这种并购是对生产工艺或经营方式上有前后关联的企业的并购,是生产、销售的连续性过程中互为购买者和销售者,即生产经营上互为上下游关系的企业之间的并购。比如加工制造企业并购与其有原材料、运输、贸易联系的企业,并购双方是原材料供应者或产成品购买者,所以对彼此的生产状况比较熟悉,并购后比较容易融合在一起。

并购的目的通常是低价扩大原材料供应或扩大产品的销路,组织专业化生产和实现产销一体化。纵向并购一般较少受到各国有关反垄断法律或政策的限制。

3. 混合并购(Conglomerate M&A)。混合并购又称复合并购,是指两个或两个以上国家不同行业的企业之间的并购。这种并购是对处于不同领域、产品属于不同市场,且与其产业部门之间不存在特别生产技术联系的企业进行收购。如钢铁企业并购石油企业,从而产生多种经营企业。采取这种方式可通过分散投资、多样化经营降低企业风险,达到资源互补、优化组合、扩大市场活动的范围。

这种并购方式同跨国公司的全球发展战略和多元化经营战略密切联系在一起,减少了单一行业的经营风险,降低了生产成本,增强了企业在世界市场上的整体竞争实力。它与前两种方式的不同之处在于它的目的往往是隐蔽的,不易被发现和限制。

(二) 部分并购和整体并购

从并购行为的结果来看,跨国并购可以分为部分并购和整体并购。

1. 部分并购。部分并购又称参与股份,是指将企业的资产和产权分割为若干部分进行交易而实现企业并购的行为,收购企业(Acquiring Company)只取得被收购企业(Acquired Company)的部分资产所有权。这种收购的结果一般不会对被收购企业产生实质性影响。

部分并购具体包括三种形式:① 对企业部分实物资产进行并购;② 将产权划分为若干份等额价值进行产权交易;③ 将经营权划分为几个部分,例如营销权、商标权、专利权等,进行产权转让。部分并购的优点在于:可扩大企业并购的范围;弥补大规模整体并购的巨额资金缺口;有利于企业设备更新换代,使企业将不需要的厂房、设备转让给其他并购者,更容易调整存量结构。

2. 整体并购。整体并购是指收购企业取得被收购企业的全部资产所有权,整体并购又称全部并购,它是资产和产权的整体转让,是产权的权益体系或资产不可分割的并购方式。这种收购的结果是被收购企业不复存在,或成为收购企业资产的一个组成部分。

整体并购的目的是通过资本迅速集中,增强企业实力,扩大生产规模,提高市场竞争能力。整体并购有利于加快资金、资源集中的速度,迅速提高规模水平与规模效益。实施整体并购也在一定程度上限制了资金紧缺者的潜在购买行为。

(三) 直接并购和间接并购

从并购公司是否和目标公司接触来看,跨国并购可以分为直接并购和间接并购。

1. 直接并购。直接并购也称为友好接管(Friendly Takeover)或善意并购,是指收购公司直接向目标公司(Target Company)提出拥有所有权的要求,双方通过一定的程序进行磋商,共同商定条件,根据双方的协议完成所有权的转移。

如果收购公司提出的是部分所有权要求,目标公司就可能允许收购公司取得增发的新股;若收购公司提出的是全部所有权要求,双方可在共同利益的基础上磋商所有权转让的条件和形式。此外,如果目标公司由于经营不善或遇到债务危机也可以主动提出所有权转让。

直接并购有利于降低并购行动的风险和成本,使并购双方能够充分交流、沟通信息,目标公司主动向并购公司提供必要的资料。同时善意行为还可避免因目标公司抗拒而带来的额外支出。但是,善意并购使并购公司不得不牺牲自己的部分利益,以换取目标公司的合作,而且漫长的协商、谈判过程也可能使并购行动丧失其部分价值。

2. 间接并购。间接并购是指收购公司并不向目标公司直接提出收购的要求,而是通过在市场上收购目标公司已发行和流通的具有表决权的普通股,从而取得目标公司控制权的行为。

间接并购一般不是建立在共同意愿的基础上,很可能导致公司间的激烈对抗,这种意愿相悖的收购称为敌意收购(Hostile Takeover),成功率是比较低的。在这类收购中,收购公司并非只满足于取得部分所有权,而是要取得目标公司董事会的多数股权,强行完成对整个目标公司的收购。

敌意收购的优点在于并购公司完全处于主动地位,不用被动权衡各方利益,而且并购行动节奏快、时间短,可有效控制并购成本。但敌意收购通常无法从目标公司获取其内部实际运营、财务状况等重要资料,给公司估价带来困难,同时还会招致目标公司抵抗甚至设置各种障碍。所以,敌意收购的风险较大,要求并购公司制定严密的收购行动计划并严格保密、快速实施。另外,由于敌意收购易导致股市的不良波动,甚至影响企业发展的正常秩序,各国政府都对敌意收购给予一定的限制。

(四)要约收购和协议收购

按并购交易是否通过证券交易所,跨国并购划分为要约收购和协议收购。

1. 要约收购(Offer Acquisition)。要约并购是指并购公司通过证券交易所的证券交易,持有一个上市公司已发行股份的30%时,依法向该公司所有股东公开发出收购要约,按符合法律的价格以货币付款方式购买股票,获取目标公司股权的收购方式。要约收购直接在股票市场中进行,受到市场规则的严格限制,风险较大,但自主性强,速战速决。上面讲的敌意收购多采取要约收购方式。

2. 协议收购(Negotiated Acquisition)。协议并购是指并购公司不通过证券交易所,而是直接与目标公司取得联系,通过谈判、协商达成共同协议,据以实现目标公司股权转移的收购方式。协议收购易取得目标公司的理解与合作,有利于降低收购行动的风险与成本,但谈判过程中的契约成本比较高。协议收购一般都属于善意并购。

(五) 私人公司并购和上市公司并购

按照目标公司是否是上市公司,跨国并购可以分为私人公司并购和上市公司并购。

1. 私人公司并购是指并购公司在非证券交易所对非上市公司的收购。这种并购一般是通过公司股东之间直接的、非公开的协商方式进行,只要目标公司的大部分股东愿意出售其持有的股份,私人公司的控制权便由并购公司所掌握,并购行为也宣告完成。但这类并购规模较小,风险也较大。

2. 上市公司并购是指并购公司在证券交易所通过对上市公司股票的收购而实现的并购。目前具有重大影响的跨国并购都是通过证券市场实施的。

(六) 杠杆收购、管理层收购和联合收购

按照并购的融资渠道划分,跨国并购可以分为杠杆收购、管理层收购和联合收购。

1. 杠杆收购(Leveraged Buyout)。杠杆并购是指收购公司投资设立一家直接收购公司,该公司以其资本及未来买下的目标企业的资产和收益为担保进行举债,如向银行借款、发行债券、向公开市场借贷等,以借贷的资本获得目标公司的股权或资产,完成对目标企业的收购,并用目标公司的现金流量偿还负债的并购方式。由于这种方法只需以较小的资本代价就能完成,因而被称为杠杆收购。

杠杆收购的突出特点是并购公司不需要投入全部资金即可完成并购。并购完成后,并购公司一般会把目标公司的资产拆分并变卖,以偿还并购所借款项。正因为如此,杠杆收购风险较高,涉及支付能力和偿还债务能力。在高风险的同时,杠杆收购有极高的股权回报率可能,并且由于债务资本的利息在税前支付,相当于政府间接地给予杠杆收购公司以补贴。被收购公司在被收购前若有亏损,其亏损亦可递延,冲抵被杠杆收购后各年份所产生的盈利。

杠杆收购具有很高的风险性,高额举债要以收购完成以后出售企业的部分优良资产来偿还。如果被收购企业的资产无法顺利变卖,就会影响收购企业的收购能力。另外,如果利率回升也可能产生难以支付利息的情况。因此,一旦条件发生了不利的变化,收购企业就可能无法达到收支平衡,从而面临因无法偿还债务而倒闭的危机。

2. 管理层收购(Management Buyout)。管理层并购是指一个企业的管理层人员

通过大举借债或与外界金融机构合作,收购一家企业(通常是该管理层人员管理的企业)的行为,可以视做杠杆收购的一种。

管理层收购由于大举借债而使收购具有很大的风险性,但由于收购人就是目标企业的经营管理人员,他们熟悉企业的内部情况,一般都具有避免风险的把握。

3. 联合收购(Consortium Offer)。联合收购是两个或两个以上的收购人事先就各自取得目标企业的一部分以及所承担的收购费用达成协议而后进行的收购行为。

联合收购的收购人必须是两个或两个以上,被收购企业不是整体出卖给收购人而是各收购人取得被收购企业的不同部分。

五、跨国并购理论

西方跨国公司并购理论中有代表性的有效率理论、信息假说和信号理论、代理问题与管理者主义、自由现金流量假说、市场势力理论、税收考虑和再分配假说等。

(一)效率理论

该理论认为公司并购具有潜在的社会效益,包括改进管理层的经营业绩和获得某种形式的协同效应。它具体又包括六种分理论。

1. 差别效率论。这是公司并购的最一般理论,它认为并购活动产生的基本原因是交易双方的管理效率不同,实际中总存在效率低于社会平均水平或没有充分发挥经营潜力的企业。该理论可通俗表述为:如果甲公司的管理比乙公司更有效率,在甲公司并购乙公司后,乙公司的效率将提高到甲公司的水平,整个经济的效率水平也会随公司并购活动而得到提高。如果严格阐述该理论,它可以称为管理协同假说,即具有一个高效率管理队伍的公司,其管理能力超过了日常管理需求,它可以并购一家管理效率低的公司来充分利用其过剩的管理资源。这里有两个假设条件:第一,如果收购方有剩余的管理资源能轻易释放,那么不一定需要并购活动,但如果管理层作为一个团队(Team),其管理效率具有不可分性,或者具有规模经济,那么可以通过并购其他企业来利用其过剩的管理资源。第二,低效率企业通过直接雇用管理人员或与外部管理者签订合同手段来增加管理投入和提高管理绩效并不可行,需要被并购。只有在满足这两个条件下,公司并购才具有协同效应,因为它把目标公司非管理性的组织资本与并购公司过剩的管理资本有机地结合了起来。

2. 无效率管理者理论。该理论很难和上面的差别效率理论及后面的代理理论相区分。它包括两种情况:一是无效率管理可能仅是既有管理层未能充分发挥其经营潜力,另一控制集团介入就能提高其管理效率;二是无效率管理指目标公司管理绝对无效率,几乎换任何一外部经理层都能比现有管理层做得更好。该理论为混合兼并提供了一个理论基础,而在差别效率理论中,收购公司的管理方力图补足被收购公司的管理人员,并且在被收购公司的特定业务活动方面具有经验,因此适用于解释横向兼并。无效率管理理论更适用于混合兼并,即为从事不相关业务的公司间并购活动提供理论基础。它有三个理论假设:一是假设目标公司的所有者或股东无法更换其管理者,只能通过代价高昂的并购更换无效率的管理者;二是替换不称职的管理者只是并购的一种动因,假设并购后企业有收益则是并购的另一动因;三是假设并购后目标公司的管理者将被替换。

3.经营协同效应论。该理论认为,由于在机器设备、人力或企业管理费支出等方面具有不可分割性,因此产业存在规模经济的潜能,横向、纵向甚至混合兼并都能实现经营协同效应。企业往往是对某些已有的要素没有充分利用,而对其他要素又没有足够的投入。例如甲公司擅长营销但不精于研究开发、乙公司刚好相反时,甲公司并购乙公司可以优势互补而产生经营上的协同效应。另外,公司有规划和控制才能的人员可能没有被充分利用,并购后公司人员达到规模经济要求的数量,并购公司原有的人员得到充分利用,同时也不再需要向其他公司转移人员。注意,该理论也暗含一种假定:即行业中存在规模经济,而且在并购之前公司的经营活动水平达不到规模经济的要求。

4.多角化经营理论。企业进行多角化分散经营具有许多原因,包括管理者和其他雇员需要分散风险,保护公司的组织资本和声誉资本,以及财务和税收方面的收益。

第一,股东可以在不同的资本市场上通过证券组合对不同的公司投资分散风险,而公司雇员分散其劳动收入来源的机会有限。一般地,公司雇员具有该公司的专属知识,这些知识只对该公司有价值,在现有公司工作具有比在其他公司工作高的劳动生产率,从而达到较高的报酬。因此,他们重视工作稳定、换取更多专业知识和高薪的机会,高薪又需要职位的提升,公司多样化经营可以给管理者和其他员工带来工作稳定和升迁机会,这也适用于既是管理者又是所有者的人。

第二,公司对雇员能力的认识是随时间积累的,在某种程度上也是公司专属的,它可以将雇员与工作岗位进行有效的匹配,使人尽其才,形成有效的员工组合。如果公司破产,那么这种组合形成的组织机构的价值就不复存在,但若公司多样化经营,可将这些队伍转移到正在发展和盈利的业务中。因此,多样化分散经营可以保证公司业务的平稳过渡、公司团队和机构组织的连续发展。

第三,公司还具有声誉资本,这是长期通过公司所特有的对广告、研究与开发、固定资本、人员培训和机构发展等方面的投资形成的,它将顾客、供给商、雇员与公司联系在一起,多样化经营可以保护这种声誉资本,因为一旦公司被清偿它们就会消失。

第四,分散经营可以提高公司的负债能力,降低由并购引起的现金流的波动。虽然多样化经营未必一定通过并购来实现,还可以通过内部发展来完成,但通过并购可迅速达到多样化扩展的目的。

5. 长期战略规划理论。该理论的一个理论基础是认为通过并购可以实现分散经营。战略规划不仅与经营决策有关,与公司的环境和顾客也有关。该理论隐含着公司通过并购可以实现规模经济和挖掘公司目前尚未充分利用的管理潜力。它的另一个理论基础是公司通过外部的分散经营,可以达到扩充其现有管理能力所需要的管理技能。公司不是通过内部发展获得新的能力和新的市场,而是采用并购方式,由于时机选择比较重要,通过并购活动进行调整的速度要快于通过内部发展的调整速度,而且还有实现管理协同效应的机会。

6. 价值低估理论。该理论认为,当目标公司的市场价值由于某种原因而未能反映出其真实价值或潜在价值时,并购活动将会发生。用投资的 q 理论来说(q 表示公司股票市值与公司资产重置价值的比率),如果 $q<1$,通过并购可以比新建节省成本地达到扩大生产等目的。其中,公司市值被低估一般有以下几种原因:①管理层无法使公司的经营潜力得以充分发挥;②收购公司拥有外部市场所没有的、有关目标公司真实价值的内部信息;③由于通货膨胀造成资产的市场价值与重置成本的差异,而出现公司价值被低估的现象。该理论与差别效率理论和无效率管理者理论没有太大区别,企业在公司资产价值低于其重置成本时出售,是因为并购企业比一般企业更有效率,或者至少比被并购企业富有效率。

(二)信息假说和信号理论

信息假说认为当目标公司被收购时,资本市场将事先对该公司的价值做出评估,它包括两种形式:一是并购传递了目标公司股票价值被低估的信息,并且促使股票市场对这些股票重新做出估价,目标公司并不需要采取任何特别的行动。二是收购要约会激励目标公司的管理层从事更有效率的管理活动,除了收购要约,并不需要其他任何外部动力来促进企业股票价值的重新评估。信息假说的一个变形是信号理论,它说明特别的行动会传递其他形式的重要信息。例如公司受到收购要约会给市场传递这样的信息:该公司拥有人们尚未认识到的额外价值,或企业未来的现金流量会增长。一企业用普通股并购其他企业时,可能会被目标企业或其他有关各方视做并购企业的普通股价值被高估的信号;若企业重新购回其股票时,市场又认为其提供这样一种信号,管理层有其企业股票价值被低估的信息,该企业将会获得有利的新的发展机会。

(三)代理问题与管理者主义

在管理者只拥有公司的一小部分股权时就会产生代理问题。管理层只有公司的小部分所有权时,他们会偏向于非现金的额外支出,如豪华办公室、专用汽车等,因为这些支出由公司大股份所有者负担。在股权极为分散的大公司,单个股东更没有动力花成本监控管理者。产生代理问题的基本原因是,管理者和所有者之间的合约不可能无成本地签订和执行,由此产生的代理成本包括:①所有人与代理人的签约成本;②委托人监督与控制代理人的成本;③保证代理人进行最优决策或执行次优决策的成本;④剩余损失,即代理人决策偏离委托人福利最大化目标而对委托人造成的福利损失,它是由于完全履行合约的成本超过其收益的缘故。该理论对公司并购的解释可归纳为以下三种观点:

1. 收购可以降低代理成本。公司的代理问题可经由适当的组织等激励机制设计解决:一是当公司的经营权与所有权分离时,决策的拟定和执行与决策的审批和监控应加以分离。前者是代理人的职权,后者归所有者管理,这是通过内部机制设计来控制代理问题。二是建立适当的奖励机制和经理市场,前者通过奖金和股票期权激励代理人提高业绩,后者通过劳动力市场评价确定管理者的声誉和工资水平。三是股票市场提供外部监督手段,因为股价可以反映管理者的业绩,股价过低会向管理者施加压力搞好经营。当以上机制都不足以控制代理问题时,收购是最后的一道外部控制机制,通过并购可以使外部管理者战胜现有的管理者和董事会,取得对目标企业的决策控制权。

2. 管理者主义。与以上观点相对立,有人认为收购只是代理问题的一种表现形式,而不是解决办法。穆勒认为管理者有扩大企业规模的动机,他假定代理人的报酬是公司规模的函数,因此代理人有动机通过收购使公司规模扩大,而忽视公司的实际投资收益率。因此,管理主义者认为,并购只是公司管理者低效率代理问题的一种表现形式,而没有解决代理问题。

3. 骄傲假说。该理论假定管理者由于野心、自大或过分骄傲而在估计并购机会时犯了过分乐观的错误。并购企业在确定一个潜在的目标企业时,需要对后者的价值进行评估,只有估价超过其当前的市场价值时才会并购。但如果没有协同效应和其他并购收益时,估价的平均值将等于当前的市场价值。只有在估价极高时,才会提出收购要约,即收购者在评估目标公司时,往往过于乐观,尽管该项交易并无投资价值。并购是部分竞购者自以为是的结果,他们傲慢地认为自己的估价是正确的。并购溢价只是一种误差,是并购者在估价时犯的错误。如将并购都归因于骄傲理论,必须具备强式效率市场的前提,因为它假设市场有很高的效率:股价已经反映了所有的信息;进行资源的重新配置无法带来收益,而且不能通过公司间重组和并购来改善经营管理。但在实际的经济体系中,强式效率市场很难存在,因此骄傲假说只能部分解释收购活动的产生。

(四)自由现金流量假说

自由现金流量假说也源于代理成本问题,它认为管理者和股东之间在自由现金流量支出方面存在利益冲突,有关这方面的代理成本是导致并购发生的一个主要原因。这里的自由现金流量指的是公司的现金在支付了所有净现值为正的投资计划后所剩余的现金量。该理论认为,要想使公司有效率和股价最大化,自由现金流量必须完全交付给股东,而这降低经理人的权力,避免代理问题的产生,同时以后再投资融资时更会受到资本市场的约束。除了减少自由现金流量外,该假说认为适度的债权由于在未来必须支付现金,比管理者采用现金股利发放来得有效,更容易降低代理成本。他强调,尤其是在已面临低度成长而规模逐渐缩小、但仍有大量现金流量产生的组织中,控制财务上的债权比较重要。也就是说,公司可通过收购活动,适当地提高负债比例,可减少代理成本,增加公司的价值。

(五)市场势力理论

一般认为,收购可以提高公司的市场占有率,由于市场竞争对手的减少,可以增加公司对市场的控制力。但有的学者认为市场占有率的提高并不代表规模经济或协同效应的实现,只有通过水平或垂直式收购整合,使市场份额上升的同时又能实现规模经济或协同效应,这一假说才能成立。反之,若市场占有率的提高建立在不经济的规模之上,该项收购可能会带来负效应。

(六)税收考虑

税收上的好处能够部分解释收购的产生,尤其是在公司合并上,当公司有过多账面盈余时,合并另一公司可以降低赋税支出。如果政府主动以减免税收的方式鼓励公司的合并,这一好处将更加明显。因此,有些并购可能是出于税收最小化方面的考虑,这取决于各国的税收制度规定。

(七)再分配假说

这种理论认为公司并购活动中股东价值增加的来源是资源在利害关系人之间的再分配,即股东收益的增加是以牺牲其他利害关系人的利益为代价的,其他利害关系人包括债券持有者、政府财政和工人。例如价值可能从债券持有人手中转移到股东手中,也可能从劳动者手中转移到股东或消费者手中。

以上公司并购理论虽然是一般的并购理论,但由于跨国并购也是企业并购的一种,因此又适用于跨国并购。

六、国际并购动因

(一)企业增长或发展的需要

企业增长或许是国际兼并最重要的动因。增长对任何企业的福利都很重要,而并购提供了迅速增长的方式:一是跨国并购是跨国公司达到其长远战略目标的需要。二是在国内市场饱和或国内经济体太小,无法容纳公司庞大的增长,可以实行跨国并购,国内市场的主要企业因为规模经济会拥有较低成本,海外扩张会使中等规模企业达到所需规模,去提高竞争能力,这是近来某些日本中型公司与美国企业兼并的一个原因。最后,尽管拥有最高效的管理和技术,为了能够进行全球业务,进行跨国并购可以达到有效全球竞争要求的规模和规模经济。

(二)技术

技术因素从两方面影响国际兼并:技术上有优势的企业,为利用技术优势,进行国外收购;一家技术上劣势的企业将国外有技术优势的企业作为收购目标,以提高自身在国内外的竞争地位。在国际兼并中,收购的企业必须具备管理上的优势,诸如计划和控制,或者研究和发展。收购者选择一个技术上劣势的目标,因为这种劣势使其不断丢失市场份额及其市场价值,通过将技术输入被收购企业,收购者能提高自己在国内外的竞争地位和盈利性。另外,现金充足但技术落后的公司试图通过收购获得所需的技术,以维持其在世界舞台上的竞争地位。

(三)产品优势与产品差异

一家企业在国内市场因产品优良而有了声誉,其产品在国外市场也同样能被接受,多样化经营和产品差异之间有很强的相关关系。

(四)政府的政策

政府的政策、法规、关税和配额在许多方面影响国际兼并。为保护国内工业而建立的关税和配额,使出口显得尤其脆弱,而这些限制能鼓励国际兼并,尤其当被保护的市场巨大时。环境和政府法规使想通过新建方式进入国外市场的企业所需的时间和成本大幅度增加,这就促使跨国企业并购那些现成的公司。

(五)汇率

外汇汇率从很多方面影响国际兼并。国内货币对外币的相对坚挺或疲软能够影响跨国并购的实际价格、所筹集资金数额、管理所收购公司的成本,以及返回母公司利润的价值。会计惯例能引起货币转换的盈利和亏损。管理汇率风险是跨国企业开展业务的额外成本。

(六) 政治、经济稳定性

政治和经济不稳定会大幅度增加风险。政治稳定性的考虑包括全部范围,并购公司必须考虑政府更换的频率、权力转移的时间、一届政府与下一届政府执政的政策区别有多大(包括执政党之间的差异程度),必须对政府干涉的可能性做出估计(例如,有的政府提供补贴、减少税收、贷款保证等,有的政府却自始至终剥夺其所有权)。有利的经济因素包括较低或者是可预测的通货膨胀,劳工关系是经济稳定的另一个重要因素,汇率的稳定也是经济稳定的因素。

(七) 劳动力成本和生产率差异

前面已提及劳工关系、劳动环境明显影响生产成本,但这里,我们更直接关心的是劳动力成本和生产率。例如在 1975～1980 年,不断下跌的美元确实导致美国劳动力成本的相对下降,鼓励了国外企业收购美国公司。

(八) 银行追随顾客

厂商与银行建立的长期合作关系,是银行业国际并购的重要原因。如果银行的相当部分客户在国外投资,银行也应相应扩展到国外,否则有些业务将被东道国银行蚕食。

(九) 多样化经营

从地理上,跨国并购能够达到多样化经营。不同的经济并非完全相关,跨国并购减少了单一依赖国内经济存在的风险,因此跨国并购不但可以减少非系统风险,而且能减少系统风险。

(十) 确保原材料供应

这是跨国并购的一个重要原因,特别是对于国内资源匮乏的并购公司,跨国并购是预先消除进出口原材料障碍的手段。

七、跨国并购的融资方式

跨国并购的融资方式主要是通过现金收购、股票替换、债券互换以及这三种方式的综合使用,另外还有承担债权债务的情况。

(一) 现金收购

现金收购是指不涉及发行新股票或新债权的企业收购,包括以票据形式进行的收购。在支付票据的情况下,被收购企业的股东获得收购方的某种形式的票据,其中不包括任何股东权益因素,属于某种形式的延期现金支付。所以这种支付安排也可以认为是被收购企业的股东向收购方提供了资金融通。

在现金收购中,购买方支付了议定的现金后即取得被收购企业的所有权,而目标公司的股东一旦得到对其所拥有股份的现金支付即失去其所有权。

现金并购有以下两种情况:

1. 并购方筹集足额的现金购买被并购方全部资产,使被并购方除现金外没有持续经营的物质基础,成为有资本结构而无生产资源的空壳,不得不从法律意义上消失。

2. 并购方以现金通过市场、柜台或协商购买目标公司的股票或股权,一旦拥有其大部分或全部股本,目标公司就被并购了。

(二) 股票替换

股票替换是指并购公司增加发行本公司的股票,以新发行的股票替换被收购公司原有的股票,以此完成对目标公司的收购。通过这种途径完成的收购一般称为企业兼并,其特点是目标公司的股东并不因此而失去其所有权,而是被转移到了并购公司,并随之成为并购公司的新股东。

这种股票交易方式也有两种情况:

1. 以股权换股权。这是指并购公司向目标公司的股东发行自己公司的股票,以换取目标公司的大部分或全部股票,达到控制目标公司的目的。通过并购,目标公司或者成为并购公司的分公司或子公司,或者解散并入并购公司。

2. 以股权换资产。并购公司向目标公司发行并购公司自己的股票,以换取目标公司的资产,并购公司在有选择的情况下承担目标公司的全部或部分责任。目标公司也要把拥有的并购公司的股票分配给自己的股东。

由这种方式形成的企业兼并不同于一般的企业合并。企业合并是指两个独立公司的股东同意通过股票替换组成一个扩大的公司,即通过发行一种全新的股票而组成一家新公司。由此可见,股票替换导致的是收购企业的扩大和被收购企业的消失,而企业合并是以双方同时消失其实体,又同时拥有新的实体为结果。

(三) 债券互换

债券互换是增发并购公司的债券,用于代替目标公司的债券,使目标公司的债权转换到并购公司。债券的类型包括担保债券、契约债和债券式股票等。

(四) 承担债权债务

承担债权债务的情况基本发生在企业兼并活动中,特别是优势企业兼并劣势企业时。劣势企业在经营时负债累累,实有资产与负债基本相等,优势企业想要兼并劣势企业就要承担劣势企业的全部债权债务,包括其全部现有资产,但不需要另外支付任何对价。也就是说在目标公司资不抵债或资产债务相等的情况下,并购方以承担被并购方全部或部分债务为条件,取得被并购方的资产所有权和经营权。

在这种方式下,支付价格不是一个明确的价格,而是目标企业债务和整体产权之比。支付也是一种特殊方式的支付,也就是兼并方以替目标企业向其债权人偿还债务的方式来间接完成向企业的支付。

八、跨国并购的运作

不论何种程序的企业并购,基本上都需要通过公司的董事会制定一个合理的决议,并在此决议的基础上签订企业并购合同。

(一) 关于企业并购的董事会决议和股东决议

并购双方的董事会应各自通过并购的决议,其主要内容包括:

1. 拟进行并购的公司名称及拟进行并购成立的公司名称。
2. 并购的条款及条件。
3. 把每个公司股份转换为存续公司的股份、债务或其他证券,全部或部分的转换为现款或其他财产的方式和基础。
4. 因并购而引起存续公司的公司章程更改的声明,以及就新设立的公司而言,依公司法所设立的各公司章程所必须载明的所有声明。
5. 有关并购所必须或合适的其他条款。

董事会将通过的决议提交股东大会讨论,并由大会予以批准。美国公司法一般规定在获得有表决权的多数股份持有者的赞成后决议通过。德国公司法则规定,凡股份有限公司的并购决议需要全部有表决权的股东的3/4通过方为有效。

(二) 并购合同

并购各方应签订并购合同,并购合同必须经各方董事会和股东大会的批准。并购合同应载明以下事项:

1. 存续公司增加股份的总数、种类和数量。

2. 存续公司对被并入公司的股东如何分配新股。

3. 存续公司应增加的资本额和关于公积金的事项。

4. 存续公司应支付现金给并入公司股东的具体规定。

5. 并购各方召开股东大会批准合同的时间。

6. 进行兼并的具体时间。

如果公司属于新设公司,那新设并购公司合同应包括如下内容:①新设公司发行股票的种类和数量;②新设公司的总部所在地;③新设公司的资本额和公积金的规定;④并购各方召开股东大会批准该公司的时间和进行并购的具体时间。

并购合同一经股东大会批准,应在限定时间到政府部门登记。此时存续公司应当进行变更登记,新设公司应该进行设立登记。注册后,被解散的公司应进行解散登记。只有在有关政府部门登记注册后,并购才能正式生效。并购一经登记,因并购合同而解散公司的一切资产和债务由存续公司或新设公司承担。

(三)并购程序

企业并购的一般程序为:

1. 制定并购计划。企业在制定并购计划时需要考虑的内容很多,主要包括企业自身的长远发展规划、并购活动的目的、利益等内容。

2. 可行性分析,这是企业进行并购的一个重要的步骤。在企业的并购战略中,可行性分析包括的内容主要有以下几点:

(1)并购是否可取。只有当目标企业的市价低于其重置资本时,企业进行并购才是合算的。但在并购过程中应考虑两个因素:① 并购过程中,跨国公司不一定全部购买目标企业,因此,收购目标企业股权数量不同,其出价也会不同;② 从会计角度来看,对目标企业不同的评估方法得来的重置资本可能不同,其预期收益也会发生变化。因此在决定并购是否可取的过程中应考虑上述两点。

(2)寻找并购对象。这一点实际上应同上一步同时进行,对目标企业的经营状况、财务状况、市场地位等因素进行透彻的分析,以便做出最佳的选择。

(3)考虑融资及税制结构、法律条文的影响。企业并购往往需要大量的资金,所以企业在进行并购的可行性分析时,应该明确此项计划的融资策略。另外,各国的税收政策、有关法规等也必须予以充分的考虑,以免在计划实施过程中因违法而终止。

(4)制定具体的实施方案。对参与并购的人员、中介机构的选择、并购技术上的处理等方面做出详细的规定,以便时机成熟后实施既定方案。

3. 并购合同的实施。并购合同的实施就是根据并购合同对被并购的公司进行并购。

4. 并购的善后事宜。跨国公司并购一家企业后,应进一步加深对被并购企业的了解,制定好以后的人事、物资分配计划,缩小双方的文化差异,加强管理层的紧密合作,改善被并购企业的财务状况等。

第三节　非股权参与方式

一、非股权经营的含义

(一)非股权经营的概念

非股权经营(Non-equity Participation)是指跨国公司在东道国企业中不持有股份,通过向东道国企业提供技术、管理、销售渠道等与股权没有直接联系的各项服务(无形资产)参与企业的经营活动,从中获取相应的利益与报酬。在非股权参与方式中,跨国公司并不持有在东道国企业的股份,而只是通过与东道国的企业建立某些业务关系来取得某种程度的实际控制权,从而实现本公司的经营目标。

非股权参与方式是20世纪70年代跨国公司面对发展中国家国有化政策和外资逐步退出政策而采取的一种灵活措施,后来逐渐被跨国公司广泛采用。70年代以来,非股权经营越来越多地进入发展中国家,因为发展中国家与发达国家经营环境存在明显的差别,发展中国家的经济政策、投资环境和市场的完善程度不能满足跨国公司在股权参与方面的要求,使发达国家的跨国公司不愿花费过大的成本在发展中国家进行独资或合资经营,而是采用非股权经营的方式进入发展中国家。根据联合国贸易与发展会议《1999年世界投资报告》显示,跨国公司将更多地利用和其他企业的非股权和合作关系,如联盟、管理合同或分包安排等。这些安排可以满足公司的多种目标。这些安排使企业分享创新活动的成本和风险的同时,可以更好地获得技术或其他资产。这些安排还可以降低劳动密集型产品的生产成本。

(二)非股权经营与股权经营方式的比较

非股权经营方式与股权经营方式相比,具有以下特点:

1. 非股权性。跨国公司不是以直接投资来获取股权的,而是以签订合同的方法参与东道国企业生产经营活动。因此在非股权参与方式下,资产的营运完全脱离股权关系,投资者不以股权作为其参与控制的基础,投资者收益取得和风险分担建立在契约关系之上。

2. 非长期性。非股权参与方式由于受到契约关系的制约,资产营运的期限一般较短,通常随合同的履行完毕或到期而终止。

3. 灵活性。非股权参与方式与股权参与方式相比,形式更加多样,资产的营运也更具有灵活性。同时,它可以将直接投资与间接融资及国际贸易相融合,使投资者的选择余地更大,相应承担的风险也更小。

非股权经营方式除具有以上特点外,在实践中,它还能给跨国公司带来股权经营方式所没有的优势,主要表现在:①跨国公司通过非股权经营方式,不用对外直接投资,可以减少经营风险;②跨国公司凭借在生产、技术和管理上的优势和能力,通过转让技术、提供管理、服务、销售网络等,获取满意的利润;③跨国公司通过非股权经营方式,表面上虽然没有股权,但生产、技术和管理的优势是企业发展的关键所在,因此跨国公司对东道国企业的控制权并没有降低。

与股权经营方式相比,非股权经营方式对发达国家的跨国公司来说,其好处在于:①跨国公司不用在东道国直接投资,减少了经营风险;②跨国公司不投入股金,不用承担东道国企业的财务风险;③跨国公司靠转让技术、提供服务、合作生产来获取利润;④跨国公司依仗其技术、管理、生产和营销上的优势对东道国企业实行一定程度的控制;⑤跨国公司不动用资金、不占有股份,不会激起民族主义的排外情绪,减少政治风险。

这种非股权经营方式对东道国来说,在更多地拥有对企业控制权的基础上,同样可以获得先进技术、管理经验、营销技巧和有关产品,从而乐于接受。

在非股权经营方式下,发达国家的跨国公司对东道国企业可以实行积极控制和消极控制。所谓积极控制,是指跨国公司通过非股权形式将东道国企业纳入其全球经营网络中,在某种程度上如同外国投资者股权控制一样。所谓消极控制,是指跨国公司将东道国企业经营活动与其国际化经营完全分离。因此,非股权经营对东道国企业的控制程度可能大(如同股权投资),也可能小(如消极控制)。实际上,非股权经营是对外直接投资的替代物。

二、非股权经营的形式

跨国公司的非股权经营形式很多,而且随着跨国公司的发展,非股权参与方式也得到了广泛发展,其形式在不断变化和丰富,常见的形式有:许可证贸易、合同安排、设备租赁、补偿贸易、销售协议、特许经营和技术咨询等。

(一)许可证贸易

许可证贸易(Licensing)又称技术授权,指跨国公司与东道国的公司签订合同,在跨国公司获得一定收益的情况下,授权东道国企业使用某种已经注册的商标、专利、其他工业产权或未经注册的专有知识。许可证贸易涉及的工业产权和技术通常包括专利(Patent)、商标(Trade Mark)、专有技术(Know-How)或专门知识等内容。

在许可证贸易项下,供受双方要签订一项许可证协议。许可证协议涉及供受双方,供方在一定条件下允许受方使用其发明技术、商标、专有技术或专门知识,受方从供方取得使用、制造、销售某种产品的权利,得到相应的技术知识,同时按协议支付一定的技术使用费,并履行有关义务。跨国公司是供方,其责任是提供技术资料和技术情报、负责有关技术人员的培训、派遣专家现场指导等,保证受方达到预期的使用目标。东道国的公司是受方,其责任是除支付报酬给供方外,还可能依照合同规定承担某些义务,如保证技术的使用不超过规定的范围、不将技术向第三方泄密等。如果使用供方的商标,则还要接受供方的质量监督,以保证商标的信誉。因此,受方的经营活动就必然在一定程度上受到供方的控制。

许可证贸易具有风险小、成本低的优点,但也存在着一些明显的缺点,主要表现在:①买方有可能掌握购入的技术,使卖方失去技术垄断,增加新的竞争者;②由于卖方没有亲自参与东道国企业的经营管理,不能获得东道国生产和经营的经验,也无法控制市场;③这种许可证销售收益受买方产品销售额大小的影响很大,如果销售额太低,卖方收取的提成费可能无法弥补各项支出。

(二)合同安排

合同安排(Contract Arrangement)是指跨国公司以承包商、代理商、销售商和经营管理者的身份,通过承包工程、经营管理等方式参与东道国企业的经营活动,获取一定报酬的经营方式。此类合同安排包括管理合同和多种类型的工程承包合同。

在合同安排项下,跨国公司对东道国企业不参与股权,通过提供企业管理的经验和技巧,参与经营活动,获取利润报酬。

1. 管理合同。管理合同(Management Contracts)是指东道国企业由于缺乏技术人才和管理经验,以合同形式交由跨国公司经营管理。管理合同是转移管理的一种方式,即管理能力强的跨国公司,以其优秀的管理人员和先进的管理技术,到海外为当地企业负责经营管理事务并获取管理费。管理契约一般限定在一定的时间内,通常在5~10年。管理合同对东道国来说是一种不承担风险即可获得国际经验的手段;对跨国公司来说,这种方式并不次于股份经营,可以对参与企业进行一定的控制,有利于自己全球业务的开展。管理合同通常用于东道国新产业部门的企业、产品专供外销的企业和大型国际旅游企业等。

2. 工程承包合同。工程承包合同(Construction Contracts)是指跨国公司通过国际投标、议标和其他协商方式达成协议所签订的合同,并依照合同承担并完成某一工程项目并取得相应报酬的一种经济行为。

工程承包是一项程序相当复杂的商业性交易。承包人必须具有法人资格,与业主签订承包合同,双方所签订的合同不得违背公认的国际经济准则和双方所属国家的法律。承包人必须以投标或其他形式取得承包工程,必须以自己的资本、技术、劳务、设备和材料,以及相对低的成本参与国际劳务市场的竞争。工程承包的范围主要有基础设施和土木工程、资源开发工程、制造业工程等,项目包括水坝、管道、高速公路、地铁、机场、通信系统、电站和工厂联合企业等。无论是哪一种形式和内容,它所包括的是从设计到现场施工、从成本核算到物资的采购供应、从设备到劳务的输出等综合性的经济活动。工程承包按承包合同范围划分,可分为工程咨询合同、施工合同、设备供应合同及设备供应与安装、交钥匙合同、交产品合同,现简介如下:

(1)工程咨询合同(Consultant Contract)。对各种类型的工程建设项目的投资方案进行可行性研究,提供工程设计、施工、设备购置、生产准备、人员培训、生产运转、商品销售、资金筹措等方面的咨询服务。

(2)施工合同(Construction Contract)。跨国公司为外国政府或厂商从事道路、交通等工程的设计和建设施工,并负责提供机器、设备及原材料,负责工程管理。工程完成后,管理权即移交东道国。

(3)设备供应合同及设备供应与安装(Supply of Equipment and Supply of Equipment with Erection Contract)。为完成整个工程的设备部分,东道国业主可根据情况,签订四种范围不同的合同:单纯设备供应合同、设备供应与安装合同、单纯安装合同、监督安装合同。

(4)交钥匙合同(Turn–Key Contract),又称"一揽子合同",是指跨国公司负责从工程的方案选择、建筑施工、设备供应与安装、人员培训直至试生产全过程责任的合同。项目移交给东道国业主后,东道国业主只需"转动钥匙",该项目就可以开始运转。

(5)交产品合同(Product–in–Hand Contract),亦称产品到手项目,是指在交钥匙合同的基础上,跨国公司仍在项目投产后的一定时间内(一般为1~2年)继续负责指导生产、培训人员和维修设备,保证生产出一定数量的合格产品,并达到规定的原材料、燃料等消耗指标后才算完成任务。

无论是交钥匙合同还是产品到手合同,大多用于缺乏技术和施工经验的国家新建技术水平较高的项目。

3. 设备租赁。设备租赁(Equipment Leasing)是近年来国际上十分活跃的一种跨国参与方式。出租的设备通常有飞机、船舶、石油钻机、大型电子计算机、起重机和某些成套的生产设备等。在一项租赁交易中,凡设备购置成本百分之百由出租人独自承担的称为单一投资者租赁。设备购置成本的小部分由出租人投资承担、大部分由银行等金融机构投资人提供贷款补足的称为杠杆租赁(Leverage Lease)。单一投资者租赁是人们所熟悉的基本方式和传统做法,如融资租赁(Financial Lease)。杠杆租赁是近十几年来首先在美国发展起来的一种高级租赁形式,适用于筹措资产价值几百万美元以上的大型长期租赁业务,可满足对有效寿命达10年以上、高度集约型设备的融资需要(如飞机、集装箱、工厂、输油管道、近海石油钻井平台、卫星系统等)。

杠杆租赁是一种采用财务杠杆方式组成的融资性节税租赁,出租人一般只需投资购置设备所需款项的20%~40%,即可在经济上拥有设备所有权,享受如同对设备百分之百的同等税收待遇。设备成本中的大部分由银行金融机构提供。银行金融机构提供贷款时,需要出租人以设备第一抵押权、租赁合同和收取租金的受让权作为对该项借款的担保。购置成本的借款部分称之为杠杆,通过这一财务杠杆作用,充分利用政府提供的税收好处,使交易各方特别是出租方、承租方和贷款方获得一般租赁所不能获得的经济利益。

设备租赁按内容可划分为干租(Dry Lease)和湿租(Wet Lease)两种。干租是出租人只向承租人提供设备,但不提供该设备的操作人员。湿租是出租人除向承租人出租设备外,还随同设备提供操作和维修人员。

4. 补偿贸易,指跨国公司在向东道国进口方销售机器设备和转让技术过程中,不以收取现汇为条件,而是以使用该设备或技术的项目投产后所生产的产品来分期收回价款的一种参与方式。补偿贸易是集投资、贸易、间接融资为一体的非股权参与方式。它通常是在东道国外汇短缺的情况下实施。

根据偿付设备和技术价款形式的不同,目前国际上常见的补偿贸易形式有:

(1)直接补偿。它又称产品返销或回购,指东道国进口方用引进的设备或技术所生产的全部产品分期偿还进口合同的价款。为此,跨国公司在签订合同时必须承担按期购买一定数量直接产品的义务。

(2)间接补偿,指东道国进口方引进的设备或技术不生产有形产品,或生产的有形产品跨国公司并不需要,或东道国对产品有较大需求,从而用其他指定产品来分期偿还进口合同的价款。

(3)部分补偿,也称综合补偿,指补偿贸易中进口设备、技术等的价款,部分用直接产品或间接产品偿付,部分用现汇或贷款偿付。

5. 销售协议。销售协议(Sales Agreement)是跨国公司利用东道国的销售机构来扩大自身的产品销售能力的方式。销售协议可分为三种:

(1)分销(Distributorship),指跨国公司与东道国的商业机构签订协议,由后者按照跨国公司规定的价格在东道国销售其产品。分销商从跨国公司进货时,获得有利可图的折扣优待。

（2）商业代理(Commercial Agency)，指跨国公司委托东道国的商业机构为其商品找寻买主。代理商本身不直接从事该产品的购销活动，而是由卖方与买方直接成交，代理商按成交额的一定比例收取佣金。

（3）寄售(Consignment)，指跨国公司将商品运交给东道国的商业机构，委托后者代为销售，直到该商品在市场出售以后，再由寄售商交还货款，并从货款中扣除佣金。

6. 特许营销。特许营销(Franchise)是商业和服务业的跨国公司采用较多的一种参与方式。世界著名的麦当劳和可口可乐饮料公司都是采用这种方式建立了它们的全球经营网。

特许营销的一个重要特点是，营销总店(Franchisers)都是一些在顾客中已享有较高声誉的企业，有其良好的产品质量和服务水平。营销总店允许营销分店(Franchisees)使用它的商号名称，并对分店的经营活动给予协助。但分店的所有权并不归总店所有，而是独立的经济实体。分店只按销售额或利润的一定百分比（也有的按固定金额）向总店缴纳特许权使用费。

7. 技术咨询。技术咨询(Technical Inquiry)是指跨国公司对东道国企业存在的技术问题或技术论证方案提供咨询和论证等技术性服务。此类软件服务内容很广，有收集信息、预测趋势、拟订计划、制订方案、协助决策、承包项目、组织实施、验证实效等。

上述非股权参与方式有时单独运用，但绝大多数情况下并不单独运用。跨国公司往往根据需要和可能，与股权经营方式结合在一起，形成组合型经营方式。

案例研究

案例一 "一带一路"背景下的宁波民营企业

"丝绸之路经济带"和"21世纪海上丝绸之路"（简称"一带一路"）国家战略的提出，意味着中国的开放将更加重视空间和内容的开放，更加重视区域间的大合作，也意味着它将成为中国对外开放的新路径和中国经济新的增长点。在这个历史机遇和战略背景下，宁波也将迎来一个开放发展的新时期。改革开放以来，宁波民营企业对外直接投资规模越来越大，方式越来越多样，效果越来越显著。"一带一路"战略构想的提出，为宁波民营企业"走出去"提供了更加广阔的空间和发展平台。

改革开放以来，越来越多的宁波民营企业走出国门，"走出去"企业数量已居副省级城市首位。目前，宁波民营企业"走出去"的步伐更趋稳健从容，企业"走出去"的能力也在持续增强,经验正在不断积累。

宁波民营企业"走出去"的市场分布不断拓展。截至2014年第三季度,宁波累计批准境外机构达2 009家,其中中方投资额达70.3亿美元,分布在111个国家和地区,对外投资市场日益多元化。一方面表现为传统市场不断深化,如亚洲是宁波民营企业"走出去"的主要地区、传统市场,2013年,宁波全市对亚洲地区核准中方投资额为11.7亿美元,同比增长58.1%,占全市总额的74.5%,2014年前三季度共核准投资额9.9亿美元,占对外投资总量的67.8%,同比增长25.3%。另一方面是新兴市场迅速拓展,2014年上半年宁波企业在拉美地区投资增长较快,共核准投资额7 820万美元,同比增长121.8%,增幅列各大洲首位。

宁波民营企业"走出去"方式不断优化。随着"走出去"步伐的加快,宁波民营企业从开办境外加工企业、境外资源开发企业到并购、设立境外研发机构等,"走出去"方式不断优化并呈现出多元化拓展的态势。目前,跨国并购逐渐成为宁波民营企业"走出去"的重点。2014年前三季度,宁波市共核准对外并购项目16个,并购金额0.6亿美元,同比增长30%。

宁波民营企业"走出去"合作重点工作不断推进。为促进宁波民营企业更加有效地"走出去",宁波推进了三大境外基地建设并初见成效,有利于带动宁波民营企业"走出去"。一是对外生产制造基地。如中策尼日利亚宁波园已完成一期招商,宁波航煦滚塑科技有限公司、宁波耐吉高压开关有限公司、宁波中策柴油机有限公司等已签约入驻;百隆东方越南宁波园中园二期增资已完成。二是对外贸易营销基地。浙江天时贝宁宁波贸易中心自成立以来,作用显著,2014年上半年,宁波通过该贸易中心实现贸易总额达5 180万元,不仅推动了宁波外贸增长,也有效促进了宁波外贸的转型。三是对外资源开发基地。2014年上半年,宁波有8家经认定的对外资源开发基地,涉及的项目主要有矿业、林业、渔业和农(牧)业,有效地带动了资源进口。

三十多年"走出去"的历程,尤其是近十多年来宁波民营企业"走出去"的成功实践,加快了民营企业的国际化进程。雅戈尔、华翔电子、春和集团、均胜集团等一些民营企业代表,凭借较高的市场敏感度,把握了较好的市场机会,且利用自身生产成本优势,结合境外先进的研发优势和直销网络布局,提升了品牌价值,积累了丰富的资金和技术优势,完成了"走出去"所必需的原始积累。

案例思考与讨论:

1. 跨国并购等国际直接投资方式对于企业"走出去"有何意义?

2. 宁波民营企业如何在"一带一路"背景下发挥优势、克服自身不足、不断提高自身竞争力的?宁波民营企业国际直接投资的方式有哪些?这对于中国其他企业的"走出去"有何借鉴意义?

案例二　中石化并购美国康菲

面对日益严峻的石油能源紧张形势，我国石油上市公司一方面继续开发国内各大油田来弥补国内原油需求增长带来的缺口，另一方面采取海外并购的方式来获得海外石油资源。

中石化经营范围广泛，以石油石化最为突出。公司坚持互利互惠、合作共赢的理念，坚持实施"走出去"战略，自2009年开始大举进军海外市场：2009年，中石化成功收购瑞士Addax石油公司，2010年，购买美国康菲石油拥有的加拿大油砂开采商辛克鲁德有限公司9.03%的股份，开拓了中石化非常规油气资源领域的新局面。

美国康菲石油公司在2008年年底亏损170亿美元，长期债务总额达271亿美元，可看出公司面临严重的债务负担。此外，2009年受到金融危机的影响，公司的现金流断裂，使公司现金的流动性大受影响，面临严重的流动性风险，于是公司宣布为了偿还企业债务，将在两年内出售价值100亿美元的资产。中石化得知这一消息后，立即参加了竞标，并于2010年4月13日与美国康菲石油公司达成协议，拟以46.75亿加元的现金对价收购美国康菲石油公司拥有的辛克德鲁公司9.03%的全部权益。此次中石化采用的并购方式为通过其全资子公司国际勘探开发公司参股收购，从提出收购申请到收购完成仅用了两个多月的时间，此次并购真是顺风顺水。

案例思考与讨论：

请结合所学知识回答，中石化为何收购美国康菲石油公司？

思考题

1. 试比较创建方式（绿地投资）与并购方式的优缺点。
2. 跨国并购的特点和类型有哪些？
3. 跨国并购理论中效率理论的内容是什么？
4. 国际跨国并购的动因是什么？
5. 跨国公司非股权经营的形式有哪些？

第六章 跨国公司

Mutlinational Corporations

作为国际直接投资主体的跨国公司,已经成为经济发展和科学技术进步的主要动力。本章介绍了跨国公司的概念、跨国公司的界定标准、跨国公司的特征,详细描述了跨国公司的组织结构以及全球经营战略,最后论述了跨国银行及其组织形式等内容。

学习要点

Multinational corporations which serve as the subjects of international direct investment, have become the main driving force of economic development and the progress of science and technology. This chapter introduces the concept of multinational companies and the definition standard of multinational companies and the characteristics of multinational companies. This part also elaborates the structure of the multinational corporations and the global business strategy. Multinational bank and the form of organization are also discussed in this section.

第一节　跨国公司概述

一、跨国公司的定义

跨国公司主要是指发达国家的一些大型企业为获得巨额利润,通过对外直接投资,在多个国家设立分支机构或子公司,从事生产、销售或其他经营活动的国际企业组织形式。由于长期以来判定角度的不同,跨国公司的概念一直没有统一的标准,甚至名称也在不断地变化,如多国公司、国际公司、全球公司、世界公司等,但名称使用上的不同,并不影响对跨国公司从内涵的深度加以界定,不同的角度有不同的界定方式。归纳起来,跨国公司的定义主要有以下几类。

(一) 地理范围上的界定

这是从跨国公司经营活动的地理跨度,特别是国别跨度的角度对跨国公司的具体内涵予以界定,即跨国公司就是跨越国界、在国外经营业务的企业组织。这是最简单的一种界定方式。

英国里丁大学从事跨国公司研究的著名学者邓宁认为:"国际的或者多国的生产企业的概念……简单地说,就是在一个以上的国家拥有或者控制生产设施(例如工厂、矿山、炼油厂、销售机构、办事处等)的一个企业。"联合国秘书处起草的研究报告也认为,广义的跨国公司"适用于凡是在两个或更多的国家里控制工厂、矿山、销售机构和其他资产的企业"。

从统计标准的角度来看,跨国公司的地理跨度到底要多大? 最开放的观点是,只要在两个或两个以上的国家从事生产经营活动的企业,即可称为跨国公司;最保守的观点认为要在六个以上国家设有子公司、分公司及其他形式分支机构的大型跨国企业才能算做跨国公司。一般的折中态度是,最低要扩展到四国或五国,才能称为跨国公司。

从跨国公司经营活动所处的地理范围来界定跨国公司概念,并未涉及跨国公司经营管理的具体内涵和本质特征。因而,这只是一种较浅层次的界定方式。

(二) 所有权标准上的界定

这是以所有权的法律基础来界定跨国公司的属性,即以跨国公司的股份拥有、管理控制所依据的法律基础作为划分企业是否为跨国公司的标准。

所有权标准上的界定包含两方面的含义：

1. 跨国公司通过直接投资形成的对国外分支机构拥有实际控制权的股权比重大小。国际货币基金组织出版的《国际收支手册》认为，在所投资企业中拥有25%或更多的股票权，可以作为控制所有权的合理标准。美国将此标准定为10%以上。加拿大和日本以50%为标准。一般的国际惯例取10%为标准。

2. 跨国公司自身股票所有权的多国性，即跨国公司所有权必须被一个以上国籍的法人或自然人所掌握。这实际上是将"无国籍性"或"国籍模糊性"作为界定跨国公司的一个标准。到目前为止，大型跨国公司主要还是为少数发达国家所拥有，管理控制权也仍操纵在以这些国家为基地的跨国公司总部手中。因此，跨国公司所有权的"国际化"并不是针对其自身而言的，主要是指跨国公司对其国外分支机构所有权控制的有效渗透与拓展。

（三）经营管理特征上的界定

这是从企业具体的经营理念和经营行为来判定划分跨国公司的标准。首先，企业经营管理的最高决策层必须具备全球性的经营理念，最高主管不能只关注某一国家或地区中该企业的活动，而应关注所有的国家和地区，即作为"国际企业家"来平等对待世界各地为该企业提供的最佳机会，完全以世界性的经营态度来规划企业的各项经营活动。其次，企业的经营管理层必须按全球一体化和全球战略的要求来统一规划企业的各项经营活动，实现以高级的公司内劳动分工为特征的职能一体化和区域一体化。只有满足上述两个要求的"全球性"企业才是真正的跨国公司。对跨国公司概念的界定只有在这个层次上才是最具有意义的。

（四）跨国经营业绩指标上的界定

这种从定义上以一定的指标体系来衡量公司是否为跨国公司。

1. 比例指标体系。应用比例方法来衡量和反映企业的国际化程度，具体包括国际销售率、海外资产比率、国际管理指数、国际投资指数和海外公司比率。比例指标体系考虑了衡量的准确性和可操作性，但过于强调比率的概念，忽略了企业规模的因素，缺乏绝对指标。

2. 相对指标、绝对指标组合法，即综合考虑海外销售总额、海外销售净额、海外资产比率、海外销售率、外贸依存度、投资结构水平和生产依存度等指标。

以上按国际化经营业绩的定义可以从不同的角度来反映企业在经营业绩方面所表现出来的跨国程度。

(五)诸因素综合分析界定

上述几种界定方式分别从不同的角度、不同的层次去把握跨国公司的具体含义,其实,综合这几种界定方式才能全面、系统地审视跨国公司。因此,真正意义上的跨国公司至少应具备以下三方面的特征:①生产经营活动跨越国界;②在多个国家拥有从事生产经营活动的子公司,并能够对子公司达到有效控制;③具有全球性的经营动机和战略,并将其所有经营活动都置于该战略的指导之下。

为了将上述三个方面特征都涵盖于跨国公司的概念中,需要采取诸因素综合分析界定。联合国经社理事会在1973年和1986年通过并修改了《跨国公司行为守则草案》,对跨国公司的界定就采取了该界定方式,认为跨国公司应该是这样一个企业:

1. 由两个或两个以上国家的经济实体所组成的共有、私有或混合所有制企业,而无论这些经济实体的法律形式和活动领域如何。

2. 在一个决策系统制定的连贯政策和一个或多个决策中心制订的共同战略下从事经营活动。

3. 各个实体通过股权或其他方面的联系,其中的一个或多个实体能够对其他实体的经营活动施加有效的影响,特别是在与其他实体分享知识、资源和责任等方面的影响时尤为有效。

这个定义既抓住了跨国公司的外部特征,又反映了跨国公司的深度内涵,特别强调了跨国公司内部一体化的经营策略,因而也更体现了它的深度。归纳而言,跨国公司是指具有全球经营动机和一体化经营战略,在多个国家拥有从事生产经营活动的分支机构,并将它们置于统一的全球性经营计划之下的大型企业。

总之,跨国公司与从事跨国经营活动的企业之间最本质的区别就是是否从事对外直接投资,即是否拥有或控制生产和服务设施。跨国公司最基本的业务是对外直接投资。

二、跨国公司国际化经营的度量

从上述概念可以看出,跨国公司的本质是国际化经营。对于如何衡量跨国公司国际化经营程度,有以下五个指标。

(一)跨国经营指数

跨国经营指数(TransNationality Index,TNI)是根据企业的国外资产比重、对外销售比重和国外雇员比重这几个参数所计算的算术平均值。

TNI =［(国外资产/总资产 + 国外销售额/总销售额 + 国外雇用人数/雇员总数)/3］×100%

(二) 网络分布指数

网络分布指数(Network Distribution Index, NDI)用以反映公司经营所涉及的东道国的数量。

$$网络分布指数 = N/N^* \times 100\%$$

其中：N 表示公司海外分支机构所在的国家数；N^* 表示公司有可能建立国外分支机构的国家数，即世界上有 FDI 输入的国家数，从已接受 FDI 输入存量的国家数目中减去 1(排除母国)即可得出 N^*。《1997 年世界投资报告》提供的数据为 $N^* = 178$。

(三) 外向程度比率

外向程度比率(Outward Significance Ratio, OSR)的公式是：

OSR = 一个行业或厂商的海外产量(或资产、销售、雇员数) / 一个行业或厂商在其母国的产量(或资产、销售、雇员数)

(四) 研究与开发支出的国内外比率

研究与开发支出的国内外比率(R&DR)的公式是：

R&DR = 一个行业或企业的海外 R&D 费用支出 / 一个行业或企业的国内或国外 R&D 费用开支总额

(五) 外销比例

外销比例(Foreign Sales Ratio, FSR)的公式是：

FSR = 行业或厂商产品出口额/行业或厂商产品海内外销售总额

以上指标反映了公司国际化经营的不同方面，其中前两项指标最常用，但要全面说明公司的国际化程度还需要其他指标的配合。研究表明，跨国公司规模与其经营的国际化程度呈现一定的负相关关系。

三、跨国公司的特征

跨国公司作为国际化经营的企业组织，要对产品的生产、运销、资金筹措及资金投放等各种经济活动进行国际化的安排。因此，它与一般的国内企业及其他国际经济组织相比，有以下几个方面的特点。

(一) 战略目标全球化

所谓全球化战略，是指在世界范围内有效配置国内公司的一揽子资源，将公司的要素优势与国外的关税、非关税壁垒和生产要素优势等投资环境的差异条件联系起来考虑,优势互补,使有限的要素资源发挥最大的效用,使公司的整体利益达到最大化。

国内企业的战略目标以国内市场为导向,偏重于本国范围内有效地组织生产经营,以实现利润最大化。跨国公司则是以全球作为活动舞台,把世界市场作为其角逐的目标,它们通过对公司所处竞争环境和公司本身条件的分析,进行多种可能的论证和抉择,制定"全球化战略目标",确定产品方向和子公司的发展规模,以及向新地区、新领域扩张的步骤等。跨国公司在做经营决策时,不仅考虑当前的利益,而且考虑未来的发展;不是孤立地考虑某一子公司所在国的市场、资源等情况和某一子公司的局部得失,而是从全球的角度考虑整个公司的发展,有时甚至让某分公司亏损,以便在总体上取得最大利润。

(二) 公司内部一体化

跨国公司实现全球战略的关键在于实行"公司内部一体化"。这一原则要求实行高度集中的管理体制,即以母公司为中心,把遍布世界各地的分支机构和子公司统一为一个整体。所有国内外的分支机构和子公司的经营活动都必须服从总公司的利益,在总公司的统一指挥下,遵循一个共同的战略,合理利用人力和财力资源,实现全球性的经营活动。一方面,跨国公司通过分级计划管理,落实公司的全球战略;另一方面,通过互通情报,实行内部交易,共担风险,共负盈亏。跨国公司可以利用遍布全球的分支机构,应付环境的变化,把投资、生产、出口、采购、资金等互相转移,变动研发基地,从事外汇投机买卖等,实现子公司的一体化部署。

(三) 运行机制开放化

国内企业通常把营运过程的所有阶段(包括研究开发、投资建厂、生产制造、销售产品)放在国内进行,至多只是把最后的销售产品阶段放在海外进行,其运行机制基本上是内向的、封闭型的。由于跨国公司以整个世界为自己的活动舞台,所以它们通常把营运过程的所有阶段都部分或全部放在海外进行,其运行机制基本上是外向、开放型的。

(四) 生产经营跨国化

生产经营跨国化是跨国公司最基本的特征。许多国内企业也可能有涉外活动或业务,但跨国公司与这些国内企业相比,有着很大的区别。表6-1即展示了跨国公司与涉外的国内企业相比在生产经营跨国化方面的特征。

表 6-1　　　　　　　　　跨国公司与国内企业的生产经营比较

	国内企业	跨国公司
交易领域	主要局限于国际流通领域,单独地从事一两项(如商品出口或劳务输出)涉外经济活动,并且这些活动不涉及在国外投资建立经济实体	在世界经济的各个领域,全面地进行资本、商品、人才、技术、管理和信息等交易活动,并且这种"一揽子活动"是在母公司控制之下进行的,其子公司也像外国企业一样参加当地的再生产过程
国内外经济活动关系	国内外经济活动的关系是相当松散的,有较大的偶然性,其涉外经济活动往往是交易完后就立即终止,不再参与以后的再生产过程	国内外经济活动的关系是紧密的,这有其必然性:一方面,子公司受制于母公司;另一方面,母子公司的业务在分工协作的基础上融为一体,相辅相成
交易对象	许多涉外经济活动以国际市场为媒介,交易的对方是另一家企业	许多涉外经济活动是在公司内部(母公司与子公司之间、子公司与子公司之间)进行的,交易过程中没有其他企业参加
涉外扩张手段	以产品出口作为向海外扩张的主要手段	以直接投资作为向海外扩张的主要手段

(五) 技术内部化

跨国公司大部分是凭借技术优势起家并获得快速发展的。市场的不完全性,无论是来自市场本身的固有缺陷还是政府人为的管理、干预措施形成的障碍,都使跨国公司为了自身利益,在通过外部市场公开出售技术商品的同时,更偏爱通过内部市场,把不愿或不能进行公开登记出售的技术、技能和先进的管理经验,在公司内部实行有偿转让。

为了保持技术优势,跨国公司积极从事研究与开发工作,并在全世界范围内有组织地安排科研机构,并把主要科研机构设在母国所在国,使研究成果掌握在总公司手中,首先在公司内部使用,推迟扩散,以保持较长时间的领先地位。

技术内部化可以避开外部市场的阻碍和高成本,发挥技术优势的作用,可以保护这种技术优势不被国外厂商模仿,可以增加总公司控制、计划能力,在企业内部合理安排产品的生产和分配。

四、跨国公司的产生与发展

跨国公司是科学技术和生产力发展的结果,是垄断资本主义的产物。

跨国经贸活动具有悠久的历史。两千多年前,中国与欧亚各国即有频繁的商品贸易往来;古希腊、古罗马人在地中海沿岸的海上贸易也源远流长;阿拉伯帝国兴起在一定程度上也是建立在阿拉伯商人所进行的广泛商贸活动的基础之上。当时这些在欧、亚、非三大洲之间所进行的跨国经贸活动虽没有直接导致跨国公司的产生,但它们促进了世界各国、各民族之间的文化交融,为现代跨国公司的出现奠定了久远的历史文化基调。

到了16世纪,随着地理大发现,欧洲主要的资本主义国家为实现促进资本主义大发展所必需的资本积累,在全球范围内开展的殖民掠夺很大部分是通过殖民贸易进行的。在这一时期,跨国经营活动虽然在全球范围内获得广泛的开展,但其涉及的领域却仅限于商品交换为主的贸易领域。这些从事跨国贸易的跨国经营企业与现代意义上的跨国公司有着本质区别,真正意义上的跨国公司雏形是直到19世纪后半期才形成的。

从19世纪60年代中期跨国公司的雏形开始出现到现在,其形成和发展可以分为四个时期:第一次世界大战以前、两次世界大战之间、第二次世界大战后至20世纪90年代前、20世纪90年代以后。

(一)跨国公司的形成(第一次世界大战之前)

18世纪60年代至19世纪60年代,第一次工业革命推动了资本主义国家工业生产的迅速发展,不断增长的生产能力和产品产量在本国相对过剩,促使其将大量的产品和少量的资本向海外输出。

19世纪末20世纪初,第二次工业革命引起了资本主义生产关系的变化,推动自由资本主义过渡到垄断资本主义。垄断统治的形成使本国国内有利可图的市场进一步缩小,巨额过剩资本形成,进而刺激了向外扩张需要的膨胀。于是,很多垄断集团为了追逐高额利润,不断在国外投资建厂或是设立分支机构,从而形成了早期的跨国公司。

一般来说,刺激早期跨国公司出现的因素主要有以下三个方面:

1. 技术垄断优势的保护。美国最早从事跨国经营的,是那些产品首先在国内发明或有重大技术革新的部门。这些掌握了技术垄断的公司,由于具有垄断优势,到海外进行投资比较容易占领市场。如胜家缝纫机公司、西方联合电报、贝尔电话、爱迪生电灯等都是因为技术优势而开展海外直接投资的。

2. 规避保护性贸易限制。到海外市场建立制造业跨国公司,就地生产和供应,可以避开保护性贸易限制,这是刺激早期跨国公司出现的另一个重要原因。如英国油脂、肥皂业巨头莱佛兄弟与荷兰人造牛油公司集团合并,成为著名跨国公司尤尼莱佛公司。德国对进口食物的高额关税刺激荷兰人造牛油公司在德国建厂。

3. 各国对外国制造企业到本国设厂的刺激或鼓励。各国为吸引外国投资,对外国制造企业到本国设厂进行政策刺激和鼓励。如当时加拿大采取高关税以鼓励外国制造企业到加拿大投资办厂,尤其推动了美国企业向加拿大渗透。例如杜邦公司兼并加拿大两家动力机械厂、爱迪生公司到加拿大建厂等。

与第一次工业革命显著不同的是,早期跨国公司向海外扩张的手段已经从大量的产品输出和少量的资本输出演变为大量的资本输出,即扩张领域已经从国际贸易领域深化到国际金融领域(通过借贷资本输出)和国际资本领域(通过生产资本输出),已经初步具备了以"全球市场"为目标的特征,是现代意义上跨国公司的雏形。但是,此时跨国公司的海外业务在整个经营活动中的比重还比较小,功能也不完整,在世界经济活动中发挥的作用有限。

(二) 跨国公司的缓慢发展(两次世界大战之间)

两次世界大战使一些欧洲国家经济受到严重破坏,1929~1933年的经济大危机又使主要资本主义国家经济受到沉重打击。这些使得资本主义国家之间争夺国际商品市场和投资领域的斗争更加激烈,也促使跨国公司的发展呈现出新的特点:一方面跨国公司的力量分布发生了变化,在主要资本主义国家跨国公司总体上处于缓慢发展的同时,美国跨国公司却取得了很大发展,与其他资本主义国家的跨国公司展开激烈竞争。另一方面,跨国公司向外扩张的动因也发生了变化,除利用技术优势占领市场外,还欲对殖民地半殖民地加强控制和掠夺,当时,英国的对外投资有70%流向了印度、澳大利亚、加拿大等殖民地以及拉丁美洲和其他落后地区。

(三) 跨国公司的迅猛发展(20世纪40年代中期至90年代初)

第二次世界大战以后,特别是50年代后期开始,随着科学技术的进步、生产社会化程度的提高和国际投资环境的稳定,跨国公司得到了迅速发展,成为当今国际直接投资的主体。

1. 跨国公司的稳步发展(20世纪50年代至60年代)。第二次世界大战使美国国力和经济实力得到极大的增强,许多美国私人企业纷纷向海外投资设立子公司和制造工厂,加上战后美国国内资本竞争激烈、平均利润下降,也促使美国企业大量对外投资。因此,这一时期美国跨国公司称雄于世。

第二次世界大战以后,美国利用战争期间发展起来的新兴科技应用于民用部门,在国内发展了一系列新兴工业部门,如电子、飞机制造、计算机、汽车、化学、机械、石油化工等。由于这些新兴制造业具有垄断优势强、规模大和效率高的特点,因而向海外扩张的势头很猛,采矿、农业等初级产业的投资则相对较少。此外,跨国公司在服务业领域的拓展速度也很快。

进入20世纪60年代后,欧洲各国和日本在美国的大力扶持下,经济从战争的废墟上开始起飞。一些新兴大企业开始进军国际市场,特别是在美国较好投资环境和高科技领域的吸引下,对美国的直接投资发展很快,从而出现了发达国家"双向投资"的现象。但欧洲和日本的跨国公司无论是数量上还是规模上,都与美国公司相去甚远。

总之,从跨国公司发展的广度和深度上看,这一时期是当代大型跨国公司发展的关键阶段。

2. 跨国公司的大发展(20世纪70年代到90年代初)。进入20世纪70年代,随着欧洲、日本跨国公司的兴起,不仅跨国公司的整体规模和数量得到了前所未有的大发展,跨国公司的总体格局也发生了重大变化,跨国公司自身的经营战略和组织结构也向着全球化的目标演进。

这一时期跨国公司的迅猛发展主要体现在对外直接投资的迅速增长、跨国公司数量和规模的大发展、海外子公司总数的迅速增长和行业分布的扩展等方面:

(1) 对外直接投资迅速增长。发达资本主义国家对外直接投资从1945年的约200亿美元增至1985年的6 933亿美元。对外直接投资占对外投资总额的比重从第二次世界大战前的25%上升到1978年的60.55%。根据联合国贸发会议统计,到2000年,国际直接投资流出总量已经从1970年的132.5亿美元发展到13 794.9亿美元,增长了100多倍。

(2) 跨国公司数量和规模的大发展。这20年间,以14个发达国家为母国的跨国公司增加了近两倍多,从1969年的7 000多家增至1990年的近24 000家。与此同时,跨国公司的规模也急剧扩展,出现了一些巨型跨国公司。根据有关数据,约1%的跨国公司拥有其母国对外直接投资总存量的一半左右。100家最大的跨国公司1990年时在全球共拥有3.2万亿美元的总资产,其中37.8%的资产投放在本国以外。100家最大跨国公司的对外直接投资约占世界投资总存量的1/3。跨国公司规模的扩大与20世纪80年代初开始的数次全球性购并浪潮有关,很多公司视跨国购并为向新市场、新产业迈进的捷径。

(3) 海外子公司总数的急剧增加和行业分布的广泛扩展。据联合国有关部门统计,到1988年,全世界已有2万家跨国公司分别在160多个国家和地区开办了10万多家子公司,其对外直接投资总额达9 628亿美元。

(四) 跨国公司的新发展(20世纪90年代初至今)

进入20世纪90年代后,跨国公司获得了前所未有的大发展,这不仅表现在发达国家的跨国公司上,也表现在发展中国家的跨国公司上。信息技术的进步和金融自由化趋势为跨国公司推行复合一体化战略和全球战略提供了更为有利的条件。在这期间,跨国公司整体的国际化程度得到很大的提高,跨国公司已成为推动经济全球化的中坚力量。尽管1997年由于亚洲金融危机引发了全球性的经济衰退,这场危机使跨国公司看到了全球化趋势背后所隐含的巨大风险,许多跨国公司纷纷采取措施加强实力和提高国际竞争力,以增强抵御风险的能力,因而跨国购并也风潮迭起。总体来说,20世纪90年代以来跨国公司的新发展主要体现在以下几个方面:

1. 国际投资中心的实力对比发生变化以及发展中国家跨国公司的不断崛起。在传统的三大投资中心中,美国仍是当今世界国际直接投资的第一大国,但其作为国际投资实体的绝对优势地位正在逐渐消失。欧盟经过战后多年的恢复和发展,在对外投资中奋起直追。日本受国内经济不景气的影响,其跨国公司主要采取收缩和调整战略,国际直接投资更加谨慎。

与此同时,发展中国家的跨国公司获得了重大发展,日益成为对外直接投资中一支不可忽视的力量。2010年,发展中经济体吸收的直接外资额首次达到全球直接外资流入量的一半以上。2010年20大直接外资东道经济体中半数为发展中和转型期经济体。2012年发展中经济体吸收的直接外资首次超过发达国家,占全球直接外资量的52%。2014年全球500强最大公司中,中国占了100家。

2. 跨国公司投资产业分布加速向第三产业发展。跨国公司技术垄断优势和东道国开放程度等原因决定了跨国公司的直接投资产业以第二产业为主。但是进入20世纪90年代,服务业和金融业的发展速度超过了制造业的增长速度,第三产业对经济的贡献在发达国家超过了第二产业。之后,各国政府逐渐开放第三产业市场,金融保险、批发零售、对外贸易、电信、运输和技术服务等领域的市场准入限制逐步放宽。

特别值得关注的是,中国加入WTO以后,服务业对外开放程度的进一步提高带来了外资的快速增长。2010年,中国吸收外商直接投资平稳较快回升,全年服务业新设立外商投资企业13 905家,同比增长21.3%,实际使用外资金额487.1亿美元,同比增长28.6%,占同期全国非金融领域新设立企业数和实际使用外资金额的比重为50.7%和46.1%。据联合国贸发会议日前发布的《全球投资趋势监测报告》称,2014年全球外国直接投资流入量达1.26万亿美元,比2013年下跌8%。中国2014年吸收外资规模达1 196亿美元(不含银行、证券、保险领域),同比增长1.7%,外资流入量首次超过美国成为全球第一。自2011年服务业实际利用外资占比首次超过制造业比重以来,中国的服务业已经成为吸收外资新增长点。2014年服务业吸收外资占比上升,达到55.4%,高出制造业22个百分点,达662.3亿美元。今后一段时间内,随着服务业对外开放程度的进一步提高,中国第三产业利用外资将快速增长,其在外资利用总额中的比重也将逐渐提高。

3. 跨国公司加快在海外设立研发中心。科技进步速度的加快和知识经济的发展,大大加快了这一替代过程,产品生命周期迅速缩短,企业创新能力显得更为重要,因此跨国公司也更加重视研究开发能力和创新能力的提高。

然而,面对研发成本加大的压力,跨国公司尽量寻求降低成本的突破点,即将研发中心由母公司向海外尤其是发展中国家转移,以充分利用当地知识资源。如微软在中国设立研究开发中心、贝尔在中国建立实验室等。

4. 跨国公司在生产经营活动上呈现"本土化"趋势。"本土化"是在国际资本重返发展中国家和地区时集中体现出来的,尤其是20世纪90年代以来,发达国家在对发展中国家和地区进行直接投资时,"本土化"趋势更加明显。

本土化一般包括:销售和生产本土化,即开辟销售渠道,在当地形成营销网络,在制成品中提高使用当地原材料、零部件的比重。资本本土化,即在当地筹集资金,利润投资于当地等。管理本土化,即指企业管理人员、企业高层经理使用当地人员。研究与开发本土化,即在当地建立研究开发机构,设计当地市场所需要的产品。

"本土化"对东道国和跨国公司本身都是有利的。从东道国来看,许多发展中国家和地区,如中国、印度等,一方面人口众多、资源丰富、市场潜力大、资本缺口大、技术有待提高,并且产业结构正在转变;另一方面,这些国家经济、文化程度也有相当程度的发展,具备生产新设备、吸收外国先进技术和管理经验的能力。

跨国公司之所以本土化经营,主要是因为本土化有以下一些好处:

(1)有利于充分合理地利用生产要素。跨国公司拥有先进技术、专利、充足资本和先进管理经验等优势,实施本土化战略可以把产品生产转移到要素价格较本国低的地方,生产出产品,迅速进入东道国或邻近地区市场销售。

(2)有利于绕过贸易壁垒。在贸易保护主义势力增强、各种贸易壁垒不断增多的情况下,就地生产、就地销售可以绕过关税和非关税壁垒。

(3)可能获得东道国政策支持。如果跨国公司生产要素的输出与东道国经济发展战略的目标一致,即本土化战略迎合并适应了东道国发展民族工业的需要,那么跨国公司会受到东道国政府的政策支持和保护。

5. 跨国公司国际化经营程度更高,这是跨国公司推行全球战略的必然结果。世界最大的100家跨国公司的平均TNI指数由1990年的51%上升到2014年的64.55%,发展中国家最大的50家跨国公司的平均TNI指数由1993年的19.8%上升到2014年的54.22%。

从行业上看,国际化经营程度较高的是建筑行业,媒体行业,机械与工程行业,食品、饮料与烟草行业,石油开采、精炼与分销行业,采矿行业。在世界最大的100家跨国公司中,他们的平均指数都在70%以上。瑞典、瑞士、荷兰等国的跨国公司国际化经营程度较高(80%),发展中成员国际化经营程度较高的跨国公司主要来自中国香港地区和新加坡。

第二节 跨国公司的组织管理

一、跨国公司的企业组织形态

从法律上来说,跨国公司通常采取股份有限公司的形式。从层次上来说,跨国公司的法律形式又可分为设立在母国的母公司、设立在海外的分公司、子公司以及避税地公司等。

(一)跨国公司的母公司

母公司指通过拥有其他公司一定数量的股权,或通过协议方式能够实际上控制其他公司经营管理决策,使其他公司成为自己附属公司的公司。

母公司对其他公司的控制,一般采取两种形式:一是掌握其他公司一定数量的股权,二是在两个公司存在特殊的契约或支配性协议的情况下,一个公司也能形成对另一公司的实际控制。母公司通过掌握子公司一定比例的股权对子公司进行有效控制,但各国在其界限的认定上存在显著差异:美国"公共事业控制法"规定"10%以上";德国公司法规定,要能拥有或控制"多数表决权";法国规定"控制一半以上股本"……母公司从法律上讲主要表现为以下特征:

1. 母公司实际控制子公司的经营管理权。母公司对子公司的控制权主要是指对子公司一切重大事务拥有实际上的表决权,其核心是对子公司董事会组成的决策权。

2. 母公司以参股或非股权安排行使对子公司的控制。母公司对子公司进行控制的具体方式:第一是参股和控股,即通过拥有子公司一定比例的股权,足以获得股东大会多数表决权,从而获得对公司重大事务的决策权;第二是非股权安排,主要是通过各种协议达到实际上控制经营管理决策。

3. 母公司对子公司承担有限责任。通常母公司对子公司以其出资额为限承担责任,而对子公司的债务不承担任何直接责任。这是由于法律上母公司和子公司各为独立法人,因此,母公司和子公司的关系实质上是股东与公司的关系,两者之间的关系适用公司法关于股东与公司相互关系的一般规定。

(二)跨国公司的分公司

分公司是总公司根据需要在海外设置的分支机构,不具备法人资格,在法律上和经济上都不具有独立性,只是总公司的一个组成部分,因此,分公司并不是公司法意义上的公司。分公司的法律特征主要是:分公司不具有法人资格,不能独立承担责任;分公司由总公司授权展开业务,自己没有独立的公司名称和章程;分公司没有独立的财产,其所有资产属于总公司,总公司对分公司的债务承担无限连带责任。

分公司与总公司同为一个法律实体,设立在东道国的分公司被视为"外国公司",不受当地法律保护,而受母国外交保护。它从东道国撤出时,不能转让股权,也不能与其他公司合并,只能出售其资产。

(三)跨国公司的子公司

子公司是指经济和法律上具有独立法人资格,但投资和生产经营活动受母公司控制的经济实体。子公司拥有自己的公司名称和章程,实行独立的经济核算,拥有自己的资产和资产负债表,可以独立从事业务活动和法律诉讼活动。

子公司在东道国注册登记被视为当地公司,受东道国法律所管辖。子公司在东道国除缴纳所得税外,其利润作为红利和利息汇出时,还需缴纳预扣税。所谓预扣税是指东道国政府对支付给外国投资者的红利和利息所征收的一种税收,必须在缴纳此税后利润才可汇出。

(四)避税地公司

避税地又叫避税天堂,是指那些无税或税率很低,对所得税从宽解释,并具备有利于跨国公司财务调度的制度和经营的各项设施的国家和地区。著名的国际避税地有:百慕大群岛、巴哈马群岛、巴拿马、巴巴多斯、瑞士、卢森堡和中国香港等。

在避税地正式注册、经营的跨国公司或将其管理总部、结算总部、利润形成中心安排在那里的跨国公司,就成为避税地公司。避税地必须有利于跨国公司的财务调度和进行国际业务活动。这些避税地公司积极利用跨国公司内部贸易及转移价格进行利润转移和国际避税,使得实际的货物和劳务流向与在避税地账面上反映的流动并不一致。

二、跨国公司的组织结构

总的来说,跨国公司的组织结构主要经历了以下几种形式。

(一)出口部

早期的跨国公司在国外活动的规模较小,又以商品输出为主,通常采取在总公司下设立一个出口部的组织形式,以全面负责管理国外业务。当时国外业务在整个企业的经营活动中占的比重不大,因此,母公司对子公司很少进行直接控制。母公司与子公司之间的关系比较松散,主要限于审批子公司的控制计划,子公司的责任仅是每年按控股额向母公司支付红利,母公司实际只起控股公司的作用,子公司的独立性很大。

(二) 国际业务部

随着跨国公司业务范围的扩大,国外子公司数目增多,公司内部单位之间的利益矛盾日渐显露。母公司为加强对子公司的控制,在总部下面设立国际业务部这一组织形式。

国际业务部总管商品输出和对外投资,监督国外子公司的建立和经营活动。国际业务部的作用表现在以下几个方面:为跨国公司筹划国外业务的政策和战略设计;为子公司从国际市场取得低息贷款;为子公司提供情报,提供更好的合作、配合和协调;可通过转移定价政策减轻或逃避纳税负担;为子公司之间划分国外市场,以免自相竞争。

(三) 跨国公司全球性组织结构

20世纪60年代中期以后,越来越多的跨国公司采用全球性组织来代替国际业务部。全球性组织结构从公司的整体利益出发,克服了国际业务部将国内和国外业务隔离的弊端,并大大加强了总部集中决策的作用,它适应了跨国公司一体化战略的发展需要。

全球性组织结构意味着跨国公司要建立更加复杂化的内部结构,跨国公司可以分别按职能、产品、地区设立总部,也可以将职能、产品、地区三者作为不同的维度建立矩阵结构。在矩阵结构基础上,跨国公司通过与外界的非股权安排,结成战略联盟,建立网络结构。

1. 职能总部。公司内负责制定特定职能的单位称做职能总部,负责跨国公司某一特定的行为,包括国内与国外。如国际性的采购机构、协调销售和营销的子公司或者负责售后服务的分支机构都属于职能总部。在母国总部之外再建立职能总部,减少了母国总部的责任范围,使母国总部能够集中精力全面协调所有分散的职能。反过来,每个特定职能总部承担着执行那种职能并且直接向母国总部报告的责任。

2. 产品线总部。跨国公司按产品种类或产品设立总部,只要同一类产品,都归有关的产品线总部领导。这种组织形式适合于产品系列复杂、市场分布广泛、技术要求较高的跨国公司。产品线总部的优点是把国内和国外业务活动统一起来,同时使销售和利润的增长与投资的增长更接近同步。不足之处是产品线总部之间缺乏联系,使产品知识分散化。

3. 地区总部。跨国公司按地区设立总部,负责协调和支持一个地区所有分支机构的所有活动。在这种组织形式下,由母国总部及所属职能部门进行全球性经营决策,地区总部只负责该地区的经营责任,控制和协调该地区内的所有职能。

4. 矩阵结构。职能总部、产品线总部、地区总部三种组织形式虽然加强了总部的集中控制,把国内和国外业务统一起来,但是这些形式是一个部门(总部)负责一方面业务的专门负责制,不能解决和协调各职能、各地区、各产品部门之间的相互联系,特别是单渠道信息传递不利于竞争。为了解决这一问题,不少巨型跨国公司将职能、产品线、地区三者结合起来设立矩阵式的组织结构。

三、跨国公司组织结构的特点

跨国公司组织结构是在国内企业组织结构的基础上逐渐演变过来的,在长期发展过程中与一般企业组织结构形成了很大差别,突出表现在以下四个方面。

(一)多角度观察分析外部环境

在跨国公司中,决策权集中于某一管理人员群体的现象大大地减少。跨国公司正在建立起一种多维组织,即地区部门经理、产品部门经理和职能部门经理相对平衡。

在复杂多变的国际环境中,跨国公司具备能够及时察觉并分析复杂多变市场的能力,表现在:国外子公司经理对当地市场需求变化和东道国政府的压力做出及时反应;业务经理跟踪全球竞争对手的战略变化;职能部门的管理人员把知识、信息、专长集中起来,然后有效地转移给国外子公司;不同部门不同层次的管理人员从不同角度把握外部环境的变化。

(二)子公司分布广泛,但相互依存紧密

在跨国公司中,管理人员放弃集权管理思想,主张授予国外子公司必要的权责,使它们成为世界范围内某种产品的生产基地。子公司之间、子公司与母公司之间的相互依赖关系加强,并且,在相互依存的子公司之间流动着大量部件、产品、资源和信息等。跨国公司真正成为分布于世界各地的能力和资源的一体化网络。

(三)灵活的内部决策过程

在跨国公司中,存在着不同观点和利益管理群体,组织管理能力与公司资产一起分布于各子公司之中,这需要有效协调各种观点和利益,把分散的职责综合起来。而且,由于国际经营环境、产品生命周期、技术以及公司发展阶段等因素的变化,对跨国公司的协调要求也随时间的推移不断变化,管理决策过程也要随之发生

变化。

（四）管理层次趋于减少

跨国公司的大规模虽然可以提高效率,也可能带来负面效应。机构越大,等级制度就越严格,成本增加就越多,从而导致效率下降、竞争力减弱。

与国内企业相比,跨国公司需要更先进的组织技巧,通过中间层压缩、企业扁平化的方式来对组织结构进行改进。减少管理层级、加宽管理幅度,可减少管理人员,有助于缩短上级与基层的行政距离,也有助于信息传递。公司实施"管理即授权"原则,高层经理制定目标,并以成果来衡量目标,这样既增强下级的责任感,又提高工作效率。

第三节　跨国公司的经营战略

一、价值链与跨国经营战略

价值链是指企业组织和管理与其生产和销售的产品与劳务相关的各种价值增值行为的链节总和,每一价值增值行为构成了价值链上的一个环节。价值链可以分为两部分:下部为企业的基本增值活动,即生产经营环节,如材料供应、产品开发、生产运行、成品发运、市场营销和售后服务;上部列出的是企业的辅助性增值活动,包括组织建设、人事管理、技术开发和采购管理。对于不同企业,价值链上各链节的重要性不同。企业的竞争优势往往体现在某几个链节上,企业确定并开拓那些与经营关系重大的活动及联系的能力经常被视为成功的因素之一。

价值链理论的基本观点是,在一个企业众多的价值活动中,并不是每个环节都创造价值,企业所创造的价值,实际上来自企业价值链上特定的价值活动;这些真正创造价值的经营活动,就是企业价值链的战略环节。企业的竞争优势,尤其是能够长期保持的优势其实就是企业在价值链上某些特定的战略价值环节上的优势。因此,跨国经营战略的安排问题实质上就是战略环节的控制问题,它可以从职能和地域两个维度的安排来分别考察。

二、跨国公司经营战略的演变

跨国公司经营战略是指对其不同价值增值活动的国际区位选择和对企业所控制的各类实体所进行的一体化程度选择。以下将从职能和地域这两个不同的维度对跨国公司的战略演变进行分析。

(一)职能一体化战略

职能一体化战略就是跨国公司对其价值链上的各项价值增值活动,即各项职能所做的一体化安排。职能一体化战略演变主要经历了以下三个阶段:

1. 独立子公司战略阶段。独立子公司战略是由母公司在不同东道国设立独立运作的子公司,各子公司之间尚未紧密结合成为同一条产品生产价值链。各子公司由母公司提供资金和技术,与母公司保持所有权关系,母公司通过拥有子公司股权而控制其重大的业务活动。设立独立子公司的目的主要是绕过贸易壁垒,直接在东道国开展经营活动。

2. 简单一体化战略阶段。简单一体化战略主要是以公司内部合同的形式,由东道国的子公司来完成产品价值链上某些环节的生产,使子公司与母公司之间在技术、信息、增值活动中进行横向交流。目前,电子、汽车、飞机、家电等部门的大型跨国公司多根据成本因素组织安排不同子公司的生产定位,在国际化经营中建立起区域生产和销售体系。

3. 复合一体化战略阶段。复合一体化战略主要是对公司拥有的一揽子生产资源和各种增值环节进行国际化的配置、协调和管理,将各个国外子公司的经营活动作为母公司整体价值链的有机组成部分,实现分工生产、集中装配、全球营销的经营战略。在复合一体化的经营形式下,子公司与子公司之间、子公司与母公司之间形成矩阵式联系,共同为整个公司的全球经营战略服务。

(二)地域一体化战略

所谓地域一体化战略,是指跨国公司对其所控制的各类实体在地域范围和地理联系上所做的一体化战略安排。地域一体化战略的演变经历了以下三个阶段:

1. 多国战略阶段。在多国战略下,一个子公司主要服务于一国的东道国市场,跨国公司母公司则在不同的市场控制几个子公司。贸易壁垒的存在常常促使跨国公司采取多国战略以进入特定东道国市场。在一些产业中,因为难以获得规模经济效应和为满足特定国家需求偏好和习惯要求,也会采取多国战略。

2. 区域战略阶段。区域战略是适应区域化国际生产要求的,区域化国际生产体系包括在某一地区各东道国设置的子公司和作为供应商与分包商的非本系统公司。产品最终组装可以安排在该地区的任何国家,其主要市场也是同一地区。在欧洲、北美和东亚,跨国公司都有自己的地区网络,国际直接投资存量和"大三角"国家对发展中国家的投资也反映了这种特征,从而说明了国际直接投资的区域集约化趋势。美国跨国公司是许多拉美和加勒比国家的主要投资者,日本跨国公司在亚洲的地位举足轻重,而欧盟跨国公司在中欧、东欧和非洲占有最大比重。

关税壁垒的减轻、外国投资政策的自由化、许多产业部门管理的放松和国有企业的私营化都促进了外国直接投资在区域内的发展。

3. 全球战略阶段。跨国公司全球化战略是指跨国公司把全球经营活动作为一个整体,为实现在世界范围合理配置生产经营资源,提高企业竞争地位,以获得最大利润的一系列战术安排。

全球化是更高级和更复杂的国际化,全球化意味着跨国公司的经济行为在更广泛的地理范围内扩展。全球化还包括跨国公司为利用经济增长和需求趋同而与其他公司进行有效竞争打进所有世界大市场的方法。

跨国公司全球化战略不同于一般的企业战略,也不同于一般的对外直接投资战略,其特点是:

(1)目标是确立在全球的竞争优势。第二次世界大战前,传统跨国公司对外直接投资的目的是确保国外原料供应、开辟国外产品市场及利用国外廉价劳动力。战后,现代跨国公司则通过全球化战略来创造其在全球的竞争优势。这些竞争优势主要是:①技术垄断优势。这是跨国公司不断发展的动力并取得全球竞争优势的关键。②经营资源互补优势。现代跨国公司往往通过对外直接投资和国际合作,加强与东道国在研究开发领域中的技术合作,开发和利用当地的智力资源和新技术,来实现自身更大发展。③区位配置优势。现代跨国公司往往将信息收集、研究开发、生产、销售等经营活动转移到世界上成本最低且最有利的国家,利用各国优势来弥补自身的不足,通过企业经营活动的最佳国际组合来创造竞争优势。

(2)强调确立全球性经营方式。全球性经营方式主要表现在:

第一,企业决策的全球化。现代跨国公司的经营视野是整个世界,在投资决策时超越了狭小的地域观念,以实现在全球范围的扩张。同时在企业决策中大多广泛吸收外国人参与。

第二,建立全球组织结构。跨国公司在这一立场上确立全球经营战略,统一制定产品、价格等战略。

第三,建立全球生产销售体系,将产品的设计、研究与开发、生产、销售各环节分别置于成本最低的国家和地区,以实现生产经营资源在世界范围内的优化配置。

(3)投资重点是高新技术产业。20世纪80年代以来,国际直接投资年均增长30%左右,而流向发达国家的外国直接投资年均增长率更高。流向发达国家的外国直接投资主要投向高新技术产业,如计算机与办公设备、通信设备与电子元件、航空工程、汽车制造、生物工程等,以抢占高新技术的制高点,从而保持对某一领域的长期垄断。

(4)重视非股权安排下的国际合作。二战前的跨国公司高度重视通过股权控制来参与国际经营,往往强调在对外直接投资中应拥有多数股份。20世纪80年代以来,越来越多的跨国公司采取非股权安排下国际合作的方式参与国际经营,这是为了适应国际经济竞争与合作这一新变化而发生的重大转折。所谓非股权安排下的国际合作是一种非股权投资的国际经营方式,包括专利技术转让、生产许可协议、共同研究开发、共同生产、委托加工、市场销售合同、国际承包等形式。目前,这种形式的国际合作正呈现出以下特点:①发达国家大型跨国公司之间的合作占全部国际合作的55%以上,构成当前国际合作的主体;②合作双方大多数是垄断大企业,其中70%是竞争者之间的合作,通过这种既竞争又合作的方式来取长补短,实现"共赢";③这种形式国际合作的80%集中在高新技术产业,表明合作的一个重要出发点是为了分散研制和投资上的巨大风险。

三、跨国公司的发展战略

(一)跨国公司的技术战略

当代跨国公司在国际市场上的竞争优势,不仅在于其资本雄厚,更重要的还在国际性技术垄断。因此,跨国公司技术战略在其全球化战略中占有很重要的地位。

实现研究开发资源的整体配置与利用涉及三个方面内容:人力资源的全球配置与利用、投资的全球配置与利用、研究开发活动的区位选择。

1. 人力资源的全球配置与利用。当代跨国公司非常重视高科技人才的拥有量,将人力资源视为竞争优势的根本所在。因此,跨国公司非常重视吸收世界上最优秀的科技人才。其做法主要有:

(1)在母国招聘本国籍和外国籍的本科毕业生和获得硕士、博士学位的研究生。

(2)邀请外国高校教授到本公司研究机构从事长期或短期的研究工作,并与国内外的有关高校保持密切的学术交流与人事交流关系。

(3)在国内外并购或兼并某一研究所,使其不仅拥有该所的设备、专利,而且拥有该所的高级人才。

(4)在国内外科技人员密集的地方设立研究机构,大力招聘当地优秀科研人才。

(5)将国内外有潜力的一流人才招聘至本公司的研究开发部门工作。

2. 投资的配置与利用。由于现代科技创新日益复杂,研究开发投资巨大,投资的优化配置和利用直接关系到研究开发项目能否成功。因此,跨国公司努力用最低的投资费用达到最佳的研究开发效果。其做法是:

(1)在投资分配的构成方面,轻基础研究、重开发研究。研究开发可细分为三个环节:基础研究、应用研究和开发研究,跨国公司重视的是应用研究和开发研究环节,至于基础研究则占很低的比例。以美国的跨国公司为例,应用研究占31%,开发研究占68%,而基础研究只占1%左右。

(2)在投资供给来源方面,国外子公司直接出资的比例高,母公司仅负担较小比例。以美国跨国公司为例,母公司与子公司之间的这一比例约为27:71。

(3)在政府投资支持方面,跨国公司在基础研究环节得不到东道国政府资金的直接支持,而在开发研究环节可以得到东道国政府的一些直接支持。在母国,跨国公司在开发研究环节可以得到本国政府的资金支持,在基础研究环节得到的政府支持资金比例更大。

(4)在母公司与国外子公司科研资金的使用方面,母公司绝大部分投入开发研究,对应用研究投入很少;国外子公司则把开发研究所需资金摆在首位,同时还把相当一部分资金投入到应用研究,对基础研究基本不投入。

3. 研究与开发活动的区位选择。长期以来,跨国公司在研发活动区位选择中一直采取集中策略,即把绝大部分研究与开发活动集中在母国或极少数发达的东道国进行。20世纪70年代后,越来越多的跨国公司开始将部分研究与开发活动分散到海外子公司进行。跨国公司研发的区位选择是根据其市场战略目标而决定的。跨国公司的市场战略目标有三种:一是以占领国内市场为目标;二是以占领东道国市场为目标;三是以占领世界市场为目标。

(1)以国内市场为目标的跨国公司,其海外投资目的主要是利用海外资源或廉价劳动力生产各种原材料和零部件然后进口为母公司服务,增加其产品在国内市场的竞争力。这类公司数量相对来说不多,它们在海外主要从事采掘业和零部件装配。

(2)以东道国市场为目标的跨国公司,其所占比例很大,涉及的行业也很广,而且要为不同东道国的各种不同的市场服务。鉴于这类跨国公司的目标市场高度分散,且市场需求又复杂多样,为此它们一般采取分散化的研究与开发区域管理体制。这类跨国公司的海外研究与开发机构的规模一般小于国内母公司的研究与开发机构,其研究范围相对较窄。

(3)以世界市场为目标的跨国公司,其海外子公司相互配合,为产品标准化的国际市场服务。这类公司管理结构高度集中,利用先进技术,组织生产高度标准化的国际产品,获取规模经济效应,因而其研究与开发活动基本集中在母公司。但是为了适应各地不同需要,提供各种商品与服务,也需要相对分散研究与开发活动,以便尽可能了解和满足当地市场需求。

(二)跨国公司的生产战略

如何对国际生产进行有效、灵活的管理,取得在国际市场中的垄断地位,是跨国公司经营战略中的一个重要内容。

1. 国际生产筹供形式。跨国公司生产是在多国进行的,其生产规模往往比国内公司大,前向和后向关联的厂商也比国内公司多。因此,跨国公司进行国际生产,就不仅表现为企业内部的生产活动,而且表现为在国际上进行主件、零部件等各种投入品的制造、运输、采购、储存和装配成品等广义的生产活动,这样的活动也可看做筹供活动。所谓筹供,是指企业获得物资供应的业务活动。

根据筹供程度的高低,跨国公司的国际筹供控制形式可以分为内部筹供控制和外部筹供控制两种。内部筹供是指跨国公司通过公司股权的占有来控制子公司内部的生产,为公司的另一些企业取得生产所需投入品的内部供应,是控制程度较高的形式。内部筹供有独资持股子公司生产和合营企业生产两种形式。外部筹供即指公司通过国内外的外部交易市场,为公司的另一些企业取得有关投入品的供应。外部筹供通过竞争性的交易市场进行,其控制程度往往低于内部筹供。外部筹供有转包生产和采购两种形式。总之,四种筹供形式按跨国公司控制程度的大小,依次递减的顺序为:独资持股子公司、合营生产、转包形式生产、采购。

2. 影响筹供形式选择的因素。跨国公司采取何种筹供形式,与公司核心产品所需投入品的要求有关。一般地,产品多样化程度与行业差异是影响最终产品对投入品要求的重要因素。具体来说,筹供形式的选择与下列几个因素有关:

(1) 公司生产所需的投入品数量。当跨国公司生产所需投入品的数量要超过其生产量的最低有效规模时,大多选择内部筹供。

(2) 公司生产投入品供应的可靠程度。石油、钢铁、化工、计算机生产和通信设备生产等垂直一体化工业部门的大公司为避免外部市场筹供渠道的脆弱性,往往倾向于扩大其市场内部化的范围,将生产有关投入品的独立厂商合并到该公司的内部子企业体系,或者新建属于本公司的生产投入品的企业,或者设法与投入品生产厂商签订长期的供货合同。

(3) 主要投入品市场供求者的垄断程度。如果投入品供应者实行某种程度上的垄断,作为需求者的公司就倾向于实行内部筹供;反之,如果投入品市场是竞争性的市场,作为需求者的跨国公司倾向于外部筹供。

如果需求者是垄断性的大公司而供应方规模较小,市场势力足以保证供应商自觉向该大公司供应投入品。如汽车工业中,整车制造商一般选择外部筹供。

(4) 生产投入品的种类。如果生产投入品种类多、规格杂,该公司一般来说不会采用公司内部筹供策略。

(5) 生产部门的技术变化。如果公司所在工业部门的技术更新率高,则对所需的生产投入品实行外部筹供。因为研究与开发的结果可能需要突然改变投入品的性质、种类、规格、数量等,从而影响最终产品生产的盈利。

(6)企业规模。在同一工业部门,筹供的形式多受公司规模及与此相关的产出因素影响。规模大的公司一般为内部筹供,规模小的则相反。

(三)跨国公司的营销策略

从理论上说,市场结构分为完全竞争、垄断竞争、寡头竞争和完全垄断四种。按照国际市场格局来划分,跨国公司的国际营销战略可以分为两种:寡占型国际营销战略和非寡占型国际营销战略。跨国公司主要根据自己在国际市场上的地位来选择相应的营销战略,处于寡占地位就选择寡占型营销战略,否则采用非寡占型营销战略。

1. 寡占型国际营销战略。寡占型市场结构是指某一个产品的市场被几家大型跨国公司所垄断,它们彼此实力相当,形成一种市场竞争均势。与此相对应的寡占型国际营销战略的特征是:占据寡占地位的跨国公司实施的每一个国际营销战略皆以竞争对手为模仿依据,以避免在市场份额上落后于竞争对手。实施这种战略的公司将维持原有的市场份额作为经营成功的重要标志,为此,常配合以竞争导向定价策略和产品深度开发战略这两方面的营销战略。

竞争导向定价策略是指一个公司制定价格主要是依据其竞争对手的定价,其特征是在价格和成本或需求之间没有一个固定不变的对应关系。

产品深度开发战略,是指为了保持原有的市场份额,寡占公司往往以现有产品为基准,对同一产品市场中不同消费者做区隔分析,使每一区隔消费者群体的特殊要求得到满足,及时推出系列产品,尽量占领各细分市场。

2. 非寡占型国际营销战略。许多情况下,国际市场表现为一种垄断竞争格局,即公司间竞争更多。这种情况下,跨国公司的营销战略转为非寡占型营销战略模式,即同行中居领先地位的跨国公司采取市场领袖战略,而其他大公司根据具体情况或采取市场挑战者战略,或采取追随者战略。

(1)市场领袖战略。采取市场领袖战略的公司绝对市场占有率最高,与同类产品企业相比,其在价格水平、新产品研制、流通渠道以及促销媒介等方面都处于领先地位。其营销战略目标是竭力保持领袖地位,保持现有市场份额,扩大整个市场规模。

(2)市场挑战者战略。采取市场挑战者战略的公司大多是本行业产品的销售额中处于前几名的大公司,它们的营销战略目标是不断增加市场份额。市场挑战者战略是进攻性的,为了实现其战略目标,可选择的策略更加多样。如在产品策略方面可采用名牌产品策略、产品扩散策略、产品创新策略以及低成本策略等,在促销策略方面可采用促销组合策略、流通渠道创新策略等。

（3）市场追随者战略。市场追随者虽然也是跨国公司，但在同类产品市场上所占的份额一般都比较低，其主要产品的绝对市场占有率往往排在第五六位。由于受领先公司的竞争压力很大，只能接受现有的市场格局而采用市场追随者战略。其特征是追随市场领袖公司的经营行为，目标就是尽力保持现有的市场份额。

（四）跨国公司的价格策略

价格策略是跨国公司实现全球经营战略目标的重要工具之一，包括定价目标、定价影响因素、转移价格等方面。

1. 跨国公司的定价目标。跨国公司的定价目标主要有：追求利润最大化；实现预定的投资利润率；市场占有率的维持或扩大；竞争的应对和防止。这四个目标在实施过程中都有所侧重，不同的子公司应根据所在国的具体市场环境加以选择，同时还要考虑与公司其他相关决策相协调，以取得理想的效果。

2. 影响跨国公司产品定价的因素。影响跨国公司产品定价的因素很多，大致可分为三类：第一类是成本因素；第二类是市场因素；第三类是政府的行政干预。

与一般的国内企业一样，跨国公司在确定产品的市场价格时首先考察产品的生产成本，此外还要考虑运输成本，关税，以及国内相关税收、中间商成本、金融成本和风险成本。

市场因素主要包括需求状况和市场竞争状况两个方面。世界市场上，跨国公司所面临的需求状况受社会经济、收入分配、文化背景等多种因素影响，因此在考虑需求状况时，必须深入了解所在国的这些因素，才能准确估计与判断各个具体市场的需求状况。跨国公司在定价时必须认真考虑竞争对手所采取的价格竞争手段的影响。

此外，跨国公司在各国市场进行经营活动时，会遇到各国政府控制价格的各种措施和法规，其中主要有：限制边际利润、规定最低价格或最高价格、限制价格变动、直接参与市场竞争以控制价格、实施价格补贴。

3. 转移价格。价格战略中的一个重要组成部分是转移价格。转移价格是指跨国公司在内部（母子公司之间和子公司之间）进行商品、劳务及其他资源相互转让的规定价格。转移价格与市场价格相比，具有以下特征：第一，在交易主体上，市场价格在不同所有权单位之间的交易中采用，而转移价格则在享有共同所有权的单位之间进行交易时采用；第二，在定价依据上，市场价格是依据各种成本、利润率和市场需求等客观数据计算所得，而转移价格则带有很大的随意性，它主要是依据跨国公司的全球化战略目标，对分布在不同国家的公司内部单位的交易价格水平进行调整，以谋求公司在全球经营的利润最大化。

转移价格作为跨国公司实现全球化战略目标的重要手段，其实施的主要目的有:使跨国公司整体纳税最小化;减少或避免各种经济与政治风险;开辟和争夺市场;减少与东道国的利益冲突。

转移价格按定价水平可分为高转移价格和低转移价格,两者的实施条件是不同的。

母公司以高转移价格向子公司提供商品和服务的情况是:①在合营企业中,为了多分利润或避免增加的利润被合营伙伴瓜分;②遇到子公司劳工方面提高工资和福利待遇的压力,希望降低子公司账面利润额;③子公司的高利润率有可能吸引更多新竞争者进入该行业或该市场;④子公司所在国的所得税高于母国;⑤子公司所在国限制投资利润汇出或资金管制;⑥子公司所在国政府以产品成本为标准对最终产品价格实行严格控制;⑦子公司面临被东道国政府国有化和被没收的政治风险;⑧东道国政局不稳,投资气候不佳。

母公司以低转移价格向子公司提供商品和服务的情况是:①子公司所在国实行高关税;②子公司所在国对进口产品的价值量进行限制;③子公司所在国实行外汇定量配给制;④子公司所在国的所得税率低于母国;⑤子公司在当地面临众多竞争对手,为了进行市场渗透或开辟新市场;⑥子公司希望获得当地贷款,而当地办理贷款以子公司的财务状况为依据;⑦子公司所在国的通货膨胀率低于母国。

第四节　跨国金融机构

在世界经济一体化进程中,金融业不可避免地要实现从国内向国外扩张。早在20世纪初,主要资本主义国家便通过其在枝蔓领域内的银行网络实现货币资本输出职能。近一个世纪以来,随着各国金融业的发展,新的金融机构不断产生,并加入到跨国经营的体系中,成为重要的国际投资主体。当代跨国金融机构包括各种在国际范围内进行业务经营及机构设置的营利性金融组织。其中,占主导地位的是跨国商业银行,即人们通常所说的跨国银行。此外,还包括各类非银行金融机构,如跨国投资银行、共同基金、套利基金、养老基金、保险公司等。从广义上说,跨国金融机构也是跨国公司的一种,只是其经营对象是货币及金融产品,具有特殊性。

跨国金融机构在国际投资中的作用主要体现在三个方面:通过在海外设立分支机构而进行国际直接投资;通过国际证券买卖而进行国际间接投资;通过为跨国公司提供融资、信息等服务而发挥对国际直接投资的中介作用。

这里着重介绍跨国银行的发展状况,同时对其他跨国金融机构进行简要分析。

一、跨国银行

(一)跨国银行的含义与特点

跨国银行,也称多国银行,目前是指以国内银行为基础,同时在海外拥有或控制着分支机构,并通过这些分支机构从事多种多样的国际业务,实现其全球性经营战略目标的超级银行。

与一般的国内银行相比,跨国银行具有如下几个特点:

1. 跨国银行具有派生性。跨国银行是国内银行对外扩张的产物,因而它首先具有商业银行的基本属性和功能。

从这个意义上讲,跨国银行具有派生性。跨国银行的发展史表明,跨国银行必须首先是国内处于领先地位的银行,然后才能以其雄厚的资本和先进的技术向海外扩张和经营。

2. 跨国银行的机构设置具有超国界性。跨国银行的根本特征之一是在海外广泛地建立各种类型的分支机构。联合国跨国公司中心认为,只有在至少5个国家或地区设有分支机构或附属机构才能算是跨国银行。近几年来,国际银行业竞争日益激烈,加上许多发展中国家和经济转轨国家的开放程度不断提高,跨国银行分支机构在这些地区得到迅速发展。

3. 跨国银行的国际业务经营具有非本土性。跨国银行从事国际业务经营,主要通过其海外分支机构直接在当地市场或国际市场上进行,而且业务范围往往包括一些在本国国内被限制的项目。因此,跨国银行体现了与国内银行属性的区别:国内银行的国际业务必须委托其国外代理行来进行,而跨国银行由自己的分支机构直接从事其国外业务;另外,国内银行通过代理行从事的国际业务主要局限于简单的传统业务,而跨国银行可以广泛开展各种业务,包括欧洲市场业务甚至非银行金融业务。

4. 跨国银行的战略制定具有全球性。作为特殊的一类跨国公司,跨国银行制定全球性战略目标具有必要性。此外,国际金融自由化趋势和金融创新浪潮给跨国银行既提供了机遇又带来了挑战,只有从全球性目标出发,在世界范围内实现分支机构及经营资源的合理配置,才能在最大限度内分散风险。电子通信的发展也为总行与分支机构之间信息交流和业务往来提供了技术保证,使其全球化经营战略具备了可能性。

(二)跨国银行的产生与发展

跨国银行的产生与发展经历了以下几个阶段:

1. 萌芽产生阶段(12世纪至20世纪初)。跨国银行的形成最早可追溯到12世纪,那时欧洲已经出现了主要为国际贸易服务的国际银行业,最为典型的如意大利的麦迪西,该行以佛罗伦萨为总部,在西欧18个大城市设有分行。从12世纪至15世纪,意大利银行一直在跨国银行中处于领先地位,这与意大利在国际贸易中的重要地位密不可分。16世纪以后,德国、荷兰、英国的国际银行业依次各领风骚。虽然这些银行的海外分支机构业务范围有限,国际业务在总业务中所占比重不大,但应该说具备了跨国银行的雏形。

2. 逐步形成阶段(20世纪20年代至60年代)。从20世纪20年代开始,随着国际贸易的进一步发展和西方国家跨国公司的对外扩张,跨国银行的国际业务量明显上升,业务范围不断扩大,突破了以往的商业融资、外汇交易等,开始开展批发业务及投资银行业务,如向跨国公司提供融资等各项服务,至此,真正意义上的跨国银行开始形成。这一时期具有代表性的有英国的巴克莱银行集团、渣打银行,法国的印度支那银行等。此外,美国、日本等新兴资本主义国家的跨国银行业逐步起步。

二战后,由于战争的破坏和新兴独立国家的国有化运动,主要资本主义国家跨国银行的海外分支机构网络基本消失。唯一实力增强的美国对银行业的管制极为严格,导致跨国银行业的发展长期处于停滞状态。

3. 逐渐发展阶段(20世纪60年代至80年代)。随着西方国家经济实力的恢复与增长,世界跨国公司迅猛向海外扩张,欧洲货币市场的形成也为跨国银行的迅速发展创造了条件。在此阶段,跨国银行建立了密布全球的海外分支机构,而且这些分支机构的业务量及业务范围迅速扩张。

这一阶段,美国银行业进行对外扩张,日本银行业则后来居上。1960年,美国的跨国银行数目为8家,1980年增至139家,1986年为158家。日本的跨国银行从20世纪70年代末起大举向海外扩张,1979年有23家跨国银行在海外设立分支机构127家,到1987年年底,有70多家跨国银行及441家海外分行。

4. 调整重组阶段(20世纪90年代初至90年代中期)。90年代初,欧美各国相继进入经济衰退期,日本泡沫经济破裂,一度使得西方银行业面临经营效益滑坡的困境。而金融自由化的发展及非银行金融机构的竞争,又使银行面临的风险与日俱增。在这样的背景下,主要资本主义国家的跨国银行进入大规模调整和重组阶段。这个阶段的两大特征是:跨国银行通过银行间兼并风潮向巨型化发展;着力于银行内部机制调整及业务创新。

银行间兼并联合活动频繁。以美国为例,仅在1995~1996年,全国共有1 176件银行并购案,涉及金额达825亿美元。全美的银行数由1985年的14 417家减至1996年的10 168家。而且,在这次兼并风潮中,往往出现大型银行间的强强联合,从而形成一批超大型跨国银行。其中典型的有日本的三菱银行与东京银行合并成立东京三菱银行、美国的化学银行收购大通曼哈顿银行组成新大通曼哈顿银行等。

跨国银行在该阶段还着力于内部机构的调整和改善。许多银行采取消减机制和裁员措施,并进行业务部门改革。如德意志银行根据业务性质改革内部管理体制,将该行分为四个管理部:对私银行业务部、机构及商业银行业务部、投资银行业务部、团体服务部,各部设有管理层,并且所有管理层由"集团执行委员会"统一控制。

5. 创新发展阶段(20世纪90年代中期至今)。近年来,金融自由化浪潮和信息技术的迅速发展使国际银行业的竞争更加激烈。为了应对日益加剧的竞争压力,跨国银行一面通过兼并、整合和优势互补来巩固和增强竞争实力;另一面则加强业务创新和技术创新,来寻求新的竞争优势。总的来说,跨国公司的最新发展呈现出重组化、全能化和电子化三大趋势。

(1)国际银行业并购重组愈演愈烈。追求规模扩张、强强联合是这次购并浪潮的最大特点。如美国花旗与旅行者的合并,涉及金额高达820亿美元,新成立的花旗集团总资产达7 000亿美元,排名美国第二。这次购并潮中,还出现了银行兼并证券机构、保险公司等非银行金融机构的新趋势,体现了国际银行业向全能型方向发展的趋势。

(2)跨国银行向全能化发展。随着金融创新的不断发展,传统的银行业务受到了来自证券、保险、基金等非银行金融机构的强烈冲击,为应对新的挑战,跨国银行纷纷拓展业务范围,向全能化方向发展,各国放松金融管制的金融自由化风潮为银行全能化消除了制度壁垒。其拓展的新业务有:信托业务、投资银行业务、现金管理业务、保险业务、房地产业务、共同基金的经营和管理、金融咨询业务、信用担保业务。全能化的模式主要有德国全能银行模式、英国金融集团模式和美国控股公司模式这三种。

(3)电子化推动跨国银行的创新。计算机及电子信息技术在银行业应用取得的巨大发展引发了银行的业务创新和技术创新。在批发银行方面,银行借助电子技术向公司客户有效地提供现金管理方面的服务,如支付账户的控制、电子资金转账等;在零售银行业务方面,电子技术创造了新的付款方式,如ATMs、销售点借记卡、家庭银行等。电子技术不仅促使传统银行积极发展网络业务,更激发了一批新兴的纯粹网络银行的迅速发展,如美国的维尔斯银行就是典型代表之一。

(三)跨国银行的组织形式

跨国银行的组织形式包括跨国银行母行与其海外分支机构的组织结构关系及

这些分支机构的具体形式。就母行与分支机构的组织关系而言，主要有三种类型：分支行制、控股公司制和国际财团银行制。就这些海外分支机构的具体形式而言，又可分为代表处、经理处、分行、附属行或联属行、财团银行等多种形式。

1. 母行与海外分支机构的组织形式。

（1）分支行制。跨国银行的分支行制是指母行在海外设立和控制各种类型的分支机构，通过这些分支机构来开展跨国经营活动的组织结构形式。

（2）控股公司制。控股公司制又称为集团银行制，是指银行通过"银行持股公司"建立海外分支机构网络。这种组织方式以美国最为典型。美国跨国银行的海外分支机构可以由银行或其持股公司直接设立，而更多的是通过其附属机构——"爱治法公司"设立的。

（3）国际财团银行制。国际财团银行制是只有来自不同国籍或地区的银行以参股合资或合作的方式组成一个机构或团体来从事特定国际银行业务的组织形式。它与多家银行组成的贷款辛迪加不同，因为辛迪加不具备法人资格，而国际财团银行是正式注册的法人。

2. 跨国银行海外分支机构的组织形式。

（1）代表处。代表处是跨国银行最低层次的海外分支机构。它并不直接经营银行业务，主要工作是代表母行与东道国客户联系，与东道国政府、企业进行接触，为母行招徕业务，收集当地经济政治信息等。

（2）经理处。经理处的作用与跨国银行在东道国的代理行类似，区别在于前者是母行的隶属部分，而后者仅与母行存在委托代理关系。

（3）分行。海外分行是跨国银行根据东道国法律规定设立并经营的境外机构，是母行的一个组成部分，不具备独立法人地位，母行为其承担无限责任。

（4）附属行或联属行。附属行和联属行这两种形式都是作为独立法人在当地注册的经营实体，是由跨国银行与东道国有关机构共同出资设立或对当地银行兼并收购而成立的，跨国银行因持股关系而承担有限责任。

（5）爱治法公司。爱治法公司是美国跨国银行根据1919年修订的联邦储备法允许设立的最为重要的经营国际银行业务的海外分支机构形式（其地理位置可能是美国国内）。爱治法公司存在两种形式：银行爱治法公司和投资爱治法公司。前者是美国跨国银行经营国际业务及设立海外分行的主要机构；后者主要通过对国外金融机构投资为母行建立附属行。

（6）财团银行。财团银行又称"银行家银行"，是由两家以上银行共同出资组成的、在特定地区开展特定业务活动的银行，是在东道国注册和纳税的独立的法人实体。其主要业务是安排巨额贷款，并兼营证券发行、欧洲货币市场以及企业兼并收购等业务，其本身一般不吸收存款，资金由各参股银行提供。

(四)跨国银行在国际投资中的作用

作为跨国公司的一种,跨国银行在国际投资中的作用首先体现在设立海外分支机构而进行的国际直接投资,其购租场地、添置设备和雇用人员等投入都可视为国际直接投资;其次,通过对跨国公司的股权参与,跨国银行还间接介入国际直接投资活动中;最后,作为金融服务型机构,跨国银行在国际直接投资中发挥着中介枢纽的作用,这是跨国银行最为基本、最为重要的作用。

1. 跨国银行是国际直接投资者跨国融资的中介。跨国银行通过汇集小额、短期资金向有大量资金需求的跨国公司提供大额、长期信贷。随着经济的发展,这种传统的信贷业务出现了证券化的趋势。并且,随着跨国银行开始介入投资银行业务,其中介作用已扩展到直接投资领域。

2. 跨国银行是投资者跨国界支付的中介。由于跨国银行拥有分布广泛的海外分支机构和代理行网络,因而能成为投资者在世界范围内办理转账结算和现金收付业务的国际支付的中介。国内银行在执行国家支付中介时通过与外国银行之间的代理行关系间接地进入对方的国内支付系统,而跨国银行则更多地通过外国分支机构直接进入东道国支付清算网络。

3. 跨国银行是为跨国投资者提供信息咨询服务的中介。由于跨国银行拥有覆盖全球范围的机构网络和广泛的客户及同业关系,因而掌握有大量的信息,承担起信息中介的作用。此外,由于跨国银行汇集了许多财务管理、投资分析方面的专家人才,因而可以向投资者提供多方面的咨询、顾问方面的服务。

二、非银行跨国金融机构

金融自由化趋势已经促进了非银行金融机构的大发展,非银行金融机构成为金融创新的主体,在国际投资领域正日益显示其非凡的活力。

(一)跨国投资银行

跨国投资银行是指在世界各地设立分支机构进行跨国经营的大型投资银行,是投资银行业在国际范围的延伸。它是国际证券市场的经营主体,与跨国商业银行并列为当代国际金融资本的重要组成部分。

跨国投资银行的发展既有自身的主观动因,也有国际经济发展所提供的客观条件。就主观上而言,是为了突破国内市场相对狭小的限制,在全球范围内追逐利润最大化目标,同时通过在世界不同地区进行业务投资组合,达到分散风险的目的。就客观上而言,大致有如下几个方面:一是金融壁垒的消除为跨国投资银行全面开拓国际市场提供了可能;二是世界经济一体化进程促进了跨国投资银行的发展;三是国际证券业的发展也为跨国投资银行的扩张创造了契机;四是购并浪潮为跨国投资银行的发展创造了大好机遇。

跨国投资银行在国际投资中的作用体现在国际直接投资和国际间接投资两个方面。在国际直接投资方面,跨国投资银行除了像跨国商业银行一样要在国外设立分支机构而进行直接投资外,还突出表现在对跨国公司跨国直接投资活动的支持和帮助,如策划跨国收购和兼并、对跨国投资行为提供信息、咨询服务等。在国际间接投资方面,跨国投资银行发挥着营造国际证券一级市场并积极参与二级市场的作用,如国际证券的发行承销和分销、金融衍生工具的创造和交易、国际证券自营买卖及基金管理等。

(二) 其他非银行跨国金融机构

20世纪80年代以来,个人投资者不断将其证券投资事务委托给各类金融机构,从而使得机构投资者的份额和地位日益上升。这些机构包括各种共同基金、对冲基金、养老基金、保险公司等。同时,随着国际证券市场的发展,这些机构的证券投资也日益向海外发展,成为国际证券投资的主体。

1. 共同基金。共同基金是通过信托、契约或公司的形式,通过公开发行基金证券将众多的、零散的社会闲置资金募集起来,形成一定规模的信托资产,由专业人员进行投资操作,并按出资比例分担损益的投资机构。20世纪80年代以来,共同基金发展迅速,被引进许多发达国家和发展中国家,标志着它已步入到全球发展阶段。

2. 对冲基金。对冲基金又称套头基金、套利基金和避险基金。其操作宗旨是利用期货、期权等金融衍生产品以及对相关联的不同股票进行实买实卖、风险对冲的操作技巧,在一定程度上可规避和化解证券投资风险。现在的对冲基金已成为一种新的投资模式的代名词,即基于最新的投资理论和极其复杂的金融市场操作技巧,充分利用各种金融衍生产品的杠杆效用,承担高风险、追求高收益的投资模式。

对冲基金的特点是:比其他机构投资者受较少的管制;对冲基金的投资者多为高收入者,对风险具有较高的承受力;往往大规模地使用财务杠杆,从而大大增强其市场影响力;其收益分配机制更具有激励性,通常在固定比例管理费的基础上还有基金净投资收益的一定比例作为激励费支付给经理人员,因而对冲基金汇集了投资界许多尖端人才。

3. 养老基金和保险公司。养老基金和保险公司传统上一直是工业化国家金融市场的重要投资者,控制着相当规模的证券投资。随着养老基金和保险公司的投资组合向国际化发展,它们已成为重要的国际间接投资参与者。20世纪80年代以来，其持有的外国证券比重有所上升，但总体上看，养老基金和保险公司的国际投资多样化程度远低于共同基金。1996年养老基金、保险基金的持股比重为28.5%，共同基金的持股比重为14.5%，三者的总和达43%，几乎占据半壁江山。截至2011年三季度末，养老基金持股规模为6.073万亿美元，为美国股票市场最大的机构投资者，美国共同基金持股4.7万亿美元，仅次于养老基金，为美国第二大股市机构投资者。

案例研究

案例一 汇丰的国际化管理模式

汇丰（HSBC Holdings plc）是一家跨国型集团化企业，诞生于中国香港地区，成长于亚太，如今其版图横跨亚欧美，是人们眼中的金融巨人，是国际顶级的金融机构，也是目前中国最大的外资银行。

汇丰作为一个全球背景下的集团企业，在发展过程中逐渐形成了"环球金融、地方智慧"的战略构想，浓缩了它经营、用人和成长的理念。所谓"环球金融"，不仅指网络遍及世界，而且指服务无国界，标准如一；所谓"地方智慧"，是指汇丰致力于在当地提供本地化的服务、积极利用地方的人才智慧，并努力成为地方的"企业公民"。可见，汇丰不仅仅是一家"全球银行"，更是一家全球性的"当地银行"，体现了全球化与本土化的完美结合。

受美国次贷危机的沉重打击，2008年众多欧美国际大型银行出现大幅亏损，而汇丰却实现了微弱的盈利，能够盈利是由于汇丰长期以来秉承了全球化的发展战略，而利润大幅下滑则是因为2008年汇丰在美国市场出现巨额亏损。汇丰能够在短短的几十年内成功推进全球化战略，使得其资产、利润来源分布于全球，主要得益于两大重要支柱：一是全球并购，二是全球上市。

跨国并购紧扣汇丰基本发展需要。首先，并购配合集团的发展战略。对恒生银行的并购，一举奠定了汇丰在香港银行业的垄断地位，使其在香港及整个亚太地区站稳了脚跟，而恒生银行在此后的发展过程中也为整个汇丰集团源源不断地输入了现金及盈利，有力地支持了汇丰的全球扩张。通过收购英国米特兰银行，汇丰实现了进军欧洲市场的战略构想，且成功地帮助汇丰将集团总部从香港迁回了伦敦。其次，并购体现明确的业务方向。如并购法国CCF，就是因为其拥有超过100万的客户，尤其是在法国本土的个人理财服务具有优势，能帮助汇丰在欧洲大陆的零售银行业务上站稳脚跟，且能够配合汇丰的财富管理、工商及金融机构业务，以及资产管理等服务，便于其在全球推广"增值管理"和"卓越理财"的发展战略。最后,并购对象具有未来盈利的潜质。

虽然世界金融危机对银行品牌价值产生了严重影响,汇丰仍以254亿美元的品牌价值在英国《银行家》杂志2009年2月揭晓的"全球金融500强"评选中再次名列榜首,成为全球最具价值的金融服务品牌。

案例思考与讨论:

1. 汇丰作为大型跨国公司国际化成功的原因有哪些?
2. 汇丰的全球化经验对中资银行推进全球化战略有何启示?

案例二 谷歌(Google)在中国

谷歌(Google)、推特(Twitter)、脸谱(Facebook),这些你见不到的公司在中国没有用户、但有客户。谷歌在中国的生意最近遇到了一个新的竞争对手,3月10日,推特发表声明,它将正式在香港设立办公室。署名"Twitter Advertising"的账号在随后发布的一条推文中把话说得更加直接:"大家好!由Peter Greenberger负责的Twitter香港新办公室已经准备好了,它将帮助中国公司走向世界。"

"如果中国的广告主想要在美国、巴西、印尼、英国、印度和欧洲这些地方找到消费者,那我们一定是最好也最有效率的广告平台。"Greenberger随后在接受Campaign采访时说道。

和谷歌、脸谱一样作为"墙"外的科技巨头,虽然从某种意义上来说"放弃"了中国庞大的用户群体,但并不意味着它们不在中国做生意。"现在,我们可以去华为、中兴和小米,对他们说这样的话:现在人人都在Twitter上聊手机,你们也可以想想怎么给你的产品写推文了。更方便的是,你们还可以在他们刚发完推文之后立马找到他们,@他们。"Greenberger说。事实的确如此。2013年9月,原谷歌公司全球副总裁Hugo Barra加盟小米。2014年5月,雷军在接受《福布斯》采访时,明确表示将进军海外市场。联想的海外策略早在2005年就开始,2013年10月,《乔布斯》的男主角阿什顿·库彻成为联想产品工程师,算是为自己海外的形象造势。目前联想销售收入的62%都来自海外市场。联想CEO杨元庆说过,联想智能手机的更大机会在海外。2014年在美国上市的阿里巴巴,可以从天猫国际看到阿里对海外市场的觊觎。越来越多的中国公司正在把国际化作为一个新的公司战略。但这些积极拓展海外市场的公司面临一个共同的问题:如何建立品牌知名度,尽管他们在中国已经到了家喻户晓的程度,但诸如华为这样在海外市场打拼多年也仍然没有建立一个强势的品牌印象。这正是推特、脸谱、谷歌的机会,他们有庞大的全球网络。其实脸谱公司2014年5月也被传出考虑在中国设立销售办公室,以服务中国地区的广告商。当时,彭博社也曝出,脸谱公司已租下了北京财富金融中心一处800多平方米的办公区域。在推特公司目标做中国企业生意成为新闻的当下,这对谷歌来说已然是一则旧闻了,它已经做了七八年的中国企业海外"代言人"了。

这也是为什么成立于 2006 年但在 2010 年关闭页面搜索业务、将服务器搬到香港的谷歌中国,如今依然在海淀清华科技园拥有一栋独立办公楼,并且正在以另一种方式留在国内。在目前供职于谷歌中国的 800 多名员工中,占最大比例的就是服务中国企业的谷歌销售人员。2014 年,谷歌在中国的这门生意创造了约 60 亿人民币的营收。

案例思考与讨论:

1. 谷歌公司退出中国市场,但谷歌 2014 年在中国为什么仍赚了 60 亿?
2. 谷歌在中国市场退出,就必然意味着失败吗?我们是否可以把它理解为战略转移,抑或仅仅是一个实验的结束?

思考题

1. 最常用的度量跨国公司国际化经营的指标是什么?
2. 跨国公司的特征有哪些?
3. 跨国公司的组织结构主要经历了哪几种形式?
4. 跨国公司组织结构的特点是什么?
5. 跨国公司营销战略可以分为哪两种?

第七章 国际证券投资

International Securities Investment

随着融资方式的发展，发行以及购买各种证券已经成为当今世界个人和企业融资和投资的主要手段。本章主要介绍了证券的含义、证券的特征、国际证券投资未来的发展趋势、国际证券市场、证券发行市场和流通市场、证券交易所的各种形式，以及纽约、纳斯达克、伦敦、东京、香港证券交易所的基本概况和上市标准等。

学习要点

With the development of financing ways, issuing and buying various securities have become the main financing and investing way of modern individuals and corporations. This chapter mainly introduces the meaning and characteristics of securities, the future developing trend of international security investment, the issuing market and circulation market of securities, various ways of stock exchanges and the basic condition and issuing standards of New York, NASDAQ, London, Tokyo and Hong Kang Stock Exchanges.

第一节　国际证券投资概述

一、证券投资的含义

证券是代表一定财产所有权和债权的凭证，它是一种金融资本，表示对财产的一项或多项权益，其内容包括占有、行使、处分和转让等。实际上，证券就是权益的象征，合法地拥有证券就意味着合法地拥有权益，这种权益将随着证券的转让而转移，因而，权益正是证券的价值所在。

证券具有狭义和广义之分，狭义的证券是一种有面值的、能给持有者带来收益的所有权和债权的证书，其具体内容包括股票、债券和基金证券等资本证券。广义的证券内容十分广泛，它除了包括股票、债券和基金证券在内的资本证券以外，还包括货币证券、商品证券、不动产证券等。货币证券指的是支票、本票、汇票等；商品证券是指水单、仓单、提单等；不动产证券指的是房契和地契等。在我们日常生活中所说的证券指的是狭义的证券，即股票、债券和基金证券。在大陆法系的国家中，证券被认为是有价证券的简称。有价证券是具有一定面额，代表一定的财产权，并借以取得长期利益的一种凭证。有价证券既属于经济的范畴，也属于法律的范畴，其经济范畴主要表现为有价性和收益性，即它可以买卖和转让，并能凭此取得收益；其法律范畴主要体现在证券与权益紧密相连，以及证券发行和流通的规则性。

证券投资是指个人、企业以赚取股息、红利、债息为主要目的购买证券的行为。证券投资是一种不涉及资本存量增加的间接投资，证券本身不是商品，但它可以作为商品在市场上进行买卖。证券作为商品的时候与一般商品不同，一般商品是用于满足人们的某种需要，其价值是由生产该产品所需的必要劳动时间决定的，而投资者购买证券是为了满足其增值欲望，证券的价值由证券发行企业的经营状况决定。证券投资的作用不仅仅体现在能给投资者带来收益，而且还能加速资本集中，促进社会资金的合理流向，以满足从事社会化和国际化生产的企业对巨额资金的迫切需求。证券投资是资本流动的形式之一，证券投资的国际化，不仅使闲置资本在世界范围内得到广泛的利用，促进了世界性的经济发展，而且为证券投资企业和个人带来了更广阔的投资机会。目前，证券投资已经发展成为国际投资活动的主要形式之一。

二、证券投资的特征

证券投资是以获取收益为目的并以信誉为基础的，投资者能否获取收益或收益多少取决于企业的经营状况,证券的持有者还可以将证券在证券市场进行买卖和转让,这些就决定了证券投资具有投资的收益性、投资行为的风险性、价格的波动性、流通中的变现性和投资者的广泛性等特征。

(一) 投资的收益性

投资的收益性是指证券的持有者可以凭此获取债息、股息、红利和溢价收益。证券投资的收益分为固定收益和非固定收益两大类,购买债券和优先股的投资者取得的收益是固定的,无论证券发行者的经营效益如何,他们分别获取固定的债息和股息,而购买普通股和基金证券的投资者所获取的收益是非固定的,他们能否获取收益或收益的多少取决于证券发行者经营效益或基金运作的情况,盈利多则收益多,盈利少则收益少,亏损或无盈利则无收益。据统计,美国债券的投资者年平均收益率为8%左右,而股票投资者的年平均收益率在10%以上。此外,证券的投资者还可以通过贱买贵卖获取溢价收益。

(二) 投资行为的风险性

证券投资者可以获取收益,同时必须承担风险。其风险主要来自四个方面:

1. 经营风险,即证券的发行企业在经营中,因倒闭使投资者连本带利丧失殆尽,或因亏损在短期内没有收益而给投资者造成损失。
2. 汇率风险,即由于投资者所用货币贬值,导致债券等的投资者到期所得到的本金和利息不足以弥补货币贬值带来的损失。
3. 购买力风险,即在投资期内,由于通货膨胀率的原因,货币的实际购买力下降,从而使投资者的实际收益下降。
4. 市场风险,即投资者往往会因证券市价的跌落而亏损。此外,政治风险往往也是证券投资者不可回避的因素。

购买任何证券的投资者都要承担一定的风险,只是承担风险大小的不同而已。投资股票的风险一般要大于投资于投资基金的风险,而投资于投资基金的风险又大于投资债券的风险,投资于政府债券的风险又要比投资于其他债券的风险小得多。实际上,证券投资的收益越多,投资的风险也就越大。

(三) 价格的波动性

企业往往根据其发行证券的目的、企业的发展规划和发行方式的不同,来决定证券的发行价格,但由于企业的经济效益、市场、投资者心理和政治等因素的影响,导致市场的交易价格与票面值或发行价格相偏离,这种偏离会给投资者带来收益或损失。当然,很多投资者都想利用价格的波动来满足其资本增值的欲望。

(四)流通中的变现性

证券在流通中的变现性指的是证券的让度性和可兑换性。证券的投资者可以在证券市场上按照法定的程序将证券公开进行买卖和转让,即持有者可以根据自身的需求和市场的具体情况自由地将证券变为现金。变现性的强弱取决于证券期限、收益形式、证券发行者的知名度、证券的信用和市场的发达程度等多种因素。一般说来,证券的信誉越高、期限越长、发行者的知名度越大、市场运行机制越发达,证券在流通中的变现性越强;否则,其流通中的变现性就较差。

(五)投资者的广泛性

投资者的广泛性主要是指参与证券投资的人多而且面广。证券的投资者既可以是政府和企业,也可以是个人,其中社会大众是主要的证券投资者。证券投资对投资者的投资数量不做具体限制,投资数量由投资者根据其资金数量的多少和风险的大小自行决定,这就为寻求资本增值的社会大众参与证券投资提供了可能。据统计,美国有 1/3 的人口参与了证券投资,中国近年出现的"股票热"和"投资基金热"也充分说明了这一点。

第二节 国际证券投资的发展趋势

作为国际投资活动重要组成部分的证券投资,在整个 20 世纪 80 年代和 90 年代的最初几年一直呈迅猛发展的态势。纵观目前国际证券投资的现状,国际证券投资未来将呈以下发展趋势。

一、证券交易国际化

证券交易国际化主要表现在四个方面:一是证券发行、上市、交易的国际化,这主要体现在一国的筹资者不仅可以申请在其他国家发行和上市交易有价证券,而且在其他国家发行的证券既可以本国货币为面值,也可以东道国或第三国货币为面值;二是股价传递的国际化,即任何一国的股市行情都对其他国家有示范效应;三是多数国家都允许外国证券公司在本国设立分支机构;四是各国政府及各类国际组织均加强了证券投资合作与协调。

二、证券投资基金化

在证券投资活动中,个人投资者数额小而且资金分散,难以参与收益较高和资本额要求较高的证券投资活动,于是各种投资基金便应运而生。投资基金一般由专家运营,采用投资组合,而且由不同的机构进行运作、管理和监督,这不仅提高了投资者的收益率,也减少了投资风险。

三、证券投资的增长速度超过了直接投资

从第二次世界大战结束到20世纪70年代末,国际直接投资一直占有主导地位,其中发达国家在1951~1964年的私人投资总额中,大约有90%采用直接投资,其私人直接投资额从1960年的585亿美元增加到1980年的4 702亿美元,增长速度为11%。进入80年代以后,国际证券投资的增长速度超过了国际直接投资。1981~1989年,国际债券市场的发行量从528亿美元增至2 500亿美元,平均每年增长18.9%。世界最大的投资国美国1980~1993年的对外证券投资由624.5亿美元增加到5 184.8亿美元,平均每年增长17.7%,而美国同期的对外直接投资仅从2 154亿美元增加到5 486亿美元,平均每年只增长7.5%。1994~2001年国际证券投资每年的增长率一直保持15%以上。受美国经济衰退的影响,随着美国股市的暴跌,2001~2005年证券投资的数额虽有所减少,但国际证券投资的增长势头还会随国际金融市场的发展与完善,以及发展中国家经济建设速度的加快及对资金需求的急剧增长,还会保持相当一段的时间。

四、债券在国际金融市场融资中所占的比重日益提高

国际债券融资一直是国际融资的一种方式,而且债券融资的地位在不断提高。1975年,在国际金融市场融资总额585亿美元中,债券融资仅为187亿美元,占融资总额的32%。而1994年债券融资达到了2 939.4亿美元,占当年国际金融市场融资总额4 741亿美元的62%,进入21世纪以后基本可以维持在此水平以上。债券融资占国际金融市场融资比重的提高与各国证券市场的开放、证券市场的统一化和国际化,以及交易的多样化有关。

五、流向发展中国家的证券资本在不断增加

20世纪80年代以来,国际资本流动的总态势是流向发展中国家。进入90年代以后,流向发展中国家的证券资本也在迅速增加。例如,1993年,在全球海外股票投资的1 592亿美元中,有525亿美元流向发展中国家,占了股票总投资额的33%。1989~1997年,流向发展中国家的证券投资每年平均递增34%左右,1998~2005年的递增速度也在20%以上,主要流向新加坡、马来西亚、泰国、印尼和中国大陆等亚洲的新兴市场。这主要与发达国家的低利率政策,以及发展中国家经济发展迅速、市场收益率高、风险较小等因素有关。

第三节 国际证券市场

一、国际证券市场概述

国际证券市场由国际证券发行市场和流通市场组成。国际证券市场一般有两层含义:第一层含义是指已经国际化了的各国国别证券市场;第二层含义指的是不受某一具体国家管辖的境外证券市场。目前,绝大多数的国际证券市场属于第一层含义的证券市场,只有欧洲债券市场属于第二层含义的国际证券市场。由于股票是目前国际证券市场上交易量最大的有价证券,所以人们通常所称的证券市场一般是指股票市场。

国际证券市场历史悠久,最早可以追溯到17世纪创立的荷兰阿姆斯特丹证券交易所。19世纪70年代以后,以股票为中心的证券交易所如雨后春笋蓬勃地发展起来,尤其是第二次世界大战以后,股票和债券交易量的大幅度增加,使世界上形成了诸如纽约、伦敦、东京等许多著名的国际证券交易所。国际证券市场不仅可以吸收社会大量闲散资金并使其在国际上进行合理地配置,而且还为企业转移和分散风险,以及投资者利用闲置资本获取利润提供了机会。国际证券市场已成为当代国际金融市场的重要组成部分。

二、国际证券发行市场和流通市场

国际证券市场由两部分组成,即证券发行市场和流通市场。证券发行市场一般称为"初级市场"或"第一市场",证券流通市场往往被称为"次级市场"或"第二市场"。

(一) 国际证券发行市场

国际证券发行市场是向社会公众招募或发售新证券的场所或渠道。由于发行市场卖出的是新印发并第一次出售的证券,所以称为"初级市场"或"第一市场"。

证券发行市场由发行人、购买者和中间人组成。证券市场上的发行人一般是资本的使用者,即政府、银行、企业等;证券的购买者多为投资公司、保险公司、储蓄机构、各种基金会和个人等;中间人主要包括证券公司和证券商等。证券发行市场一般有固定的场所,证券既可在投资公司、信托投资公司和证券公司发行,也可在市场上公开出售。证券发行的具体方式有两种:一种是在证券公司等金融机构的协助下由筹资企业自行发行;另一种是由投资银行等承购商承购,然后由承购商通过各种渠道再分销给社会各阶层的销售者进行销售。当新证券发行完毕后,该新证券的发行市场也就自行消失。

(二) 国际证券流通市场

国际证券流通市场是指转让和买卖那些已由投资者认购了的证券的市场,因此它也被称为"次级市场"或"第二市场"。证券的发行市场是制造证券的市场,它是流通市场产生的基础,而流通市场为投资者提供了转让和买卖证券的机会,满足了投资者渴求资本短期收益的欲望,从而起到了引导投资导向和变现的作用。证券流通市场一般有四种形式,即交易所、柜台交易、第三市场和第四市场。

1. 证券交易所。证券交易所是属于有组织的规范化的证券流通市场,这里的投资者必须通过经纪人按法定程序从事证券的交易活动。交易所内买卖的证券也必须是经有关部门核准上市的证券。交易所内的证券交易集便利、迅速、公平、合法于一体(具体内容将在后面做专门介绍)。

2. 柜台交易。柜台交易是指在证券交易所以外进行的交易活动,亦称场外交易。这种交易在17世纪已经出现,但当时人们多在柜台上进行,所以又称店头交易。柜台交易的证券多属可以公开发行、但未在证券交易所登记上市的证券。柜台交易的数量没有起点和单位限制,不通过竞价买卖,交易者可以不通过经纪人直接买卖证券,协议成交。柜台交易也有固定的场所,一般在证券经营商的营业处进行。由于柜台交易满足了不同类型和不同层次的证券投资者的需求,因而得以迅速发展。

3. 第三市场。第三市场是指非交易所会员从事大量上市股票买卖的市场,也就是说,交易的证券已经上市,但却在交易所以外进行交易。第三市场是20世纪60年代才开创的一种市场。在第三市场进行证券交易的投资者可以节省在交易所内应缴纳的佣金等交易费,因而这种市场的交易额占各种证券市场交易额总和的比重不断提高。目前,有很多投资公司、基金会、保险公司等也频繁地在第三市场上从事证券交易活动。

4. 第四市场。第四市场指的是各种机构或个人不通过经纪人,直接进行证券买卖交易的市场,它实际上是通过计算机网络进行大量交易的场外市场。在第四市场上进行交易,不仅使交易者的身份得以保密和节省佣金等交易费用,而且成交迅速。第四市场上的交易活动,交易者往往互不知道对方的身份,通过将信息输入电脑来寻找客户,双方通过电脑进行磋商,最后达成交易。

三、证券交易所

证券交易所是买卖和转让已核准发行的债券、股票等有价证券的交易场所,它是一种大型的、有高度组织的交易机构。证券交易所属于二级市场,同时也是二级市场的主体和核心。

（一）证券交易所的组织形式

证券交易所的组织形式一般有两种,一种是公司制,另一种是会员制。

1. 公司制证券交易所。公司制证券交易所是由投资者以股份有限公司形式设立的、以盈利为目的的法人机构。这种交易所是由股份公司提供场地、设备和服务人员,并在主管机构的管理和监督下,证券商依据证券法规和公司章程进行证券买卖和集中交割。公司制证券交易所相当于一个以盈利为目的的自负盈亏的私人公司,其收益主要来自发行证券的上市费和证券交易的手续费。证券公司本身的证券大都不上市交易,公司本身也不自行或代客买卖证券。目前,世界各国的多数交易所属于公司制证券交易所。

2. 会员制证券交易所。会员制证券交易所是由证券商自愿组成的非法人团体。会员制交易所不以盈利为目的,在交易所内进行交易的投资者必须为该所的会员,其会员资格是经过交易所对学历、经历、经验、信誉和资产的认证以后取得的。会员制交易所的会员既可以是投资银行、证券公司、信托公司等法人,也可以是自然人。交易所的费用由会员共同承担。这种交易所也同样提供场地、设备和服务人员,证券的投资者只能通过经纪人代为买卖。发达国家的交易所以前多属于会员制交易所,但目前他们中的多数已转为公司制交易所。

（二）证券交易所的证券商

由于只有证券交易所的会员才能进入交易大厅进行证券买卖,因此,对于大众投资者来说,他们没有资格进入交易所大厅进行证券买卖,只有委托证券商作为其经纪人代为买卖。在现代证券交易所中,证券商大致有以下六类:

1. 佣金经纪人,亦称代理经纪人。他们是由证券公司派入交易所大厅的、专门根据顾客的指示代客买卖证券的经纪人。交易完毕以后,由佣金经纪人通知证券公司,再由证券公司通知客户。佣金经纪人赚取佣金,不承担任何风险。

2. 二元经纪人,亦称交易所经纪人。这种经纪人不直接接受客户的委托,而是在交易繁忙时接受佣金经纪人的委托买卖证券的居间经纪人。二元经纪人不属于证券公司,是以个人身份在交易所取得席位,他们也收佣金,其佣金数量按经手的股数计算。二元经纪人因过去每天买卖100股获取佣金2美元而得名。

3. 证券自营商,也称交易所自营商或独立经纪人。他们不是为顾客服务,而是为自己买卖证券的证券商。证券自营商自负盈亏,并以低进高出来赚取证券的买卖差价。按照各国的做法,只要是证券交易所的会员,均可以在交易所自行买卖证券,但这些人在交易所大厅内为数很少。

4. 零股交易商。证券交易所通常以 100 股或 1 000 股为一个交易单位,而零股交易商是专门从事经营或接受委托买卖不足一个交易单位数额证券的证券商,如经营 1~99 股。零股交易商必须以个人身份买卖证券,他们的收入不是来自佣金,而是证券买卖的差价,他们服务的主要对象是佣金经纪人,零股交易商使小额投资者能参与证券交易所的证券买卖。

5. 专家经纪人。专家经纪人是证券交易所中的一种特殊的经纪人,他们是按照专业的分类,专门从事一种或数种特定证券交易的经纪人。专家经纪人既接受佣金经纪人或交易商的委托买卖证券,也为自己买卖证券。此外,这种经纪人还肩负着在合理的情况下,保证证券市场有秩序地运营的义务。在证券价格出现暴涨或暴跌时,他们要以自己的资金买进或卖出证券,使证券价格稳定在一个合理的范围内。

6. 债券经纪人。债券经纪人是代客买卖债券、收取佣金的经纪人。债券经纪人在代客买卖债券的同时,还可以为自己从事证券的交易活动。

(三) 证券交易所交易的基本程序

由于在证券交易所进行证券交易的大多数投资者是通过经纪人买卖证券的,这就使证券交易更为复杂。目前,西方国家证券交易所的交易程序大都经过以下几个步骤:

1. 选择证券经纪人。证券投资者应首先在某一家银行或证券公司等金融机构中选择一个符合自己要求的经纪人。选择经纪人的标准,主要有经纪人所属证券公司的声誉和经纪人本人的声誉、资历、经验等。此外,还可以通过报纸上的经纪人广告来寻找。对于一个缺乏经验的初次投资者来说,寻找一个经验丰富的经纪人作为决策参谋是很有必要的。

2. 开立账户。即投资者到选定的经纪人公司办理开户手续。在开立账户之前,经纪人公司要对申请开立账户的客户进行调查,如果对客户的信誉情况搞不清楚,经纪人公司可以要求客户交纳抵押金或提供银行担保。待开户申请批准后,经纪人公司发给客户同意书,并予以编制账号,填制"开立账户卡"给客户。账户实际上是投资者与经纪人所签订的、规定有双方权利和义务的委托买卖证券的契约。目前证券买卖开立的账户有四种:一种是现金账户,即客户在成交以后,买方必须在清算日或清算日之前全额支付价款,卖方也必须交清出售的证券;第二种是保证金账户,即以证券商提供资金信用购买证券的方式所开立的账户;第三种是联合账户,即由两个或两个以上的投资者共同开立的账户;第四种是随机账户,即客户授权经纪人自主决定并随机根据行市的变化进行交易的账户,它亦称授权账户。

3. 委托。开立账户以后,投资者便可委托经纪人买卖证券。委托可以当面委托,也可以通过电话、电报、电传、信函等形式进行委托。委托还需填写委托书,委托书一般注明委托人的姓名、账户、时间、股票名称、买卖数额、委托方式和类型等。委托的类型一般有五种:①购买与出售委托,购买委托是委托经纪人购进证券,出售委托是委托经纪人卖出证券;②整数与零数委托,委托交易的单位为一个或其倍数的委托叫整数委托,交易单位为一个单位以下的委托为零数委托;③市价委托与限价委托,由经纪人按市价自行决定交易的委托为市价委托,要求经纪人在一定的价格范围内进行交易的委托为限价委托;④当时委托和公开委托,委托时间从委托有效期开始至当日交易所营业终止时结束的叫当时委托,公开委托是指当周委托、当月委托或不定期委托;⑤授权委托,它包括完全授权委托和限制授权委托,前者是指客户对经纪人买卖股票的种类、数量、价格等方面不加以任何限制,而后者指的是客户对经纪人在买卖股票的种类、数量、价格等方面加以限制;⑥停止损失委托,即客户委托经纪人在股价升至其指定限度以上或股份跌至其指定限度以下时,为其按市价买进或卖出股票,以维护其既得利益或减少损失。

4. 成交。经纪人接到委托指令后,马上到交易台前执行委托,在了解行情以后,便可进行讨价还价。在证券交易所内买卖证券是通过竞价方式进行的,这种方式也称双边拍卖,即买者之间相互竞以高价买进,卖者之间竞以低价卖出,最后将两头凑近达成交易。按交易所的规定,后者喊出的卖价不得高于前者,而后者喊出的买价也不得低于前者。报价和竞价的方式目前主要有三种:口头、填单和电脑。

5. 清算。清算就是证券的买卖双方在成交以后,通过证券交易所的清算公司将双方交易的数量和价格等进行轧抵,并计算出差额的过程。

6. 交割。交割是证券的卖方交票、买方付款的过程。在成交并经过清算之后,便可进行交割。但在证券交易所的证券交易中,并不一定对每笔交易都进行交割,只对其净差额的证券和价款进行交割。交割也并不是在成交后立即进行,交割的时间一般有几种确定的方法:①当日交割,即在成交当日进行证券和价款的收付;②次日交割,即在成交日后的下一个营业日进行证券和价款的收付;③例行交割,即按当地交易所的例行规定,从成交日算起的若干个营业日内完成交割;④选择交割,即证券交易双方自行选定交割日期,选择交割的期限一般在成交日后的5~6天进行,选择交割多用于场外交易。

7. 过户。过户是办理证券所有权变更的过程。在成交以后,如果证券的买方不打算在短期内卖出便可办理过户,过户仅限于记名的证券,过户时需要买方持有经原证券所有人背书的证券和成交通知书,并填有过户申请书,过户一般均由经纪人代为进行。如果投资者买进是为了卖出以赚取买卖差价,就可不必办理过户手续。

第四节 世界著名的证券交易所

几乎所有实行市场经济的国家都有证券交易市场,而且一般不止一个,因此,世界各国大大小小的证券交易市场数量难以计数。但是,目前世界上规模最大并且最具影响的证券交易市场应数纽约证券交易所、伦敦证券交易所和东京证券交易所,我国的香港联合证券交易所在国际知名的交易所中也占有一席之地。

一、纽约证券交易所

纽约证券交易所成立于1792年,距今已有200余年的历史,它位于世界公认的金融中心美国纽约曼哈顿的华尔街。纽约证券交易所原是会员制交易所,受20世纪70年代初经济危机的影响,于1972年7月改为公司制,但纽约证券交易所仍实行"席位"会员制。今天的纽约证券交易所拥有会员1 416名,其中1 366名"席位"会员,代表着600多家证券经纪公司,约有4 000多种证券每天在这里进行交易,其中有3 600多种股票和500多种债券,每日的成交额达数百亿美元。截至2014年2月28日,在纽约证券交易所交易的外国企业已有522家,其中中国企业共有82家。

在纽约证券交易所里,只有拥有"席位"的会员才有资格进入纽约证券交易所的交易大厅进行交易,按纽约证券交易所的规定,只有在"席位"会员出现空缺时,才会吸纳新会员。纽约证券交易所过去只接纳个人会员,而目前会员的资格既可以是从事证券交易的个人,也可以是公司企业或合伙企业。从目前的会员结构上看,个人会员占60%以上,但作为个人会员必须是年满21岁以上的美国公民。吸纳新会员的程序是,在申请人提交了入会申请书后,交易所先对申请人身世、阅历、信用等情况进行调查,合格后需经该交易所董事会2/3以上董事的通过便可获得会员席位。申请人在获得会员资格的同时,必须同时买入一个席位,其价格根据当时证券业务的状况而定,在纽约证券交易所的历史上,会员"席位"的价格最低是1.7万美元,最高时达180万美元。作为会员每年必须缴纳总共1 500美元的会费和年费,而且还要将相当于净佣金的1%上交给交易所。此外,在任何一个会员死亡时,每位会员必须捐赠15美元的瞻仰费。纽约证券交易所在管理上是民主的,最高权利机构是董事会,董事会由21名董事组成,除董事长由董事会推荐外,其余20名董事由交易所内的普通会员选举产生,任期两年。在20名董事中,10名代表证券商,另10名代表广大投资者的利益。负责交易所日常工作的是由董事长任命的总裁。按交易所的规定,董事长和董事不得和任何经纪人和自营商有任何关联。

纽约证券交易所的主要部分是交易大厅,其面积相当于足球场的3/5,气势十分壮观。厅内分股票和债券两个交易厅,20 世纪 80 年代初,交易所将原来的 22 个交易站改为 14 个,其中 7 个交易站在主厅,3 个在位于左侧的蓝厅,4 个在位于右侧的东厅。每个交易站又按大小分设 16~22 个小站,每一笔交易都必须在小站进行。在大厅的周围及每个交易站的上方都配有电子显示设备,交易所内的任何一位经纪人坐在交易台前,只要一按按钮,即可获得各种证券的最新行情。交易厅的周围有许多电话和传真机等通信设施。纽约证券交易所为了与世界其他各地交易所相衔接,其交易时间由过去的 6 小时改为从上午 9:30 至下午 4:00 的 6 个半小时,这不仅方便了投资者,还使全世界每天 24 小时不间断地连续进行交易。但是,如果股票指数在上午下跌 250 点,交易将停止半小时,下午下跌达到 400 点,交易将停止 1 小时。纽约证券交易所对公众是开放的,参观者虽然不能进入交易大厅,但可通过电梯到达位于交易大厅四周较高的观测台,透过观测台的玻璃俯视交易大厅的概貌和厅内经纪人的日常交易情况。

纽约证券交易所采用的交易方式有现款交易、例行交易、发行日交易和连带选择权交易四种。在无特别指令的情况下,所有委托都采用例行交易,例行交易的交割手续是在第 5 天进行,这是 1820 年以来的传统做法。纽约证券交易所大厅内从事交易的"席位"会员分为经纪人和专业股票商两大类。专业股票商是受经纪人的委托进行股票交易,因此又称经纪人的经纪人。纽约证券交易所原来一直实行固定佣金制,1975 年取消了这一做法,其佣金的标准大致为:交易额不足 5 000 美元的,其佣金为交易额的 2%~10%;交易额在 5 000~20 000 美元的,其佣金为 1.5%~2%;20 000 美元以上的为 1.5% 以下。

纽约证券交易所对申请在该所上市的公司有严格的标准,即公司必须拥有 1 600 万美元的有形资产和总值相当于 1 600 万美元的股票,拥有 2 000 个以上的股东,其中公众持股不得少于 100 万股,最近一年的赢利必须达到 250 万美元,过去两年的平均利润不少于 200 万美元。申请上市的公司被批准上市以后,先缴纳 2.5 万美元的入会费,然后每年缴纳一定数额的会费。对批准在该所上市的公司出现下列情况之一者,将会被停止上市资格:①持股的股东低于 1 200 个;②公众拥有的股票总值低于 500 万美元;③公众持股少于 60 万股。从近几年的情况看,纽约证券交易所每年都有因不符合上述标准而被停止在该所上市资格的公司。纽约证券交易所还有一个显著的特点,就是不以数字来代表上市公司的股票,而是以 1~4 个字母来表示,如 S,H,D,或 FA,HE,KT,或 KHN,TIM,QWE,或 SYU,GAV,OPY 等,其中使用 3 个字母的居多,使用一个字母的为数极少。

美国对证券业务有一套较为完善的管理体制,其中直属美国总统领导的证券交易委员会对证券经营机构、证券的发行、证券交易等实施全面的管理权,该委员会还按经济区域直接在当地派驻机构和人员对证券市场进行监管。此外,美国还颁布了一整套有关证券交易方面的法律,主要包括《证券法》《证券交易法》《政府证券法》《信托契约法》《投资公司法》《投资顾问法》等。

二、伦敦证券交易所

伦敦证券交易所成立于1773年,具有200余年的历史,是世界上最古老的证券交易所,也是目前世界上三大交易所之一。伦敦证券交易所的交易地点不仅设在伦敦,而且在英国的格拉斯哥、利物浦、伯明翰等城市也设有交易场所。伦敦证券交易所虽然是一个股份有限公司,但也属于会员制交易所。该交易所的会员代表着381家证券公司。该交易所的会员不能是其他交易所的会员,而且只有原有会员退出该交易所后,才会补充新会员。交易所的最高权利机构是理事会,理事会由52名理事组成,其中46名理事从会员中选举产生,1名是政府经纪人,5名是聘请的列席理事,理事的任期为3年。理事会下设业务、人事、仲裁和财政四个委员会,主持日常工作的是由理事会任命的总经理。

截至2014年年底,在伦敦证券交易所上市的证券有10 000多种,上市的公司约有2 700家,有来自70多个国家和地区的上市公司,其中英国本土的上市公司1 263家,国外公司有819家,但外国上市公司的资产总额却占该交易所上市公司资产总额的约70%,伦敦交易所外国证券年均交易总额约为6万亿美元。申请在伦敦证券交易所上市的公司首先填写申请表,并编写上市说明书,拟上市公司的董事们必须对上市申请书内容的准确性负责,上市说明书和申请表还必须在两家全国性的刊物上发表。上市说明书先由交易所的挂牌上市部进行审查,最后由公司的业务委员会对其资信和资格进行审核。伦敦证券交易所是典型的"自律型"管理体制,与美国和日本相比,英国政府对证券交易所的干预程度极低,其主要表现在两个方面:一是没有专门的证券法,有关证券管理方面的法规主要体现在1946年发布的《借贷法》、1948年颁布的《公司法》、1958年颁布的《反欺诈法》和1968年修订的《公司转移控制及合并规则》等金融管理方面的法规中。二是英国没有专门的证券管理机构,涉及证券交易的管理机构只有两个:一个是国家贸工部,其证券方面的管理职能是只对非交易所会员的证券商有一定的管理权及对证券的登记和发行的公开透明度行使调查权;另一个机构是英格兰银行,它只对经伦敦证券交易所已批准上市的公司证券给予认可,而没有真正意义上的审批权。

伦敦证券交易所有三大特色:①该所内上市的债券的交易量超过了其他证券的交易量,其中英国本国公债的大部分是在该交易所进行交易的,而且债券的大部分是外国债券;②在该交易所的大厅内不设综合行情咨询系统,也不报告当市的最新交易牌价,当市交易的详尽资料刊载在次日的《金融时报》等杂志上;③从成交到交割所间隔的时间是世界所有交易所中最长的,多数股票交易是在成交后的两个星期内交割,如遇节假日,交割手续顺延。伦敦证券交易所目前主要采用现款交易和两周清算交易两种,交易所内分成8个交易区,即政府统一长期公债市场、美国股票市场、美国债券市场、外国公债市场、英国铁路证券市场、矿业证券市场、银行证券市场和工商证券市场。伦敦证券交易所的开市时间从上午9:30至下午3:30共6小时。伦敦证券交易所的证券交易主要是在中间商和经纪人之间进行,该交易所经纪人的种类和职能与纽约证券交易所经纪人的职能大体相同,其佣金也是固定的,但对不同的证券有不同的佣金标准:股票的交易值在200英镑以下的,可酌情而定;交易值在200～467英镑的,佣金为7英镑;交易值在467英镑以上的,佣金为交易值的1.5%。伦敦证券交易所内的中间商与纽约证券交易所内的证券自营商相似,靠低价买进高价卖出来赚取买卖差价。

除主板市场之外,1995年伦敦证券交易所还推出了另项投资市场(AIM),AIM市场上市标准较低,主要面向新成立的、尚未达到主板市场所有标准的、具有较大发展潜力的中小企业,对有发展潜力的中小企业在AIM市场上市实行保荐人制度。伦敦证券交易所还具有高流动性、市场的多层次性、产品的多样化和高知名度。此外伦敦交易所还是世界上最大的股票基金管理中心。机构投资者是伦敦证券交易所的主要交易者,其交易份额占交易所交易总额的80%以上,因此,对国际上的大机构投资者具有极大的吸引力。

三、东京证券交易所

东京证券交易所创建于1879年,它的发展速度很快,目前已经超过具有200多年历史的伦敦证券交易所跃居世界第二位,成为世界著名的三大交易所之一。今天的东京证券交易所经历了艰难的发展过程,该交易所1941年曾与日本另外8家证券交易所合并成为官商合办的交易所。日本战败后,该交易所于1946年宣布解散。战后在美国对日本政治和经济的改革中,东京证券交易所按美国纽约证券交易所的模式重新开业,它是依据1948年出台的《证券交易法》而成立的社团。东京证券交易所也属于股份制交易所,并实行会员制。会员分正式会员和经纪会员,其中正式会员不超过83家,经纪会员不超过12家。正式会员必须是以证券交易为主要业务的证券公司,并按投资者的委托在交易所内进行交易。经纪会员以媒介有价证券买卖为专业。正式会员的最低注册资本为1亿日元,而经纪会员只需400万日元。交易所的最高权利机构是由一名理事长、23名理事和5名监事组成的理事会。

东京证券交易所内设有股票交易大厅、债券交易大厅、债券期货交易大厅、国债交易大厅和电脑系统买卖室。东京证券交易所股票交易有两种方式:一种是在交易大厅通过交易站进行交易,这里主要交易250种日本和外国股票;另一种是通过电子计算机进行交易，即经纪人公司通过中央处理器向经纪人发出指令，经纪人接到指令后通过计算机进行交易，并将交易的结果通过中央处理器立即返回给经纪人公司。该交易所股票交易的结算可采用当日结算、特约日结算和例行结算，当日结算就是在交易成交的当天进行股票或钱款的交割，特约日结算一般是在交易成交后15天内的某一日进行交割，例行结算是在交易成交后的第四个交易日进行结算，该交易所内的股票交易多数采用例行结算。至于债券交易，该交易所只允许面值100~1000日元的国债、大面值的可转换债券、世界银行债券、亚洲开发银行债券、欧洲日元债券和外国债券集中进行交易。东京证券交易所有两大特色：一是在交易大厅通过交易站进行股票交易时，买或卖股票的数量和价格是用一只手来表示的，交易时间是上午9:00－11:30，下午12:30－3:00。第二个特色是佣金的收取方法较为特别，东京证券交易所原来按股计算佣金，自1977年以后改为按交易额加一定的金额来计算佣金。如交易额在20万日元以下的，佣金为2 500日元；交易额在20万~100万日元的，佣金为交易额的1.5%；交易额在100万~500万日元的，佣金为交易额的0.9%加2 500日元；交易额在500万~1 000万日元的，佣金为交易额的0.7%加12 500日元；交易额在1 000万~3 000万日元的，佣金为交易额的0.757%加25 000日元；交易额在3 000万~5 000万日元的，佣金为交易额的0.375%加85 000日元；交易额在5 000万~1亿日元的，佣金为交易额的0.225%加160 000日元；交易额在1亿~3亿日元的，佣金为交易额的0.2%加185 000日元；交易额在3亿~5亿日元的，佣金为交易额的0.125%加410 000日元；交易额在5亿~10亿日元的，佣金为交易额的0.1%加535 000日元；交易额在10亿日元以上的，佣金为交易额的0.075%加785 000日元。东京证券交易所对在该所上市的公司也制定了标准，上市公司的股票先在第二部市场上市交易，然后才可进入第一部市场进行交易。如果其指标低于第一部市场上市的标准，就将降到第二部市场。第二部市场的上市标准为公司的纯资产价值必须在15亿日元以上，成立的时间不得少于5年，在东京范围内的公司其股本不少于600万股，东京范围以外的公司不少于2 000万股，10个最大股东所拥有的股数上市时不得超过上市总股数的80%及上市一年后不超过70%，公司最近3年的赢利额应分别达到2亿、3亿和4亿日元等。

日本对证券的管理体制是模仿美国体制建立起来的，有关证券方面的法律和机构也十分完善和健全。东京证券交易所直接在日本大藏省的监督下进行证券交易，大藏省为此还专门设立了证券局，证券局设一名总裁和副总裁若干名，其中一名副总裁兼任东京证券交易所的监理官。日本颁布的有关证券方面的法规有《证券交易法》《证券投资公司法》《证券投资信托法》《担保公司信托法》等。

四、香港联合证券交易所

香港联合证券交易所是1986年由四家证券交易所合并而成。香港联合证券交易所是伴随着英国的殖民入侵而产生的,19世纪50、60年代,一些英国公司在香港的筹资活动和互换股份活动,需要一个进行股份交易的交易所。1891年,香港历史上第一个证券交易所——香港股票交易经纪协会(又称香港股份总会)宣告成立,1914年更名为"香港证券交易所"。1921年,香港又出现了第二家证券交易所"香港证券经纪协会"。1941年日本占领香港,这两家交易所被迫停业。第二次世界大战结束以后,这两个交易所又重新恢复营业,并于1947年合并。1969年12月,香港又成立了远东交易所(俗称"远东会"),由于该交易所屏弃了伦敦证券交易所的交易方式,采用了适合华人的交易规则和聘用华人为交易所的经纪人,使该交易所在香港获得了极大的成功,香港的金融业从此得以迅速发展。此后,金银证券交易所和九龙证券交易所分别于1971年和1972年先后诞生,香港从此出现了四家交易所并立的局面。20世纪80年代以后,香港的证券业走向成熟,根据香港当局1980年通过的《证券交易所合并法案》,上述四家交易所合并经营,叫香港联合证券交易所,并于1986年4月2日正式营业。香港联合证券交易所与香港期货交易所、香港中央结算公司于2000年3月6日宣布合并,成立香港新交所,又称香港交易及结算所有限公司,联合交易所、期货交易所和中央结算公司分别作为新交所的附属公司,合并后联交所的股份所有权与交易设施使用权分开。

香港联合证券交易所是香港唯一获香港证监会批准设立的交易所,注册股本为1 200港元,分为1 200股,每股面值1港元,持有1股者为该交易所会员,截至2007年12月底,香港联合证券交易所共有会员523名,其中交易会员491名(包括个人会员和公司会员),非交易会员32名。香港联合证券交易所的最高权利机构是由13人组成的董事会,其中执行主席1名,执行董事兼集团行政总裁1名,非执行董事11名。董事会下设7个部门,即稽核委员会、投资顾问委员会、常务委员会、提名委员会、薪酬委员会、风险管理委员会和上市委员会。香港联合证券交易所占地面积5 000多平方米,大厅内设有800多个交易台。目前在该所上市的证券有近1 700种,其中80%为股票,20%为债券。该所受英国证券交易所的影响较大,所以交易所的管理机构、交易方式及法规与伦敦证券交易所极为相似。香港联合证券交易所一直都只进行现货交易,并于成交日后的第二天进行交割,交易单位1 000股,1995年9月以后开始进行股票期权交易。1993年以前,在香港联合证券交易所进行的交易是以手势进行的,用手势进行交易主要是通过交易所内的内部电话系统或面对面进行商议。为迎合市场的需求,1993年11月正式启用自动对盘系统交易各种证券,即通过电脑系统输入买卖定单,定单根据最好的价格和出入时间的先后次序,自动进行匹配和成交。在该交易所进行交易的客户须支付5%的佣金和3%的印花税,对交易数目较大的老客户,交易所会酌情降低佣金的比例。

香港联合证券交易所有三大特点:一是外来资金相对其他国际证券交易所比重较大,因为香港证券市场是一个相当开放的市场,上市公司的一半以上都在香港以外的国家和地区注册,来自欧美及日本、新加坡等亚洲国家投资者的资金占该市场股票交易总额的25%左右;二是在该交易所上市的多数是经营商业、银行业和房地产的公司,这主要是与香港地域狭小,工业企业较少,而商业和金融业较发达有关;三是投机性较强,即价格波动较大,这主要与外来资金较多有关。

申请在香港联合证券交易所上市的条件是:拟上市公司的市值不得少于1亿港元,必须具备在相应的管理阶层管理下不少于3年的营业记录,上市证券已发行的部分至少有25%为公众持有,公众所持股份的市值不少于5 000万港币,而且必须有香港联合证券交易所的证券商、银行或其他香港联合证券交易所能接受的机构组成的保荐人进行保荐。

为了向外扩展业务,尤其是中国大陆的业务,香港联合证券交易所于1998年发表了名为《迈进新世纪》的三年策略性规划,其主要内容是:①吸引更多的公司上市;②再争取150家大陆国企或红筹股上市,使国企和红筹公司总数达到250家;③逐步发展成为一个服务全面的证券市场,提供种类更平衡的产品组合;④晋身为亚洲区内的地区中心和环球证券离岸上市和买卖中心。香港联合证券交易所是目前世界上较有影响的交易所,按其交易额来看可排世界第八位,在亚洲仅次于东京证券交易所居第二位。香港联合证券交易所与期交所、中央结算公司合并的目的也是为了以更加雄厚的资金开发先进的电子网络技术,扩大交易和交收系统的兼容能力,以尽早实现"直通式"交易模式。

五、纳斯达克市场

纳斯达克(National Association of Securities Dealers Automated Quotation,NASDAQ)市场意为全国证券交易商协会自动报价系统,它是由美国全国证券交易商协会于1971年创建并管理的全球最大的场外交易市场。

纳斯达克市场由两个独立的市场组成:一个是为那些在财务、股本和管理等方面均符合标准的高科技企业提供融资的纳斯达克国家市场,另一个是上市条件更为宽松的小资本市场,即电子柜台交易市场(Over the Counter Bulletin Board,OTCBB)。电子柜台交易市场是由纳斯达克管理的股票交易系统,它是为还未达到在纳斯达克和纽约证券交易所上市条件的公司提供上市融资的市场,微软和思科等国际知名企业都曾在此上市融资。

纳斯达克市场既是最值得美国人骄傲的交易市场,也是世界上唯一获得成功的创业板市场,纳斯达克市场近两年来已成为炙手可热的网络等高科技企业上市筹资的场所。当然,也有些网络科技公司最初并没有选择在纳斯达克市场上市,如大名鼎鼎的美国在线(America On Line)当初并不看好纳斯达克,而是选择了纽约证券交易所。纳斯达克市场虽然没有像纽约证券交易所、伦敦证券交易所那样悠久的历史,但它却抓住了发展机遇,30多年来,纳斯达克市场的交易额每年都在成百倍地增长,不仅是世界上最早实现电子化的证券交易市场,也是全世界发展最快的证券交易市场。纳斯达克市场在20世纪90年代中期以后,上市公司数量和成交量开始超过伦敦证券交易所和东京证券交易所,甚至在很多方面超过了世界最大的纽约证券交易所,尤其是在此上市的公司数量最高时达到了5 500多家,远远超过纽约证券交易所,比纽约证券交易所和美国证券交易所上市公司数量的总和还多,1993~1997年,在纳斯达克市场上市的公司占到美国三大交易所的56%。目前纳斯达克市场的日均成交量基本上保持在10亿股上下,使纽约证券交易所的8亿股大为逊色。纳斯达克市场已成为世界上仅次于纽约证券交易所的第二大证券交易所,缔造了后来居上的神话。目前全世界几乎所有的网络公司或高科技公司都企盼在纳斯达克上市,其知名度远远盖过了纽约证券交易所,令美国在线的股东们后悔莫及。

1998年纳斯达克市场与成立于1921年的美国证券交易所成功合并,从而成为全球最先进、最有效和最具竞争力的证券交易市场。纳斯达克之所以极具竞争力、发展速度极快主要是由于它的特点决定的,这些特点主要包括以下几个方面:

第一,交易系统的先进性。纳斯达克市场在设计时就以实现全面的电子交易为发展目标,1971年设立后,纳斯达克市场就不断地向这一目标逼近,这一目标在1984年12月全面实现,即完整的自动电子交易系统。它采用高效的电子交易系统,在全球设置了20多万台计算机销售终端,这不仅节省了交易成本,还大大提高了交易效率。

第二,全球化发展战略。全球化发展战略主要体现在两个方面:一是纳斯达克市场从创设之日起,就利用各种途径吸引来自世界各国证券机构的投资基金参与市场运作,向位于世界各个角落的交易商、基金经理和经纪人传送市场内所有证券的报价和最新的交易信息。二是极力吸引外国公司到纳斯达克上市,截至2007年年底,在纳斯达克市场上市的公司中美国本土以外的公司占到了2/3以上。事实上,只有纳斯达克市场才是完整意义的世界性证券交易市场。

第三,独到的做市商制度。纳斯达克市场上的做市商与其他市场上的做市商有所不同,做市商可以不断地主持某一种股票的买卖,同时发布有效的买卖报价,买卖双方都无需等待对方的出现,只要有一方愿意同做市商进行交易。这种做市商制度使报价更趋于优化,同时大大提高了股票的流动性和成交的连续性。纳斯达克市场成就了许多证券公司,美林、高盛、摩根·斯坦利等证券公司都是纳斯达克市场上的做市商,他们提高了纳斯达克市场的知名度。按照纳斯达克市场的规定,在这里上市的公司,至少同时有两家以上的做市商为其报价。在纳斯达克上市的公司,平均每家公司有12家做市商,有的多达40~50家。

第四,对在纳斯达克上市的公司条件要求较为宽松。如公司资产只要不低于40万美元,股东股本最低200万美元,公众持股量达到10万美元,发行市价100万美元,股东数量300人,最低递盘价3美元,做市商数目为2个。宽松的条件使科技含量极高和成长性极强的中小企业以及大量的非美国公司在这里上市,所以它是真正意义上的全球性市场,并为高科技企业提供上市融资的机会。

当然,纳斯达克市场也有退市制度,如果上市公司股票连续30个交易日股价低于1美元,市场要对其提出警告,警告后3个月股价仍未回至最高1美元以上的股票,则将其摘牌退至电子柜台交易市场,在电子柜台交易市场,被摘牌的公司将退至粉单进行报价交易。粉单是私人投资,由全国行情局为未上市的公司提供交易报价服务,粉单的监管由美国证监会和纳斯达克市场负责。

自纳斯达克市场诞生以来,纳斯达克的神话风靡世界,从1971年成立至1999年10月纳斯达克综合指数上涨了32.66倍,1999年12月突破4 000点,从3 000点到突破4 000点用了38个交易日,2000年3月,纳斯达克综合指数又超越了5 000点的巅峰,当时的市值已达全球股票总市值的1/5,其最高点曾达到了5 046.8点,随后出现大幅度调整,最低下探至1 114.11点,此后基本保持在2 000~2 200点。2000年纳斯达克市场的暴跌,随之而来的是融资功能的下降,其全球战略也严重受挫,不得不关闭欧洲纳斯达克。2000年市场大幅度下挫也促使纳斯达克市场实施改革,如调整公司的上市标准、注重上市公司质量和盈利能力、增加董事会的独立性和独立董事的权利、加强审计委员会的权力、把员工的股票期权排除在股东大会权利之外等。

纳斯达克市场作为全球最活跃和最有影响的证券交易市场,其地位都是不容置疑的。因为它培育了像微软(Microsoft)、英特尔(Intel)、戴尔(Dell Computer)、思科(Cisco)、雅虎(Yahoo!)、电子海湾(Ebay)及亚马逊书店(Amazon)等众多高科技巨擘,为美国20世纪最后十年经济的持续增长起到了助推器的作用。这也是美国经济持续增长最长的时期,被经济学家称为"近乎理想和完美的发展",而这中间纳斯达克功不可没。纳斯达克市场的模式和制度正在成为其他国家创业板市场纷纷效仿的楷模,成为今天全球市场中影响最大和最具活力的证券交易市场。纳斯达克市场上约有500家外国企业,其中亚太区公司占了13%,中国公司约有10家,如新浪、搜狐、亚信、中华网等。如果按照"凡有99%的公司业务在中国运作就属中国概念股"这一定义来计算,那么在纳斯达克上市的中国企业可达上百家。

与其他亚洲国家相比，在美国上市的中国公司数量可以说位居前列。

案例研究

案例一　疯狂的创业板

2009年10月30日，28家公司在深交所创业板集体上市交易。创业板的开板，意味着一个又一个的暴富神话即将上演，同时也让众多机构和散户趋之若鹜。正是由于对创业板的美好憧憬，创业板尚未开板，已开始疯狂了起来。28家创业板公司，平均发行市盈率高达57倍，累计超募资金83.2亿元，超出上市公司原计划募集资金的一倍还多。

高昂的市盈率、令人咋舌的财富增长、"寄生式"生存和技术上的"拿来主义"等种种并不新鲜的商业模式……这就是我们期待了十年的创业板么？它能否承载起一个国家产业振兴的重任？这里真的能够诞生中国的微软？长大后，它就成了纳斯达克？在此，我们试分析中国创业板的发展趋势和面临的困难。

一、发展趋势

1. 创业板赋予市场细分、创新元素和增长门槛，具有"珍贵"的本性。我国创业板以成长型创业企业为服务对象，重点支持具有自主创新能力的企业上市，主要集中在电子信息业、生物医药、新材料和现代服务业等行业。同时，《创业板股票上市规则》规定创业板有高成长的准入门槛，要求发行人持续增长。2007、2008年上证A股平均净资产收益率分别为8.58%、2.36%，完成发行的28家创业板上市公司2007、2008年平均净资产收益率分别为37.7%、31.46%，是上证A股的4.39倍和13.33倍。这就说明，创业板主要由规模中小、价格较高的股票组成，个股规模较小但价值较高，展现"珍贵"的本性。

2. 创业板享有创业企业红利、改革开放红利和最大发展中国家红利，具有"成长"的天性。从企业发展看，完成发行的28家创业板上市公司中，2006～2008年营业收入复合增长率平均55.32%、最高97.30%，营业利润复合增长率平均89.84%、最高337.54%。

3. 创业板承载企业转型、技术革命和产业升级，养成"退市"的个性。有研究发现，创新企业存在惊险一跳。如果创新型企业能够越过市场这道坎，就会形成市场势力，在短期内迅速占领市场，获得超额利润，像微软、百度、苹果等一样跨越式成长。否则就可能迅速从快速成长期进入快速衰落期，甚至像国内诸多小企业一样面临灭顶之灾。

二、面临挑战

1. 曲线成长、微观结构和定价经验决定了创业板估值难。按照现有的未来现金流折现的绝对估值法和利用相近市盈率计算的相对估值法，创业板企业估值的挑战在于估算未来现金流、测算贴现因子和匮乏相近案例。

2. 风险增多、幅度增大和钩稽互动决定了创业板风险大。创业板设立后，整体市场的层次增加，风险种类增多，风险钩稽互动，风险维度和风险幅度加大。

案例思考与讨论：

1. 谈一谈创业板的开创对我国资本市场的影响。
2. 针对创业板市场发展初期面临的挑战，我们应该采取哪些策略？

案例二 "阿里巴巴"海外上市

北京时间 2014 年 9 月 19 日 23:53，世界的目光聚焦华尔街！阿里巴巴在纽交所正式开始交易，在此前近一个小时的集合竞价中，全球投资者目睹了阿里巴巴股价从 80 美元快速攀升至 92 美元，最终开盘价开在了 92.70 美元，较发行价上涨 36.3%，筹资额达 218 亿美元，为美国市场迄今规模最大的 IPO 交易。阿里巴巴的总市值达到 2 383.32 亿美元，真正的富可敌国，相当于葡萄牙的 GDP，成为全球市值第四大的高科技公司和全球第二大互联网公司，仅次于苹果、谷歌和微软，超越 Facebook、IBM、甲骨文、英特尔、亚马逊等诸多高科技巨头。

关于阿里巴巴的成功上市，全球投资机构以及投资人态度不一，拥有 6 亿用户的阿里巴巴在中国市场占据了绝对的优势，电子商务平台中，马云领导的阿里巴巴在大陆地区独占鳌头。市场中的正面观点认为，互联网对于任何一个国家来说都是一个新兴事物，在中国也只有 20 年左右的发展，随着中国 "80 后""90 后"的崛起，未来网络购物的频率以及消费金额将有巨大的提升空间，阿里目前的股价依然有吸引力。反方观点则把公司管理以及利益纷争作为阿里倒下的论据。但无论怎样，从 50 万人民币到 2 383.32 亿美元，翻了近 276 万倍无疑是投资界的神话！

案例思考与讨论：

试根据以上材料分析我国公司海外上市的利与弊。

思考题

1. 证券有哪几种形式？
2. 证券投资的特征是什么？
3. 国际证券投资未来的发展趋势是什么？

4. 证券一级市场指的是什么？
5. 什么是二级市场？
6. 证券交易所有哪几种形式？
7. 纽约证券交易所与纳斯达克市场有什么不同？

第八章 国际证券投资理论

Theories of International Securities Investment

随着证券投资理论的形成和完善,国际证券投资理论已经成为金融从业者所应掌握的最基本的经济理论。本章介绍了国际证券投资各种理论的产生背景和主要内容,其中重点介绍了马柯维茨的证券组合理论、威廉·夏普的资本资产定价理论和斯蒂芬·罗斯的套利定价理论,并就这些理论的主要观点进行较为深入的评述。

学习要点

With the formation and perfection of the securities investment theory, the theory of international investment has become the basic economic theory that the financial practitioners should acknowledge. This chapter introduces the generation background and main content of various methods of international security investment. It mainly introduces Portfolio Theory of Markowitz, Capital Asset Pricing Model of William Sharpe and Arbitrage Pricing Theory of Stephen Ross, deeply commenting for the main points of these theories.

第一节　证券投资组合理论

一、证券投资组合理论产生的背景

证券投资组合理论(Portfolio Theory)起源于20世纪初,当时西方发达国家的证券市场很不规范,投机气氛十分猖獗,致使证券市场风险极大,直至美国于1933年和1934年分别颁布了《证券法》和《证券交易法》才使证券市场得以规范。为了规避风险,西方理论界出现了被后人称之为传统的证券投资理论。传统的证券投资理论以分散风险为原则,并根据基本分析和技术分析来选择证券和组成投资组合。

传统的证券投资组合理论认为,证券投资需要经过确定组合管理的目标、构建证券组合和进行经济效益评估三个步骤。投资者买卖证券的目标一般有三类:一是能给投资者带来稳定的经常收益,这类投资者是较为保守的投资者;二是力求实现较大的资本增值,这类显然是愿意冒较大风险的投资者;三是希望在能承受的风险范围内,既能得到稳定的收益,也可获得一定程度资本增值的中性收益,这类是较为中性的投资者。在确定了其中一个目标以后构建资产组合:第一类投资者应该选择安全性高和收益稳定的债券组合;第二类投资者可以选择风险较高且收益较高的成长型股票组合;第三类投资者所做的投资组合则是股票和债券两种,其中债券和股票的具体比例根据投资者的偏好而定,需要注意的是,其投资组合的基础是基础分析和技术分析。最后进行投资组合的效益评价。效益评价是在投资的过程中进行的,效益评价不仅要比较效益,还要对同等效益证券的风险度进行评估,随着时间的推移和整个经济环境的变化,不断地对其投资组合进行修正。

传统的证券投资组合理论过于机械化,难以指导投资者进行投资,给投资者造成了很大的损失。在此背景下,美国纽约大学巴鲁克学院经济学教授哈里·马柯维茨(Harry M. Markowitz)于1952年3月在《金融杂志》发表学术论文《资产选择:有效的多样化》,首次运用定量的分析方法,并采用风险资产的预期收益和方差表示风险,来研究资产的选择和组合问题。1959年他又出版了代表作《资产选择:有效的多样化》,完善了他的证券组合理论。马柯维茨的证券组合理论克服了传统理论仅靠基础分析和技术分析的主观判断来选择证券组合的缺陷,从而开创了现代证券投资组合理论,并为现代证券投资理论的发展奠定了基础。

二、证券组合理论的假设

马柯维茨认为,在风险一定的情况下,人们总愿意持有收益最大的资产,在现实生活中收益最大的资产总是伴随着较大的风险,但人们厌恶风险,所以理性的投资者对风险的厌恶表现为投资风险较小的资产。马柯维茨认为,资产的预期收益不能作为投资者选择资产的唯一依据,而是应该将资产的收益和风险结合起来考虑。因此,他的证券组合模型做了三个假设:

- 投资者在决策中只关心预期收益率。
- 投资者厌恶风险但预期收益率又很高。
- 证券市场不存在摩擦。

马柯维茨在建立方差模型时,借用了这三个假设,并通过数理模型,推导出了投资者在有效边界上选择证券组合的技术路径。

三、单个证券收益与风险的分析

(一)单个证券的期望收益率

投资风险是投资活动出现损失的可能性,投资活动中的风险是永恒的,但投资对象不同,其风险也是不同的。作为投资对象的证券,按其风险程度大致分为两类:一类是未来收益率相对固定而且风险也相对较小的证券,即无风险证券,如债券、优先股等证券;另一类是未来收益率并不固定,而且风险较大的证券,即风险证券,如股票、投资基金等证券。

投资者购买证券是为了收益,其收益主要通过利息(或股息)及资本利得两个途径。利息和股息主要是证券到期后得到或在持有期内分得的。资本利得是得到的证券买卖差价。在测算单个证券的期望收益率(Expected Rate of Return)时,不同类型的证券,其计算方法是不同的。

1. 无风险证券的期望收益率。无风险证券的收益是相对固定的,测算它的期望收益率相对容易,综合考虑它的利息或股息及资本利得,其计算公式为:

$$R = \frac{P_T - P_0 + D}{P_0} \tag{8.1}$$

式中:R 表示投资者的收益率;P_0 表示投资者所持证券的期初价格;P_T 表示证券在持有期期末的价格;D 表示投资者在证券持有期间所获得的资本收益,由股息或利息构成。

2. 风险证券的期望收益率。风险证券的收益具有较大的不确定性,由上述公式测算出的收益率准确性很差,马柯维茨运用统计学的方法,将不确定的收益率假定为符合正态分布的随机变量,收益率的期望值是以各种收益率对应的发生概率为权数、将各种可能收益率加权后得出的平均值。期望收益率实际上表示投资者在一段时间持有某一证券所获得的平均收益：若收益率服从的是离散型分布，则应采用加权求和的方式；若收益率服从的是连续性型分布，则应采用积分的方式。二者期望收益率的计算公式分别为：

若收益率 R 服从的是离散型分布，则采用加权求和的方式：

$$E(R) = \sum_{i=1}^{N} R_i \cdot P_i \tag{8.2}$$

式中：R_i 为第 i 种可能的结果发生时的投资收益率；P_i 为第 i 种可能的结果发生的概率；N 表示共有可能的结果数。

若收益率服从的是连续性分布，则采用积分的方式：

$$E(R) = \int_{-\infty}^{+\infty} R \cdot f(R) dR \tag{8.3}$$

式中：$f(R)$ 为收益率 R 的密度函数。

(二) 单个证券收益率的方差和标准差

1. 收益率的方差(Variance)。收益率的方差是可能的收益率相对于期望收益率离散程度的一个统计量，它是对收益率每个可能取值与期望值之差的平方再加权平均。

若收益率 R 服从的是离散型分布，则方差的计算公式是：

$$Var(R) = E[R - E(R)]^2 = \sum_{i=1}^{N} [R_i - E(R)]^2 \cdot P_i \tag{8.4}$$

式中：$Var(R)$ 或 σ^2 表示方差。

若收益率 R 服从的是连续型分布，则计算公式为：

$$Var(R) = E[R - E(R)]^2 = \int_{-\infty}^{+\infty} [R - E(R)]^2 \cdot f(R) dR \tag{8.5}$$

2. 标准差(Standard Deviation)。标准差则是方差的平方根，它通过对方差开方恢复了原来的计量单位，相对方差来说，标准差更容易进行比较。其计算公式为：

$$\sigma = \sqrt{Var(R)} \tag{8.6}$$

式中：σ 表示标准差，标准差是方差的平方根。

在通常情况下，证券投资收益率的分布是对称的，也就是说实际收益率高于和低于期望收益率的概率是一样的。计算出的方差和标准差越大，说明实际发生的收益率与期望的收益率偏离得越大，投资该证券的风险也就越大；计算出的方差和标准差越小，说明实际发生的收益率与期望的收益率偏离得越小，投资该证券的风险也就越小。

【例题】如表 8-1 所示，试测算投资项目 A 与 B 的收益与风险。

表 8-1　　　　　　　　两个投资项目在一年后的收益率情况

项目 A		项目 B	
收益率 R_A（%）	概率	收益率 R_B（%）	概率
5	0.1	3	0.1
8	0.2	5.5	0.1
10	0.4	9	0.2
11	0.2	10	0.2
13	0.1	11	0.2
		12.5	0.1
		15	0.1

项目 A 的期望收益率为：

$$E(R_A) = 5\% \times 0.1 + 8\% \times 0.2 + 10 \times 0.4 + 11\% \times 0.2 + 13\% \times 0.1$$
$$= 9.6\%$$

方差为：

$$Var(R_A) = (5\% - 9.6\%)^2 \times 0.1 + (8\% - 9.6\%)^2 \times 0.2 + (10\% - 9.6\%)^2 \times 0.4 +$$
$$(11\% - 9.6\%)^2 \times 0.2 + (13\% - 9.6\%)^2 \times 0.1$$
$$= 0.000424$$

标准差 $\sigma_A = \sqrt{0.000424} = 0.0164$

项目 B 的期望收益率为：

$$E(R_B) = 3\% \times 0.1 + 5.5\% \times 0.1 + 9\% \times 0.2 + 10\% \times 0.2 + 11\% \times 0.2 + 12.5 \times 0.1 + 15\% \times 0.1 = 9.6\%$$

方差为：

$$Var(R_B) = (3\% - 9.6\%)^2 \times 0.1 + (5.5\% - 9.6\%)^2 \times 0.1$$
$$+ (9\% - 9.6\%)^2 \times 0.2 + (10\% - 9.6\%)^2 \times 0.2$$
$$+ (11\% - 9.6\%)^2 \times 0.2 + (12.5\% - 9.6\%)^2 \times 0.1$$
$$+ (15\% - 9.6\%)^2 \times 0.1$$
$$= 0.001029$$

标准差 $\sigma_B = \sqrt{0.001029} = 0.0321$

所以,尽管两个项目的期望收益率相同,都为 9.6%,但是项目 B 的方差大于项目 A 的方差,所以项目 B 的风险大于项目 A。而且,各种可能的结果与期望值的偏离程度越大,方差和标准差就越大,另外,某一种结果发生的概率越大,该结果对方差和标准差的影响也越大。

四、证券组合的收益与风险分析

在投资风险证券时,人们为了回避风险,往往购买两种或两种以上的证券,即采用组合投资的策略,计算证券组合期望收益率和方差,与计算单个证券的期望收益率和方差相比要复杂得多,但其基本原理是大致相同的。

(一)证券组合中各证券之间收益的相关性

在测算证券组合风险时,不仅要测算每种证券,而且要测算在证券组合中各种证券之间的关系对收益率的影响,这是证券组合分析与单个证券分析的最大不同。

1. 协方差。协方差就是用来衡量证券收益率之间的变动关系。协方差实际上是表示两种证券收益率离差之积的期望值。协方差的计算公式为:

$$Cov(X,Y) = E\{[R_X - E(R_X)][R_Y - E(R_Y)]\} \tag{8.7}$$

式中:$Cov(X,Y)$表示证券X和证券Y之间的协方差,也可以用σ_{XY}表示。

协方差如果是正值,说明当X的收益率大于其期望值时,Y的收益率也大于其期望值;当X的收益率小于期望值时,Y的收益率也小于其期望值,即两种证券收益率的变动方向是一致的。如果协方差为负值,两种证券收益率的变动方向是相反的,即一个证券收益率的上升表明另一种证券收益率的下降。当协方差为零时,两种证券之间没有任何关系,即一种证券收益率的变动对另一种证券的收益率不会产生任何影响。

2. 相关系数(Correlation Coefficient)。在对证券组合进行分析时,可能要计算并分析证券组合中各证券之间收益的相关系数,是与单个证券分析的又一不同之处。因为当不同的资产组合规模存在差异时,无法根据协方差来对两个证券组合之间的风险大小进行比较,作为无量纲的统计量,相关系数可以解决这一问题。证券组合中各证券之间收益的相关系数是指证券组合中各证券之间收益的相关程度,简称为相关系数。相关系数的计算公式为:

$$\rho_{XY} = \frac{\sigma_{XY}}{\sigma_X \sigma_Y} \tag{8.8}$$

式中:σ_{XY}为两种证券之间的协方差;σ_X和σ_Y分别为证券X和证券Y的收益率标准差。

相关系数取值-1到+1之间。-1表示两种证券的收益率变化方向完全相反的负相关;在相关系数位于-1到0之间时,说明两种证券存在普通的负相关关系;+1表示两种证券的收益率变化方向完全相同的正相关;在相关系数在0至+1之间时,说明两种证券的收益率存在普通的正相关关系;0则表示两种证券收益率之间不存在任何关系。马柯维茨认为证券组合的回报率一般不确定,没有哪个证券与其他证券有完全的负相关性。

(二)证券组合的期望收益率

证券组合的期望收益率是资产组合中的每种证券收益率的加权平均值。它是

根据概率统计的原理来计算的,其计算公式为:

$$E(R_p) = \sum_{i=1}^{N} W_i E(R_i) \tag{8.9}$$

式中:$E(R_p)$ 表示整个组合的期望收益率;W_i 表示第 i 个证券的投资金额在组合的投资总额中所占的比例。

(三)证券组合的方差

证券组合的方差是资产组合中的每种证券方差及各种证券之间协方差的加权平均值。它是根据概率统计的原理来计算的,其计算公式为:

$$\begin{aligned}
\sigma^2 &= E\{[R - E(R)]^2\} \\
&= E\{[\sum_{i=1}^{N} W_i(R_i - E(R_i))]^2\} \\
&= E\{\sum_{i=1}^{N} W_i^2[R_i - E(R_i)]^2 + \sum_{i=1}^{N}\sum_{\substack{j=1\\i\neq j}}^{N} W_i W_j [R_i - E(R_i)][R_j - E(R_j)]\} \\
&= \sum_{i=1}^{N} W_i^2 E[R_i - E(R_i)]^2 + \sum_{i=1}^{N}\sum_{\substack{j=1\\i\neq j}}^{N} W_i W_j E[R_i - E(R_i)][R_j - E(R_j)] \\
&= \sum_{i=1}^{N} W_i^2 \sigma_i^2 + \sum_{i=1}^{N}\sum_{\substack{j=1\\i\neq j}}^{N} W_i W_j \sigma_{ij}
\end{aligned} \tag{8.10}$$

在公式(8.10)中,组合中所有证券的方差与证券间的协方差构成了 N 个证券组成的资产组合的方差。如果等式右边第二项中允许 $i = j$,则第二个表达式也可以包含单个证券的方差,因此将(8.10)式可简化为:

$$\sigma_P^2 = \sum_{i=1}^{N}\sum_{j=1}^{N} W_i W_j \sigma_{ij} \tag{8.11}$$

从上述公式可以看出,证券组合的预期收益和风险取决于单个证券的期望收益、单个证券所占的比例、单个证券收益的标准差和证券之间的相关程度。只要各种证券的收益不完全相关,投资者就可以通过组合投资及调整各种证券在证券组合中的比例来降低风险。

五、证券组合与风险分散

在进行证券组合时,所有的证券都有风险,只不过是大小差别以及风险的来源不同。来自于公司内部的和行业的风险属于非系统风险,非系统风险可以通过充分的分散投资来降低,甚至可以完全消除,因此也有人称为可分散风险。来自国际宏观经济政策、经济周期的变动等企业外部因素导致的风险是系统风险,由于它是企业无法控制的,不可能通过分散投资的手段来完全消除,因此系统风险也叫不可分散风险。

投资者通过对风险的计算,可以通过一定的组合来分散风险。

投资者在以资产组合方式进行投资时,其承担的投资组合的风险,对于系统性风险和非系统性风险具有不同的分散效果。由公式(8.10)推导得出,在证券组合包含 N 种证券的情况下,每种证券的方差 σ_i^2 都相等,为 σ^2;每种证券的投资比例 W_i 也相等,为 $\frac{1}{N}$;用 σ_P^2 表示组合的方差,用 σ_{ij} 表示证券 i 与 j 之间的协方差。由公式(8.10)得到:

$$\sigma_p^2 = \sum_{i=1}^{N} W_i^2 \sigma_i^2 + \sum_{i=1}^{N} \sum_{\substack{j=1 \\ i \neq j}}^{N} W_i W_j \sigma_{ij}$$

$$= N \times \frac{1}{N^2} \times \sigma^2 + N \times (N-1) \times \frac{1}{N^2} \times \sigma_{ij}$$

$$= \frac{1}{N}\sigma^2 + \left(1 - \frac{1}{N}\right)\sigma_{ij} \qquad (8.12)$$

式中:σ_P^2 表示组合的方差;σ_{ij} 表示证券 i 与 j 之间的协方差;第一项表示组合的非系统性风险;第二项表示组合的系统性风险。

从上述公式得出,当投资组合中的证券数目 N 增加并趋向无穷大时,$\frac{1}{N}$ 趋向于零,因此第一项 $\frac{1}{N}\sigma^2$ 趋向零,第二项 $\left(1 - \frac{1}{N}\right)\sigma_{ij}$ 趋于 σ_{ij}。由此得出,整个投资组合的非系统性风险随证券数目的增加而减少,直至趋于零,因为非系统性风险因证券数目的增加而被分散。但投资组合的系统性风险在证券数目增加时并不能完全消除,仅仅是逐渐收敛于某一个有限数,如图 8-1 所示。

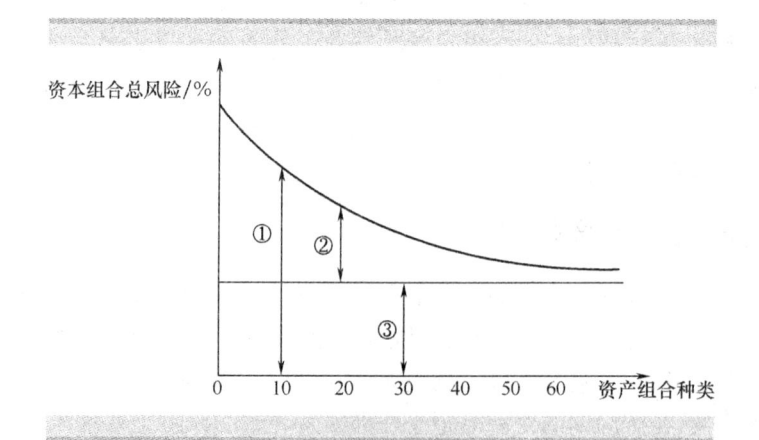

图 8-1 资产组合的风险构成

注:图中①代表投资风险,②代表非系统风险,③代表系统风险。

六、证券组合的选择

(一)有效集理论

1. 可行集(Feasible Set)。投资者为规避投资风险进行组合投资,但是在投资者面前有若干个投资组合,如不同证券的组合可以构成的不同的投资组合、各种证券在一个投资组合中所占比例的不同也会构成若干个投资组合。每一组投资组合,都有相对应的收益和风险。这些组合可以构成一个可行集,可行集实际上是由若干种证券构成的所有组合的集成。

任何一个组合都位于可行集的内部或边界上。在图 8-2 中,横轴为标准差,纵轴为期望收益率,可行集呈扇形状,其边界上及边界内各点代表了所有可行的证券组合(见图 8-2)。可行集的图形随着证券组合的变化而变化,但不会改变其扇形形态。

2. 有效集(Efficient Set)。马柯维茨认为可行集中包括了无数个可供投资者选择的证券投资组合,但投资者不可能也没有必要对所有可供选择的投资组合进行逐个分析,投资者可通过有效集定理来找到其最佳的投资组合。所谓最佳的投资组合一般要满足两个条件,即在相同风险的水平下具有最大收益的证券组合和在同样收益率的水平下具有最小风险的证券组合。从可行集中挑选出来的能够同时满足上述两个条件的证券组合就是有效集,也称有效证券组合(Efficient Portfolio)。而可行集只能满足其中的一个条件。

如何通过有效集选择投资组合是投资者进行证券组合可行性研究中的重要问题,我们将分下述两个目标来讨论有效集的应用问题。

(1) 选择在同样收益率的水平下具有最小风险的证券组合。在图 8-2 的可行集中,所有组合中 S 点期望收益率最大,G 点的期望收益率最小,因为可行集中所有的点都位于 S 点的下方、G 点的上方。从 S 点到 G 点这个区间包含了各种资产组合的期望收益率。在同样的期望收益率水平下,风险最小的证券组合位于在从 G 点经 P 点到 S 点的曲线段上。因此,符合在相同收益的水平下具有最小风险的证券组合在从 G 点到 S 点的左边界上。

(2) 选择在相同风险的水平下具有最大收益的证券组合。在图 8-2 的可行集中,所有组合中 P 点风险最小,H 点风险最大,因为可行集中所有的点都位于 P 点的右方、H 点的左方。从 P 点到 H 点这个区间包含了各种资产组合的所有风险。具有最高期望收益率的证券组合位于在从 P 点经 S 点到 H 点的曲线段上。因此,符合在相同风险的水平下具有最大收益的证券组合在从 P 点到 H 点上方的边界上。

有效集应该是曲线段 GS 和 PH 的交集,也就是曲线段 PS,因为只有曲线段 PS

的证券组合才能同时满足上述两个条件,所以这段线段也叫有效边界,不在这条线段上的其他组合不是风险太大就是收益太低,马柯维茨因此把不在这条线段上的其他组合叫无效组合。投资者只需对曲线段 PS 上的证券组合进行分析,就能找到同时符合在风险相同水平下期望收益最大和在收益率相同的水平下风险最小的最佳证券投资组合。

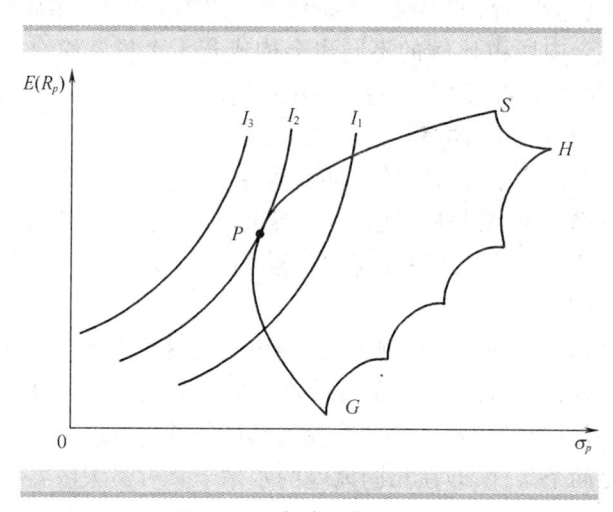

图 8-2 有效集与可行集

(二) 无差异曲线

马柯维茨认为,对收益的不满足性和对风险的厌恶性是投资共有的两大特征。投资者对收益的不满足表现为在两个风险相同的投资组合中,会选择收益较高的证券组合。对风险的厌恶性表现在两组收益相同的证券组合中,投资者会选择风险较小的证券组合。但投资者偏好收益和厌恶风险的程度是不同的,马柯维茨因此引用了无差异曲线,来代表证券投资者对证券组合风险和收益率的偏好,从无差异曲线的坐标图中可以得到如下结论。

1. 无差异曲线斜率为正。根据收益与风险并存的原则,收益给投资者带来的是正效用,风险给投资者带来的是负效用,在横轴代表风险、竖轴代表收益的图 8-3 中,无差异曲线具有正的斜率,即对预期收益率要求较高的投资者会承担更多的风险。

2. 无差异曲线是下凸的,在边际效用递减原理作用下,随着投资者每次等量风险的增加,所获得的期望收益率的增量越来越大。

3. 同一条曲线上的所有证券组合虽然对应的期望收益率和标准差不同,但给投资者带来的效用是相同的。因此,在对每个投资者的无数条曲线当中,从期望收益率的角度来说,对投资者的收益满足程度从左到右逐渐减小,即 $I_1 > I_2 > I_3$,而从风险的角度来说则为 $I_1 < I_2 < I_3$。对投资者来说收益率越高越好。

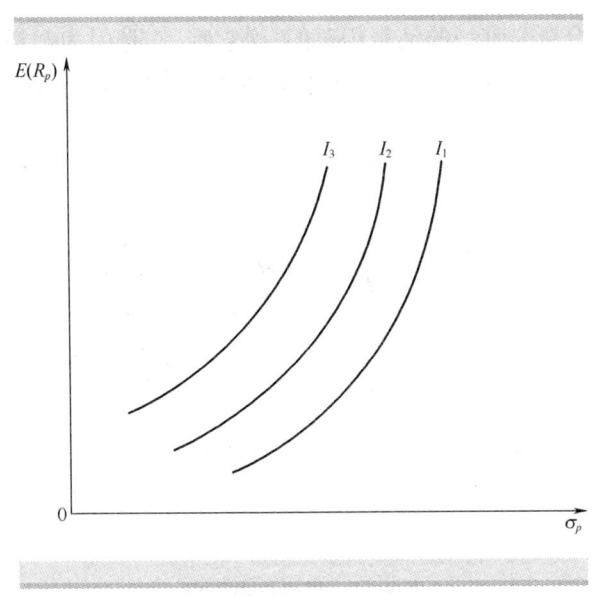

图 8-3 无差异曲线

4. 从理论上说,所有的投资者都希望在承担最小风险的条件下获取最大的收益,但在现实中,投资者的偏好往往又是不同的,通过无差异曲线就可以衡量投资者的偏好。从图 8-4 中我们可以看出无差异曲线的斜率是不同的,而且永不相交,图 8-4(A)要比图 8-4(B)的陡,即斜率大,而图 8-4(B)的曲线较为平缓。无差异曲线的斜率越大,投资者越注重规避风险;斜率较小的无差别曲线说明投资者能够承受更多的风险,但需要用更多的回报作为补偿。

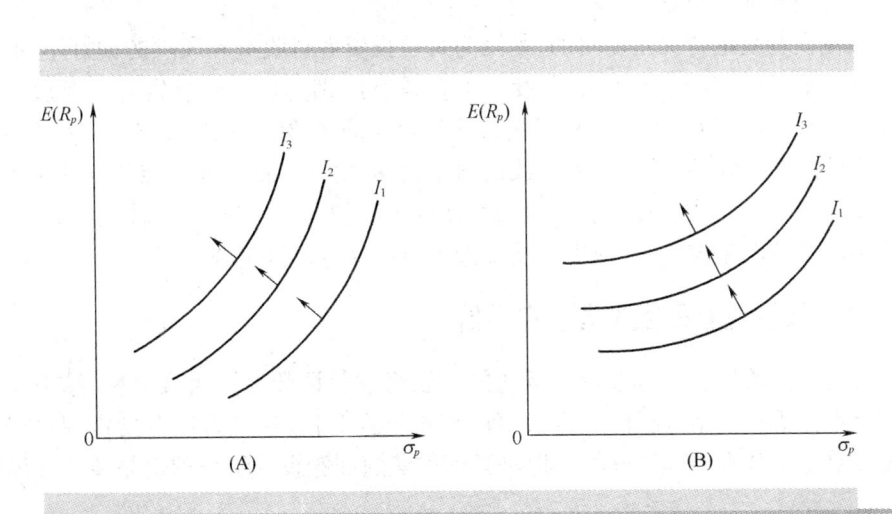

图 8-4 投资者偏好

(三) 最佳证券组合的选择

最佳证券组合既是唯一的又是相对的,说它唯一,是因为对任何投资者而言,从风险和收益综合考虑确实存在一个最佳的证券投资组合(见图8-5)。

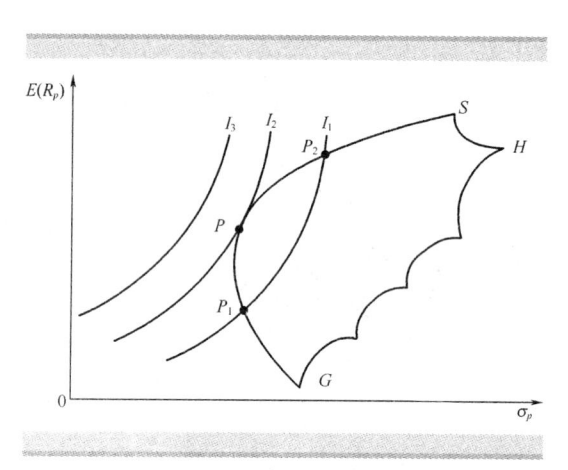

图8-5 最优证券组合

通过无差异曲线确定了投资者的偏好以后,投资者将根据其投资效用最大化原则来选择证券组合。有效集曲线与无差别曲线I_1交于P_1、P_2两点,与I_2相切于P,这三个交点都在有效边界上。P_1P_2与I_1相交,PS与I_2相切,由于线I_2位于线I_1的上方,其预期收益率要高,因此选择与I_2相切的P点的证券组合的效用要大于与线I_1相交的点P_1和P_2点的证券组合的效用。线I_3上点的预期收益率虽然最高,但因其没有与有效集相交的点,无法找到有效的证券组合。因此,点P就是该投资者唯一的最佳证券组合。

最佳投资组组合又是相对的,是因为每位投资者对收益和风险的偏好不同,不同偏好投资者所选择的最佳证券投资组合是有区别的。有些投资者非常厌恶风险,有些投资者则为了更高的利润愿意承担较大的风险。图8-6(A)代表的投资者是高度厌恶风险的,其无差别曲线的斜率较高,他更喜欢接近P点的证券投资组合。图8-6(B)代表的投资者则是为了博取更高的利润,宁愿承受较大的风险,其无差别曲线的斜率较平缓,他更喜欢接近S点的证券投资组合。

七、对证券投资组合理论的评价

马柯维茨的证券组合理论用量化的方法来进行证券投资组合分析,结束了只进行技术分析和基本分析的证券投资的理论研究时代,它也为证券投资理论研究的发展奠定了基本的理论框架。但是马柯维茨的证券投资组合理论是建立在所有

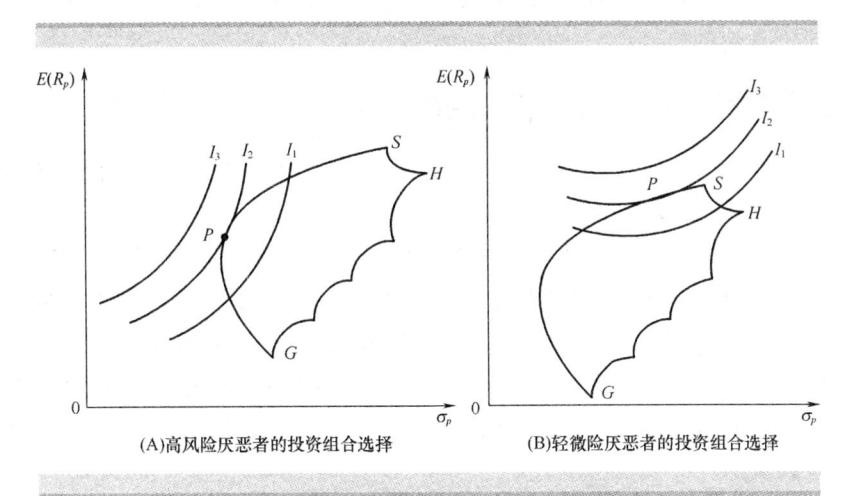

(A)高风险厌恶者的投资组合选择　　(B)轻微风险厌恶者的投资组合选择

图 8-6　投资者对风险厌恶程度的资产组合

的资产都是有风险的基础之上的,忽略了对无风险证券的理论研究,这是他的证券组合理论不够全面之处。由于证券投资者关心的主要问题就是在获取较大利益的情况下如何回避风险,这就使马柯维茨理论的缺憾显得微不足道。

第二节　资本资产定价理论

一、资本资产定价理论产生的背景

资本资产定价理论(Capital Asset Pricing Model,CAPM)起源于20世纪60年代初,几乎是在与证券组合理论相同的背景下产生的,同样也是相对于以基本分析和技术分析来选择证券和组成投资组合的传统证券投资理论而出现的。1962年马柯维茨提出了证券投资组合理论以后,金融资本投资的理论问题基本得到解决,投资者在资本市场上的运作似乎找到了规避风险的有效武器,但是实物资本在金融上的分散风险问题还没有解决。

1964年美国斯坦福大学教授威廉·夏普在马柯维茨证券组合理论的基础上,并与有效市场假说理论(Efficient Market Hypothesis)结合起来,分析了证券组合的预期收益与预期风险之间的理论关系,从而提出了资本资产定价理论。资本资产定价理论通过建立一种适合于资本资产的定价模型来论证风险和收益率之间的关系,对证券均衡价格的确定做出了系统的解释,因此也被称为资本资产定价模型。后来经过林特(John Lintner)、莫森(John Mossin)对该理论的完善,形成了今天的资本资产定价理论。作为马柯维茨证券组合理论延伸的资本资产定价理论具有开拓性的意义,它不仅适用于金融资产的投资,同样也适用于产业资本的投资,成为现代金融投资理论的核心。

二、资本资产定价理论的假设条件

夏普建立的资本资产定价模型与马柯维茨的理论一样,也建立在一定的假设基础之上,其具体假设内容包括:

一是资本市场不存在摩擦。这是指任何人可以无障碍地进入这个市场,市场上的税收和交易成本为零,投资者可以自由地买空卖空,投资者买卖证券的交易单位没有限制,信息和资金可以自由流动,每个投资者只能被动地接受价格。

二是所有的投资者都是风险的厌恶者。即所有的投资者都根据期望收益率和方差进行资产的选择,追求的是在同样期望收益率下的最小风险、在同样风险下最大的期望收益率。

三是投资者的预期相同。即对期望收益率、标准差、协方差的预期是相同的。

四是单个投资者对资本市场没有影响。即单个投资者在证券市场上的各种投资行为不会对整个证券市场或证券市场上的某种证券的价格产生影响。

五是存在无风险利率。即投资者可以用同一利率借贷资金。

六是投资期限是一致的。即所有投资者在资本市场上对任何投资品种的投资期限是相同的。

在这些假设条件下,夏普通过其建立的资本资产定价模型论证了资产的期望收益率与风险的内在联系,以及如何根据资产的风险对资产进行合理的定价。

三、资本资产定价模型的主要内容

(一)资本市场线

1. 允许无风险资产借贷款的有效集。收益固定和不存在任何风险的证券叫无风险资产。按照马柯维茨的证券组合理论,证券组合中的所有证券都具有风险,但在资本市场上的证券交易中,确实存在无风险证券,如美国联邦政府的短期国库券,因为联邦政府不可能违约,而且短期内即使物价和利率发生变化也可忽略不计。由于无风险资产没有任何不确定性,所以无风险资产的标准差为零,无风险资产的期望收益率与风险资产的收益率之间的协方差也等于零。投资者在建立证券组合时,并不一定只购买风险资产,也可以组合进一定比例的无风险证券。此外投资者并不只限于用自己的资金去买证券,也可以借一部分资金来购买证券。无风险贷款就是将一部分资金投资于无风险资产,另一部分资金投资于风险资产;无风险借款就是按照无风险利率借入一部分资金投资于风险资产。

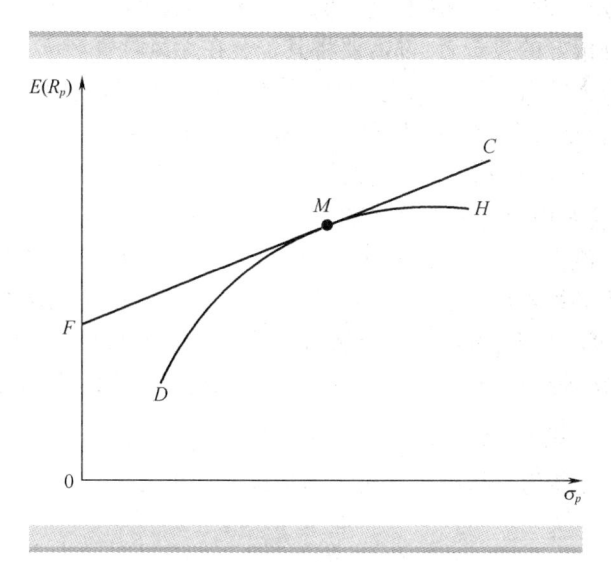

图 8-7 允许无风险资产借贷款的有效集

引入无风险贷款后,投资者可将借来的资金一部分去购买无风险证券,另一部分资金购买风险证券,这样可行集和有效集都将发生变化,有效集曲线和无差异曲线的交点也将随之发生变化,但只对部分投资者产生影响。当引入无风险借贷以后,在存在无风险贷出和借入的情况下,从无风险资产 F 点出发做一条与有效集相切的直线 FC,切点为 M。FC 与 DMH 相比,在同样的风险下,FC 上的投资组合收益率要高于 DMH 投资组合收益率。FC 上的投资组合风险要小于 DMH 投资组合风险。在允许无风险贷出和借入的情况下,有效集就变成了一条经过无风险收益 F 点并与马柯维茨有效集相切的直线。

2. 资本市场线(Capital Market Line,CML)。资本市场线是一条射线,一条反映有效证券组合的期望收益率与风险之间关系的直线。每个人沿射线选择一点,较保守的投资者贷出一部分资金,而将其余的资金投资于某一证券组合,较激进的投资者借入一些资金加上原有的资金投资于某

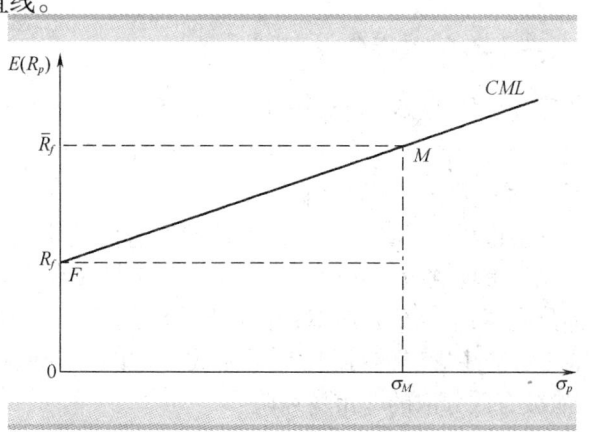

图 8-8 资本市场线

一证券组合,但所有的点都停留在这条资本市场线上,见图 8-8。

不管是哪种偏好的投资者,都需要将其资金在无风险资产 F 与市场组合 M 之间进行分配。将 FM 用一条射线连接来,这条射线可以表示任何一位投资者的最佳组合,任何一位投资者最佳组合均落在这条资本市场线上。资本市场线通过无风险资产组合点并与马柯维茨曲线相切,其切点为 M,被称为市场组合。在均衡状态下,市场组合是由所有证券构成的组合,其中任何一种证券的资金分配比例都等于该证券总市值与全部证券总市值的比例。市场组合在资产定价模型中具有核心作用。资本市场线告诉我们,在均衡状态下的任何一个证券最佳组合都由市场组合 M 与无风险资产 F 构成。若投资者可以从各种途径源源不断借到资金投资于风险证券,资本市场线从 M 点开始,可以向右无限延长。资本市场线的斜率等于市场组合的预期收益率 $\bar{R}_M$ 与无风险资产收益率 R_f 的差除以市场组合的标准差 σ_M,资本市场线的截距为 R_f,从而得出资本市场线的计算公式:

$$E(R_P) = R_f + \frac{\bar{R}_M - R_f}{\sigma_M}\sigma_P \tag{8.13}$$

式中:$E(R_P)$ 代表投资组合的期望收益率;σ_P 代表投资组合的标准差;资本市场线的斜率 $\frac{\bar{R}_M - R_f}{\sigma_M}$ 为单位的风险报酬,用于度量增加单位风险需要增加的期望收益率。

资本市场线实际上反映了市场在均衡状态下,投资者选择投资组合的风险的大小,而不是单个证券收益与风险之间的线性关系。因为单个证券不是一个有效组合,它不能像资产的有效组合那样出现在资本市场线上,而是显现在证券市场线上,这一问题在下面阐述的证券市场线中得以解决。

(二) 证券市场线

证券市场线(Security Market Line,SML)是一条反映个别证券、有效证券组合的期望收益与协方差之间线性关系的直线,它显示了各种证券的风险,而且是资本资产定价模型最普通的形式。

资本市场线已经显示出有效证券组合的期望收益率与风险之间的关系,对于单个证券市场风险的衡量却需要用证券市场线来衡量。每一种证券的风险都包括两部分内容:一部分是诸如经济周期、通货膨胀、政府的政策、战争、瘟疫等对所有企业都会产生影响的,而且是不能被分散的市场风险;另一部分是来自公司本身的、能被有效分散的非市场风险。

在衡量某单一证券风险度的时候,一般会引入一个风险系数 β 值,第 i 种证券相对于整个证券市场的风险度就是:

$$\beta_i = \frac{\sigma_{iM}}{\sigma_M} \tag{8.14}$$

式中：β_i 表示证券 i 对整个市场的风险度；σ_{iM} 表示证券 i 的风险度；σ_M 表示证券市场的风险度。

在不同的市场条件下，如果某证券的 β 值为 1，说明该证券与整个市场的走势是完全一样的；如果某证券的 β 值大于 1，说明该证券的波动与整个市场的波动基本方向一致，但波动的幅度要大于整个市场波动的平均水平，风险也相对较大；如果某证券的 β 值在 0 和 1 之间，说明该证券的波动幅度小于证券市场的平均水平；如果某证券的 β 值小于 0 时，说明该证券与整个市场呈相反的走势。在证券市场，理论界往往认为 β 值大于 1 的证券属于风险较大的进攻性证券，β 值小于 1 的证券属于风险较小的防御性证券，β 值等于 1 的证券属于风险适中的中性证券。

无论是单个证券，还是证券组合，其风险的大小都是由 β 系数来测定，图 8-9 中的纵坐标代表单个或证券组合期望的收益率 $E(R)$，横坐标代表 β 值。R_f 是无风险证券收益，所以其对的 β 值等于零，从这一点画一条经过 M 点的等比直线，这条反映期望收益率与 β 值关系的直线就是证券市场线。证券市场线的斜率由 $\bar{R}_M - R_f$ 决定。如果代表某种证券的点 A 不在市场线上，而是在市场线之上，则说明 $R_a - \beta_a(\bar{R}_M - R_F) < R_f$，人们会争相购买该证券，造成该种证券供不应求，该证券的价格会随之提高，该种证券价格的提高必然会导致收益率的降低，直至市场达到均衡，代表该证券的点回落到 M。如果代表某种证券的点 B 不在市场线上，而是在市场线之下，则说明 $R_b - \beta_b(\bar{R}_M - R_F) > R_f$，人们会竞相抛售该种证券，造成该种证券供大于求，该证券的价格会随之下降，该种证券价格的下降必然会导致收益率的上升，直至市场达到均衡，代表该证券的点回到 M。因此，在均衡状态下，各种证券的预期收益率都会落在证券市场线上。

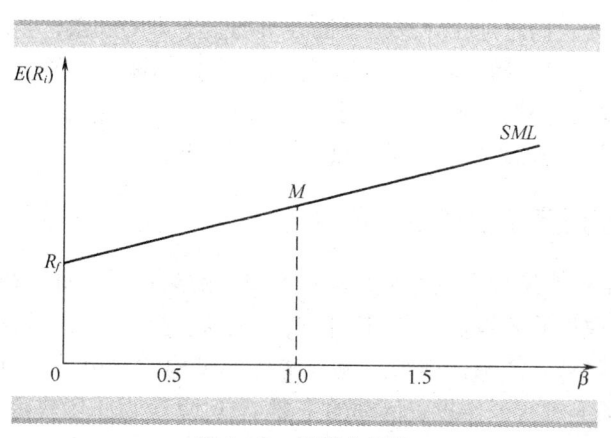

图 8-9 证券市场线

用公式表示的证券市场线为：

$$E(R_i) = R_f + \frac{\bar{R}_M - R_f}{\sigma_M^2}\sigma_{iM}$$

$$= R_f + (\bar{R}_M - R_f)\beta_i \qquad (8.15)$$

式中：R_f 表示无风险收益；$(\bar{R}_M - R_f)\beta_i$ 表示风险溢价；$\beta_i = \frac{\sigma_{iM}}{\sigma_M^2}$，是证券 i 对市场组合风险的贡献度，通常称为 β 系数。

任何一种证券的期望收益也是由两部分组成，一种是无风险收益，一种是风险溢价。公式(8.15)也可以改写为：

$$E(R_i) - R_f = (\bar{R}_M - R_f)\beta_i \qquad (8.16)$$

任何一种证券的预期收益与市场组合收益之间的关系一般用特征线来概括：

$$R_i - R_f = \beta_{iM}(\bar{R}_M - R_f) + a_i + e_i \qquad (8.17)$$

式中：$R_i - R_f$ 代表证券 i 的超额收益；$\bar{R}_M - R_f$ 代表市场组合的超额收益；a_i 代表市场组合超额收益为零时证券 i 的期望收益；e_i 代表随机误差，一般为零。

在某些时候，a_i 反映了市场价格被误定的程度，当 $a_i > 0$ 时，市场对证券 i 的收益率的预期高于均衡的期望收益率，表明市场价格偏低；当 $a_i < 0$ 时，市场对证券 i 的收益率的预期低于均衡的期望收益率，表明市场价格偏高。

证券市场线将每一种证券的预期收益与相应的市场风险联系在一起，夏普认为，在证券市场上，所有证券的风险值都是可以调整的，当期望收益率经风险度调整到均衡状态时，就再没有调整的动力了，即所有证券的预期收益都会落在证券市场线上，这意味着凡是有效的证券组合都会落在资本市场线上，也一定会落在证券市场线上。然而非有效组合则落在证券市场线上，但在资本市场线之下。在证券投资活动中，投资者们总是在寻找位于证券市场线上方的股票，但在信息发达的今天，这种机会少之又少，因为只有大家都低估某一只不被了解的股票时，它才会出现在证券市场线的上方，否则，了解该股票的投资者很容易了解发行该股票企业的实际状况，不会等它偏离市场线多远，就会回到市场线上。

四、对资本资产定价模型的评价

夏普的资本资产定价模型理论是证券界建立的第一个对资本资产进行定价的模型，这一定价模型后来被投资者用来做资本预算和投资决策、被评级机构用来测评管理者的业绩、被立法机构用来规范一些慈善机构的费用率。现在它已成为投资者在证券市场上进行证券投资活动的主要工具，夏普为此还获得了1990年的诺贝尔经济学奖。

但是,资本资产定价模型只注意证券组合因素对资本收益的影响,忽略了其他因素对证券投资活动收益的影响。在现实的证券市场中,即使市场上的投资者非常理智,证券的有效组合也很难既落在资本市场线上,同时又落在证券市场线上,因为投机程度、人们对未来各种事物的预期是有很大差异的,资本资产定价模型对这些问题都没有给予很好地考虑。

第三节　套利定价理论

一、套利定价理论产生的背景

证券组合理论和资产资本定价理论解决了在一定收益水平下如何使风险最小化的问题。但是证券组合理论对期望收益率与风险关系的测算,是通过计算证券组合的期望收益和方差得到的,这不仅要知道单个证券期望收益率及其方差和协方差,而且要对不同证券之间的相关性进行研究,计算过程十分复杂。资产资本定价理论需要严格的假设条件,这些假设条件在现实的证券市场上难以满足,因此证券组合理论和资产资本定价理论应用起来都很困难。美国经济学家斯蒂芬·罗斯(Stephen Ross)从全新的角度来探讨期望收益率问题,并于1976年12月在《经济理论》杂志上发表了一篇题为《资本资产套利定价》的论文,提出了资本市场均衡时的资本资产套利定价理论(Arbitrage Pricing Theory,APT)[1]。

套利定价理论将所有的资产收益都用一组因素的线性组合来描述。他认为,在一个完全竞争的商品市场上,同一产品会以相同的价格出售,那么在复杂的证券市场上,所有证券的收益率也应是同样的,如果价格不同,就应该通过贱买贵卖来套利。该理论简单实用,更适合大众投资者。

二、因素模型

资产定价模型解决了个别证券的市场均衡问题,资产套利定价模型揭示了在较复杂的市场条件下证券价格的形成过程,因素模型则证明了证券关联性的存在是外部各种力量对各种证券同时产生作用的结果。罗斯认为,国民生产总值、通货膨胀率和利率等因素影响着各种证券的收益,为此而提出了证券收益因素模型。马柯维茨的证券组合理论是从协方差的角度来考虑证券收益的关联性问题,罗斯的因素模型则是从各种外部因素对证券收益的影响来考虑关联性问题[2]。

---

[1]　Stephen Ross. The Arbitrage Theory of Capital Asset Pricing [J]. Journal of Economic Theory, 1976 (12).
[2]　张亦春. 金融市场学[M]. 北京:高等教育出版社,1999.

(一)单因素模型

证券的收益率是由市场组合决定的,i证券的收益率可以由市场指数的线性表达式进行计算,其计算公式为:

$$R_i = \alpha_i + \beta_i \bar{R}_M + \varepsilon_i \tag{8.18}$$

式中:$\bar{R}_M$代表市场上所有的证券组合;α_i表示截距项;ε_i表示随机项。

如果证券的收益率只受到一种因素的影响,证券之间的协方差由影响该证券收益率的因素决定,按单因素模型,该种证券受这一因素影响程度的计算公式为:

$$R_i = \alpha_i + \beta_i F + \varepsilon_i \tag{8.19}$$

式中:F表示决定证券收益率的经济因素;β_i表示证券i对这种因素的敏感度;对随机项ε_i的设定与市场模型一致。根据这种假设,便可得出任意两种证券协方差的计算公式:

$$\sigma_{ij} = Cov(R_i, R_j) = \beta_i \beta_j \sigma_F^2 \tag{8.20}$$

对于由N个证券构成的组合P而言,当组合中每种证券所占比重为W_i时,该组合P的收益率为各证券收益率的加权值,即$R_P = \sum_{i=1}^{N} W_i R_i$。同时有:$R_i = \alpha_i + \beta_i F + \varepsilon_i$,所以组合$P$的收益率为:

$$\begin{aligned} R_P &= \sum_{i=1}^{N} W_i (\alpha_i + \beta_i F + \varepsilon_i) \\ &= \sum_{i=1}^{N} W_i \alpha_i + \sum_{i=1}^{N} W_i \beta_i F + \sum_{i=1}^{N} W_i \varepsilon_i \\ &= \alpha_P + \beta_P F + \varepsilon_P \end{aligned} \tag{8.21}$$

式中:$\alpha_P = \sum_{i=1}^{N} W_i \alpha_i$;$\beta_P = \sum_{i=1}^{N} W_i \beta_i$;$\varepsilon_P = \sum_{i=1}^{N} W_i \varepsilon_i$。

证券组合P的方差便可由公式(8.7)推导出:

$$\sigma_P^2 = \beta_P^2 \sigma_F^2 + \sigma^2(\varepsilon_P) \tag{8.22}$$

证券组合的风险由系统性风险和非系统性风险两部分构成。计算由N个证券构成的组合的风险,只需要计算出证券组合的敏感度、该种经济因素的方差及随机项的方差,而组合的敏感度、随机项方差又分别由各个证券的敏感系数β_i和随机项的方差σ_ε^2决定。因此,只需要求出该经济因素的方差、N个证券对这种因素的敏感度β_i和随机项的方差σ_ε^2(一共$2N+1$个值)就可以确定证券组合的方差。但是,在资本资产定价模型中,需要计算N个方差和$\frac{1}{2}(N^2 - N)$个协方差,一共$\frac{1}{2}(N^2 + N)$个值,这比单因素模型复杂很多。

（二）多因素模型

在现实的证券市场中，证券收益率随机项之间的协方差一般不为零，这说明影响证券收益率的不只是一个因素，因此只有使用多因素模型，才能验证影响证券收益率的因素都有哪些。其计算公式为：

$$R_i = \alpha_i + \beta_{i1}F_1 + \beta_{i2}F_2 + \cdots + \beta_{ik}F_k + \varepsilon_i \tag{8.23}$$

式中：$F_1, F_2, \cdots, F_k$ 表示 k 个能够影响证券收益率的因素，系数 β_{ij} 代表对应的敏感度。

与单因素模型一样，多因素也需要进行一些假设：$E(\varepsilon_i) = 0$，$Cov(\varepsilon_i, \varepsilon_j) = 0$，$Cov(\varepsilon_i, F_i) = 0$，$Cov(F_i, F_j) = 0$。前三项式子的含义与单因素模型一致，第四项式子表明在多因素模型中，各种因素之间不存在相关性。由此，得到多因素模型下，证券 i 的方差为：

$$\sigma_i^2 = \beta_{i1}^2 \sigma^2(F_1) + \beta_{i2}^2 \sigma^2(F_2) + \cdots + \beta_{ik}^2 \sigma^2(F_k) + \sigma_\varepsilon^2 \tag{8.24}$$

多因素模型中的系统性风险由 k 个经济因素的不确定性共同决定，非系统性风险则由随机项的不确定性决定。

对于由 N 个证券构成的资产组合 P 而言，当证券组合中每种证券所占的比重为 W_i 时，证券组合的总收益率是构成组合的各种证券收益率的加权值，即 $R_P = \sum_{i=1}^{N} W_i R_i$。同时又有：$R_i = \alpha_i + \beta_{i1}F_1 + \beta_{i2}F_2 + \cdots + \beta_{ik}F_k + \varepsilon_i$，所以组合 P 的收益率为：

$$\begin{aligned} R_P &= \sum_{i=1}^{N} W_i(\alpha_i + \beta_{i1}F_1 + \beta_{i2}F_2 + \cdots + \beta_{ik}F_k + \varepsilon_i) \\ &= \sum_{i=1}^{N} W_i\alpha_i + \sum_{i=1}^{N} W_i\beta_{i1}F_1 + \sum_{i=1}^{N} W_i\beta_{i2}F_2 + \cdots + \sum_{i=1}^{N} W_i\beta_{ik}F_k + \sum_{i=1}^{N} W_i\varepsilon_i \\ &= \alpha_P + \beta_{P1}F_1 + \beta_{P2}F_2 + \cdots + \beta_{Pk}F_k + \varepsilon_P \end{aligned} \tag{8.25}$$

式中：$\alpha_P = \sum_{i=1}^{N} W_i\alpha_i$，$\beta_{Pj} = \sum_{i=1}^{N} W_i\beta_{ij}(j = 1, 2\cdots k)$，$\varepsilon_P = \sum_{i=1}^{N} W_i\varepsilon_i$。

同样可以根据每种证券的方差求出整个组合的方差：

$$\sigma_P^2 = \beta_{P1}^2 \sigma^2(F_1) + \beta_{P2}^2 \sigma^2(F_2) + \cdots + \beta_{Pk}^2(F_k) + \sigma^2(\varepsilon_P)$$

根据单因素模型和多因素模型计算得出的数据，可以导出马柯维茨模型中的有效边界，进而确定最佳组合。因素模型指出了多种因素决定着证券组合的收益率，但是都不能像资本资产定价模型那样明确指出对证券收益率产生影响的确定因素。

三、套利定价模型

(一)套利定价模型的假设条件[①]

1. 市场上存在的证券数量无限。
2. 套利组合要求投资者不得追加资金。
3. 套利组合对任何因素的敏感度为零,即 $X_1 b_{1i} + X_2 b_{2i} + \cdots + X_n b_{ni} = 0 (i = 1, 2, \cdots, k)$。
4. 套利组合的期望收益率大于零,即 $X_1 E_1 + X_2 E_2 + \cdots + X_n E_n > 0$。
5. 证券市场允许买空卖空。

(二)套利组合

套利是指利用同一种资产在不同的时间和地点的价格差异来赚取无风险利润的一种市场活动。通俗地讲,套利就是利用时空差异所存在某种资产的差价不断地进行买卖交易,从中博取收益。套利的进行会使时空差异所产生的资产差价为零,进而使套利活动结束。套利机会的多少受金融市场流动性的影响,流动性强的市场,由于资产交易迅速,套利机会就多。

套利组合就是投资者在不增加风险和不追加资金的情况下,将原来的投资组合重新组建成新的组合。事实上,套利组合就是在不增加也不减少资金的情况下,通过卖出一部分原有资产、买进一部分新的资产而建立起来的新的组合。

$$W_1 + W_2 + \cdots + W_N = 0 \tag{8.26}$$

式中:W_i 表示证券 i 在套利组合中市值的变动比重,可以取正值也可以取负值。

套利组合对任何因素的敏感度都为零,并不承担因素风险,便可获得无风险收益。因为证券组合对某种因素的敏感度等于组合中各个证券对该因素敏感度的加权值,所以在 k 因素模型中有:

$$\begin{aligned} \beta_{11} W_1 + \beta_{12} W_2 + \cdots + \beta_{1N} W_N &= 0 \\ \beta_{21} W_1 + \beta_{22} W_2 + \cdots + \beta_{2N} W_N &= 0 \\ &\cdots\cdots \\ \beta_{k1} W_1 + \beta_{k2} W_2 + \cdots + \beta_{kN} W_N &= 0 \end{aligned} \tag{8.27}$$

在方程组(8.27)中,用 β_{ij} 表示证券 j 对第 i 个因素的敏感度。

[①] 威廉·F. 夏普,戈登·J. 亚历山大,杰弗里·V. 贝利. 投资学[M]. 赵锡军,译. 北京:中国人民大学出版社,1998.

套利组合应该满足的第三个条件是组合的期望收益率大于零,这是投资者进行套利活动的根本原因,可以用不等式表示:

$$W_1 R_1 + W_2 R_2 + \cdots + W_N R_N > 0 \qquad (8.28)$$

式中:R_i 表示证券 i 的期望收益率。

(三) 套利定价模型

套利活动的结果会使收益率偏高的资产价格上升、收益率下降,收益率偏低的资产价格下降、收益率上升,使套利机会消失,市场达到均衡。套利定价理论认为,投资者为了利润最大化,他们会连续不断地进行套利操作,直至资产价格恢复均衡为止。

1. 单因素套利定价模型。投资者投资的目标就是投资组合期望利润最大化,其公式为:

$$\bar{R}_p = X_1 \bar{R}_1 + X_2 \bar{R}_2 + \cdots + X_n \bar{R}_n$$

式中:$\bar{R}_p$ 表示套利组合的预期收益率。

通过建立拉格朗日函数得:

$$L = (X_1 \bar{R}_1 + X_2 \bar{R}_2 + \cdots + X_n \bar{R}_n) + \lambda_0 (X_1 + X_2 + \cdots + X_n) + \lambda_1 (b_1 X_1 + b_2 X_2 + \cdots + b_n X_n)$$

为求最大值,对其求一阶偏导数得:

$$\frac{\partial L}{\partial X_i} = \bar{R}_i - \lambda_0 - \lambda_1 b_i = 0$$

$$\frac{\partial L}{\partial \lambda_0} = X_1 + X_2 + \cdots + X_n = 0$$

$$\frac{\partial L}{\partial \lambda_1} = b_1 X_1 + b_2 X_2 + \cdots + b_n X_n = 0$$

单因素套利定价模型可以写为:

$$\bar{R}_i = \lambda_0 + \lambda_1 b_i \qquad (8.29)$$

式中:λ_0 和 λ_1 是常数。

单因素定价模型的意义在于告诉我们:任何证券或证券组合的期望收益率都由两部分组成,一部分是无风险利率,另一部分为风险补偿。风险补偿由证券或证券组合对某经济因素的敏感度和该经济的单位风险价格共同决定。

2. 多因素套利定价模型。多因素套利定价模型与单因素套利定价模型相比,只不过出现了许多影响因素 k,这时期望收益率与因素风险的关系由期望收益率关于因素敏感性的线性函数所反映,其定价模型为:

$$E(R_i) = \lambda_0 + \lambda_1 \beta_{i1} + \lambda_2 \beta_{i2} + \cdots + \lambda_k \beta_{ik} \qquad (8.30)$$

式中:证券 i 为无风险资产,由于其期望收益率就是无风险利率 r_F,而其对各因素的敏感性又均为 0，因此 $\lambda_0 = r_F$。此外，每一个 λ_i 的含义也十分明显，它们实际上表示对因素 F_i 具有单位敏感性的因素风险溢价。

四、对套利定价模型的评价

套利定价模型也是描述均衡市场中证券或证券组合的期望收益率与风险之间关系的理论，但它将资本资产定价理论的负载程序大大简化了，应该说这是对资本资产定价理论的一大改进。此外，套利定价理论的限制条件要比资本资产定价理论宽松。套利定价理论主要是让投资者寻找那些价值被低估的证券，并估出每种证券受各种因素影响的程度，然后判断套利机会，建立套利组合，从而博取高于资本市场的正常收益。但是，该理论没有明确指出影响某一证券收益的具体因素，这是该模型的一个致命缺陷。

第四节 有效市场理论

一、有效市场理论产生的背景

法国数学家巴利亚早在 1900 年依据对股市的长期研究，就曾提出了有效市场和随机漫步的思想，但没引起理论界的注意。英国统计学家莫里斯·肯德尔（Maurce Kendall）在 1953 年对股市研究后也发现，股价的变动是随机的，无规律可言。后来随机漫步的思想得到了萨缪尔森的推崇，并得出在股市上挣钱和在赌场上赢钱难度相等的结论。巴利亚也好，肯德尔也好，他们都是在仅仅对股市研究的基础上提出的随机漫步思想，他们既无法估算股价的变动模式，也无法用经济学理论去解释这种现象，所以还难以成为一种解释证券市场活动的理论。1970 年 5 月，美国芝加哥大学教授尤金·法玛（Eugene Fama）发表了一篇题为《有效资本市场：理论与实证研究的回顾》的论文，首次提出了有效市场假说（Efficiency Market Hypothesis, EMH）这一概念，他认为消息会使证券价格进行波动，当证券价格能够反映投资者可以获得的信息时，即信息可以用证券价格得以体现的时候，证券市场就是有效市场。

二、有效市场的主要内容

有效市场理论的主要观点包括以下几个方面内容：

第一，市场信息是完全充分的。市场上信息是随时随地出现的，它们独立地进入市场，证券价格波动也是随意的，证券价格波动仅仅是对即时信息的反应，与上一次价格的变动没有联系。

第二，追求利润最大化的投资者充斥着整个市场，他们不受其他人对市场和证券评论的影响，而是根据自己的判断和得到的信息独立地对股票进行买卖操作。

第三，对市场上的最新信息，所有的投资者都能及时、准确地做出反应，调整股票结构，致使股价波动，每人能够利用新信息在市场上获取超额利润。

有效市场理论以现实市场情况为出发点，在信息披露充分的情况下，任何利好消息都能使某只股票或整个市场快速上涨，任何利空消息同样也会使某只股票或整个市场快速下跌。证券市场上的证券价格就是实际的真实反映。

当然市场有效假说也是建立在一定的前提条件基础之上的，其主要包括：交易不存在障碍、信息公开程度高、证券价格不受个别投资者的影响，以及市场上都是追求利润最大化、被动接受市场价格的投资者。法玛认为只要证券市场价格能够充分反映投资者可以获得的信息时，该市场就是有效市场。

三、有效市场的种类

法玛根据信息集合的不同将有效市场分为弱式有效市场、半强式有效市场和强式有效市场三类。

（一）弱式有效市场

弱式有效市场(Weak-form Efficiency)是指证券市场上的证券价格反映了从市场交易数据中可以得到的全部历史信息。这些历史信息主要包括证券的价格、收益率、交易量等。在弱式有效市场上，无法按历史信息对证券的价格进行预测以及按历史的交易规律进行交易，证券价格的每次上升或下降与以前没有相关性，证券价格属于随机游动。

检验弱式有效市场的方法有相关检验、游程检验和过滤法则检验。相关检验主要是检验不同时期的序列前后数据之间的相关性，如果为零或接近零，则不存在相关性或相关性很小，属于弱式有效市场。游程是指若干个具有相同方向的价格变动，游程检验主要衡量分析序列变化的情况，游程分正走势、零走势和负走势，即价格上升、不变和下降三个变动方向。如果价格连续出现两个或两个以上相同方向的变动就产生了一个游程，直至价格方向发生变化，一个游程从此结束，新的游程宣告开始。通过对证券价格序列的游程个数与随机序列的游程个数期望值进行比较，如果两者没有显著的差别，说明证券价格序列是随机的，属于弱式有效市场。在弱式有效市场的条件下，技术分析已失去效用。

（二）半强式有效市场

半强式有效市场(Semistrong-form Efficiency)是指证券价格既能反映历史信

息,也能反映其他公开信息。其他公开信息主要包括公司的盈利预测、股息的分配方案和财务报表等。在半强式有效市场中,历史信息和其他公开信息对未来股价或预测未来股价没有任何意义,因为证券价格随着信息进行调整。

判断半强式有效市场的方法主要包括考察公司公布盈利消息、巨额交易和股票分割等对股价的影响。上市公司如果盈利,一般要发布盈利预测和最终的年报,盈利预测数是公布年报前的一个预估数,确切的盈利数在最终发布的年报里,但它们之间有时间差和盈利数额差,公司的股价也会随着预估盈利数和最终盈利数的公布相应地进行变化,如果盈利的最终数据公布后股价没有发生大的变化,则属于半强式有效市场,因为股价在盈利预测发布后已经进行了充分的调整。在半强式有效市场情况下,巨额交易发生后,累计超额收益率一般不会有较大的变化。公司股票分割以后只说明公司股本扩大了,股东的持股数量也相应增加,但对公司的持股比例没有发生变化,所以也就不会影响股东的实际财富。股票的分割预示着管理层对公司未来有好的利润预期,如果公司股票价格上涨,说明属于半强式市场。现在大多数较成熟的证券市场都属于半强式有效市场,基本面分析在半强式有效市场难以发挥作用,因为信息公开程度高,投资者对公司前景十分了解,所以证券价格与公司内在价值不符的现象一般不会出现。

(三)强式有效市场

强式有效市场(strong – form Efficiency)是指证券价格不仅能反映历史信息和其他公开信息,而且也能反映内幕消息。判断强式有效市场的方法是考察公司内部的高管和相关人员是否能够从内幕消息中获取超额收益,以及资本市场上的管理或专业人员能否利用其独特的优势来赚取超额利润。

在现实社会中,公司内部的管理人员一般拥有公司历史的、未来发展变化的和有关高级人员安排的尚未公布的内部消息,公司内部管理人员往往可以通过内部信息在证券市场上进行证券买卖操作,以赚取超额收益。具有丰富经验和独特优势的券商往往也有自己独特的信息渠道,他们也会利用这一优势获取超额利润。按强式有效市场的假设,市场信息的公开度是很高的,包括内部信息在内的信息也不例外,投资者不可能持续地获取超额利润。如果公司内部管理人员不能利用内幕消息以及券商不能利用其独特优势持续地获取超额利润,那就属于强式有效市场。

四、对有效市场理论的评价

市场有效理论是现代金融理论的基石,资本资产定价和套利定价等金融理论都是在该理论的基础上形成的。有效市场理论主要是通过证券价格的表现,来体现市场上的投资者拥有企业各种信息的程度。该理论的意义在于告诉投资者,在有效市场条件下不能依靠技术分析获取超额利润,因为投资者的投资决策受股评的影响。此外投资者应理性地对待投资,既要看到投资收益,也要测算投资成本。

但是,有效市场理论的假设条件要求较高,尤其是强式有效市场理论的条件难以达到。虽然世界各国都制定了有关对证券市场进行监管的法律,但目前世界上还没有哪一个国家拥有绝对有效的方法来杜绝公司内部人员和券商在重要信息公布以前利用其内部信息获取超额利润这一现象。许多研究实例表明,目前为止,世界各国的证券市场一般都属于弱式有效市场,少数国家达到了半强式有效市场,还没有国家达到强式有效市场的水平,因此也有学者认为,强式有效市场的假说是不成立的。

第五节 期权定价理论

一、期权定价理论产生的背景

期权定价问题从期权交易产生之时就有很大的疑问,因此造成期权市场风险极大。早在19世纪末20世纪初,就有学者开始研究期权定价问题,其中较著名的有法国的数学家刘易斯·贝施勒(Louis Bachelier),但都无果而终。直至1973年,美国芝加哥大学教授费舍尔·布莱克(Ficher Black)和斯坦福大学教授莫朗·舒尔斯(Myron Scholes)提出了布莱克—舒尔斯(Black–Scholes Option Pricing Model,简称BS模型)期权定价模型后才有所突破。但布莱克—舒尔斯期权定价模型只能对不支付红利的欧式股票期权进行定价分析。同年,美国哈佛商学院的教授默顿(M. Merton)提出了支付红利的欧式股票期权定价模型,1976年布莱克又提出了期货期权定价模型。期权定价理论被广泛应用,使得20世纪80年代以后衍生金融品种不断创新、衍生金融市场不断发展。

二、期权定价理论的假设条件

布莱克—舒尔斯期权定价理论的假设条件主要包括:
· 不存在无风险套利机会。
· 无风险利率在期权的有效期内保持不变。
· 不存在任何的税收和交易成本。
· 市场允许买空卖空证券。
· 所有的证券交易都是连续的。
· 期权只有在到期日才被执行。
· 在期权的有效期内不支付红利。

三、期权定价模型

布莱克—舒尔斯定价理论是建立在无风险对冲基础上的,通过买入股票并同时卖出期权,使交易处于无风险状态,通过对冲使期权价格达到模型所要求的均衡状态。

BS 模型的期权定价公式为:

$$C = SN(d_1) - Ke^{-R_f T}N(d_2)$$

式中: $d_1 = \dfrac{\ln\left(\dfrac{S}{X}\right) + R_f T}{\sigma \sqrt{T}} + \dfrac{1}{2}\sigma \sqrt{T}$; $d_2 = d_1 - \sigma \sqrt{T}$; S 表示有价证券的现行市场价格; X 表示期权执行价格; T 表示期权期限,若期权期限为 3 个月,则 T 取值 0.25,依次类推; R_f 表示无风险利率; σ 表示有价证券预期报酬标准差; $N(d_1)$、$N(d_2)$ 表示标准正态分布变量的累积概率,即 $N(d_1) = \int_{-\infty}^{d_1} f(Z)dZ$; $f(Z)$ 表示均值和标准差均为零的正态分布函数。

四、对期权定价理论的评价

期权定价理论成功地给出了欧式看涨期权和看跌期权的解析表达式,为在包括股票、债券、货币和商品在内的衍生金融市场上,以货币定价的衍生金融工具的合理定价奠定了基础,同时促进了衍生金融工具的不断创新和衍生品种的不断增多。

但 BS 模型只能对不支付红利的欧式股票期权进行定价分析,这就使该理论本身不能对后来出现的其他衍生金融品种进行有效定价分析,进而引发金融市场上分析其他衍生金融品种理论的诞生。

第六节 投资行为金融理论

一、投资行为金融理论产生的背景

投资行为金融理论实际上并不是一个完整系统的理论,它只不过试图对金融市场上的一些怪异现象进行解释。

20 世纪三四十年代,金融市场上的很多投资者都不是金融投资者,最多属于行为投资者,他们并非总是理性的,甚至不惧风险。1952 年马柯维茨(Markowitzti)提出了期望理论(Prospect Theory),该理论认为,投资者对收益的效用函数是凹函数,对损失的效用函数是凸函数,他们在盈利时表现为风险回避,亏损时则表现为偏好风险,而且预期损失带来的苦恼要大于预期收益带来的愉悦。此后,行为组合理论(Behavioral Portfolio Theory)和行为资产定价模型(Behavioral Asset Pricing Model)也相继出现。行为组合理论并不把行为金融理论与现代金融理论对立起来,而是将它们结合起来探讨金融投资问题。在此基础上,一种从投资决策的行为模式入手,针对投资者怪异行为的、强调将心理学和投资决策相结合的证券投资理论(投资行为金融理论)于20世纪90年代应运而生。

二、投资行为金融理论的主要内容

(一)正反馈投资模型

正反馈投资模型是德龙等人于1990年在一篇题为《正反馈投资战略和几个不稳定的投机》一文中提出来的。该理论的主要观点是:市场上的投资者容易受市场上的一些噪音(市场上流传的消息)影响,在某只证券价格上涨时,一些反应迅速的投资者往往跟着去购买,其他投资者在不知情的情况下往往会追涨;当某只股票下跌时,他们也会迅速卖出证券,其他不知情的投资者也会随之做出反应。不知情的投资者的追随行为,往往助长了投资者的情绪,最终导致反应过度。该理论实际上是对投资者反应过度行为的一种解释,很多人把此理论称为羊群效应理论。

(二)BSV模型

BSV模型因由巴伯瑞(Barberis)、施乐福瑞(Shlefferis)和维瑟妮(Vishny)提出而得名。BSV模型于1998年提出,根据该模型的结论,投资者在证券市场上一般会犯两种错误:一种是由于投资者过于重视近期一些数据的变化,忽略这些数据总体所代表的含义,从而使投资者犯有选择性偏差错误;另一种是由于投资者不能根据情况的变化及时修正预测模型,因而会出现保守性偏差。投资者在市场中,由于过分注重近期数据的变化,会忽略先期出现的利空和利好,从而对原来的方案做出调整,对近期信息出现过度反应,会使证券价格出现扭曲。如果投资者出现保守偏差,会使证券价格不能及时准确地对收益和未来趋势做出反应。

(三)DHS模型

DHS模型是1999年因丹尼尔(Daniel)、赫什勒菲(Hirshleifer)、萨布汗曼耶(Subrahmanyam)提出而得名。DHS模型认为,金融市场由有信息的投资者和无信息的投资者组成,证券的价格又由有信息的投资者决定,因为他们根据自己从各种途径得到的信息,对某些证券产生偏爱,由于他们的偏爱而产生的投资行为导致股价波动,而无信息的投资者是没有偏爱的,不存在判断偏差。有信息的投资者由于过度相信自己的判断,往往会低估证券风险。无信息的投资者由于对公共信息反映不足,往往会产生短期股价趋势的持续,一旦对公开信息做出反应时,也会出现长期反转。

(四)HS 模型

HS 模型是由斯坦(Hong Stein)提出的。该理论强调投资者的行为机制,认为投资者主要有两类:一类是观察消息者,他们往往根据获得的有价值的信息对未来进行预测,并不局限于过去和当前价格的变化,他们往往出现反应滞后;另一类是动量交易者,动量交易就是投资者对价格和交易量提前做出设定,一旦满足设定的动量要求,投资者就会进行买卖操作,这些动量交易者用历史和当前的数据对未来进行预测,往往又会导致反映过度。

三、对投资行为金融理论的评价

投资行为金融理论作为一个较为年轻的学派,尚未形成一个完整的理论体系。该理论只是从心理学的角度,对证券市场上的一些非理性的怪异行为做出解释。由于该理论承认投资者心理上的多样性,并将投资决策与心理学结合起来,探讨的对象又是金融市场常见的投资者的具体行为,因而使得该理论更贴近现实,并有很强的可操作性。

案例研究

案例一 亚投行将为全球经济发展注入新动力

亚洲基础设施投资银行(简称亚投行,AIIB)是由中国倡导、专为亚洲量身打造的基础设施开发性机构,总部将设在北京。2014 年 10 月,中国、印度等 21 个亚投行首批意向创始成员国签署了《筹建亚投行备忘录》。此后一段时间里,又有多个国家和地区申请以意向创始成员身份加入亚投行。

外交部发言人华春莹 2015 年 3 月 31 日在例行记者会上表示,截至 31 日,已经通过多边审核程序成为亚投行意向创始成员国的国家有 30 个。

华春莹表示,连日来,又有不少国家提出加入申请。其他提交申请的国家正在通过多边程序征求意见。具体意向创始成员国数量待 4 月 15 日才能确定。

她说,倡议筹建亚投行是中国承担更多国际责任、补充现有国际经济秩序的建设性举动,是对现有多边开发银行的有益补充,对全球和亚洲各国来说都是互利共赢的。

"亚投行是一个开放、包容的多边开发机构,欢迎所有有兴趣的国家加入。"华春莹说,中方愿与各方一道共同努力,将亚投行打造成一个实现各方互利共赢和专业、高效的基础设施投融资平台。

俄罗斯证券委员会主席伊戈尔·科斯季科夫认为,亚投行将推动现有国际金融体系迈上更为公平和公正的平台。他认为,一些国家,尤其是发展中国家在基础设施建设方面资金缺口大,而又难以从现有国际金融机构那里获得充足的项目贷款。亚投行的成立,将给这些国家带来更多发展机遇,同时也可以促使国际货币基金组织、世界银行等现有国际金融机构加快改革步伐。

俄罗斯联邦政府金融学院货币及信用政策中心主任斯韦特兰娜·克里沃鲁奇科认为,亚投行将促使现有国际金融机构进行调整,加大对发展中国家提供资金援助的力度。她指出,基础设施建设将成为带动全球经济复苏的主要驱动力之一。

展望前景,科斯季科夫认为,亚投行需要平衡成员国的诸多项目融资需求,做到公平、公开、高效,证明其在专有领域贷款融资中的独特优越性。克里沃鲁奇科则认为,亚投行能否成功运营,关键在于能否践行公平、开放、透明等理念,认真选择可以带来投资驱动力的项目,展示基础设施投资银行的务实成果。

案例思考与讨论:
从投资的角度,思考亚投行的成立会对全球经济带来哪些影响。

案例二　摩根士丹利入股蒙牛带来双赢局面

鉴于国内投资市场的一些政策限制,国外私募股权投资(PE)进入时,一般不选择直接投资中国企业的本土实体,而要对企业进行改制,通过成立海外离岸公司或购买壳公司,将境内资产或权益注入壳公司,使国内的实体企业成为其子公司,以壳公司名义在海外证券市场上市筹资,这种方式俗称"红筹上市"。这样,就可将境内资产的收入和利润合法地导入境外控股母公司。私人股权投资基金对中国的投资和退出,都发生在管制宽松的离岸。比如盛大网络,由于监管部门规定互联网内容提供商的经营牌照必须掌握在中国公司手里,那么构造上述通道来引渡资产,就成了不可或缺的安排。

同样以这种方式进行私募的就是蒙牛。2002年6月,摩根士丹利在开曼群岛注册了China Dairy(开曼公司),毛里求斯公司是它的全资子公司。2002年9月,蒙牛发起人离岸注册了金牛,蒙牛的投资人、雇员等注册了银牛。透过金牛银牛,来完成对蒙牛的间接持股。

根据开曼公司法,公司股份分A、B两类,A类1股有10票投票权,B类1股只有1票投票权。摩根士丹利投资2 597万美元,购得开曼公司B类股票48 980股。金牛银牛则以1美元/股的价格,购得开曼公司A类股票5 102股。因此,蒙牛与摩根士丹利的股份数量之比是9.4%：90.6%，但投票权之比是51%：49%。蒙牛管理团队所持的股票，在第一年只享有战略投资人摩根士丹利所持股票1/10的收益权。

摩根士丹利与蒙牛定下协议：如果蒙牛实现增长目标，一年后，蒙牛可以将A类股按1拆10的比例转换为B类股。这样，蒙牛管理层的股权就能与投票权比例一致。

此后，开曼公司把这2 597万美元认购了毛里求斯公司的98%的股份。而毛里求斯公司又用此笔资金，收购了大陆蒙牛乳业66.7%的股权。开曼公司从一个空壳公司，变成了在中国内地有实体业务的控股公司。摩根士丹利持有蒙牛股份就为32.68%（开曼49%×内地66.7%）。蒙牛高层持有的蒙牛股份就为67.32%（开曼控股内地的51%×66.7%+内地自己控股的33.3%）。

内蒙古蒙牛乳业股份有限公司得到境外投资后改制为合资企业，而开曼公司也从一个空壳公司演变为在中国内地有实体业务的控股公司。企业重组后，蒙牛乳业的创始人对蒙牛的控股方式由境内自然人身份直接持股变为了通过境外法人间接持股。

而蒙牛私募案例，最终以摩根士丹利的上市退出为终结。

2004年6月，蒙牛乳业在香港上市（上市主体是开曼公司，而国内的蒙牛是开曼的子公司），共发售3.5亿股。其中2.5亿股为新发股票，1亿股是摩根士丹利出售来套现的，套现了3.925亿港元（13.925亿IPO融资中的3.925亿，被摩根士丹利等分走了）。

2004年12月，摩根士丹利行使第一轮可转股证券，增持股份1.105亿股。之后立即以6.06港元的价格抛售了1.68亿股，套现10.2亿港元。

2005年6月，摩根士丹利行使第二轮全部剩余的可转股证券，换得股份2.58亿股，并将其中的6 261万股奖励给了管理层的代表——金牛。同时，摩根士丹利把手中的股票3.16亿股全部抛出变现，包括奖给金牛的6 261万股，价格4.95港元/股，共套现15.62亿港元。蒙牛的管理层获得了3.1亿港元的私人财富。

摩根士丹利等两轮共投入了6 120万美元（4.77亿港元）。上市时套现3.925亿港元（1亿股），2004年12月套现10.2亿港元（1.68亿股），2005年6月套现12亿港元（2.5亿股，未计入金牛的6 261万股）。三次套现总额高达26.125亿港元，摩根士丹利等的投入产出比近550%。

在蒙牛案例中，可以发现私募股权投资若能很好地运作，能够带来双赢的局面。摩根士丹利等机构成功的资本运作，给自身带来了非常可观的效益。同时，蒙牛的发展也是人尽皆知的，从当年完全不知名的民营企业，一跃成为乳业巨头。

带来积极效应的同时，这种苛刻的资本运作模式也给蒙牛企业带来了诸多挑战。比如，投行退出时股价的剧烈震荡，再比如，对赌协议的苛刻要求、存在被外资掌控的风险等等。

但更重要的是，这个成功的案例，能够在一定程度上促进我国私募股权投资的发展，促进国际投行投资我国企业，为更多民营中小企业提供发展的契机。

案例思考与讨论：
思考私募股权应如何运作才能更好地促进企业发展。

思 考 题

1. 证券组合理论有哪些假设条件？
2. 什么是有效集和可行集？
3. 如何用无差异曲线来确定证券的最佳组合？
4. 投资行为金融理论的主要内容是什么？
5. 有效市场的主要内容是什么？

第九章 国际证券投资分析

Analysis of International Securities Investment

国际证券投资分析主要分为基本分析和技术分析两种,本章介绍国际证券投资基本分析和技术分析的基本含义和作用,道氏、波浪和K线理论在内的证券投资技术分析理论,量价关系在实践中的应用,以及衡量股市行情的各种技术指标等。

学习要点

The analysis of International equity investment mainly contains two analysis methods, the fundamental analysis and the technical analysis. This chapter introduces the basic definition and function of the fundamental analysis and technical analysis of International equity investment. It explains not only the Dow Theory, Wave Theory and Sakata Method Theory, but also the practical application of the price-volume relation, different kinds of basic technical index which can forecast the stock market trend and so on.

第一节 证券投资基本分析

证券投资的基本分析包括经济分析、行业分析和公司分析。在证券市场中,不同的投资主体有不同的目的和行为方式。作为证券投资者,在投资前,试图找出证券的"价值",并通过证券价格与"价值"对比,来决定交易策略。作为证券供给者的政府和企业,主要考虑如何提供信用度高、效益好、风险低的债券和股票;作为证券经营者,主要考虑如何更好地为投资者买卖证券服务;作为证券管理者,主要考虑如何保证证券投资活动中的公平、公正与高效,防止一切不正当交易,维护市场秩序,保护投资者的利益;作为证券投资者,着重考虑如何选择最有利的时机进行证券投资活动,提高预期证券报酬,并尽可能降低投资风险。基本分析的第一步就是判断投资的经济环境,包括国内外的经济状况及前景,其目的在选择适当的投资机会并确定投资种类,如高风险投资还是低风险投资。

经济状况对证券投资有极大影响。一般来说,当经济稳步增长、发展前景看好时,投资于普通股较理想;而当经济前景暗淡时,投资于固定收入的债券比较安全。无论是发行人、管理人还是投资人,除了要对证券市场具有丰富的知识和经验以外,还应当对整个宏观经济和经济周期有一个较全面的了解。

基本分析的功能在于确定证券投资的"大气候",但大气候并不完全决定小气候和每天天气的状况,这就说明了基本分析中的宏观经济分析不能代替行业分析和公司分析等微观分析。对宏观经济形势有一个正确的认识与预测,证券投资活动就等于取得了一半的成功。所以了解证券市场与整个国民经济之间的相关性,对于投资者而言显然相当重要。因此,分析证券市场与整体经济的关联性,对未来经济走势和周期的预测研究,是从事证券投资尤其是股票投资的必备条件。

一、宏观经济分析

(一)宏观经济状况分析

就分析和预测证券市场的前景来说,宏观经济状况分析是不可缺少的,因为一国的国民经济是个有机的整体,不同部门、行业之间相互制约,他们的发展速度取决于国民经济的状况和政府的财政金融政策。证券市场也同样受到宏观经济和政府政策的制约。分析宏观经济状况,主要应分析国民生产总值、国内生产总值、货币政策和财政政策。

1. 经济指标分析。分析国民经济状况最主要的指标是国民生产总值。国民生产总值是一国在一定时期内生产的最终产品(包括商品和劳务)的市场价值总和。

国民生产总值有名义价值和实际价值之分,在通货膨胀情况下,名义价值大于实际价值。为了反映国民生产总值的实际增长情况,各国常用不变价格来衡量真实国民生产总值的增长情况。如果国民生产总值的真实价值持续增长,投资普通股的股东收益率将大大提高;如果名义国民生产总值不断增长,而真实价值不变甚至下降,这说明国民经济步入滞胀,此时的投资者不宜投资普通股。

国民生产总值被认为是综合反映一个国家经济活动的最概括、最主要的指标,其内容是综合反映一国在一定时期(一般是一年)内以市场价格表示的所生产的产品和服务的总量。这个指标的内涵是指明在一定的时期内所生产的总值如何在国民经济各部门间分配和使用的,所以国民生产总值可以从三个方面来计算:第一是生产法,从生产方面来计算国民生产总值。计算的方法就是把各个企业(或部门)在一年内所生产的产品或所提供的劳务的价值相加,从中减去所消耗的产品和劳务的价值,其余额就是企业(或部门)在一年内所增加的价值。然后把所有企业(或部门)新增加的价值加总,即求得一国在一年中所生产的国民生产总值。这种计算方法显示了整个国民经济在一年内所增加的产品和劳务的价值总和。第二种是收入法,就是从分配方面计算国民生产总值。计算的方法是从生产要素所有者和政府所获得的收入相加而求得。具体的计算方式是把在生产产品或提供劳务过程中所产生和雇用人员的报酬、非公司企业的业主收入、公司利润、净利息、租金收入、固定资产折旧和间接税相加,而求得的国民生产总值。收入法亦可称为成本法,因为一个国家如果把生产所需的全部支出相加,同样可以求得国民生产总值。第三是支出法,即从使用方面来计算国民生产总值。计算的方法是把个人、企业、组织和政府一年内购买社会最终产品和劳务的支出相加得出的数据,也是国民生产总值。目前发达国家计算国民生产总值多采用支出法。国民生产总值的预测需要大量数据和信息,因此,单个投资者无法进行,但各国却有专门机构预测国民生产总值的变动情况,投资者可直接利用它们的预测结果。国民生产总值按支出划分,可分为私人消费、私人投资、净出口、政策购买。私人消费包括购买耐用消费品、非耐用消费品和劳务支出。例如投资者发现造纸原料紧俏,那么投资者应预测出造纸企业的股价可能会上涨。私人投资包括固定资产和存货投资,投资者可从它们出现的周期性波动中得到有用的信息。例如,抑制通货膨胀的有效做法就是压缩基础建设项目,因此,在通货膨胀日益恶化的情况下,投资者就可以预测建材和基础设施板块的股票价格可能会下跌。相反,在经济稳步增长时期,这些行业的股票价格往往会上涨。

国内生产总值是了解国家宏观经济的另一指标(Gross Domestic Product, GDP)。国内生产总值是指在国内一年所生产的产品和劳务的价值,它包括了本国或外国企业在东道国创造的产值。在国外生产本国消耗掉的不计算在内,在国内生产而输出到国外的则包括在内。一国的国内生产总值实际上是在一国的领土范围内,本国居民和外国居民在一定时期内所产生的,以市场价格表示的产品和劳务的总值。也就是在一国的国民生产总值中,减去"国外要素收入净额"以后的社会最终产值(或增加值)以及劳务价值的总和。一个国家国内生产总值的高低直接反映经济的状况,如果一国的国内生产总值较高,尤其外资所占的产值比例较大,说明该国的投资环境好,外资涌入较多,预示着未来一段时间经济增长能够保持较高的水平,失业率也会较低。经济的繁荣必然会导致未来股价的上涨。

2. 货币金融政策分析。货币金融政策是各国政府调控国民经济的重要手段之一,货币政策的变化直接影响国民经济结构、发展速度、企业规模和效益、居民收入、通货膨胀、利率以及市场运行等各个方面,自然对证券市场也产生直接的影响。尤其是在向市场经济转变的过程中,货币金融政策的影响力远远大于财政政策。如紧缩时期,由于银根普遍抽紧,资金普遍紧张,进入股市的资金明显减少,从而减轻股市的竞购压力,使股市长时期处于低迷状态。可以预见,随着改革开放的深入,社会主义市场经济体制的建立和运行,我国货币金融形势对股市将会产生更深刻的影响,具体可从以下几个方面来观察:

(1)货币供应量。货币供应量充足时,必然引发股价上涨,货币供应量的减少必然导致股价下跌。当然,货币供给量的过度增加又会引发通货膨胀,而通货膨胀经常是造成股市混乱的根源。这主要表现在通货膨胀会促使人们为了避免损失而竞购股票,导致股价上涨。同时,通胀也会使企业生产成本相对增加,经营恶化,而政府对此改为实行货币紧缩政策时,又会使企业资金周转出现困难,进而引发一些公司倒闭,股价便会随之下跌。

(2)利率。利率是影响股市走势最敏感的因素之一,具体表现在以下几个方面:

当利率上升时,公司的借款成本增加,公司可能会减少生产,未来预期的利润将下滑,股票价格也将下降;当利率下降时,公司的借款成本下降,生产规模将会随之扩大,未来预期的利润将会上升,股票价格也会随之上升。

利率调高以后,投资者会将一部分资金从证券市场转向银行,从而导致股票价格下跌。如果将利率调低,投资者又会将从证券市场转出的资金或新增资金从银行转入证券市场,从而使股价上升。

利率上升时,投资者评估股票价值所用的折现率也会抬高,股票价格因此会下降,从而使股票价格下降,反之则使股价上升。

总之,利率对股票价格的影响不仅明显,而且反应非常迅速,因此要把握股票价格的走势,首先要对利率政策的变化进行全面的分析。影响利率变动的主要因素有货币供应量、中央银行贴现率和存款准备金比率。

(3)汇率。汇率变动也是影响股票价格走势的一个重要因素。汇率是各国政府调控宏观经济的一种手段,即使实施浮动汇率制的国家,其政府也常根据国内外经济的实际情况变化对汇率进行必要的调整。在一般情况下,本国货币升值,会抑制出口,促进进口,这实际上导致本国企业竞争力下降,失业增加,从而引发股市下跌。如果本国货币贬值,会刺激出口,抑制进口,降低了本国企业的生产成本,进而使股价大幅度上升。

3. 财政政策分析。财政政策同货币政策一样,都是市场经济中最重要的宏观调控手段。虽然财政政策对证券市场的影响小于货币政策,但其影响的长期性和广泛性是不可小视的,因此,财政政策已成为证券投资者进行证券投资分析的主要工具之一。对投资者来说分析影响股市变化的因素有以下几种:

(1)调控经济总量。20世纪30年代以后,西方发达国家采用凯恩斯的财政政策作为调控经济的手段,重点运用政府支出和税收手段调节经济总收入和总产出,以此来达到实现高度就业及防止通货膨胀的目的。发达国家严格控制国民经济总量,政府、企业和消费者个人的总收入额应等于这三个部门的最终产品支出额,而企业和消费者个人的收入额和支出额在很大程度上取决于政府财政政策。在采取紧缩的财政政策时,税收增加、开支减少,全社会的收入也会随之减少;政府采用扩张性的财政政策时,税收会减少、财政支出会增加,全社会的可支配收入也相应增加。所以财政收支规模和结构对国民收入总量有着重要影响,而且根据乘数原理,即增加一笔投资会带来大于这笔增加额数倍的国民收入增加额,这种作用是倍数累积发生的。采取不同的财政政策,会导致经济增长、通货膨胀、就业状况的变化,上述的变化都会影响股市的运行方向。

(2)公共工程投资政策。发达国家政府经常运用公共工程项目的投资来调控经济。当经济出现萧条时,政府会增加公共工程的投资,以解决有效需求不足的问题。当经济过热时,政府为防止通货膨胀,会减少公共基础设施的投资。这样做法对相关的产业和企业影响巨大,对经济的发展速度也有较大的影响,这些政策的变化都会反映在股票行情中。因此,准确地预测政府财政政策的走向对准确做出投资决策是非常重要的。

(3)公债政策。作为政府弥补财政赤字和调节宏观经济的主要手段,增加或减少发行公债的数量都会对股市造成直接的影响。在货币发行总量一定的条件下,公债发行的数量、期限、利率及其流动性都将直接影响证券市场。政府发行公债量过大,会造成证券市场上的资金相对短缺,公债利率的调高会把更多的投资资金转移到银行,债券流动性的增强也会吸引很多资金。资金面的变化,最终会反映在证券市场的股价上。

(4)税收政策。税收政策也是政府调控宏观经济的最有效的财政手段之一。

税收政策在以下层次上对证券市场产生影响:一是通过增加或减免税收来调节经济总量,促使经济扩张或紧缩,从而影响股市动态;二是通过提高和减少证券交易的印花税来调控证券市场,当印花税降低时,会刺激股市上扬,当印花税上调时,又会造成股市下跌。

(二)经济周期分析

经济在运行过程中呈现周期性变化,这些变化主要受各种因素的影响。通常我们把经济周期分成四个阶段:复苏期、高涨期、衰退期和停滞期。在某一段时期内,如果生产,销售和就业率的上升,致使各项经济指标都较高,这说明经济处于经济周期的繁荣阶段;在经历了经济繁荣之后,必然会出现生产过剩,从而导致生产下降,销售额大幅度减少和失业率上升,经济便进入衰退阶段;此后的生产、销售和就业率均维持在较低的水平,并同时出现企业大量倒闭的现象;在经历了一段萧条之后,产量和销售额均开始回升,失业率也开始减少,经济进入复苏阶段;复苏之后经济又重新进入高涨阶段,从此开始了新一轮的经济周期。

证券市场素有"经济晴雨表"之称,因此,经济周期对证券市场的影响是巨大的。当经济进入繁荣时期时,投资者对企业的前景预期看好,开始大量买入股票,股价因此而迅速上涨,尤其是产品消费弹性大的那些企业的股票上涨得最为迅猛,此时场外资金也开始大量进入股市。股价的快速上涨当然也是经济过热的反映,当股价涨至大大超出了公司实际价值时,过热的经济开始被众多的投资者所认识,于是他们又开始在高位大量地抛售股票,从而造成股价狂泄。实际上股价的这种狂跌也是对经济陷入衰退的一种反映,在经济萧条阶段股价处于低位,成交低迷,股市陷于"熊市"。在经济进入复苏阶段以后,股价慢慢地盘升,成交逐渐活跃,这也意味着"牛市"的来临。经济周期对各行业的影响是不一样的,有些行业(如耐用消费品行业)周期性特征很明显,而有些行业(如公用事业、生活必需品行业)的周期性特征不太明显,这也必然反映在股价的走势上。因此,投资者应做好经济周期预测,以便在经济走向繁荣时,及早并准确地做出投资决策。

(三)指标分析

预测经济的走势,必须根据宏观经济和经济周期来判断,而判断宏观经济和经济周期还必须依据一些能反映未来经济走势的指标,这些指标主要包括以下几种:

1. 反映经济发展速度的指标。反映经济发展速度的指标主要包括国民生产总值(GNP)、国民收入、工业产值、经济效益、投资规模、增长速度等。上述指标逐月或逐年处于上升势态,说明经济会进入复苏或高涨阶段,这时投资者应考虑买入股票;如果上述指标逐月或逐年处于下降势态,说明经济将会进入萧条阶段,这时的投资者应考虑卖出股票。

2. 反映投资规模和投资效益的指标。投资的对象分公共部门和非公共部门两大类。对公共部门的投资一般是由中央政府与地方政府出资，主要领域是交通、能源等公共设施领域，这就意味着某一投资区域环境的改善，并对该区域经济发展的影响较大，而对股市和整个国民经济的影响有限。这类投资增长，尤其在某一行业或某一地区这类投资的增加，意味着该部门和该地区投资环境将得到较快改善，该部门和该地区的相关股票价格一般会被看涨。对非公共部门即产业与工商企业的投资一般都是企业所为，这类投资规模的加大，对整个国民经济的影响较大，这也意味着经济将迎来快速的发展时期，股票价格一般会随之上扬。

3. 政府购买力指标。政府购买力指标一定要与政府的中短期目标和预算相联系。政府财政支出增长，赤字加大，社会购买力会上升，社会公共消费额会增加，经济会随之走向繁荣；如果政府削减财政支出，并减少赤字，社会购买力会下降，社会公共消费额会减少，经济会随之出现下滑。

4. 个人消费指标。个人消费指标主要反映在个人消费水平和消费结构的变化上，社会商品消费额的增加和消费档次的提高都是经济进入繁荣时期的重要标志。

5. 失业率指标。政府调节宏观经济政策的主要目标是保持充分就业。物价稳定、生产上升和经济增长是保持充分就业的前提，但它们之间也有一定的冲突，失业率的下降会增加社会购买力，社会购买力的增加又会促使物价上升，物价的上升又会使社会购买力下降，生产减少，工厂倒闭，从而使经济陷入萧条。当然，经济周期正是通过这些经济指标的相互作用引发的。

6. 商品价格指数。商品价格指数除影响着宏观经济以外，对证券市场的影响最为直接。物价上涨会使投资者消费支出增加，用于股票投资的资金会减少，其中很多的资金会从股票市场中抽走，造成证券市场资金相对短缺，股价也会随之走低。

上述经济指标并非同时体现出来的，不同的指标反映经济状况的速度是不同的，如果按照时间的迟早来划分，可分为先行指标、同步指标和落后指标三类。

先行指标是指在总体经济活动变化之前就先行发生变化的那些指标，如货币政策、财政政策、劳动生产率、消费支出、住宅建设、周工时，以及建筑业许可证的发放数量、商品订单等指标，这些指标可用于预测经济周期的波动趋向。

同步指标是指跟总体经济活动同时发生变化的那些指标。同步指标主要有国民生产总值、公司利润率、工业生产指数、失业率等，这些指标可用于了解经济所处阶段的时间。

落后指标是指在总体经济活动变动之后才发生变化的那些指标。落后指标主要包括存贷款利率、存货水平、资本支出、商品零售额等。

在西方国家,很多国家政府以及经济预测机构都编制并公布各类综合经济指数,如经合组织的《月刊统计资料》、美国的《现代商业概览》和《美国总统经济报告》,这些资料均可作为投资者预测世界经济的依据。此外,西方一些国家的大学、学术机构、银行和证券机构等也都定期发表他们的预测结果,如麻省理工学院、密执根大学、芝加哥大学、宾州大学、花旗银行、大通银行、摩根保证信托公司、美林证券公司、吉特尔—皮博迪证券公司、利奥勃—罗得斯证券公司等,他们的预测结果对投资者预测经济走势有很高的参考价值。

二、行业分析

国民经济是由各个行业组成的一个统一的整体,在宏观经济分析的基础上,还可以通过行业分析找出理想行业上市公司的股票进行投资。行业分析就是通过对各行业市场结构、行业生命周期、政府干预等特征的分析和预测,选风险小、有发展前景的行业作为投资对象。

(一)行业的概念和分类

所谓行业是指产品在生产和性能上彼此相互关联,而且很大程度上可以相互替代并且区别于其他产业的一种产业群体。国民经济的发展与各产业的景气度有直接的联系,在国民经济的发展中,有的行业与国民经济的发展同步,有的行业发展速度超过于国民经济的发展速度,有的行业则落后于国民经济的发展速度。因此,对行业进行分类更有利于投资者对投资品种的选择。

世界各国为了研究国民经济结构、搜集和整理统计资料,都对国民经济进行分类。由于各国的社会制度和国情有所不同,因而出现了不同的分类。与此同时,因研究的目的和要求不同,可以根据不同的分类标准将行业分成多种多样的类别。我们在此仅就最基本的分类方法做简要的介绍。

1. 道·琼斯分类法。道·琼斯分类法是各证券指数所采用的最为广泛的一种分类方法,它是从纽约证券交易所选取有代表性的股票,制定道·琼斯股价指数而采用的一种分类方法。这种分类方法最早将纽约证券交易所上市公司分为两类(工业和运输业),工业主要是指采掘业、制造业和商业;运输业主要包括航空、铁路、汽车运输和航运业,后来又划分出了公用事业,包括电话业、煤气业和电力行业。这种三类行业的分类法一直沿用至今,并被很多机构在编制股票价格指数时所采用。

2. 穆迪证券等公司的分类法。穆迪证券公司把行业划分为银行和金融业、工商业、交通运输业和公共事业四个行业,比道·琼斯多一个行业。司登达玻尔公司的划分与GNP的组成部分结合起来,并与GNP的情况相互配合进行分析。该公司门类的划分是五类:消费类、投资类、出口、进口、政府。每类中又分大类,例如消费类分为耐用品、非耐用品、服务。大类中又分中类,例如耐用品又分为机动车和部件、家具和器具、其他耐用品。机动车和部件再分为若干小类,如汽车、汽车部件、卡车及部件、轮胎和橡胶产品等。每项小类后面,都分别列有该公司编制500种普通股票指数的500个公司的名称,使投资者对投资于哪一类别中的哪一个公司的股票一目了然。

3. 标准行业分类法。美国政府制定了标准行业分类,它是根据各行业从事的主要活动,将行业划分为10个门类:①农、牧、渔业和林业;②采矿业;③建筑业;④制造业;⑤运输、交通、电力、煤气和环卫服务业;⑥批发和零售商业;⑦金融、保险和房地产业;⑧服务业;⑨政府;⑩不分类机构。各个门类也按四级分类法,分成大类、中类和小类。农、牧、渔业和林业代码为01~09,采矿业代码为10~14,建筑业代码为15~17,制造业代码为19~39……不分类机构为99。比如,食品和同质产品代码为20,在这大类中肉类产品代码为201,中类中肉类罐头业代码为2011等,各类类别分得很细。在美国统计局每年公布的《制造业调查报告》中,会发表有关每个具体行业和部门的企业数量、生产规模和雇员数量等,这些都是投资者进行行业预测可以使用的资料。

4. 国际标准分类。联合国经济和社会事务部统计局为了便于汇总各国的统计资料并进行对比,曾制定了一个《全部经济活动国际标准行业分类》,简称《国际标准行业分类》,建议各国采用。它的分类方法与美国政府的分类方法类似,也把国民经济划分为10个门类:①农业、畜牧狩猎业、林业和渔业;②采矿业及土、石采掘业;③制造业;④电、煤气和水;⑤建筑业;⑥批发和零售商业、饮食和旅馆业;⑦运输、仓储和邮电通信业;⑧金融、保险、房地产和工商服务业;⑨政府、社会和个人服务业;⑩其他。对每个门类再划分为大类、中类、小类。例如,制造业部门分为食品,饮料和烟草制造业等9个大类;食品、饮料和烟草制造业又分为食品业、饮料工业和烟草加工业3个中类;食品业中再分为屠宰、肉类加工和保藏业,水果、蔬菜罐头制作和保藏业等11个小类。该分类也对各个类目进行编码,每个门类用一个数字代表(如制造业为3)。各个大类用两个数字代表(如食品、饮料和烟草制造业为31)。各个中类用三个数字代表,如食品业为311~312(因食品业有11个小类,第三位数不够用,所以占了二个代码)。各个小类用四个数字代表(如屠宰、肉类加工和保藏业为3111)。根据上述编码原则,在表示某小类的四位数代码中,第一位数字表示该小类所属的门类,第一和第二位数字合起来表示所属大类,前三位数字表示所属中类,全部四个数字就表示某小类本身。

5. 我国对国民经济各行业的划分方法。新中国成立以来,我国在不同时期,均对国民经济各行业采取过不同划分方法。

(1)两大领域的划分。国民经济各个部门按其活动成果的性质,划分为物质生产领域和非物质生产领域两大部门:一是物质生产部门,即从事生产劳动的部门,如工业、农业、建筑业、货运业、邮电业和商业;二是非物质生产部门,即满足居民个人和社会集体需要的服务部门,如住房公用事业、文教卫生事业、科学研究和技术服务、金融机构和政府机关等部门。

(2)三个产业的划分。按国民经济各个部门发展阶段,划分为第一产业、第二产业和第三产业:第一产业是农业,包括林业、牧业、渔业等;第二产业为工业和建筑业,即包括采掘业、制造业、自来水、电子、蒸气、热水、煤气等;第三产业是指除上述第一、第二产业以外的其他各业。

第三产业包括的行业多、范围广,根据我国的实际情况,第三产业可分为两个部分:一是流通部门,二是服务部门。这两个部分可具体分为四个层次:第一层次是流通部门,包括交通运输业、邮电通信业、商业、饮食业、物资供销和仓储业;第二层次是生产和生活服务部门,包括金融业、保险业、地质普查业、房地产业、公用事业、居民服务业、旅游业、咨询信息服务业和各类技术服务业等;第三层次是为提高科学文化水平和居民素质服务的部门,包括教育、文化、广播电视事业、科学研究事业、卫生、体育和社会福利事业等;第四层次是为社会公共需要服务的部门,包括国家机关、政党机关、社会团体,以及军队和警察等。

(3)参照国际标准分类。为了和国际标准接轨,并结合我国的实际情况,我国于1984年颁布了国家标准,即《国民经济行业分类和代码》,把国民经济划分为13个部门(门类):①农、林、牧、渔、水利业;②工业;③地质普查和勘探业;④建筑业;⑤交通运输、邮电通信业;⑥商业、公共饮食业、物资供销和仓储业;⑦房地产管理、公用事业、居民服务和咨询服务业;⑧卫生、体育和社会福利事业;⑨教育、文化艺术和广播电视事业;⑩科学研究和综合技术服务事业;⑪金融、保险业;⑫国家机关、政党机关和社会团体;⑬其他行业。对每一个部门再进一步划分为大类、中类和小类,与国际上一致,也采用四级分类法。之后,我国又公布了《中华人民共和国国家标准(GB/T4754—94)》,对我国的国民经济行业分类进行了详细的划分,将社会经济活动分为门类、大类、中类和小类四级。门类采用了字母顺序编码法,即用ABC……表示门类;大中小类依据等级和完全十进制,形成三层四位数字码的产业分类识别系统。但大类在参与层次编码的同时,又采用了数字顺序的编码法,即代码前两位表示大类,代码的前三位和前四位分别表示中类和小类。大的门类从A到P共16类:A农、林、牧、渔业;B采掘业;C制造业;D电力、煤气及水的生产和供应业;E建筑业;F地质勘查业、水利管理业;G交通运输业、仓储及邮电通信业;H批发和零售贸易、餐饮业;I金融保险业;J房地产业;K社会服务业;L卫生、体育和社会福利业;M教育、文化艺术及广播业;N科学研究和综合技术服务业;O国家机关、党政机关；P 其他行业。

（4）中国证券市场对行业的分类。我国的证券市场刚刚起步，其分类还有很多不完善之处，上海证券交易所与深圳证券交易所对上市公司的分类也有所不同：上海证券交易所在编制成分指数时，把上市公司分为工业、商业、地产业、公用事业和综合类五类；深圳证券交易所则把上市公司分为工业、商业、金融业、地产业、公用事业和综合类六大类。

（二）市场结构分析

根据各行业中生产企业的数量、产品性质、厂商对价格的控制能力、新企业进入该行业的难易程度，以及该行业是否存在非价格竞争等因素，各行业的市场结构分为完全竞争、垄断竞争、寡头垄断、完全垄断四种。

1. 完全竞争。在完全竞争的市场结构下，该行业的生产企业较多，生产资料可以完全地自由流通，企业产品质量差距不大，企业无法控制产品的价格，价格竞争是主要的竞争手段，新的企业能够很容易地进入该行业的市场。例如，农业就属于这种市场结构。

2. 垄断竞争。在垄断竞争的市场结构下，生产资料可以完全地自由流动，该行业的生产企业不一定比完全垄断市场结构下少多少，各企业产品质量差距也不大，企业对产品的价格有一定的控制力但很小，价格竞争虽然还是主要的竞争手段，但各企业也同时采用非价格竞争，新的企业能够很容易地进入该行业的市场。服装和鞋帽等轻工业品就属于这种市场结构。

3. 寡头垄断。在寡头垄断的市场结构下，该行业的生产企业为数很少，生产资料难以完全自由流通，各企业产品质量有一定的差距，少数企业在一定程度上控制了该行业产品的价格，非价格竞争是主要的竞争手段，新的企业很难进入该行业的市场。例如，钢铁和汽车等重工业以及资本密集型和技术密集型的产业就属于这种市场结构。

4. 完全垄断。在完全垄断的市场结构下，该行业的生产企业极少，甚至只有一家，其产品有绝对的不可替代性，新的企业不可能进入该行业，企业通过严格的产量限制来调控价格。公用事业，稀有金属采掘业，拥有专利、专有技术等行业属于这种市场结构。

从竞争程度看，这四种市场结构是依次递减的。一般说来，竞争程度较高的行业，企业倒闭的可能性较大，其产品价格和企业利润受供求关系的影响较大，因此该行业的证券投资的风险也较大。

（三）行业生命周期分析

任何一种产品都要经历初创、成长、成熟和衰退四个周期，行业也会随着产品生命周期而进入相应的周期。所不同的是,替代产品的出现和高科技的作用可能会使行业周期延长,但随着科学技术的发展,老的行业必然会走入衰退甚至消失。

1. 初创阶段。社会需求层次的提高以及新技术的出现,必然会创造出新的行业,替代老的传统行业。在某一行业发展之初(初创阶段),由于开发成本高,技术风险大,市场又狭小,此时从事该行业投资的企业一般利润很低。但随着技术的不断改进和日渐成熟,该行业的市场也逐渐加大,企业利润也逐渐提高,可能会吸引更多的投资者进入该行业,该行业从此进入成长阶段。该阶段的企业风险虽大,但却具有较高的成长性,应该说处于初创期的企业是那些较激进投资者理想的投资品种。

2. 成长阶段。在成长阶段的初期,某些企业在技术上还具有某种垄断性,只有极少数企业从事该行业的投资和生产,高度垄断所形成的高价,给从事该行业投资的企业带来了丰厚的利润,而随着这一阶段后期技术垄断的消失,丰厚的利润会吸引越来越多的企业加入该行业。随着该行业厂商数量的迅速增加,该行业产品的消费需求也开始呈上升趋势。与此同时,随着企业数量的增加和竞争的加剧,并经过优胜劣汰的筛选,剩下的几乎都是竞争力较强的企业,该行业开始进入稳定期,这一阶段的产量、销售量、利润水平都是呈持续稳定增长的趋势,这一阶段该行业各项指标的增长率一般会高于整个国民经济的平均水平,因此这一阶段的企业正是处于低风险高收益阶段,处于这个时期的企业是股票投资者的理想选择。

3. 成熟阶段。一个行业经过相当一段时间的成长期后,随着社会需求层次的进一步提高,以及科学技术的不断进步等,可能会出现新的行业或替代行业。该行业企业的增加,以及社会对该行业产品需求的日益减少,致使该行业产品出现供大于求的状况,该行业的企业也开始使用价格手段来开拓其市场。需求减少,价格大幅度下降,利润逐级降低,投资该行业的企业也开始出现倒闭现象,从而使该行业逐渐走向衰退。此时,该行业的各类经济指标低于国民经济发展的总体指标,由于风险加大,该行业上市公司的股票正逐渐失去投资价值。

4. 衰退阶段。处在衰退阶段的行业,其市场极度萎缩,生产企业的数量急剧减少,各企业采用包括价格手段、非价格手段在内的所有手段来争取其市场份额,该行业可能会走入低谷或逐渐消失,被其他行业所取代。从事该行业经营的企业要么宣布破产,要么被购并,要么通过转产其他行业的产品来获得新生。处于该阶段行业的企业股票此时已没有任何投资价值。

总之,在经济景气时选择周期性特征明显的行业进行投资,而在经济衰退时,选择周期性特征不明显的行业进行投资。

三、公司分析

投资者确定了理想的投资行业后,应着手选择目标投资公司,在选择目标投资公司时,主要是通过对目标行业的各上市公司的竞争能力、盈利能力、管理水平、财务状况进行分析,以发现最有价值或最具成长性的投资目标。

(一)公司竞争能力分析

上市公司竞争能力的强弱主要分析其在该行业中所占的市场份额,而市场份额可以通过公司的销售额、销售额增长率及其销售前景的分析来判断。

1. 销售额与市场份额。公司销售额及市场份额体现了公司在该行业中的地位,也就是说,公司产品的销售额越大,表明其所占市场份额越大,它在本行业中的地位就越高,其对市场的影响力就越大。在一些发达国家,销售额在本行业前几名的公司通常被称为主导公司。主导公司一般在生产规模、生产技术、资本和市场等方面都有一定的优势。

2. 销售额的增长率。如果销售额和市场份额可以体现公司地位和影响力的话,那么销售额的增长率则可反映公司所处的发展阶段。如果公司的销售额增长率超过全行业平均增长率,而且是连续增长,说明该公司处于成长期,它的销售额占市场的份额还会继续增加,在市场上的影响力会继续增大,应该说该公司有很大的发展潜力和很好的发展前景。具有成长潜力的公司是理想的投资目标。

3. 销售额前景的预测。一般说来,销售额的前景主要从两个方面进行分析:一是企业规模扩张潜力,如果企业资金雄厚,技术实力强,又有加大投资的愿望和举措,该公司的销售额会有较大幅度的增长;二是该行业在市场上所处的生命周期,如果处于成长期,企业的销售额当然有较大的增长潜力,如果处在成熟期或衰退期,该企业即使雄心勃勃,其销售额也难有增长的可能性。

(二)公司盈利能力的分析

公司盈利能力的大小是衡量公司未来业绩及好坏的重要指标,主要可以通过以下几个指标来判断。

1. 毛利率。毛利率是指公司营业利润与营业收入或销售收入的比率。营业利润是指销售收入或营业收入扣除营业费用或商品成本后的余额。其计算公式为:

$$毛利率 = \frac{营业利润}{销售收入(或营业收入)} \times 100\%$$

2. 资产周转率。资产周转率是衡量公司经济效率的指标。资产周转率的计算公式是:

$$资产周转率 = \frac{销售收入(或营业收入)}{平均资产总额} \times 100\%$$

其中:

$$平均资产总额 = \frac{期初资产总值 + 期末资产总值}{2} \times 100\%$$

3. 资产报酬率。资产报酬率是指公司每百元平均资产总值所能获得的税后净收益,它可以显示公司的获利能力。其计算公式为:

$$资产报酬率 = \frac{税后净收值}{平均资产总额} \times 100\%$$

4. 销售利润率或营业利润率。销售利润率或营业利润率是衡量公司盈利能力的重要指标,其计算公式为:

$$销售利润率 = \frac{税后净收益}{销售收入} \times 100\%$$

$$营业利润率 = \frac{税后净收益}{营业收入} \times 100\%$$

5. 净资产收益率。它是指税后净收益与股东权益的比率。净资产收益率是股东最为关心的比率。其计算公式为:

$$净资产收益率 = \frac{税后净收益}{股东权益} \times 100\%$$

6. 每股税后利润。每股税后利润用来衡量公司发行在外的每一普通股的平均盈利能力,其计算公式为:

$$每股税后利润 = \frac{税后净收益}{普通股股数}$$

上述指标的高低直接决定了公司的盈利能力,盈利能力高的企业,风险相对较小,所以这些指标当然是投资者做出投资决策的重要依据。

(三) 公司的管理水平分析

在当今激烈的商业竞争中,公司的管理水平对企业的生存和发展至关重要,特别是公司决策层的经营管理理念和经营能力对公司的发展起决定作用。因此,投资者必须对各公司的管理水平做出分析,以选择具有较好管理水平的公司。公司管理水平的高低可通过下列几个指标来衡量:

1. 现任决策层的能力。决策层的能力直接关系公司今后的前途,如美国著名企业家艾柯卡上台后将濒临倒闭的克莱斯勒汽车公司又重新扶了起来,在1978年11月上任的第一天,艾柯卡就使该公司的股价比前一天上涨了37.7%,最后该公司的股价从1980年的3美元升至35美元。这不仅说明了投资者对能力强的领导人抱有很好的预期,还说明了有能力的领导人对公司发展的作用。

2. 保持本公司竞争领先优势的能力。如果公司管理部门能使本公司的销售不断增长,高于或超越本行业其他公司,并使其市场份额日益扩大,那说明本公司有较强的管理能力。

3. 扩张能力。企业的发展过程就是不断壮大的过程,公司是否有足够的资金通过购并等来达到扩张的目的,通过扩张来壮大自己,以保持或扩大原有的市场份额。

4.融资能力。融资是公司生存和发展壮大的保证。公司的收益、净资产、净资产收益率和信誉等级等都是公司再融资的基本条件,只要在上述指标都达到了要求后,才能在证券市场进行股票和债券融资,以满足企业发展所需的资金需求。

6.经营方式。公司是单一经营还是多种经营也是判断公司抗风险能力的指标,在一般情况下,从事多种经营的企业比从事单一经营的企业面临更小的风险,而且发展潜力较大。

7.管理手段。一个好的企业一定采用了世界上最先进的管理手段,如能否及时地把现代科学技术(计算机、成本管理、质量管理等手段)运用到经营管理中,如果能及时地运用最现代化的管理手段,会大大地提高管理效率,也反映出领导层的文化层次。

(四)科技开发能力分析

在当今的企业竞争中,企业的发展一般靠科研开发,研发能力标志着公司的竞争能力和发展潜力,科技开发的具体成果就是确立公司本身的"拳头产品"。不断地推出"拳头产品"就是企业生存和发展的保障,也是企业在国际市场上久负盛名的基础。

(五)公司财务状况分析

1.短期财务状况分析。公司短期财务状况分析的目的是为了判断公司支付到期债务的能力,它要求公司应保持适度的流动性。公司的流动性既不宜过高,也不宜过低。过高的流动性会使公司的盈利水平偏低,过低的流动性则可能使公司因无法偿还到期债务而破产。其衡量的具体指标是流动比率和速动比率。

(1)流动比率。流动比率是指流动资产与流动负债的比率,它是衡量公司偿还短期债务能力的重要指标。流动比率的计算公式为:

$$流动比率 = \frac{流动资产(净)}{流动负债}$$

流动比率是衡量短期偿债能力最概括、最通用的比率。式中流动资产包括现金、应收账款、有价证券和存货,流动负债包括应付账款、应付票据、短期债务、应付税款和其他短期应付费用。流动比率越高,说明公司支付流动负债(即短期负债)的能力越强,但流动比率太高会影响公司的盈利水平。一般说来,2:1的流动比例较为适当,但我们也应注意不同行业的企业应有不同的标准。

(2)速动比率。速动比率是用以补充说明流动比率的指标。速动比率(又称酸性试验比率)的计算公式为:

$$速动比率 = \frac{速动资产}{流动负债}$$

一般认为速动比率比流动比率更能表明企业的短期偿债能力。速动资产是指几乎立即可以用来偿付流动债务的那些流动资产,一般由现金、有价证券和应收账款组成。存货是流动性较差的资产,所以不包括在速动资产中。一般认为速动比率以1:1为好,但在实际应用中,在投资者无法知道公司呆账多少的情况下,速动比率略大于1较为合适。

2. 长期财务状况分析。长期财务状况分析的主要依据是各类财务报表,上市公司向公众提供的财务报表一般主要有资产负债表、收益表、财务状况变动表三种。

(1)资产负债表。资产负债表反映公司在某一特定时期(通常为月、季或年)的财务状况。资产负债表由资产和负债两大部分组成。资产表示公司所拥有或掌握的,以及其他公司所欠的各种资源或财产。负债部分包括负债和股东权益两项:负债表示公司所应支付的所有债务;股东权益表示公司的资产净值,即在清偿各种债务之后,公司股东所拥有的资产价值。三者的关系是:资产=负债+股东权益。资产主要包括流动资产、固定资产、长期投资和无形资产四种:流动资产主要是现金、适销证券、应收账款、存货、预付款,期限常在一年以内;固定资产包括公司的财产、厂房、机器设备、仓库、运输工具等,它们是企业用来生产商品与劳务的资本商品,使用期限一般在一年以上;无形资产包括投入商标、专利和商誉等。负债的两个主要成分是流动负债和长期负债。股东权益表示除去债务后的公司净值,反映股东所拥有的资产净值情况。股东权益分缴入资本和留存收益两部分。

(2)收益表。收益表反映公司在某一财政年度的盈亏情况,这种盈利或亏损是通过营业收入和营业费用的对比来体现的。如果说资产负债表是公司财务状况的瞬间写照,那么收益表就是公司财务状况的一段录像,因为它反映了两个资产负债表编制日之间公司财务的变动情况。收益表由三个主要部分组成:第一部分是营业收入或销售额,第二部分是与营业收入有关的生产性费用和其他费用,第三部分是利润和利润在股息与留存收益之间的分配。

(3)财务状况变动表。财务状况变动表简称资金表,它是公司每年反映两张资产负债表编制日之间公司的经营结果,即留存收益情况的报表。所不同的是,收益表只说明了留存收益这一项目的变化,而资金表说明了资金来源和运用平衡表上所有资产、负债和股东权益项目的变化情况。总之,资金表体现了公司会计期间运用资金的变动及其原因。

长期财务状况分析的目的是为了判断公司偿还长期债务的能力。通过借款,增加营运资本和扩大再生产有利于提高公司的盈利水平,但过多的长期债务有可能在外部环境不好或公司经营不善时导致公司破产,因此,公司管理系统应保持适当的长期负债水平。

证券市场的走势综合了人们对经济形势的预期,这种预期较全面地反映了有关经济发展过程中表现出来的有关信息。收集有关宏观经济资料和政策信息,随时注意经济动向,做好对证券市场的基本分析。只有准确地对宏观经济、行业和上市公司的前景进行分析,才可做出正确的投资决策。

第二节 证券投资技术分析

一、技术分析的概念

所谓技术分析,是指运用图表和各种技术指标对证券市场以及证券市场上各类证券的变动趋势进行分析并做出预测。技术分析是一种被世界各国投资者广泛采用的分析工具,其特点是通过对市场过去和现在的行为,应用数学和逻辑的方法,归纳总结一些典型的行为,从而预测证券市场的未来变化趋势。技术分析既是一种技巧也是一门学问,可以说,如果没有技术分析的帮助,投资者要想在证券市场上取得成功是不可想象的。技术分析既有体现证券市场自身运动规律的科学性的一面,也有体现投资者多年市场运作经验的总结性的一面。

二、技术分析的理论基础

技术分析之所以被世界各国的投资者所接受,就是因为其科学性和可操作性,说其科学性和可操作性主要是因为它建立在三个前提条件之上,即市场行为涵盖一切、价格顺着趋势变动和历史会不断重复。

(一)市场行为涵盖一切

它是指影响股票价格的所有因素都涵盖在证券市场的行为中,这些因素包括政治的、政策的、经济的,市场的、企业自身的和投资者的心理因素等。当然任何因素对证券市场的影响都反映在股票价格的变动上,从更深层次来说反映在证券供求关系的变化上,即某一对市场利好政策的出现,会导致投资者大量购进股票,从而对股票需求量上升,进而推动股价上涨;如果某一因素的出现未对证券市场股价构成影响,按照市场行为涵盖一切的前提条件,这一因素不属于影响证券市场的因素,因此它便不是我们技术分析要考虑的因素。

(二)价格顺着趋势变化

它是指证券市场上的股价变化有一定的规律,即当一只股票价格出现上涨,它会有一个持续上涨的过程,当一只股票价格出现下跌,它同样会出现一个持续下跌过程,即惯性。如果这一规律不复存在,技术分析也就失去了意义。

(三) 历史会不断重复

证券市场由投资者组成,这些投资者的心理因素会对证券市场产生巨大的影响,而投资者心理变化基本上是大同小异,因此,股票市场的某个市场行为留在投资人头脑中的阴影和快乐会永远影响股票未来的投资人,这也导致证券市场的行为会不断地重复,并有规律可循。在进行技术分析时,一旦遇到与过去某一时期相同或相似的情况,应该与过去的结果比较。过去的结果是已知的,这个已知的结果应该是现在对未来做预测的参考。任何有用的经验都是经过反复验证的,这就叫历史告诉未来,股票市场的操作也不例外。

上述三个条件也被称为三个假设,这三个假设是技术分析的理论基础:市场行为涵盖一切说明了研究证券市场行为就必须全面考虑影响股票市场变化的各种因素;价格顺着趋势变化和历史会不断地重复要求我们必须找到市场的运动规律,以使投资者制定更好的投资操作策略、取得更好的投资收益。

第三节 量价分析

证券市场中的成交价格和成交量是证券分析的最基本要素,只有根据各种量价指标,并通过对量价关系的具体分析,才能更准确地预测未来。

一、价和量是市场行为最基本的表现

成交价和成交量,即过去和现在的成交价、成交量体现了过去和现在的市场行为。技术分析就是利用过去和现在的成交量、成交价值资料,以图形分析和指标分析工具来解释预测未来的市场趋势。如果把时间也考虑进去,技术分析就可以归结为对时间、价、量三者关系的分析,在某一时点上的价和量反映的是买卖双方在这一时点上共同的市场行为,是双方力量达到的一种暂时平衡点,这种平衡点随着时间的变化也会不断地变化,这就是价量关系的变化。一般说来,买卖双方在某一时间和某一价格上成交量的大小反映了市场对该价格的认同程度。在某一价格上的成交量越大,其认同程度越大,其成交量越小,认同度越小。当某一股票价格持续下跌,而成交量又持续萎缩,说明认同度在不断的减小,成交量减少到不可再少时(即地量),这就意味股价的变动方向将会朝着相反的方向转变(即上升)。当某一股票价格持续上涨,而成交量又持续增加,说明认同度也在不断地增加,成交量增加到不可再大时(即天量),这就意味股价将会下降。因此,价、量是技术分析的基本要素,价、量关系已成为投资者分析证券的现在价位及预测未来变动趋势的重

要依据。

二、成交量与价格的关系及其与股价趋势的关系

证券的价和量是相互依赖的,不看量而仅仅去分析价,无法说明证券价格是处在高位还是低位,如果只看量而不去分析股价,则是毫无意义的。只有把价量结合起来分析出的结论,才能成为投资者未来投资决策的依据。一般说来,股价在一段时间内上涨,在另一段时间内下跌,这就是股市中投资者常说的"股价涨高了会跌,跌多了会涨"。根据这一法则,我们可从中找到拐点,即我们所需要的股价趋势判断。下面就简述通过量价关系找出股价变动趋势规律。

1. 股票价格随着成交量的递增而上涨时,这表明投资者对证券需求的增加,股价会继续上涨;股价随着成交量的递减而下跌时,这也说明投资者对证券需求的减少,股价会继续下跌。

2. 在一波段的涨势中,股价随着成交量的放大而上涨,并突破前一波段的高峰,继续上涨,如果此波段股价上涨伴随着成交量的放大而展开,而成交量放大又是在合理的范围内,那股价还有上涨的空间。如果这一波段整个成交量水准低于前一个波段上涨的成交量水准,即股价虽创新高,量却没突破创新水准的量,这可能是股价趋势反转的信号。

3. 在一波段的跌势中,股价随着成交量的放大而下跌,如果跌破前一跌势波段的低点,并继续下跌,但如果突破后的下跌并没有伴随着成交量的放大而展开,而伴随着成交量的萎缩,萎缩到通常所说地量时,股价虽创新低,这却可能是股价趋势反转的信号。

成交量是股价的先行指标。关于价和量的趋势,一般来说,量是价的先行者。当量增加时,价迟早会上涨;当价增而量不增时,价迟早会下跌。价是虚的,只有量才是真实的。特别是在一个投机市场中,机构和大户往往通过打压、拉抬股价来获取廉价的筹码和赚取差价,因此,投资者不仅要从股票的价格上,还要从量上去把握庄家操纵的成本和股价走势。此外,判断股价走势又必须与时间结合起来,一方面,一个已经形成的趋势在短时间内不会发生根本改变,中途出现的反方向波动,对原来趋势不会产生大的影响;另一方面,一个形成了的趋势又不可能永远不变,经过一定时间又会有新的趋势出现,其实时间是形成循环周期理论的主要因素。

三、价格的主要指标

(一)移动平均线

移动平均线(Moving Average,MA)是根据连续若干天的指数或股票等收盘价

计算出来的平均价,在图上经连接而成的一条线。移动平均线代表一定时间内股价的变动趋势,移动平均线可以是 3 日、5 日、10 日、20 日、30 日、60 日、90 日、120 日、150 日、180 日和 200 日等,其时间的长短应根据需要而定。其计算方法是:

$$N\text{ 单位时间移动平均线} = \frac{N\text{ 单位时间股价收盘价之和}}{N\text{ 单位时间}}$$

移动平均线作为技术分析的依据大体有以下功能:

1. 揭示市场上的投资者在某一阶段内的平均持仓成本。通过在图上显示的不同时间的移动平均线,就可了解到市场上投资者的平均持仓成本,或某只股票的平均持仓成本,以判断多数投资者的持仓是处在套牢还是盈利状态。

2. 揭示股价变动趋势。在图上,当移动平均线呈现向上移动趋势时,表明股价将继续上涨;当移动平均线呈现向下移动趋势时,表明股价可能继续下跌。

3. 助涨和助跌。当移动平均线向上移动时,对股价有助涨作用。一般来说,股价从移动平均线上方回落到移动平均线附近时,移动平均线对股价有支撑作用,并促使股价回升,因为股价在移动平均线附近,说明多数投资者已无利可得,卖盘大幅度减轻。当移动平均线向下移动时,其对股价有助跌作用,一般来说,股价从移动平均线下方回升到移动平均线附近时,移动平均线对股价的上升起压制和阻力作用,并迫使股价回落,因为股价在移动平均线附近,说明出现了大量的解套盘,卖盘会大量涌出。

(二)平滑异同移动平均线

平滑异同移动平均线(Moving Average Convergence and Divergence, MACD)是利用股价移动平均值将股价变动曲线化,它是利用两条不同速度(短期和中期)的平滑移动平均线(EMA)计算得出的离差状况来判断股价的趋势。快速是短期的,慢速是长期的,应用最广泛的是 12 日和 16 日。平滑异同移动平均线既可体现出移动平均线的优点,也避免了移动平均线频繁出现假信号的缺陷。平滑异同移动平均线主要用于判断股价中长期的变化趋势。

1. 平滑异同移动平均线的计算方法和步骤。

(1)计算平滑系数。平滑系数的计算公式为:

$$\text{平滑系数} = \frac{2}{\text{周期单位数} + 1}$$

如 12 天的平滑移动平均线的平滑系数为: $\frac{2}{12+1} = 0.1538$,而 26 天的平滑移动平均线的平滑系数为: $\frac{2}{26+1} = 0.0741$。

(2)计算平滑移动平均线(EMA)。当日 EMA 的计算公式:

当日 EMA = 平滑系数 ×(当日收盘价 − 前日 EMA)+ 前日 EMA

例如：

当日 12 日 EMA = 0.1538 ×（当日收盘价 – 前日 12 日 EMA）+ 前日 12 日 EMA

当日 26 日 EMA = 0.0741 ×（当日收盘价 – 前日 26 日 EMA）+ 前日 26 日 EMA

(3) 计算两个平滑移动平均数的正负差（DIF），公式为：

$$DIF = 12 日 EMA – 26 日 EMA$$

(4) 计算平滑异同移动平均数（MACD），MACD 是 DIF 的 9 日的平滑异同移动平均数，其平滑系数为：$\frac{2}{9+1} = 0.2$，MACD 的计算公式为：

当日 9 日的 MACD = 前日 9 日的 MACD + 0.2（当日 DIF – 前日 9 日 MACD）

2. 平滑异同移动平均线的作用。

(1) 当 DIF 和 MACD 均为正值时，股价趋势应为多头市场。此时，若 DIF 线向下突破 MACD 线，为买入信号，投资者可买入股票；DIF 线向上突破 MACD 线为卖出信号，投资者可卖出股票。

(2) 当 DIF 和 MACD 均为负值时，股价趋势应为空头市场。此时，若 DIF 线向下突破 MACD 线，为卖出信号，投资者可卖出股票；DIF 线向上突破 MACD 线为买入信号，投资者可买入股票。

(3) 当 MACD 线与 K 线图中的趋势线发生背离时，应是股价趋势的反转信号。

（三）相对强弱指数

相对强弱指数（Relative Strength Index，RSI）是通过比较一段时间内的平均收盘涨跌数来分析多空双方的力量对比，以此判断股价未来的走势。相对强弱指数是当今证券市场应用最为广泛的摆动分析指标，它是威尔斯·瓦德（J. Welles Wilder）于 1978 年在其所著的《技术分析新概念》中提出的。

1. 相对强弱指数的计算公式。

$$RSI = \frac{上升总和}{上升总和 + 下降总和} \times 100\%$$

求 RSI 必须找出一个参数，也就是时间的长度，即 5 日、9 日、14 日等。如果以 9 日为例，应先找出包括当天在内连续 9 天的收盘价，用每一天的收盘价减去上一天的收盘价就会得到 9 个数字，这 9 个数字有正（比前 1 天高）有负（比前 1 天低）。于是得出：

$$A = 9 个数字中正数之和$$
$$B = 9 个数字中负数之和$$
$$RSI(9) = \frac{A}{A+B} \times 100\%$$

上述公式中的 A 表示股价连续 9 天向上波动的大小，公式中的 B 表示股价连续 9 天向下波动的大小，A + B 表示连续 9 天总的波动大小。相对强弱指数实际上就是表示股票在某一时间范围内向上波动幅度占总波动幅度的百分比。从上述公式可以看出,相对强弱指数应介于 0 到 100 之间,其值大于 75 为超买,其值小于 25 为超卖。

2. 相对强弱指数的应用。

(1) RSI 在 50 以上为强市,在 50 以下为弱市。在强市时应买入股票,但强市过了头,即 RSI 超过了 75 应卖出股票;在弱市时,应卖出股票,但弱市过了头,即 RSI 低于 25 时应买入股票。

(2) 短期、中期、长期 RSI 从上向下排列时,为多头市场,反之则为空头市场。

(3) RSI 趋势与股价趋势背离时,则是反转信号。

(4) 在盘整时,RSI 线一底比一底高,说明是多头强市,是买入信号;一底比一底低,说明是空头弱市,应卖出股票。

(四) 乖离率

乖离率(BIAS)又称偏离系数,是由移动平均原理派生出来的一种技术指标,其作用在于通过度量市场价格与平均线之间的偏离程度来判断证券市场的走势,偏离系数越大,说明市场价格远离平均线,股价回头修正的可能性也大。乖离率实际上指的是相对距离。其计算公式是:

$$N\,日乖离率 = \frac{当日收盘价 - N\,日移动平均价}{N\,日移动平均价} \times 100\%$$

如果得出的乖离率为正的,说明股价在平均线之上,一般被称为正乖离,正乖离越大,表明因获利回吐而使股价下跌的可能性越大;如果得出的乖离率为负的,说明股价在平均线以下,一般被称为负乖离,负乖离越大,表明空头回补的可能性越大,股价也会因此出现反弹。在实际应用中,各国证券市场采用的乖离率数值是不一样的,发达国家一般的应用法则如下:

(1) 5 日平均值乖离: -3% 是买入时机, +3% 是卖出时机。

(2) 10 日平均值乖离: -4.5% 是买入时机, +5% 是卖出时机。

(3) 20 日平均值乖离: -7% 是买入时机, +8% 是卖出时机。

(4) 60 日平均值乖离: -11% 是买入时机, +11% 是卖出时机。

(五) 随机指数

1. 随机指数的计算。随机指数(Stochastice, KD line)是由乔治·莱因(George Lane)创立的一种判断证券价格走势的技术指标。它融合了移动平均线理论趋势速度的观点,又兼有相对强弱指数供求平衡点理论的基本思想,因此它具有敏感度高、可靠性强等特点,尤其适用判断股价的中期走势。

计算随机指数需要分以下几步,并且也需要选用一个时间参数,现以 9 日为例：

(1) 计算未成熟随机值(Row Stochastic Value, RSV)，公式为：

$$第九日 RSV = \frac{第九日收盘价 - 最近九日内最低价}{最近九日内最高价 - 最近九日内最低价} \times 100\%$$

(2) 计算 K 值和 D 值，公式为：

$$当日 K 值 = \frac{2}{3} \times 前一日 K 值 + \frac{1}{3} \times 当日 RSV$$

$$当日 D 值 = \frac{2}{3} \times 前一日 D 值 + \frac{1}{3} \times 当日 K 值$$

(3) 计算 J 值。在有的 KD 指标分析中，还可以计算并应用 J 值，J 值反映的是 K 值和 D 值乖离程度，以领先于 K 值和 D 值找出底部和顶部。其计算公式为：

$$J = 3K - 2D$$

2. 随机指数的应用。

(1) K 值在 80 以上、D 值在 70 以上为超买信号。

(2) K 值在 20 以下、D 值在 30 以下为超卖信号。

(3) 当股价走势一峰比一峰高，而 KD 曲线的峰位却不能创新高时，成为顶背离，它意味着上升动力不足，是股价中短期见顶的信号，应及时卖出股票。

(4) 当股价走势一底比一底低，而 KD 曲线未能创新低时，成为底背离，意味着下跌动力减弱，可能是股价中短期见底的信号，应择机买入股票。

(5) 当 K 线向上突破 D 线时，为买入信号，尤其是交叉发生在 30 以下区域时，这种突破更为有效。

(6) 当 K 线向下突破 D 线时，为卖出信号，尤其是交叉发生在 70 以下区域时，这一突破更为有效。

(7) 如果 K 线和 D 线在 D 值处于 50 左右区域发生交叉时，发出的买卖信号一般不准确。

（六）心理线

心理线(Psychological line, PSY)主要是从股票投资者买卖趋向的心理方面，对多空双方的力量对比进行探索。心理线实际上就是一种建立在研究投资人心理趋向的基础上，将某段时间内投资者倾向买入还卖出股票的心理与事实转化为数值，投资者可以以此数值作为投资决策的依据之一。

1. 心理线的计算公式。

$$PSY(N) = A \div N \times 100\%$$

其中：N 为天数；A 为在 N 日中股价上涨的天数，通常选择 12 日或 24 日为基准。

2. 心理线的应用。

(1) PSY 值在 25%~75% 变动属于正常变动。

(2) PSY 值超过 75% 属于超买,股价下跌的可能性较大,应卖出股票。PSY 值超过 90% 属于真正的超买。

(3) PSY 值低于 25% 属于超卖,股价上涨的可能性较大,应买入股票。PSY 值低于 10% 属于真正的超卖。

(4) 通常情况下,超卖的低点连续出现两次则是买入信号,一段上升行情可能会展开;超买的高点连续出现两次应是卖出信号,一段下跌浪将会出现。

第四节 证券投资技术分析理论

一、道氏理论

(一) 道氏理论的形成

道氏理论(Dow Theory)是证券市场技术分析的鼻祖。它是由美国经济学家查尔斯·亨利·道(Charles Henry Dow)于 1884 年最早提出,并由其追随者纳尔逊和汉密尔顿等人发扬光大。查尔斯·亨利·道与爱德华·琼斯(Edward Jones)于 1880 年创办了道·琼斯公司,发行《华尔街日报》和《巴朗贸易金融周刊》。查尔斯·亨利·道于 1890~1902 担任《华尔街日报》的第一任主编和后来的《巴朗杂志》的出版者之一。著名的道·琼斯股价平均指数就是他和爱德华·琼斯设计编制的,每天登载在《华尔街日报》上。

道氏理论之前的理论分析都是不成体系的,道氏理论的创始人也从未就有关股市的走势发表过正式的论文,他只是在《华尔街日报》上发表过有关股市的零碎文章,他的学说实际上是由他的追随者在他去世之后整理并发表出来的,成为我们今天看到的道氏理论。1902 年查尔斯·亨利·道去世后,《华尔街日报》的记者纳尔逊将道的若干文章整理成《投资初步》出版,书中对道的股价理论进行了充分的论述和解释,从而确立了道氏理论。道的得意门生威廉·汉密尔顿在 1903~1929 年担任《华尔街日报》编辑期间,研究并注释了道氏分析股价变动的趋势和方法,撰写了大量的有关道氏股价理论方面的文章,并于 1922 年汇集出版了《股票市场的晴雨表》,从而使道氏理论最终被社会所认可。此后,又有许多有关证券方面的专家撰写过有关道氏理论方面的书籍,如罗伯特·吕欧(Robert Rhea)在 1932 年发表了《道理论》,小乔治·W. 别雪勒(George W. Bishop. Jr)在 1960 年出版了《道与道氏理论》(Dow and The Theory),从而使道氏理论得以发展。

(二)道氏理论的主要内容

道氏理论认为,股市行情虽然变化多端,但它同经济的发展一样,总是有规律可循,即存在着周期性变化规律。股市行情运动的趋势可以从股市中某些有代表性股票的价格变动中识别出来。认识了股票价格的运动规律,就可以通过考察股价过去的变动情况,来预测股价未来的运动趋势。道氏理论的工具主要是道·琼斯工业股价平均数和运输业股价平均数,按其股价过去的变动情况,把股价移动分为三类,即主要趋势、次要变动和日常波动。

1. 主要趋势(Primary Trend),主要趋势又称原始趋势。主要趋势要么表现为长期上涨,要么表现为长期下跌。在这一趋势中,股价的平均数会产生25%或更大的变动。

当股价的主要趋势是上涨时,应称为"牛市",其特点是股价连续创出新高。主要趋势的上涨阶段一般分为三个阶段:第一阶段称为恢复阶段,由于股市刚从"熊市"转为"牛市",投资者还难以辨别"牛市"的到来,所以投资者会有戒心,不敢轻易买进股票,这时成交量不大,但股价在缓慢攀升;第二阶段是持续上涨阶段,随着"牛市"特征日益明显,投资者信心增强,成交量也日益放大;第三阶段是股价的高涨阶段,投资者受前两阶段股价上涨的影响,买劲十足,随成交量的急剧放大,股价陡增,"牛市"也会随之宣布结束。股市上涨趋势的持续时间一般为1~4年,按汉密尔顿的测算,最长的上涨时间应为40个月,最短也应达到15个月。

当股价的主要趋势是下跌时,应称为"熊市",其特点是股价连续创出新低。"熊市"也由三个阶段组成:第一阶段价格下跌是对牛市第三阶段股价过分膨胀的反应;第二阶段是股市价格对经济状况下滑的一种反映,对未来经济走势报不乐观态度的投资者开始增加,他们开始卖出股票,股价也随之继续回落;第三阶段,随经济状况的继续低迷,投资者开始大量抛售股票,股价持续下跌,很多股票跌到了其应具有的价值以下,表明"熊市"即将结束,"牛市"即将来临。"熊市"的持续时间一般最长为24个月,最短也有12个月。

2. 次要变动(Secondary Trend),也叫中间趋势。次要变动发生在主要趋势之中,他的变动方向与主要趋势相反,持续时间为2周至2个月,股价回档的幅度是主要趋势的1/3至2/3,在强式市场中是1/3,在弱市中是2/3。

3. 日常波动(Near Term Trend),日常波动又称短期趋势,一般指的是市场每天的波动情况,短则数小时,长则数日,一般最长不超过数日。道氏理论一般不重视日常波动,因为它受众多不确定因素影响,它反映的走势一般不能改变长期的趋势。

道氏理论还认为交易量提供的信息有助于我们解决一些令人困惑的市场行为,收盘价是最重要的价格。道氏理论认为,在所有的价格指标中,收盘价是最重要的,甚至认为只需选用收盘价,不注重其他价格。

(三)对道氏理论的评价

在历史上,道氏理论对投资者判断股票价格趋势起到过不可替代的作用,并开创了技术分析的先河。该理论在很多次股市"牛熊"转折之际,都发出了转折信号。如1929年10月22日工业平均数和10月23日的运输平均数均发出了信号,即持续了6年的大"牛市"即将转"熊",结果被后来的事实所证明。1933年工业平均数和运输业平均数分别在4月10日和24日发出了由"熊"转"牛"的信号,结果也被后来发生的一切所证实。此外,由于道氏理论具有合理的内核和严密的逻辑,并指出了股市循环与经济周期变动的联系,这为后来的各种技术分析理论奠定了基础,这也正是道氏理论的贡献所在。但道氏理论也并非是完美的,首先,它对股价长期趋势的预测有较大的作用,对于每日每时都在发生的小的波动则显得有些无能为力,甚至对次要趋势的判断也作用不大。第二,道氏理论存在着滞后的弱点,道氏理论的结论常落后于股票价格,信号太迟使得投资者难以在第一时间准确地做出预测。第三,道氏理论过于简单,仅以工业指数及运输业指数来观察市场的价格变动,实际上引起股市价格变动的因素很多,这使得一个很优秀的道氏理论分析师在进行行情判断时,也会产生疑惑。第四,道氏理论虽然能帮助投资者判断大的趋势,却不能帮助投资者去选择买卖具体哪一只股票。

道氏理论自出世至今已有上百年的历史了,在今天来说,随着新的技术分析方法的推出,道氏理论中的许多内容已经过时,但它毕竟开创了技术分析的先河,并为当时的证券投资者提供了技术分析的理论依据,从1897~1977年的80年间,根据道氏理论,准确地预测了40个正确牛熊转折信号,只发出了5个错误的信号,错误率仅有12.5%[1]。

二、波浪理论

(一)波浪理论的形成

波浪理论又称艾略特波浪理论(Elliott Wave Theory),它是美国技术分析大师艾略特(Ralph Nelson Elliot)经过对股市多年的考察和精心研究,于1943年在撰写的《自然规律——宇宙的奥妙》一书中提出的著名证券投资理论。因此,该理论也以他的名字命名。

波浪理论的形成经历了一个较为复杂的过程。最初艾略特通过精心研究社会

---

[1] Meyers, Thomas A. Technical Analysis Course[M]. Probus Publishing Company, 1992.

群体的行为倾向并将其转换为形态后,发现其很像波浪,于是他首先将其应用于证券市场,因为他发现股票价格运行的基本规律与波浪极为相似,并不断重复出现。但是他的这些研究成果没有形成完整的体系,所以在艾略特的有生之年,他的波浪理论并没有得到社会的广泛认可。直至20世纪70年代,在柯林斯的专著《波浪理论》出版后,波浪理论才被证券市场上有关从事技术分析的人士广泛接受。在艾略特提出波浪理论之后,还有很多的专业人士以及有关专家对波浪理论进行过研究和论证,他们为波浪理论的完善、发展以及最终被社会所承认做出了很多贡献。柯林斯正是在总结了艾略特及他人的研究结果的基础上,逐步完善和发展了波浪理论,并成为波浪理论的确立者。

(二)波浪理论的基本框架

艾略特最初将波浪理论应用于证券市场,是受到股价上涨下跌现象不断重复的启发,发现股价运行的基本规律与自然界的基本规律相当合拍,并试图找出股票价格上升和下降的规律。波浪理论认为,股票价格和股市行情的波动如同潮汐的波浪,一浪跟着一浪,周而复始地运行。

艾略特最初的波浪理论是以周期为基础的,社会经济的大环境有一定的经济周期,股价的上涨和下跌也遵循了这一周期发展的规律,只不过股价和股市行情波动的周期规律比经济发展周期要复杂得多。艾略特把股价周期分成时间长短不同的各种周期,并指出在一个大周期之中可能存在小的周期,而小的周期又可以再细分成更小的周期。每个周期无论时间长短,都是以一种模式进行。艾略特将股价上下重复出现的波动,在不考虑波动时间及波幅的差异下,以其形式上的不同,一共分成13种形态,并逐一命名和定义。艾略特把每个周期分为8个波浪,其中每个周期都是由5个上升浪和3个下跌浪组成,每个周期有更大周期中的两个浪,每个大周期中的2个浪都有一个较小的周期(见图9-2),以此类推。这8个过程完结以后,我们才能说这个周期已经结束,将进入另一周期。新的周期仍然遵循上述的模式,周而复始不断重复。

艾略特波浪理论是由波形、比例和时间三方面构成,该理论同斐波那契(Fibonacci)数列和黄金分割比例相联系,运用于股市行情的分析,艾略特波浪理论中所用到的数字都是来自斐波那契数列。斐波那契数列1,1,2,3,5,8,13,21,34,55,89,144……可以表明两个规律:其一是数学排列以1为始点,任何前两个数字之和形成后面的数字;其二是任何一个数字对其后相邻的较大数字的比率为0.618,对相邻前一个数字的比率为1.618。这个数列是数学上很著名的数列,它有很多特殊的性质和用途,0.618在数学上称为黄金分割率,被广泛应用于建筑学和美学等领域,象征着美的数字。对这些数列的特殊性目前还没有数学上的严格解释,但是对这个数列的使用已经相当广泛了,因而艾略特的波浪理论又被称为大自然法则。

此外,波浪理论涉及一些道氏理论的内容。道氏理论的主要思想是:任何一种股价的移动都包括原始移动、次级移动和日常移动三种移动形式,这三种移动形式构成了所有形式的股价移动;原始移动决定的是股市行情大的趋势,次级移动决定的是在大趋势中的小趋势,日常移动体现的是在小趋势中更小的趋势。波浪理论中的大部分理论是与道氏理论相吻合的,不过艾略特不仅找到了这些移动,而且还找到了这些移动发生的时间和位置,这便是波浪理论较道氏理论的优越之处。道氏理论必须等到新的趋势确立以后才能发出行动的信号,而波浪理论可以明确地知道目前是处在上升(或下降)的尽头,或是处在上升(或下降)的中途,可以更明确地指导投资者对趋势的把握。艾略特的波浪理论既适用于股市行情的长期波动,也适用于中短期波动,甚至适用于每天的微小波动。

(三)波浪理论的主要原理

1. 波浪理论的构成。波浪理论是由波形、比例和时间三方面构成。

(1)波形。波形指的是股价走势所形成的形态。股价的走势形态指波浪的形状和构造,它是波浪理论赖以存在的基础。艾略特就是从股价走势的形态中得到启发才发现波浪理论的。

(2)比例。比例是指计算出的股价走势图中各个高点和低点所处的相对位置,股价高点和低点所处的相对位置是波浪理论中各个浪的开始和结束位置。通过计算这些位置,可以弄清楚各个波浪之间的相互关系,以预测股价的回撤点和将来可能达到的位置。

(3)时间。时间是指完成某个形态所用的时间,时间可以让我们预测中长期趋势。波浪理论中各个波浪在时间上是相互联系的,用时间可以验证某个波浪形态是否已经形成。

在波浪理论的形态、比例和时间三个方面,以形态最为重要,其次为比例,但只注重形态和比例而忽视时间,得出的股价趋势也不准确。

2. 波浪的划分。艾略特波浪理论认为,股市行情不是直线上升或下降,而是按照一定的周期有规律地波动式运动。每一个周期无论是上升还是下降,都可以分成8个波浪(见图9-1),其中5个上升浪,3个下跌浪。8个波浪的结束就意味着一个周期的结束,紧接着便是另一周期的开始。

第一浪(图9-1中的0-1)属于股市的上涨行情,其起点也是整个行情周期的最低点,即谷底,这是在股市长期低迷之后转入牛市的初期阶段;根据对世界各国股票市场的调查,由于股市长期下跌,大部分的股票都处于超跌状态,所以这时股票市场上的股票处于齐涨阶段。

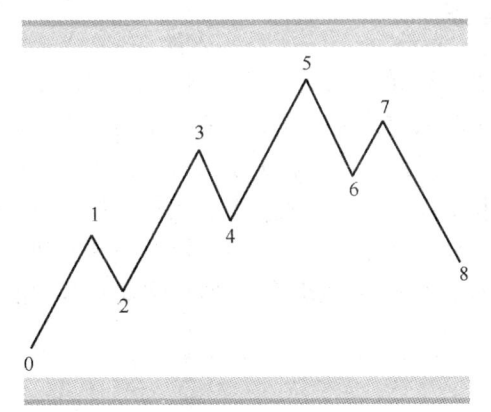

图 9-1　波浪理论循环形态的 8 浪形态图

第二浪(图 9-1 中 1-2)是属于调整阶段,这主要是第一浪上涨所引发的获利盘抛出所致。

第三浪(图 9-1 中 2-3)是在 2 浪调整之后出现的 3 浪上涨行情,这一浪的上涨已使投资者看到了牛市的特征,因此会使更多的在场外观战的投资者参与其中。

第四浪(图 9-1 中 3-4)也属于调整阶段。这一阶段调整主要是因为股价已高,更多的获利盘和解套盘杀出所致。

第五浪(图 9-1 中 4-5),这是在第四浪调整后的 5 浪上涨行情,这是行情的末期阶段,此时股市上的股票出现严重的分化,股市行情的反转便由此展开。

第六浪(图 9-1 中 5-6)属于下跌行情,也是反转行情,即由牛市转为熊市的开始,这也意味着牛市的结束,从此开始了漫长的下跌过程。

第七浪(图 9-1 中 6-7)是属于反弹行情,它是对第六浪行情下跌过快的一种修正,但它无法改变股市的下跌趋势。

第八浪(图 9-1 中 7-8)属于继续下跌阶段,这一阶段一般是下跌的最后阶段,此后一般会迎来新一轮的牛市。

从图 9-1 中我们可以看到,从第一浪到第五浪是股市行情处于上升的过程,即一个大的上升趋势,其中第一、第三和第五浪称为上升主浪,第二浪和第四浪是对第一和第三浪的调整浪。而从第六浪到第八浪是股市的下跌过程,即一个大的下跌趋势,在上升 5 浪完成以后,紧接着会出现一个 3 浪的向下调整。运用波浪理论必须弄清一个完整周期的规模大小,因为趋势是有层次的,每个层次的不同取法可能会导致我们在使用波浪理论时发生混乱。但毫无疑问的是,无论我们所研究的趋势是何种规模(是原始的主要趋势还是日常的小趋势),8 浪的基本形态结构是不会变化的。

(四)波浪的细分

波浪理论表现股价形态的跨度不受时间限制,它既可以显现股价若干年的走势形态,也可展现数小时或数分钟的股价走势。正是由于上述时间跨度的不同,在股价走势的8浪过程中,必然会出现若干小浪,这就出现了每一个浪所处层次的问题,处于层次较低的几个浪可以合并成一个层次较高的大浪,而处于层次较高的一个浪又可以细分几个层次较低的小浪。当然,层次的高低和大浪、小浪的地位是相对的,对其他层次高的浪来说,它是小浪,而对层次比它低的浪来说,它又是大浪。

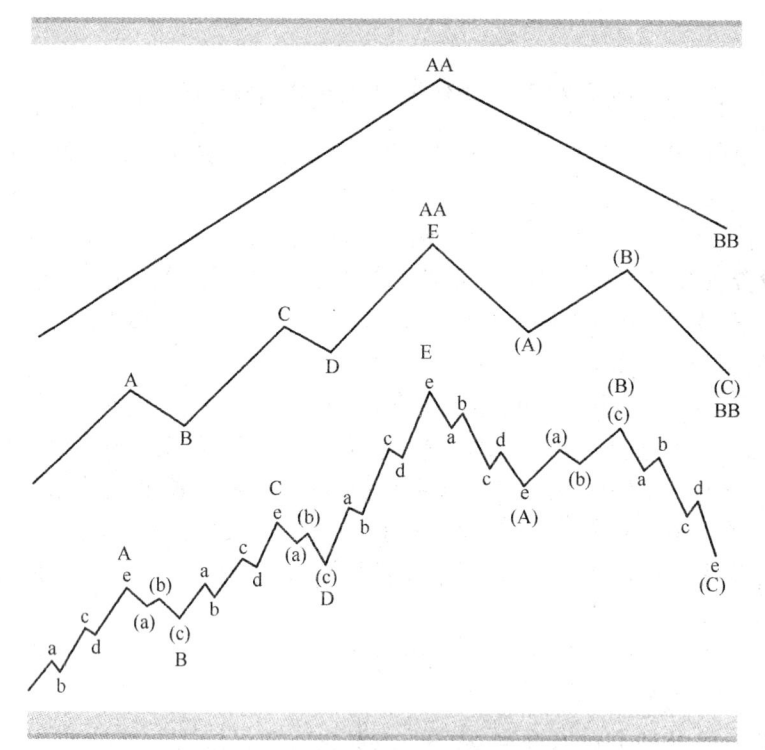

图9-2 波浪理论形态的各层次形态图

以上升牛市为例,从图9-2中可以看出,波浪分为三个层次:

第一层次的是2浪,即AA和BB浪。从起点到顶点是第一大浪,即AA浪;从顶点到末点是第二大浪,即BB浪,它是第一大浪的调整浪。

第一层次中的第一大浪和第二大浪又可以细分成上升趋势中的5浪和下跌趋势中的3浪,共8浪。第一大浪可以分成A,B,C,D,E 5浪,而第二大浪可以分成(A),(B),(C) 3浪,这8浪是处于第二层次的波浪。

第二层次的8浪又可以细分成第三层次的小浪,这就是图中上升趋势中的a,

b,c,d,e,(a),(b),(c)浪,像这样的小浪共有 34 个。

总之,按波浪理论,任何股价走势的波浪都分成上升趋势和下降趋势两大浪,而上升浪中又可分成若干层次的 8 个小浪,下降趋势的浪中又可分成若干层次的 3 个小浪。按照这一规律,波浪上升和下降趋势浪可不断地分下去,但在图上股价走势的最终过程是上升和下降两浪。

(五)波浪理论与斐波那契数列

波浪理论的 8 浪和 0.618 的黄金分割比例还和时间上的斐波那契数列相吻合。波浪理论认为,股价从一个重要的顶或底到下一个顶和底都将在斐波那契数列的交易日发生,即在 13,21,34,55,89,114 等交易日发生。周图和月图的转折点也同样与斐波那契数列相吻合。从图 9-2 中显示,总的趋势现分为上升趋势的第一大浪和下降趋势的第二大浪,这两大浪由 8 个次级浪组成。每个上升趋势浪都由 5 次级浪组成,5 次级浪同时又由 21 个再次极小浪组成,而下跌趋势浪由 3 个次级浪组成,3 个次级浪又由 13 个再次极小浪组成,总共由 34 个再次级小浪组成。这里的数字 2,3,5,8,13,21,34……都是斐波那契数列中的数字。如果将波浪理论的各层次的浪逐级推算下去,则可以看到比 34 还大的斐波那契数列中的数字。波浪理论中的数字并非是偶然的,斐波那契数列成了艾略特波浪理论的数学基础,正是有了这一数学基础,艾略特的波浪理论才得到了后人的发展和认可。

三、K 线理论

(一)K 线图理论

K 线实际上是一种图形,K 线理论是借助于 K 线对证券市场进行图形分析的一种方法。K 线就是根据时间和证券价格绘制的一种能够反映股市行情或股价短、中、长期走势的一种图形。K 线图又称蜡烛图、红黑线图和阴阳线图。K 线图是目前国际上应用最为广泛的技术分析图形,它起源于 17 世纪的日本,所以又称日本线,但当时 K 线图不是用于分析股票的走势,而是用于米市交易。经过上百年的运用和变更,K 线图于 20 世纪 80 年代末才被西方证券理论界所接受,目前世界上已经形成了一整套完善的 K 线分析理论。K 线图之所以被世界广大的投资者所青睐,除了其具备了技术分析不可缺少的两大要素(时间和价格)以外,还能反映开盘、收盘、最高和最低四种价格,并展示了波浪理论中强调体现短、中、长期趋势的波浪。此外,红白或红黑两种颜色的配比,其鲜艳和明快的视觉是其他图形所不具备的。K 线图的问世,不仅增加了证券投资分析的方法,而且也成为其他分析方法的一种必不可少的工具。

(二) K 线的绘制方法

K 线是一条柱状的线条,由实体和影线组成。实体分阴线和阳线两种:如果收盘价高于开盘价绘制出的实体叫阳线,并涂成红色或白色;如果收盘价低于开盘价绘制出的实体叫阴线,并涂成黑色。影线在实体上方的部分叫上影线,在下方的部分叫下影线(见图9-3)。

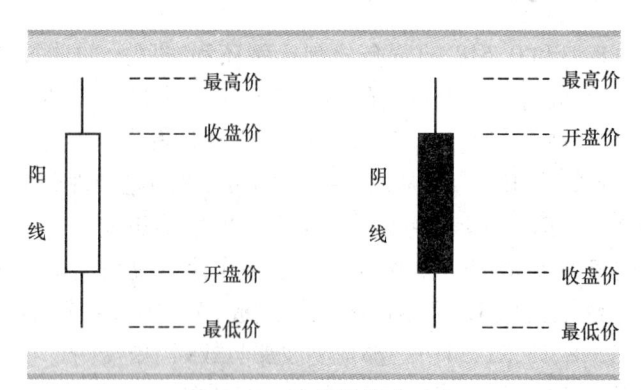

图 9-3　K 线的基本形态

K 线图按时间顺序排列起来,就组成这只股票自上市以来每天的价格变动情况,这就叫日 K 线图;如果上述每根 K 线表示一周的价格变动,就称为周 K 线;如果上述每根 K 线表示的是一个月的价格变动,就称为月 K 线。

每根 K 线不管是阴线还是阳线,都体现了某种指数或某只股票每小时、每日、每周、每月等的开盘价、最高价、最低价和收盘价。如果是阳线,实体的最上部是本小时、本日、本周和本月的收盘价,实体的最下端是开盘价,上影线的最上端表示的是本小时、本日、本周和本月的最高价,下影线的最下端表示的是最低价;如果是阴线,实体的最上部是本小时、本日、本周和本月的开盘价,实体的最下端是收盘价,上影线的最上端表示的是本小时、本日、本周和本月的最高价,下影线的最下端表示的是最低价(见图9-3)。开盘价是每个交易日某股票的第一笔成交价,收盘价是指每个交易日某股票的最后一笔成交价。

(三) K 线的主要形状

除了图9-3所画的 K 线形状外,由于四个价格的不同取值,还会产生其他形状的 K 线,可概括起来的大致有以下十种。

1. 秃头光脚阳线,这种 K 线是既没有上影线也没有下影线的阳线。当开盘价和收盘价分别与最低价和最高价相等时,便会出现这种 K 线,见图9-4(1)。

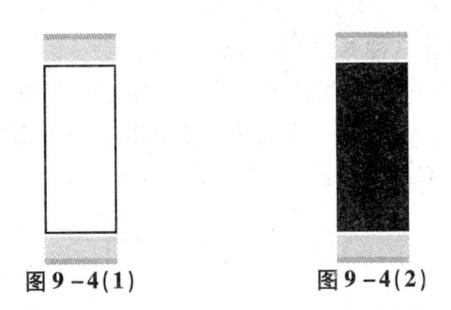

图 9-4(1)　　　　　图 9-4(2)

2. 秃头光脚阴线,这种 K 线是既没有上影线也没有下影线的阴线。当开盘价和收盘价分别与最高价和最低价相等时,就会出现这种 K 线,见图 9-4(2)。

3. 秃头阳线,这是没有上影线的阳线。当收盘价与最高价相等,而开盘价又比最低价高时,绘制出的一种 K 线,见图 9-4(3)。

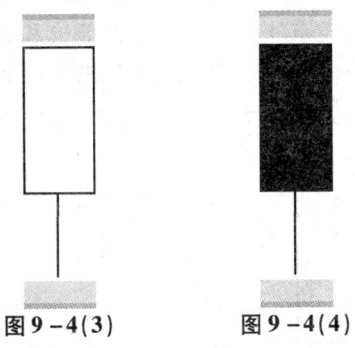

图 9-4(3)　　　　　图 9-4(4)

4. 秃头阴线,这是没有上影线的阴线。当开盘价就是最高价,而收盘价又比最低价高时,绘制出的一种 K 线,见图 9-4(4)。

5. 光脚阳线,这是没有下影线的阳线。当开盘价正好与最低价相等,而收盘价又比最高价低时,绘制出的一种 K 线,见图 9-4(5)。

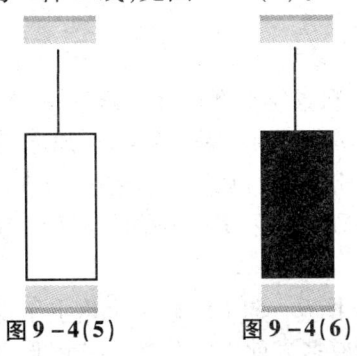

图 9-4(5)　　　　　图 9-4(6)

6. 光脚阴线,这是没有下影线的阴线。当收盘价与最低价相等,而开盘价又比最高价低时,就会出现这种 K 线,见图 9-4(6)。

7. 十字星,这是一种没有实体的 K 线。当收盘价与开盘价相同而股价又出现过上下波动时,就会出现这种 K 线,见图 9-4(7)。

8. T 字型,这也是一种没有实体的 K 线,收盘价和开盘价相同,同时它们又是最高价,而且它们又高于今天的最低价时,绘制出的一种 K 线。由于这种 K 线形状像英文字母 T,所以称之为 T 字型 K 线,见图 9-4(8)。

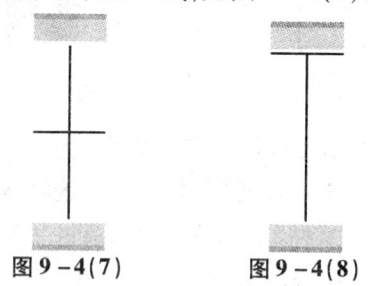

图 9-4(7)　　图 9-4(8)

9. 倒 T 字型,这是一种没有实体的 K 线,收盘价和开盘价相同,同时它们又是最低价,而且它们又低于今天的最高价时,绘制出的一种 K 线。由于这种 K 线形状像英文字母倒 T 字型,所以称之为倒 T 字型 K 线,见图 9-4(9)。

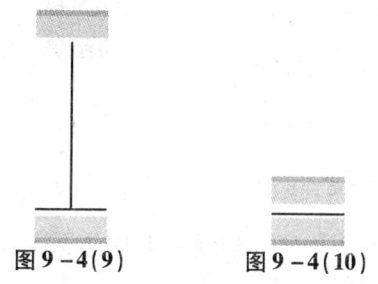

图 9-4(9)　　图 9-4(10)

10. 一字型,这是一种没有实体的 K 线,收盘价和开盘价相同,同时它们既是最高价也是最低价时,绘制出的一种 K 线,这种 K 线极为罕见,见图 9-4(10)。

(四) K 线的应用

股票市场如战场,买卖双方每天都在进行战斗,具体表现在股价的变动上。买卖双方受国内外政治、经济等多方面因素的影响,加之对经济前景的预测、上市公司基本面和经营状况的变化,买方和卖方不断进行着切换,并进行不断的较量,K 线图其实是对买卖双方短期、中期和长期在市场上争夺的情况所做的一种真实记录。

1. 秃头光脚小阳线,见图 9-5(1),显示价格上下波动的幅度不大,没有明显的趋势,很难说多方就占有优势。该图形在不同的情况下有着不同的意义:

(1) 如果在盘整时出现秃头光脚小阳线,说明多方稍占优势,向上

图 9-5(1)

突破的时机尚不成熟，多方只是试探性地将价格向上缓慢地推升，想了解空方的抵抗力量。

（2）如果是在前一天大涨后出现的秃头光脚小阳线实体，说明跟风盘较踊跃，市场可能呈现高涨的浪潮。

（3）如果在前一天大跌后出现秃头光脚小阳线，表明多方正顽强予以抵抗，但未取得实质性进展，多方今后还将受到来自空方力量的考验，结果如何还很难说。

2.秃头光脚小阴线，见图9-5(2)，与秃头光脚小阳线的意义正好相反，虽价格波动幅度不大，但收盘价低于开盘价，很难说空方就占有优势。根据秃头光脚小阴线的含义，它也分为三种情况：

（1）如果在盘整时出现秃头光脚小阴线，说明空方稍占优势，向下突破也很困难，空方只是试探性地将价格向下打压，以了解多方的抵抗力量。

图9-5(2)

（2）如果是在前一天大跌后出现的秃头光脚小阴线，说明止损抛盘开始涌出，市场可能继续呈现下跌的浪潮。

（3）如果在前一天大涨后出现秃头光脚小阴线实体，表明空方正顽强予以抵抗，但未取得实质性胜利，空方还将受到来自多方力量的考验。

3.秃头光脚大阳线，见图9-5(3)，说明市场波动很大，经多空双方的激烈较量，多方已经取得了决定性的胜利，一般情况下，股价还会继续上涨，这里需要分析的是未来的涨幅问题。

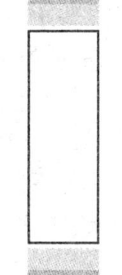

图9-5(3)

4.秃头光脚大阴线，见图9-5(4)，和秃头光脚大阳线一样，说明市场波动也很大，只不过是经多空双方的激烈较量后，空方已经取得了决定性的胜利并掌握了主动权。一般情况下，股价还会继续下跌，探求本次下跌的底部成为研究的重点问题。

5.光脚阳线是一种上升抵抗型K线，见图9-5(5)，表明多方在拉升过程中，遇到了空方的顽强抵抗，体现出多方力量有所减弱。多方的优势还有多大与阳线实体和上影线的长短有关：一般说来，阳线实体越短，上影线越长，说明多方优势越小；阳线实体越长，上影线越短，说明多方优势越大。具体地说，如果阳线实体长度大于上影线长度，表明多方虽受到抵抗，但是仍占有较大的优势；如果阳线实体长度等于上影线长度，表明多方虽有优势，但已不大；如果阳线实体长度小于上影线长度，表明多方优势已微乎其微。

图9-5(4)

图9-5(5)　　　图9-5(6)

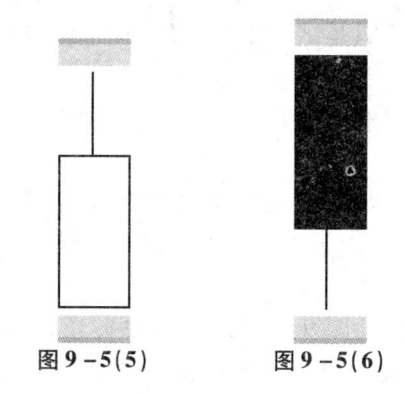

6. 秃头阴线是一种下跌抵抗型K线,见图9-5(6),表明空方在打压过程中,遭遇到多方的回击,这也体现出空方的优势在减小。空方优势的大小与阴线实体和下影线的长短有关,一般说来,阴线实体越短,下影线越长,说明空方优势越小;阴线实体越长,下影线越短,说明空方优势越大。具体地说,如果阴线实体长度长于下影线长度,表明空方虽遭遇多方抵抗,但是仍占有较大的优势;如果阴线实体长度等于下影线长度,表明空方的优势已经不大;如果阴线实体长度短于下影线长度,表明空方优势已所剩无几。

7. 秃头阳线,是属于先跌后涨型K线,见图9-5(7),多方在遭遇空方的打压后,倾其全力进行反攻,最后收在了最高点,表明多方已取得了优势。多方优势的大小与下影线和阳线实体的长度有关:阳线的实体越大或下影线越长,多方的优势越大;阳线实体越小或下影线越短,多方的优势越小。

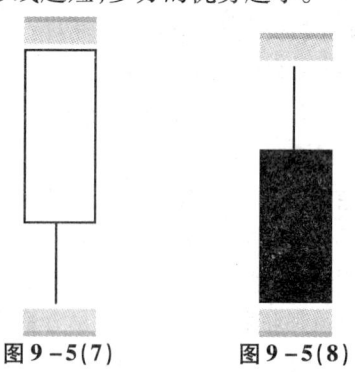

图9-5(7)　　　图9-5(8)

8. 光脚阴线是先涨后跌型K线,见图9-5(8),在多方将股价抬高后,空方进行了全力反击,最后收在了最低点,显示空方已取得了优势。空方优势的大小与阴线实体和上影线长度有关:阴线的实体越大或上影线越长,空方的优势越大;阴线实体越小或上影线越短,空方的优势越小。

9. 有上下影线的阳线是在K线图上出现最多的一种形状,见图9-5(9),这种形状说明多空双方有攻有守,争夺十分激烈,最后多方只是在场面上占据了优势。对多方与空方优势的衡量,主要根据上下影线和实体的长度来确定。一般说来阳线实体越短,上影线越长,下影线越短,说明多方在场面上的优势不明显;阳线实体越长,上影线越短,下影线越长,说明多方在场面上越占优势。

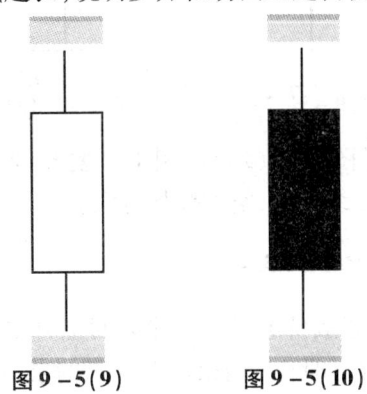

图 9 – 5(9)　　图 9 – 5(10)

10. 有上下影线的阴线,见图 9 – 5(10)。有上下影线的阴线和带上下影线的阳线一样,也是 K 线图上出现最频繁的一种 K 线形态。这种形态也表明多方有过拉升,空方有过打压,争夺十分激烈,最后空方在场面上取得了优势。对多方与空方优势的衡量,也主要依靠上下影线和实体的长度来确定。一般说来,阴线实体越长,上影线越长,下影线越短,说明空方在场面上占的优势越大;阴线实体越短,上影线越短,下影线越长,说明空方在场面上所占优势越小。

11. 十字星虽然是一种不常出现的 K 线形状,但其意义却很大,见图 9 – 5(11)。用十字星来判断行情走势主要取决于两个方面:

(1) 看十字星出现在行情的哪个波段,如果是出现在连续上升阶段,则可能是阶段性顶部的信号,股价可能将要下跌。如果是出现在行情连续下跌阶段,可能是阶段性底部的信号,预示着行情将会出现反转。

(2) 十字星如果出现在盘整阶段,上下影线越长说明多空双方争夺越激烈,如果下影线长于上影线说明多方占优,上影线长于下影线,表明空方占优。

图 9 – 5(11)

12. T 字型 K 线,见图 9 – 5(12)。通过上述上下影线对多空双方优势说明,我们可以知道,虽经空方反击,但最终多方取得了明显的优势,其下影线越长,优势越大。

图9-5(12)　　　图9-5(13)

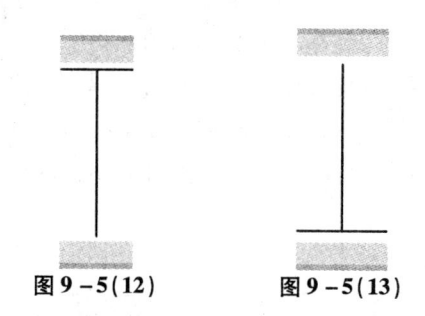

13. 倒 T 字型 K 线,见图 9-5(13)。倒 T 字型 K 线说明,虽经多方抵抗,空方取得了最后的胜利,其上影线越长,空方优势越大。

(五) K 线图的各种运动形态

1. 双重顶。双重顶是指股价经过了一段时间上升之后,在相对高位出现两次高点,即 A 点和 C 点,股价随即开始滑落。要注意的是,双重顶的两个高点不一定一样高。见图 9-6(1)。

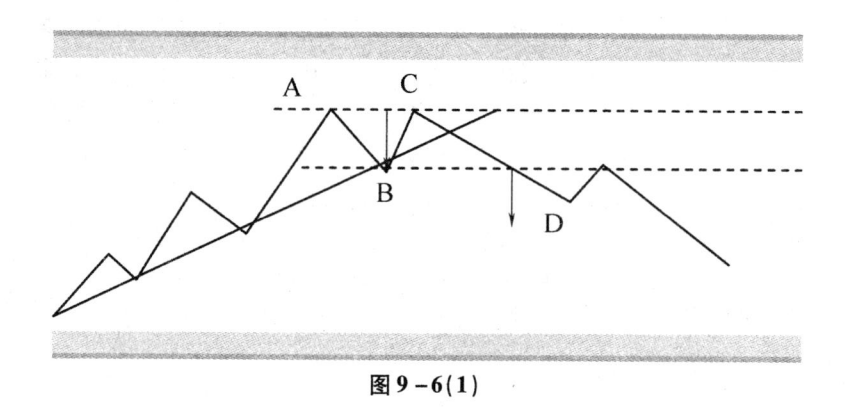

图9-6(1)

2. 双重底。双重底是指股价经过了一段时间的下跌之后,在相对低位出现两个相对的低点,即 A 点和 C 点,股价随即开始上行。同样,双重底的两个低点也不一定一样低。见图 9-6(2)。

3. 头肩顶。头肩顶是指股价经过了一段时间的上升之后,在相对高位出现了三个相对的高点,即 A 点、C 点和 E 点,股价随即下行。其中中间的高点 C 最高,A 点和 E 点均低于 C 点。在形态上就出现了一个头(C 点)、两个肩(左肩 A 点和右肩 E 点)。两个肩 A 点和 E 点不一定一样高,但必须低于 C 点。见图 9-6(3)。

4. 头肩底。头肩底是指股价经过了一段时间的下降之后,在相对低位出现了三个相对的低点,即 A 点、C 点和 E 点,股价随即上行。其中中间的低点

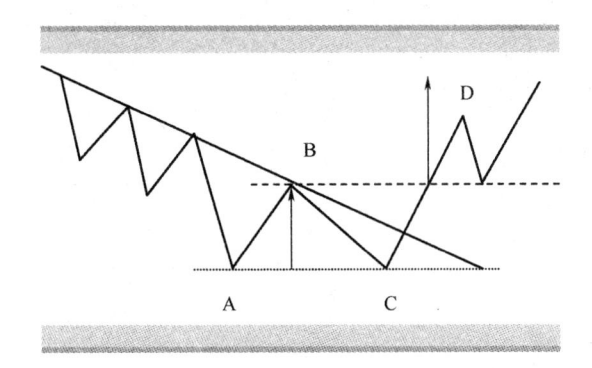

图 9－6(2)

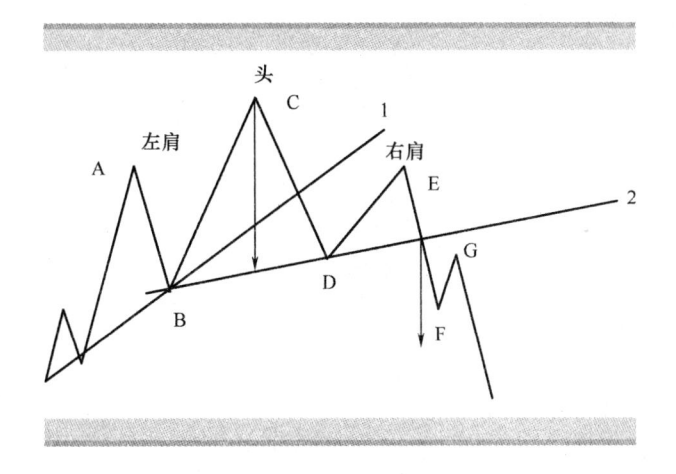

图 9－6(3)

C 最低,A 点和 E 点均高于 C 点。在形态上就出现了一个底(C 点)、两个肩(左肩 A 点和右肩 E 点)。两个肩 A 点和 E 点不一定一样低,但均高于 C 点。见图 9－6(4)。

5. 三重顶形态。三重顶是指股价经过了一段时间的上升之后,在相对高位出现了三个相对的高点,股价随即下行,其中三个高点不一定完全一样高。见图 9－6(5)。

6. 三重底形态。三重底是指股价经过了一段时间的下降之后,在相对低位出现了三个相对的低点,股价随即上升,其中的三个低点也不一定完全一样低,见图 9－6(6)。

7. 圆弧顶。圆弧顶是指股价经过了一段时间的上升之后,在相对高位进行了

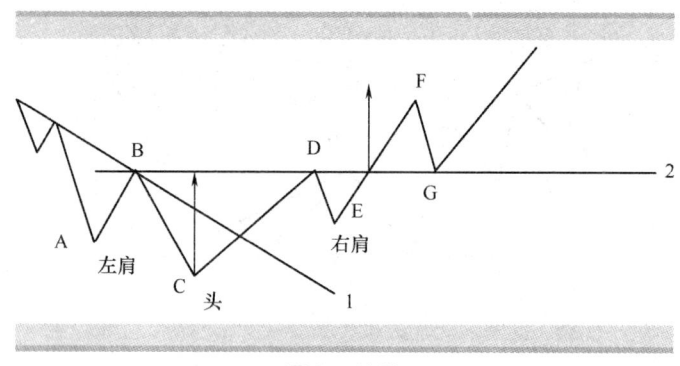

图 9-6(4)

图 9-6(5)

图 9-6(6)

一段时间的横盘,然后下行。在横盘的期间内,并没有突出的高点,将这个时期所有高点用线连接起来后呈现一个向上凸的圆弧,因此被称为圆弧顶形态。见图 9-6(7)。

8. 圆弧底。圆弧底是指股价经过了一段时间的下降之后,在相对低位进行了一段时间的横盘,然后股价开始上行。在横盘的期间内,并没有突出的低点,将这个时期所有低点用线连接起来后呈现一个下凹的圆弧,因此被称为圆弧底形态。见图 9-6(8)。

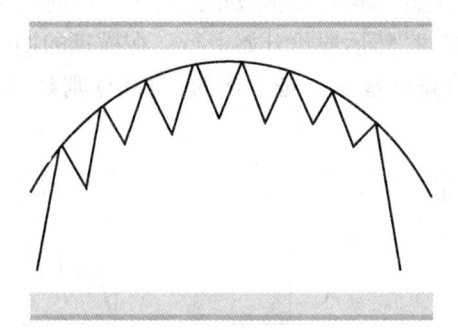

图 9－6(7)

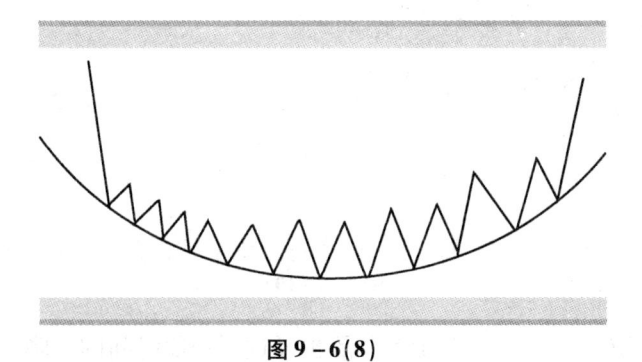

图 9－6(8)

9. 对称三角形。对称三角形是指股价经过了一段时间的下降或上升之后,在相对低位或高位进行了一段时间的横盘,然后股价开始上行或下行。在横盘的期间内,股价的高低波动幅度越来越小,如从点 1 降至点 2,从点 2 升至点 3,从点 3 降至点 4,从点 4 升至点 5,从点 5 再降至点 6,直至向上或向下突破,从形态上看类似一个对称的三角形。见图 9－6(9)。

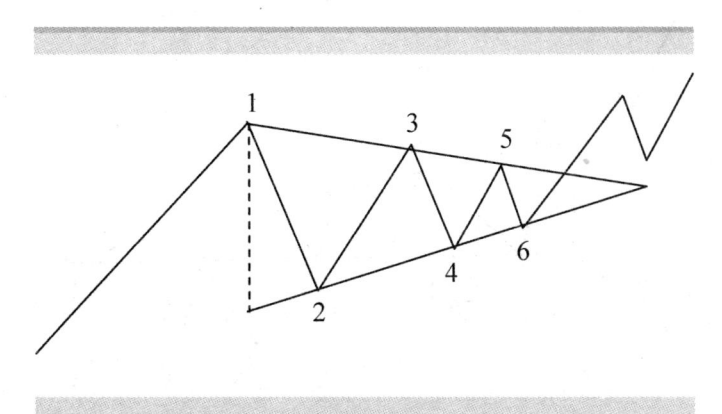

图 9－6(9)

10. 上升三角形。上升三角形是指股价经过了一段时间的上升之后,在相对低位进行了一段时间的横盘,然后股价开始上行。在横盘的期间,股价的高低波动幅度越来越窄,但其中的高点基本上是一样的,而低点则越来越高,最后向上突破。见图 9-6(10)。

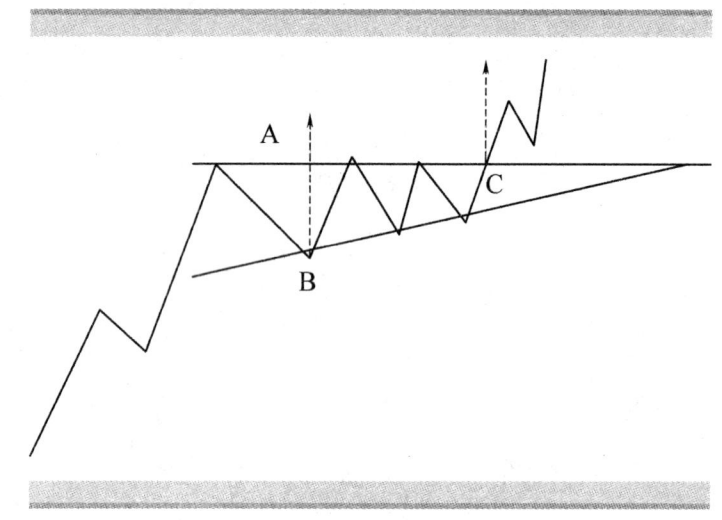

图 9-6(10)

11. 下降三角形。下降三角形是指股价经过了一段时间的下降之后,在相对高位进行了一段时间的横盘,然后股价开始下行。在横盘的期间,股价的高低波动幅度越来越窄,但其中的低点基本上是一样的,而高点则越来越低,最后向下突破。见图 9-6(11)。

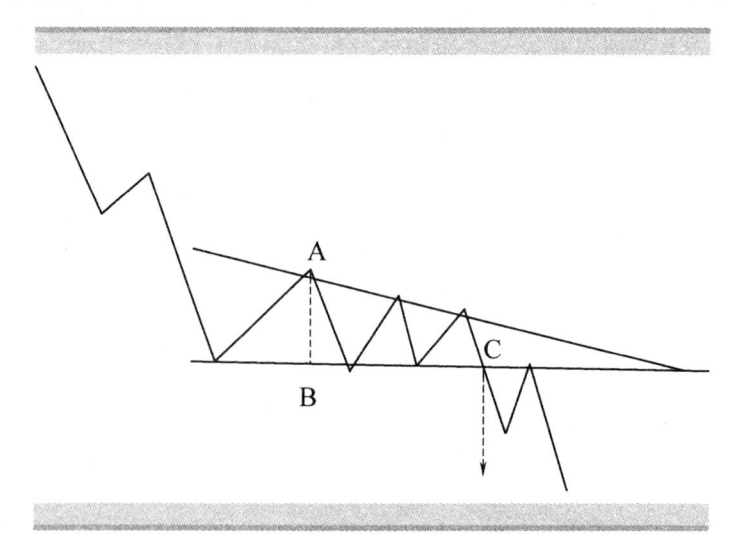

图 9-6(11)

12. 矩形。矩形是指股价经过了一段时间的下降或上升之后,在相对低位或高位进行了一段时间的横盘,然后股价开始上行或下行。在横盘的期间内,股价的高低波动幅度基本一样,即高点和低点基本一样,直至向上或向下突破。从形态上看这段横盘类似一个矩形,见图 9 - 6(12)。

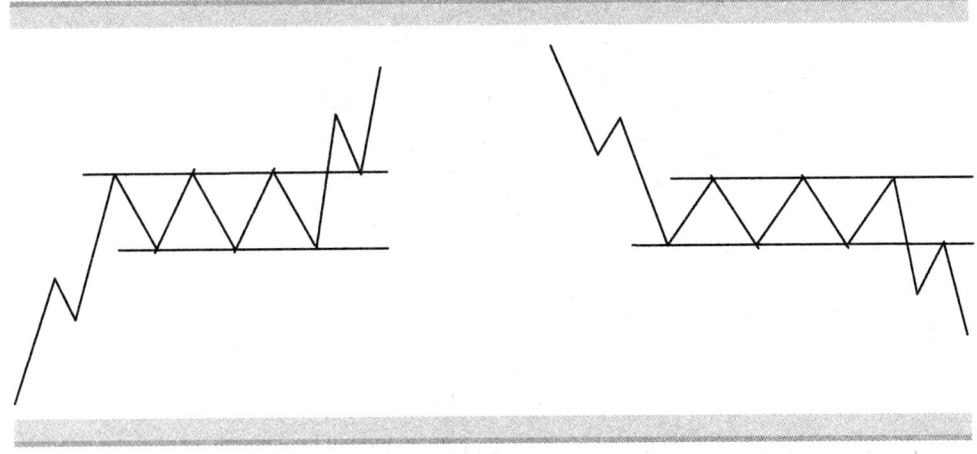

图 9 - 6(12)

13. 喇叭形。喇叭形是指股价经过了一段时间的下降或上升之后,在相对低位或高位进行了一段时间的横盘,然后股价开始上行或下行。在横盘的期间内,股价的高低波动幅度越来越大,即高点越来越高和低点也越来越低,直至向上或向下突破。从形态上看这段横盘类似一个喇叭形,见图 9 - 6(13)。

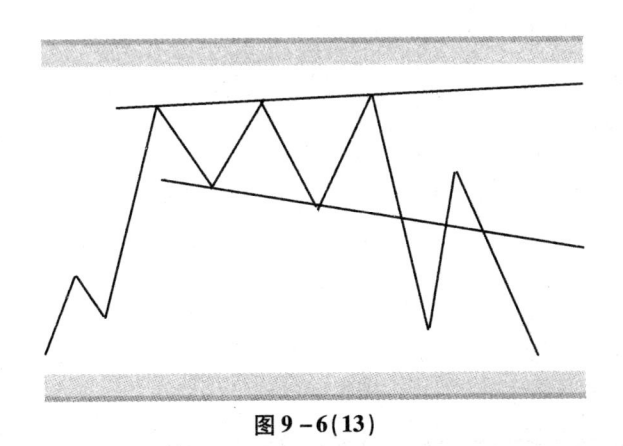

图 9 - 6(13)

14. 菱形。菱形是指在股价经过了一段时间的下降或上升之后,在相对低位或高位进行了一段时间的横盘,然后股价开始上行或下行。在横盘的期间内,前期股价的高低波动幅度越来越大,即高点越来越高和低点越来越低,而后期股价波动幅度越来越小,即高点越来越低,低点越来越高,直至向上或向下突破。从形态上看这段横盘类似一个菱形,见图9-6(14)。

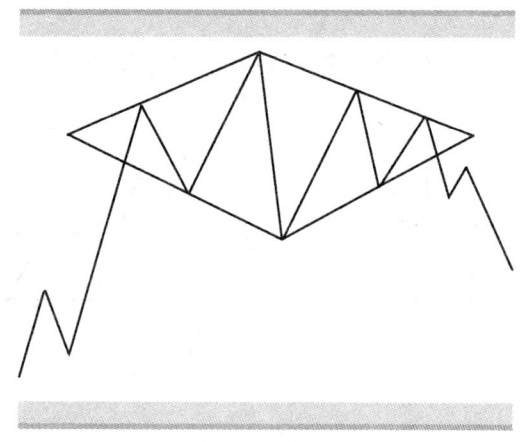

图 9-6(14)

15. 旗形。旗形是指股价经过了一段时间的下降或上升之后,股价开始向其相反的方向移动,在移动中,股价的高低波动幅度基本一致,但高点越来越高或越来越低,而低点也随之越来越低或越来越高,直至股价开始重新向上或向下突破。从形态上看这段股价的波动类似一个旗形,见图9-6(15)。

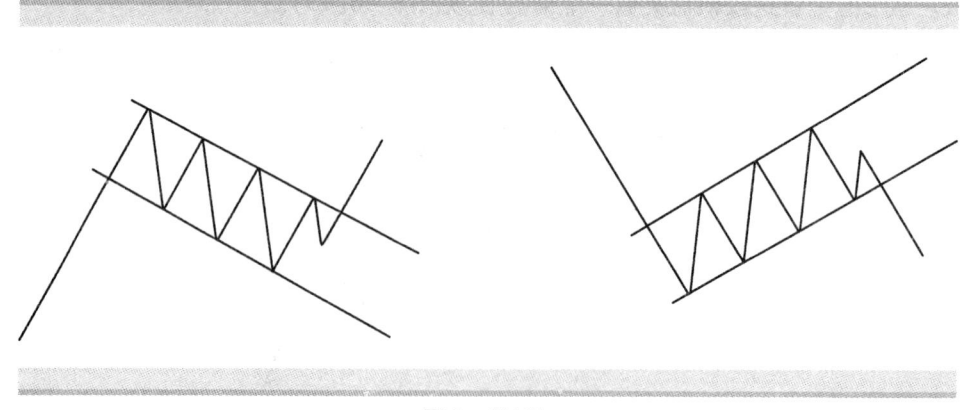

图 9-6(15)

16. 楔形。楔形是指股价经过了一段时间的下降或上升之后,股价开始横盘,但其横盘有一定的向上和向下的倾斜度,直至股价开始向上或向下突破。如果向下倾斜,高点越来越低,低点也越来越低,但高点之间的连线斜率要大于低点之间的连线斜率,而且从高点到低点的波动幅度日益收窄;如果向上倾斜,高点越来越高,低点也越来越高,但高点之间连线的斜率要小于低点之间连线的斜率,而且从高点到低点的波动幅度越来越窄。从形态上看这段股价的波动类似一个楔形,见图9-6(16)。

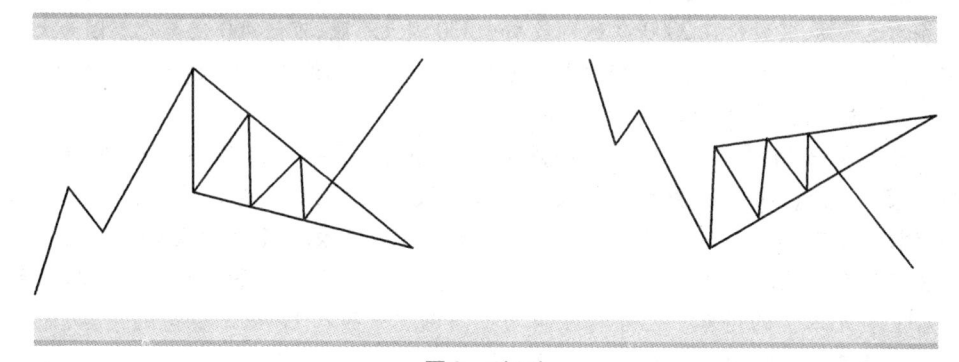

图 9-6(16)

案例研究

案例一　巴菲特的可转债投资策略

巴菲特是一个投资债券的高手。在选择债券的时候,巴菲特对可转债更是情有独钟。巴菲特是一位谨慎的投资者,他有一句名言——投资最重要的原则是:第一,不要赔钱;第二,永远记住第一点。因此,攻守兼备的可转债非常符合巴菲特的投资原则:安全、有保底,而且一旦股票价格上升,债券转换成股票更可以获得丰厚的利润。

20世纪80年代,美国资本市场流行杠杆收购,其中很大一部分是恶意收购。1989年,当有恶意收购者企图狙击吉列公司的时候,巴菲特被吉列公司邀请作为"英雄救美"的白衣骑士。于是,巴菲特以6亿美元的价格购买了吉列公司定向发行的、年利率为8.75%的可转换特别优先股。这些优先股可以在两年以后以50美元/股的价格转换为1.2亿股普通股,而当时普通股的市场价格为41美元/股左右。如果这些可转换优先股不转换为普通股的话,10年内可以由吉列公司赎回。有了巴菲特的加持,恶意并购者知难而退,巴菲特协助吉列成功地抵挡住了投机者的恶意收购攻势。这些可转换优先股也在两年后转换成了普通股,巴菲特旗下的哈撒韦公司占吉列公司的股份比例达到10%(后来稀释到9%)。巴菲特购买的可转换特别优先股本质上就是可转换债券,区别就是公司清偿时排序在债权人之后，而且还有一定的投票权。2005年，宝洁公司收购吉列以后，巴菲特持有的吉列公司股票市值增长至51亿美元。16年时间投资回报率7倍有余。

巴菲特投资可转债的另一个经典案例，是2002年7月9日宣布投资Level 3公司长期债券和可转债1亿美元。Level 3公司是美国一家提供互联网宽带和网络通信相关业务的运营商，其股价在2000年达到最高峰130美元/股，市值460亿美元。因为大量扩张，到了2002年，债务余额约为60亿美元。随着互联网泡沫的破灭，此时股价只有5美元/股左右，相对于高位跌去了96%。一时间，甚至有人担心该公司可能倒闭。

巴菲特仔细研究了Level 3公司可转债价格，每张债券价格已随股价跌到18～50美分（面值1美元），即使不考虑转股的问题，当成普通债券持有到期的年化收益率也已经高达25%～45%。公司还拥有15亿美元的现金和6.5亿美元的银行借款。这就等于，以每张18～50美分的价格买一个每年6%利息加上到期后1美元本金的债券。巴菲特在市场上高调宣布买入Level 3公司的债券，还进一步接受了公司定向发行的可转换债券。2002年7月9日消息宣布当天，该公司股价暴涨60%。到了2003年，Level 3债券的价格已经涨至73美分。短短一两年时间，此项投资年化收益率就高达180%。

到了2008年美国次债危机最高潮，贝尔斯登被摩根大通收购、雷曼兄弟破产倒闭、美林归于美国银行旗下、摩根士丹利岌岌可危之时，巴菲特再次出手认购高盛公司的可转换优先股票。具体条款是每年固定红利10%，同时获得认股权证，5年内可以以每股115美元的价格认购50亿美元额度之内的高盛股票。跟前面认购吉列的所谓优先股一样，该产品本质上就是可转换债券。不久，巴菲特再次出手，以同样的条件收购通用电气50亿美元可转换优先股。2011年3月19日，高盛集团宣布将向股神巴菲特的旗舰哈撒韦公司支付56.5亿美元，以购回50亿美元的优先股。同时，高盛也会一次性支付16.4亿美元利息。哈撒韦仍持有高盛发出的认股权，账面获利19亿美元，因此此次投资共获利37亿美元，而投资两年半的利润率达74%。

从以上案例可以看出，巴菲特几次出手购买上市公司可转换债券，都是在这些公司遇到某些困难之时。最后的结果是既做了人情，还赚得盆满钵满。之所以称可转换债券为可转换优先股票，目的是给现有债权人吃一颗定心丸，因为巴菲特的清偿权在现有债权人之后。

案例思考与讨论：
1. 从巴菲特投资的案例中，普通投资者可以学到哪些投资策略？
2. 投资股票应该注意哪些风险？

案例二　327国债事件

"327"是一个国债的产品，兑付办法是票面利率8%加保值贴息。由于保值贴息的不确定性，决定了该产品在期货市场上有一定的投机价值，成了当年最为热门的炒作素材，而由此引发的327事件，也成了中国证券史上的"巴林事件"，英国金融时报将1995年2月23日称为中国证券史上最黑暗的一天。

"327"是"92（3）国债06月交收"国债期货合约的代号，对应1992年发行1995年6月到期兑付的3年期国库券，该券发行总量是240亿元人民币。

1992年时中国国债发行极为困难。1990年以前，国库券一直是靠行政分配的方式发行的。国债的转让流通起步于1988年，1990年才形成全国性的二级市场。个人投资者普遍把国债作为一种变相的长期储蓄存款，很少有进入市场交易的兴趣。

通过多次国际考察，决策者对国际金融市场有了较多的了解，感觉应当有金融工具的创新。基于当时的体制框架和认识水平，搞股票指数期货是不可能的，而国债的发行受到国家的大力鼓励。借鉴美国的经验，1992年12月28日，上海证券交易所首次设计并试行推出了12个品种的期货合约。

国债期货试行的两周内，交易清淡，仅成交19口。1993年7月10日，情况发生了历史性的变化，这一天，财政部颁布了《关于调整国库券发行条件的公告》，公告称，在通货膨胀居高不下的背景下，政府决定将参照中央银行公布的保值贴补率给予一些国债品种的保值补贴。国债收益率开始出现不确定性，国债期货市场的炒作空间扩大了。

1995年，国家宏观调控提出三年内大幅降低通货膨胀率的措施。到1994年底、1995年初的时段，通胀率已经调了2.5%左右。众所周知的是，在1991~1994中国通胀率一直居高不下的这三年里，保值贴息率一直在7%~8%的水平上。根据这些数据，时任万国证券总经理、有中国证券教父之称的管金生预测，"327"国债的保值贴息率不可能上调，即使不下降，也应维持在8%的水平。按照这一计算，"327"国债将以132元的价格兑付。因此当市价在147~148元波动的时候，万国证券联合辽宁国发集团（简称"辽国发"），成为市场空头主力。

而另外一边，1995年的中国经济开发有限公司（简称中经开，隶属于财政部）有理由认为，财政部将上调保值贴息率。因此，中经开成为多头主力。

1995年2月23日，财政部发布公告称，"327"国债将按148.50元兑付，空头判断彻底错误。当日，中经开率领多方借机好大肆买入，将价格推到了151.98元。随后辽国发的高岭、高原兄弟在形势对空头极其不利的情况下由空翻多，将其50万口做空单迅速平仓，反手买入50万口做多，"327"国债在1分钟内涨了2元。这对于万国证券意味着一个沉重打击——60亿人民币的巨额亏损！管金生为了维护自身利益，在收盘前八分钟时，做出避免巨额亏损的疯狂举措：大举透支卖出国债期货，做空国债。下午4:22，在手头并没有足够保证金的前提下，空方突然发难，先以50万口把价位从151.30元轰到150元，然后把价位打到148元，最后一个730万口的巨大卖单把价位打到147.40元，而这笔730万口卖单面值1 460亿元！当日开盘的多方全部爆仓，并且由于时间仓促，多方根本来不及任何反应,使得这次激烈的多空绞杀终于以万国证券盈利而告终,以中经开为代表的多头出现了约40亿元的巨额亏损。

1995年2月23日晚上十点,上交所在经过紧急会议后宣布:1995年2月23日16时22分13秒之后的所有交易是异常的无效的,经过此调整当日国债成交额为5 400亿元,当日"327"品种的收盘价为违规前最后签订的一笔交易价格151.30元。这也就是说当日收盘前8分钟内空头的所有卖单无效,"327"产品兑付价由会员协议确定。上交所的这一决定,使万国证券的尾盘操作收获瞬间化为泡影。万国证券亏损56亿人民币,濒临破产。

1995年2月23日的"327"国债券期货事件无疑对金融市场的发展产生了巨大影响,以至于股指期货到2010年才正式推出,而新的国债期货仿真交易到2012年才推出。根据现有的资料去分析1995年的事件,联想1995年中经开的特殊背景和中经开在市场上疯狂做多的行为来看,中经开很有可能参与内幕交易,在市场并不确定是否增加贴息率的时候,已经得到内幕消息,确定财政部一定会加息。如果这个假设成立的话,这桩内幕交易即使不是最大的一桩内幕交易案,也是影响最恶劣的内幕交易之一。根据1995年上交所规定,个人持仓不得超过3万口,机构不得超过5万口,最多只允许开40万口,不论是万国证券还是中经开、辽国发,都大大超出交易所的持仓额。但是最终处理该事件的时候,只严肃处理了管金生和万国证券。同样违规的中经开,则成为此事件中最大的受益者。对于管金生最后八分钟的砸盘,一些人认为是胆大妄为,但从另一个角度来看,管金生也可能是受到中经开、辽国发的影响,看到他们都违规拉盘,直逼万国证券破产,万国证券同样也可以违规砸盘,保护自身免于破产。对于尉文渊(时任上海证券交易所总经理)取消最后的8分钟,其目的还是为了保护万国证券,因为即使万国证券按砸盘价格当天盈利了,但其既无真实持仓,又无法应对接下来的多头攻势。1995年的国债期货市场有很多漏洞,使得这些本来违规的交易得以在1995年2月23日进行。

案例思考与讨论:

1. 试分析政府相关政策对此次事件的影响。
2. 从该事件中,试阐述宏观经济分析对于投资的重要性。

思考题

1. 证券投资基本分析包括哪些理论?
2. 什么是公司分析?
3. 量价分析中价格的主要指标有哪些?
4. 什么是道氏理论?

第十章 国际股票投资

International Stock Investment

随着人们对证券投资的热情日渐高涨，股票投资已成为人们进行投资和融资的主要方式之一。伴随着金融业的发展，投资股票正在成为各类投资者最基本的投资方式之一。本章主要介绍了有关股票方面的一般知识，其中包括股票的性质、股票的特征、股票的种类等基本知识，现货交易、期货交易、保证金交易、期权交易、股票价格指数、期货交易等股票的交易方式，平均法、综合法、加权综合法等计算股票投资收益的各种方法，普通股和优先股等股票基本分类的种类，股价平均数和股票价格指数等显示股市行情的指标等。同时本章还就股票市场流动性等问题进行了分析。

With the increasing passion to the equity investment, stock investment has become one of people's investment and financing methods. With the development of the financial industry, investing in stocks has become one of the main methods for different kinds of investors to make investment. This chapter mainly introduces the common knowledge of the stock. More specifically, it explains the characters of stocks, the stock classes, the means of stock exchange which include spot transaction, future transaction, margined transaction, option transaction, stock price index transaction and so on, different methods to calculate the stock investment income which include average method, synthetic method, weighted synthetic method and so on, the basic classification of common stock and preferred stock, the index related to stock market condition which include stock averages and stock price index and so on. In the meanwhile, this chapter also analyzes problems about stock market liquidity.

第一节 股票的概述

一、股票投资的概念

股票是有价证券的一种,它是股份公司发行的,用以证明股票持有人对公司拥有所有权,并可以分享公司股息或红利,参与公司经营管理等方面权益的凭证。股票属于要式证券,必须依据法定格式制成。股票的票面应载有公司的名称、公司的成立时间、发行股份总数及每股金额、本次发行的股份总数、股票的发行时间、股息或红利的发放时间与地点、股票的种类及其他差别的规定、公司认为应当说明的其他事项和股票的编号等。此外,股票还必须有 3 名以上董事的签名盖章,并经主管机构或其核定发行登记机构认证。

股票投资是企业、个人等购买股票的一种行为。股票投资者一般享有以下三项基本权利:①公司盈利时的分红要求权,红利也是股票投资者的收益;②剩余财产的分配权,剩余财产的分配权限于公司解散或倒闭时才会出现;③股东大会的参加和表决权,股东的表决权也意味着股东对公司的间接经营管理权。股东的上述权益说明,股票投资属于间接投资,它具有收益性、风险性、变现性、决策的参与性、价格的波动性等特征。

二、股票的性质

(一)股票是一种证权证券

股票只是一种表明已发生股权转移的证券,股票起一个权利证书的作用。股票的发行以股份的存在为前提条件,股票的作用不过是证明股东的权利,而不是创造股东的权利。所以股票不像一般的票据是设权证券,同时也不是债权证券。

(二)股票是要式证券

股票必须按法律的要求记载一定事项,股票须由 3 名以上的董事签名盖章并经由主管机关或其核定发行登记机构批准后才发行。其内容一般包括公司的名称和地址,公司设立登记和新股发行的批准文号,公司的股份总额、每股金额、本次发行的份数、发行时间等,如缺少上述要件,股票即告失败。

(三)股票是有价证券

股票与其代表的股东权利有不可分离的关系。这就是说,股票代表着对公司资产的权利,这种资产是有一定价值的,否则其权利也就失去了意义。此外,股东权利的转让应与股票占有的转移同时进行,二者缺一不可。这点与有价证券在法理上的性质是一致的。

(四) 股票不是物权及债权证券

股东虽然是企业部分财产的所有人,享有种种权利,但对于公司的财产不能直接支配处理。对财产的直接支配处理是物权证券的特征,但股东可以通过其红利权,出席股东大会和表决权、转让权,公司解散时剩余资产的分配权来达到获利的目的。同时股东也不是公司的债权人,但对企业的债务承担有限的债务责任,当投资者购买股票时,他随即变成公司部分财产的所有人,是公司内部的股东,因此说股票也不是债权证券。

(五) 股票是一种可转让的证券

股票是一种能带来收益的转让证书,其价格的基础是其资产的价值,作为金融资产的股票和其他有价证券一样既可以在金融市场上买卖,也可用于赠予、抵押和继承。

(六) 股票是一种虚拟资本

股票的运动与真实资本的运行既相互联系又相对独立,说其独立是因为股票在证券市场上进行各种形式的交易都不会引起公司资本的增减,说其联系是因为公司的业绩直接影响股票在二级市场上的走势。实际上,公司的质地及运作的好坏是二级市场股价的基础。

三、股票的特征

股票作为有价证券和一种权利的凭证具有如下几个特点:

(一) 盈利性

一般说来各国都对上市发行的股票有严格要求,如近几年来的业绩、净资产收益率、资产负债比例等,因此说上市公司在上市的最初几年投资者都对它们有很好的预期。投资者可通过三种途径来获取利润:一是通过上市公司派发红利;二是通过在二级市场的贱买贵卖赚取差价;三是在通货膨胀时,通过购买股票来达到保值和增值的目的。正是投资者对上市公司良好的预期才使更多的投资者青睐与购买股票。

（二）风险性

股票在金融工具中属于风险较大的一种,因为股东的收益来自上市公司的盈利状况,在二级市场上博取买卖差价的股东也有赖于公司的经营业绩,而公司的生存环境是处于市场经济下的激烈竞争,公司出现的任何不测都会给投资者带来不可估量的损失,再加上企业领导人的素质因素和经营管理能力因素,使得股票的投资者面临着比银行存款和购买债券大得多的风险。

（三）非返还性

投资者在购买股票以后（尤其是普通股）就不能再向上市公司赎回,其权利的转让只能通过二级市场的交易实现。换句话说,如果你不通过二级市场转让你的股权,你就永远是该公司的股东,享有股东应享有的一切权利。

（四）流动性

股票是一种流动性很强的有价证券,它虽然是一种无限期而且不能返还的证券,但在目前极度发达的二级市场上可随时将其出售给其他投资者。与此同时,股票还可以用于抵押等经济活动。股票的流动性超过了债券和银行存款。

四、股票的种类

企业往往根据不同的需要发行不同种类的股票,股票种类的不同也决定了投资者享有的权利和义务的不同。因此,根据股市行情的变化,股票的投资者选择不同种类的股票对获取投资的最佳收益是十分重要的。股票的种类和分类方法很多,按股东承担的风险和享有的权益来分,可分为普通股和优先股;按股票是否记名来分,可分为记名股票和无记名股票;按股票有无面额来分,可分为面额股票和无面额股票。

（一）普通股和优先股

1.普通股。

(1)概念。普通股是股份公司必须发行的一种基本股票,是股份公司资本构成中最重要、最基本的股份。购买了普通股就等于购买了企业的资产,购买得越多,占有公司资产的比重就越大。普通股是股票中最普遍的形式。所有的股份公司都无一例外地发行普通股,它代表了公司最主要的所有权和最重要的控制权。普通股的股东一般享有以下几项权利：

一是收益的分享权。在公司有盈利的时候,普通股的股东有权分享公司的盈利,但盈利的分享必须是在满足了优先股股东的股息之后。普通股股东的红利是不固定的,它取决于公司的盈利多寡,盈利多则多分,盈利少则少分,没有盈利则不分。

二是剩余资产的分配权。在公司破产的时候,普通股股东有分得公司剩余资产的权利,但剩余资产的分配必须在清偿公司的债务及优先股的股东收回最初的投资和分得股利之后进行。

三是决策权。股东有权参加或委托代理人参加一年一度的股东大会,并行使其表决权,从而使股东间接参与公司的经营管理。

四是新股认购权。股东有优先认购公司所发新股的权利,以维持股东在公司原有的权益比例。董事会决定增发新股时,就向股东发出"认股权证"。认股权证持有人有权在一定时期内按特定价格购买一定数量的该公司新增发的股票。股东在认购新股时,可以低于市价购买一定比例的新股,因此,新股认购权也是有价值的,如股东不想认购新股,可将其新股认购权按一定的价格进行转让。新股认购权一般被称为认股特权,认股特权价格的计算公式为:

$$P = \frac{P_0 \times R}{1 + R}$$

式中:P 代表认股特权价格;P_0 代表股票市价与面值的差额;R 代表新股与旧股的认购比例。

例如,某公司发行的旧股面值为 20 元,其市价每股 30 元,每拥有 8 股旧股可认购 1 股新股,其每股的认股特权价格为:

$$\frac{(30 - 20) \times \frac{1}{8}}{1 + \frac{1}{8}} = 1.11(元)$$

五是股份的转让权。除公司发起人的股份必须在达到规定的期限以后才能转让以外,其他股东的股份可以随意转让。

(2)普通股的股息。投资者购买普通股的目的之一就是获得一定的股息收入。公司发放股息的原则是,先从获取的利润中减去各项费用支出、应偿还的债务、应缴纳的所得税和应留取的公积金,余下的"税后净利"按股数平均分给股票持有人。拥有的股份越多,得到的股息越多。但由于普通股的股息是不固定的,盈利多时多分、少时少分甚至不发放股息。例如,美国埃克森石油公司 1983 年盈利增加时,其股息比 1982 年增加 26%;壳牌石油公司 1983 年盈利减少时,它的股息比 1982 年减少 29%;香港先施公司 1981 年和 1982 年两年都没有给股东分发股息。

公司一般每年向股东发放一次股息,发放的形式主要有现金股息、股票股息两种。

现金股息是上市公司根据股东大会的决议,将其盈利的一部分或全部以货币的形式派发给其股东,派发单位是以股来计算的,同股同权,但投资者在得到股息后必须照章向国家纳税。

股票股息是以公司的股票作为股息支付给股东。股票股息实质上是公司盈余的资本化,其结果是公司盈余的减少、公司股票等比例的增加。这种股息方式对公司的好处是它能保持公司现金功能,对投资者来说,它能摊低投资者的投资成本,并免交所得税或延后交税。股票股息对股东也有不利之处,股票股息会使公司股本加大,在账面上会显示公司业绩下滑,以后即使派发现金股息每股的股息也相应减少,因为新增的股票冲淡了每股的股息收入,这事实上就相当于稀股。所谓稀股就是股票分割,即以一定比例将原有股票进行分割。股票的分割多半发生在公司经营非常成功、股价高涨之时。一般而言,股票分割往往被认为是股票行情看涨,它反映着公司将来有较好的利润,股利的支付也会随之增加,股票价格也会上涨。另一方面,分割后的股价相对降低,从而引起广大投资者的投资兴趣,使股票更加大众化。成长性公司常常利用股票分割的方式扩大持有公司股票的人数,以达到在证券交易所挂牌上市条件的目的。

(3)股息的支付。由于股票可以在二级市场上自由买卖,所以每个公司的股东是经常变换的,公司为确定哪些人可以享有股权领取股息,必须在发放股息前确定一些必要而且合理的日期界线。向普通股股东发放股息,需要确定如下被派息股东资格的时间界限:

宣布股息日,即董事会决定并对外宣布将要在某日发放股息的日期。

股权登记日,凡此日在公司股东名册上有名字的人,都可以分享本期股息,凡在此日之后购买股票的投资者无权享有本期派发股息的权利。

除权除息日,即除权和除息的日期。如果发放现金股息叫除息,如果是股票股息叫除权,在除权和除息日的当天或其后购买股票的投资者将无权领取本期股息。

股息发放日,指上市公司将股息正式发放到股东账户上的日期。

以上日期对股票是十分重要的。如果持股人在除权或除息日前一天卖出股票,那么它将失去分享股息的权利。如果持股人在除息或除权日当天或者以后买进股票,那么它也无权分享即将分配的一次股息,这次股息仍归原股东领取。所以这次买卖的股票价格须减去即将分配的股息额,这种交易称为除息交易。

2. 优先股。

(1)优先股的概念及特点。优先股是指股东在公司盈利或在公司破产清算时,享有优先于普通股的股东分配股利或资产权利的股份。优先股是相对普通股而言的,具体地讲,优先股股东的优先权主要表现在两个方面:①公司盈利分配的优先权,即在公司盈利时,在优先股股东的股息得到满足之后,普通股股东才能分得红利;②索债优先权,即在公司破产时,在优先股的股东按面值得到清偿之后,如有剩余,普通股股东才能得到清偿。

(2)优先股的特点。与普通股相比,优先股具有以下三个特点:

一是表决权受到限制。优先股股东一般没有表决权,只有在涉及直接关系到优先股股东利益的问题时,才能行使表决权。实际上,优先股股东没有参与公司经营管理的权利。例如,加拿大的麦瑟·佛古森公司在1983年春研究把一般优先股改为可转换的优先股时,就召开了有优先股持有者参加的会议。在美国,公司如果连续八个季度无力支付优先股股息时,后者就将选出两名董事参加公司董事会。

二是股息固定。优先股股息是事先规定的,一般按面值的一定比例计算,不能随公司盈利的多寡而增减。

三是具有可赎回性。近些年来,许多公司发行的优先股均订有偿还条款,发行优先股的公司一般在发行一年后可以以高于面值赎回或购回已发行的优先股。鉴于优先股股息固定而且股东又没有表决权,所以人们常常将优先股称为介于债券和股票之间的混合证券。

优先股与普通股比较,缺点是不能享受公司利润增长的利益,因为其股息率已事先定好。从这个意义上讲,优先股又是公司举债集资的一种形式。但持股人又不能像银行贷款或公司债券那样到期可以赎回资本金,必须等这些债权人的要求得到满足后才能提出要求。

(3)优先股的种类。优先股本身的种类也很多,常见的主要有以下几种:

一是积累优先股。此种优先股最为常见,发行广泛。它的特点是:①股息率固定。无论公司获利多少,它都不受影响,持有这种股票的投资者可以有一笔稳定的收入。②股息可以积累。在公司某一时期内的盈利不足以分派给股东固定的股息情况下,股东有权在公司盈利丰厚时,要求公司补足将以前所欠股息积累起来的数额。优先股的股息率一般要比发行公司债券的利率高一些,因此,它对稳健的投资者很有吸引力。

二是非积累优先股。它是指由于公司盈利较少,当年未能向股东发放或未如数发放固定的股息,在日后公司盈利后,股东不具有要求公司补发以前所欠股息的权利,但非积累优先股的股息一般高于积累优先股。由于它不利于投资者,认购者少,所以发行者很少。

三是可调换优先股。它是指股东在一定时期内,可以以一定的比例将优先股换成该公司的普通股,否则属于不可调换的优先股。在公司经营状况好而且普通股股价高时,投资者愿意将优先股调换成普通股。交换比例是事先确定的,其数值取决于优先股票和普通股票的现行价格。例如,每股可转换优先股的价格是200元,每股普通股票价格为39元,这时就可能规定在今后一定时间(比如说两年)内,用1股可转换的优先股票换5股普通股票。很明显,只有在这两年内,普通股票的价格越过40元,可转换的优先股票价格不超过200元,行使这种交换权才有利于优先股票的持有者。

一般情况下,优先股的价格是比较稳定的,因为它的股息收入与公司经营情况关系不大。但可以转换的优先股则不同,由于它以一定的比例和普通股票(它的价格是很容易波动的)挂钩,所以它的价格就易于波动。

四是积累可调换优先股。它是一种兼具积累优先股和可调换优先股性质的优先股。

五是股息率可调整优先股。它是指股息率不固定,而是随着其他证券或利率变化而调整的优先股。这种优先股股息率的变化与公司的盈利状况无关。例如,美国马萨诸塞西部电力公司1983年4月发行的优先股票就属于这一类,每股股票价格是25美元,该公司规定每一季度调整一次股息率。由1983年4月到6月30日,公司规定股息年率为12%,以后每季度根据当时美国91天短期国库券的利率以及美国财政部发行的10年和20年长期国库券的利率调整。具体调整办法是:取这3个利率中最高的一个再加上4%作为该季度优先股的股息率。公司还规定股息年率的上限和下限:在任何情况下,股息年率不超过13%,但也不得低于8%。

六是参与分红优先股。它是指股东除收取固定的股息外,还可与普通股一起分享红利的股票,其数额取决于每股普通股票股息与每股优先股票股息的差。例如,普通股票每股股息为15元,优先股为10元,那么每股优先股还可以分到5元额度的股息。这种股票对投资者很有利,但发行者不多。

大多数优先股票都附有赎回条款,发行公司可按优先股的价格再加上适当的加价,买回已发行的优先股票。当金融市场利率下降时,发行单位经常行使赎回条款,通过发行新的股息率较低的优先股赎回原来发行的优先股票,借以节省股息的支出。显然,只有发行固定股息的优先股票时,赎回条款才有必要。对可调整股息率的优先股来说,赎回条款的必要性不大。

(二)记名股票和无记名股票

1. 记名股票。记名股票是指在股票上载有股东的姓名,并将该股东的姓名和地址记载在公司股东名册上的一种可以挂失的股票。其优点是:①因为只有在股东名册上登记才能行使股东权利,所以记名股票有助于投资者行使股权;②便于公司与股东联系,如通知投资者召开股东大会;③有利于向股东发布各种搜集到的某人或某机构囤积股票等侵犯股东权利的不轨行为方面的信息,以利于管理者对此进行管理和处罚。

记名股票的缺点是:记名股票必须经卖方背书和盖章才可转让;转让时需要办

理过户,手续比较复杂;发放股息或红利,需由公司书面通知股东。

2. 无记名股票。无记名股票是指在股票上不载有股东的姓名并不能挂失的股票。其优点是:①无记名股票可以在证券市场上随意转让,不需办理过户手续;②公司在发放股利时,也不必向股东发出书面通知,而是凭票取息;③有助于股东采取税金对策。

其缺点是:①不便召集股东大会做出特别决议;②难以防止囤积或侵占股票现象;③股东欲行使股权需将股票委托给公司保管,有诸多不便。这种股票发行手续简便,转让方便,但公司不易掌握,很多国家将无记名股票发行数额占股票发行总额的比例限制在一定的比例之内。

目前,在美国、英国、日本等国的股份公司中,多发行记名股票。在德国和法国等国家的股份公司中,多发行不记名股票。

(三) 面额股票和无面额股票

1. 面额股票。面额股票是指在股票上标明一定金额的股票。股票面额能使股东了解每一股所代表股权的比例,以确定对公司所有权的大小。面额股票既可以使公司在出售股票时取得公正的价格,也可以防止公司内部人员以低价获得新股,并为股票的交易价格提供了参考依据。股票的面额并不代表公司资产的全部价值,面额股票的发行方一般不能以低于面额发行。

2. 无面额股票。无面额股票是指股票上不标有一定的金额,只标有总股数的股票。无面额股票可以促使投资者在购买股票时注意计算股票的实际价值,而不至于被面额所迷惑,而且其发行价格也不受限制。它与面额股票虽然形式上不同,但在权利方面却毫无差别。股份公司可以发行面额股票,也可以发行无面额股票,还可以两种股票同时发行。在公司章程未做特别规定的情况下,两者还可以相互调换。不过,这两种股票互相调换是有条件的:一是两种股票同时发行;二是从无面额股票调换成面额股票总资本金额要高于"面值×已发行股票总数"。

无面额股票分为两种:一种是纯粹无面额股票,另一种是记名式无面额股票。前者是在股票上和公司章程中都没有记载面值的股票,只要无特殊规定,可将发行价值总额视为资本金。后者是股票上没有记载面值或具有同样功能的金额,但在公司章程中却记载有它所相当的金额的股票,而且其发行价格不得低于章程所记载的金额,在发行价格中与所记载金额相当的部分可列为资本金。无面额股票是在股东阶层不断分化,大多数股东越来越变得只关心股利收入的背景下发展起来的。这种股票的发行价格以市价为准,一般比市价稍低。优点是:①即使股票价格低也可增资;②容易分股,资金能力比法人低的个人投资者也容易购股;③有助于改变按面值平价发行的观念,树立市价发行观念。因此,无面额股票在美国较为盛行,在日本、加拿大、比利时等国的企业中也采取这种股票形式。

第二节 股票的投资收益

一、股票的价值

股票本身并没有价值,但股票是股东对企业所有权的凭证,它代表了一定量的资本,所以股票又有价值。

(一) 股票的面值

股票面值是股票上标明的金额。股票面值的作用在于说明每股股份对企业拥有权的比例。随着企业的发展和市场各种因素的变化,股票的市场价格往往背离股票面值。

(二) 股票的账面价值

股票的账面价值也称股票净值。它是根据公司的财务报表计算得出的,表明每股代表公司实际资产价值的价值。账面价值是公司的真正资产,也是公司债权债务相抵后所剩的余额。其计算公式为:

$$账面价值 = \frac{公司净资产 - 优先股票总额}{普通股总股数}$$

(三) 股票的市值

股票的市值就是股票的市场价格,即股票市场上的买卖价格。股票市场价格随着股市行情的变化经常波动,影响股票市值变化的因素很多,其中利率和股息是最主要的因素,股票市值与股息成正比,与利率成反比。其计算公式为:

$$股票市值 = \frac{股票面额 \times 预期股利收益率}{市场利率}$$

(四) 股票内值

股票内值是在经济学家对企业的财务状况、未来收益和其他影响企业收入的因素分析之后,得出的股票所代表的真正价值。实际上,股票内值的高低,取决于股票未来预期的收入。股票未来预期收入高,股票的内值就高;否则,其内值就低。投资者都在寻求购买内值高于市值的股票。计算股票内值一般都把未来的收入折成现值进行计算,其计算公式为:

$$未来收入的现值 = \frac{未来预期收入}{(1 + 贴现率)^{未来年数}}$$

二、股票投资收益

股票投资收益是指投资者购买股票所获取的利润。股票投资收益主要来源于股息、红利和股票的溢价,收益的大小一般用权益率来表示。

(一)股息、红利和溢价

股息是优先股股东定期得到的固定收益。由于优先股股东的股息是固定的,一般按年计算,所以它不与公司经营状况的好坏相联系。

红利是普通股股东获取的投资收益。普通股股东的红利是不固定的,红利的多少取决于公司的盈利情况,盈利多则红利多、盈利少则红利少,无盈利或亏损则无红利。

股票溢价是指股东以高于买进股票的价格卖出股票所赚取的买卖差价。在证券市场上,一般把为赚取买卖差价而买入股票的行为叫投机,而把以获取股息或红利为目的买入股票的行为称为投资。

(二)股票投资的收益率

股票投资收益率指的是购买股票所得的收入占购买股票所用金额的比例。一般来说,优先股股东的收益率是相对稳定的,而普通股股东的收益率则不稳定。股票投资收益率有两种计算方法,即本期股票收益率和持有期股票收益率。

1. 本期股票收益率。本期股票收益率就是本期(年)股利占本期股票价格的比例,其计算公式为:

$$本期股票收益率 = \frac{本期股利}{本期股票价格} \times 100\%$$

例如,某公司 2015 年 1 月 1 日发行股票,股票的购买者以 50 元一股购入,2016 年 1 月 1 日购买者每股分得红利 10 元,本期股票收益率为:

$$\frac{10}{50} \times 100\% = 20\%$$

2. 持有期股票收益率。持有期股票收益率指的是投资者从购买股票开始到卖出股票时止的收益率。其计算公式为:

$$持有期股票收益率 = \frac{出售价格 - 购入价格 + 现金股利}{购买价格} \times 100\%$$

例如,某人购买了 100 元股票,一年后以 104 元卖出,一年中所得红利为 8 元,其持有期收益率为:

$$\frac{104 - 100 + 8}{100} \times 100\% = 12\%$$

第三节　显示股市行情的指标

一、股价平均数

股价平均数是用来反映各种股票价格总水平的指标。股价平均数一般有三种计算方法。

（一）算术平均法

算术平均法是在选好股票样本的基础上，将样本股票的每日收盘价进行加总平均。其计算公式为：

$$I = \frac{1}{n}(P_1 + P_2 + \cdots + P_n) = \frac{1}{n}\sum_{i=1}^{n} P_i$$

式中：I 表示股价平均数；P_i 表示各样本股票收盘价；n 表示样本股票数。

算术平均法虽然简单易懂，但它没有考虑股票发行量和交易量的影响，在股票发生折股时会出现平均股价不合理地下降。这种方法不易于观察股价的长期变动。

（二）加权平均法

加权平均法是将各样本股票的发行量或成交量作为权数计算出来的一种平均数。其计算公式为：

$$I = \frac{\sum_{i=1}^{n} P_i W_i}{\sum_{i=1}^{n} W_i}$$

式中：I 表示加权平均价；n 表示样本数量；P_i 表示各样本股票的收盘价；W_i 表示股票的加权数。

这种计算方法可以反映各种股票交易量和发行量给股市带来的影响，以发行量为权数算出的平均价可以预测投资者的心理状态，以发行量加权数算出的平均价可以观察平均股票水平的变动。

（三）修正股价平均数

对平均股价的计算必须保持连续性，以比较不同时期的股价水平，而折股会影响它的连续性。为此，只有对计算结果进行修正，才能真正反映平均股价的变动情况。修正的方法有两种：一种是修正股价，另一种是修正除数。

1. 修正股价，即将折股后的股价还原为折股前的股价，其计算公式为：

$$I = \frac{1}{n}[P_1 + P_2 + \cdots + (1+R) \times P'_{n-1} + P_n]$$

式中：I 表示修正后的平均价；P_{n-1} 代表折股前的股价；P'_{n-1} 代表折股后的股价；$n-1$ 是假定的折股项；R 则表示折股后新增加的股份数；$(1+R) \times P'_{n-1} = P_{n-1}$。

2. 修正除数。修正除数就是通过调整除数来纠正平均数的不合理下降，新除数的计算公式为：

$$新除数 = \frac{折股后的总价格}{折股前的总价格}$$

修正除数后的股价平均数的计算公式为：

$$I = \frac{P_1 + P_2 + \cdots + P'_{n-1} + P_n}{n'}$$

式中：n' 代表修正后的新除数。

二、股票价格指数

(一) 股票价格指数的概念

股票价格指数是反映股价变动相对水平的指标，即反映股价变动和走势的一种动态统计指标。当股票价格指数下跌或上升时，不仅可以说明银行利率的变化，投资者还可以推知股市现状与未来，以及他们是否已经有了收益或亏损。股票价格指数是衡量市场行情的领先指标，是经济状况的晴雨表，它弥补了股价平均数所不能反映的股价涨落波动率的缺陷。

在编制股票价格指数时一般会从上市的股票中选取一定数量有代表性的、能反映整个股票市场变化的、反映未来发展趋势的股票作为样本股，然后再用一定的计算方法来计算出各种股票价格指数。股票价格指数既是股票市场价格波动的反映，也是一国经济状况的反映，有些在世界上影响较大的股票价格指数可以说是整个世界经济的晴雨表。

(二) 股票价格指数的计算方法

在计算股价指数时可以选择以某一时点为基期，并令基期的指数为 100，然后将报告期股价与基期股价相比得出的百分比即股票价格指数，其具体计算方法有平均法、综合法和加权综合法。

1. 平均法。平均法是先算出样本股票的个别指数，然后再加总得出算术平均数，其计算公式为：

$$算术价格指数 = \frac{1}{n} \sum_{i=1}^{n} \frac{P_{1i}}{P_{0i}}$$

式中：P_{1i}代表报告期第i种股票价格；P_{0i}代表基期第i种股票价格；n代表股票样本数。

这种计算方法虽然简单易行，但未能反映各种股票交易量和发行量的差异和影响，所以难以把握市场的发展变化。

2. 综合法。综合法是将样本股票的基期价格总值和报告期价格总值加总后相比得出的股价指数。其计算公式为：

$$股份指数 = \frac{\sum_{i=1}^{n} P_{1i}}{\sum_{i=1}^{n} P_{0i}}$$

3. 加权综合法。加权综合法是一种考虑股票成交量和发行量因素，经加权计算股价指数的方法。这也是计算股价指数最普遍采用的一种方法，其计算公式为：

$$基期加权综合指数 = \frac{\sum P_1 Q_0}{\sum P_0 Q_0}$$

$$报告期加权综合指数 = \frac{\sum P_1 Q_1}{\sum P_0 Q_1}$$

式中：P_0代表基期股票价格；Q_0代表基期股票发行量或成交量；P_1代表报告期股票价格；Q_1代表报告期股票交易量或发行量。

（三）世界较有影响的价格指数

1. 道·琼斯股票价格平均指数。道·琼斯股票价格平均指数（Dow Jones Average Index）是由美国经济学家查尔斯·亨利·道（Charles Henry Dow）和爱德华·琼斯（Edward Jones）于1882年建立的道·琼斯公司编制的，发表在该公司出版的《华尔街日报》上的一种股票价格指数。它是世界上历史最悠久、影响最大和最具权威性的股票价格指数。道·琼斯股票价格平均指数已有100多年的历史，期间的样本股票不断调整并且样本股的数量不断增加，1897年增加到32种，1916年又增至40种，1928年再增至50种，1938年至今一直维持在65种。今天的道·琼斯股票价格平均指数是以1928年10月1日为基期，基期指数为100，以在纽约证券交易所上市的包括30家工业公司、20家运输公司和15家公用事业公司共65家企业股票为样本股计算出来的综合性股价平均指数。截至2015年7月27日，道·琼斯股票价格平均指数已经达到17 568.53点。

2. 纳斯达克综合指数。纳斯达克综合指数（NASDAQ Index）发布于1975年2月5日，基期指数也为100，含括在纳斯达克市场上市的所有美国和其他国家普通股票，它是世界上所有股价指数中涵盖股票面最广的一种综合性指数。纳斯达克综合指数正在成为像道·琼斯股票价格平均指数一样对世界金融市场影响最大的股价指数。截至2015年7月27日,纳斯达克综合指数已经达到5 088.63点。

3. 标准普尔股票价格指数。标准普尔股票价格指数(Standard & Poor's Index)是由美国最大的证券研究机构标准普尔公司编制的,反映美国股市行情变化的指数。标准普尔公司在1923每日和每周以233种股票为样本编制指数。今天的标准普尔股票价格指数是1957年标准普尔公司以1941~1943年为基期,以在纽约证券交易所上市的500种股票为样本,运用计算机系统编制的股票价格指数。其中,工业股票400种,运输业股票20种,公用事业股票40种和金融业股票40种。

标准普尔股票价格指数的特点在于采样多、范围广,能够全面地反映美国股票价格波动的全貌,美国商务部出版的《商情摘要》一直把标准普尔股票价格指数作为观察经济周期变化的12个先行指标之一。标准普尔股票价格指数在世界金融市场上也是仅次于道·琼斯股票价格指数的最有影响的股票价格指数。截至2015年7月27日,标准普尔股票价格指数已经达到2 079.65点。

4. 伦敦《金融时报》股票价格指数。伦敦《金融时报》股票价格指数(London Financial Times Index)是英国最具权威、在世界上有一定影响的股票价格平均指数。它是由伦敦证券交易所编制、在英国金融界著名的《金融时报》上发布的股票价格指数。伦敦《金融时报》股票价格指数以1935年10月1日为基期,基期指数为100,其中包括:金融时报30指数、金融时报100指数和金融时报500指数三种。通常所说的金融时报指数主要是指以30种股票为样本的金融时报30指数。截至2015年7月27日,伦敦《金融时报》股票价格指数已经达到6 505.13点。

5. 日本经济新闻指数。日本经济新闻指数简称日经指数。它是日本经济新闻社于1950年9月模仿道·琼斯股价指数的加权平均法编制的东京交易所的股票价格指数,1975年5月1日,日本经济新闻社买进美国道·琼斯公司的专利和商标,编制了日经道·琼斯股价指数,后改成今天的日经指数。日经指数的样本股有225种和500种两种,通常所说的日经指数是日经225指数(Nikkei Stock Average of 225 Selected Issues)。日经指数是东京证券交易所的代表性指数,并在新加坡、韩国、马来西亚、中国香港等国家或地区有一定的影响。截至2015年7月27日,日经指数已经达到20 350.10点。

6. 香港恒生指数。香港恒生指数(Heng Sheng Index)是由香港恒生银行所属的恒生指数有限公司编制并发布的股价指数,以1964年7月31日为基期,基期价格为100,后来由于技术原因将基期改为1984年的1月13日,基期指数为975.47。采用的样本股为33种,其中:金融业股票4种,公用事业股票6种,地产业股票9种,航空、酒店等其他行业股票14种。截至2015年7月27日,香港恒生指数已经达到24 351.96点。

第四节　股票的交易方式

按交易场所分,股票交易可分为在证券交易所内进行的场内交易和在证券交易所外进行的场外交易。按约定交货期限来区分,股票交易可分为现货交易和期货交易等。作为股票投资者主要应注意下面这些方式。

一、现货交易

股票的现货交易亦称现金交易,它是指股票的买卖双方达成交易以后,在短期内完成交割的一种买卖方式。现货交易的交割时间一般为成交的当天,但也可以是当地股票交易市场的习惯日,如美国纽约股票交易所现货交易的交割时间为成交后的第五个营业日,东京股票交易所是成交后的第四个营业日。股票的现货交易是属于一手交钱一手交货的实物交易,即买方付出价款,卖方交付股票。

二、期货交易

股票的期货交易是指股票的买卖双方成交以后,交割和清算可以按契约所规定的价格在未来某一时间进行,即股票期货交易的双方在签订交易合同之后,买方不用立即付款,卖方也不需即时交出股票,而是在双方约定的未来某一时间进行。这样可以使买方在手中资金不足时购买股票,卖方可以在没有股票的情况下出售股票,买卖双方便可以利用这一机会,按照预期的价格变动进行买卖远期股票,从中谋取买卖差价。在实际操作中,股票的买卖双方往往都以相反的合同进行冲抵,只清算买卖价差。买入期货合同,以图在交割前股价上涨,这种行为一般被称为多头;卖出期货合同,以图在交割前股价下跌,这种行为一般被称为空头。此外,投资者进行期货交易的另一个目的是为了套期保值,以避免价格变动的风险。

三、保证金交易

保证金交易又称信用交易或垫头交易。它是指客户买卖股票时,向经纪人支付一定数量的现款或股票(即保证金),其差额由经纪人或银行贷款进行交易的一种方式。如果经纪人为交易者垫付的是部分款项,称为融资;如果经纪人借给交易者的是股票,叫做融券。保证金交易也是从事证券投资活动的一种手段,从事该种交易的交易者是想利用股票价格在短期内的变动牟取暴利,即投资者在预测股价将要上涨时,便以保证金的形式购买股票,以待股价上涨后再卖出。保证金交易属于多头或买空交易,它要求交易者必须有足够的信誉和实力,凭此开设保证金账户。在交易的过程中,投资者用保证金购买的股票全部用于抵押,客户还要向经纪人支付垫款利息。

四、期权交易

股票期权交易实际上是一种股票权利的买卖,即某种股票期权的购买者和出售者,可以在规定期限内的任何时候,不管股票市价的升降程度,分别向其股票的出售者和购买者,以期权合同规定好的价格购买和出售一定数量的某种股票。期权一般有两种:一种是看涨期权,即投资者按协议价格购买一定数量的某种股票的权利;另一种是看跌期权,即投资者可以以协议价格卖出一定数量的某种股票的权利。在股价看涨时,投资者愿意购买看涨期权;当股价趋跌时,投资者往往愿意购买看跌期权。在期权的购买者认为行使期权对自己不利时,可以放弃期权,但期权的购买费不予退还,期权合同一般随着有效期的结束而失效。期权交易一般对买卖双方均有好处,买方可以利用期权保值或赚取股票的买卖差价,卖方则可以赚得期权的出售费。

在股票市场市价涨落波动很大时,可以同时买进看涨和看跌两种期权,即进行对敲交易。对敲又分为等价对敲和异价对敲。等价对敲指买进的两种期权为同一协定价格,当股票市价上涨时,可以行使看涨期权,放弃看跌期权;反之,则行使看跌期权,放弃看涨期权,从中获取利润。如果股市在规定限期内先涨后跌,或者先跌后涨,则两种期权可以轮流行使,获利更大。即使股票市价涨落幅度较小,也可以在适当的时期行使一种期权,以减少损失。只有在股票市场上市价完全不变时,才会使期权费用全部损失。实际上,股市完全不变是不可能的。异价对敲指买进的看涨期权协定价格高于市价,看跌期权协定价格低于市价。在股市平衡、价格涨落幅度很小时,采用这种方式可以减少损失,风险比等价对敲小,但获利也比等价对敲低。

五、股票价格指数期货交易

股票价格指数期货交易是投资者以股票价格指数为依据进行的期货交易,是买卖双方根据事先的约定,在未来某个特定的时间按照事先约定的价格进行股票指数交易的一种标准化协议。在股价指数期货交易中,买进和卖出均为股票期货合同。股份指数期货价格是由点来表示的,股份的升降以点数计算,点数代表一定数量的标准金额。

股指期货与股票是有区别的,主要表现在以下四个方面:一是股指期货合约是有到期日的,不能无限期持有,须在到期之前提前平仓或等待合约到期时进行现金交割;二是进行股指期货交易时不需要全额支付,只需支付一定的比例资金作为履约保证;三是股指期货可以卖空,既可以先买后卖,也可以先卖后买,因而可以进行双向交易;四是股指期货采取无负债结算制度,交易所当日要对交易保证金进行结算,如果账户保证金不足,必须在规定的时间内补足,否则可能会被强行平仓。

在股票交易中,投资者的风险很大,尤其是对股票发行者的经营状况和股市的急剧变化难以把握和预测,而股价指数期货交易为投资者减少了上述的一些风险。投资者在了解国民经济的发展状况、金融市场利率和某些主要行业的发展前景后,就可以预测股价指数的走势,股价指数的变动代表了股价总水平的变动。因此,在对股价指数的升降进行了准确的预测之后,投资者就可买进或卖出期货合同。在证券市场长期的实践中,股票价格指数基本上代表了股票市场股价变动的趋势和幅度。

第五节　股票市场流动性

一、股市流动性的含义

流动性,简单地说是一种由此及彼或反向的一种运行状态。它作为金融资产的重要属性,历来被中外学者列为重点研究的对象,但是要对其下一个精确的定义却不容易。特别是在股票市场,流动性作为一个整体的概念,更是要从不同的角度进行综合思考,才能得到对市场流动性的全面认识。

对此,经典资本定价模型给出了一个基本假设:如果投资者在他需要的时候,能够以较低的交易成本,按照合理的价格水平很快地买进或卖出大量的某种金融资产(如股票或债券等),投资者的这种行为只对该资产的市场价格产生较小的影响,那么这一市场就是"流动的"。借此我们认为,从微观角度看,股票市场的流动性就是指股票迅速变为货币(现实的购买力)而不受损失的一种运动;从宏观角度讲,就是指股票市场的参与者能够迅速进行大量股票买卖交易,并且不会导致股票价格发生显著波动的这样一种市场运行态势。

1968年,德姆赛茨从动态的角度分析了资产价格形成过程中买卖价差产生的原因,并提出了基于买卖报价差的市场流动性概念,开创了以市场流动性为核心的市场微观结构研究的先河。此后,人们对市场价格的形成与演化有了更为深入的理解。1985年,凯尔(Kyle)第一次给出了做市商制度下市场流动性的计量刻画方法,分别从市场的价格变化特征、交易或委托数量特征、价格波动与时间关系特征,以及市场的价格变化、成交数量和时间因素的关系四个方面考察了市场流动性,给出了度量市场流动性的四个指标:①市场宽度(Breadth, Width)。市场宽度是指交易价格偏离市场有效价格的程度,即投资者支付的流动性溢价。市场宽度的观测值是做市商的买卖价差,只有当这个差额为零时,才可认为这个市场是完全流动的。②市场深度(Depth)。市场深度是指在不影响当前价格条件下的成交数量。从市场深度来看,处于高流动性的证券市场意味着在当前价格下,投资者可以大量买入或抛出股票。市场深度的观测值是指某一时刻做市商在委托簿(Order Book)中报出的委托数量。③市场弹性(Resiliency),指由股票交易引起的价格波动消失的速度,或者说委托簿上买单量与卖单量之间不平衡调整的速度。在不考虑某种新的信息影响股票价值的前提下,价格会随机地以价值为中值波动,市场弹性越好,价格偏离价值以后返回的速度越快。与此相对应的是,两次委托价差越小,则返回需要的时间越短,表明市场弹性越好。④市场及时性(Immediacy),即达成交易所需要的时间。也就是说,市场的流动性可以通过价格、成交数量(或委托数量)和交易等待时间这样一个三维尺度来完全刻画。

大体上也可沿用上面四个指标来研究我国股票市场的流动性,但同欧美做市商制度下的股票市场相比,由于交易制度及市场结构的不同,我国股票市场的流动性又有着自身的特点,特别是大量的国有股和法人股不能在二级市场上流通,必然会对我国股票市场的流动性产生较大的影响,并给市场带来一系列难以逾越的难题。所以在研究我国股票市场的流动性时,就不得不把这些因素考虑进去。

二、股票市场流动性的重要地位和作用

从理论上说,在股票、债券等金融资产的若干特性中,流动性居核心地位。一种缺乏或没有流动性的金融资产,是得不到投资者青睐的。因此可以说,流动性是金融市场赖以存在与运行的基石。对于股票这种金融商品及与之相联系的股票市场来说,流动性显得尤为重要。

(一)流动性是金融资产的固有本性

金融资产的本性有效益性、流动性与安全性等。流动性可以使投资者所持有的金融资产迅速变为货币而不受损失。金融资产作为财富的一种代表,也只有在流动中才能实现赚取新财富的能力,而且流动速度越快,金融资产谋取利益的机会和可能性就越多。所以,从这个意义上说,金融资产的本性要求金融资产充分自由、高速流动,并在金融资产的流动性中保证其收益性和安全性的实现。

1. 流动性是实现金融资产收益性的前提。资本具有逐利的本性,人们投资于金融商品在于谋取由此带来的利益——利差或价差。但由于各种各样的原因,人们要想预测能为其带来收益的金融商品是非常困难的,而且各金融商品随时间、地点的不同,投资价值也会发生变化,这就使得人们所投资的金融商品的收益率具有较大的不确定性,甚至因为没有收益或亏损而受到损害。为了避免这种情况的发生,让金融商品在时间、空间、品种间实现充分流动,使得金融商品的持有者能够进

行充分选择和比较,从而找到具有理想收益而又安全的投资产品是非常必要的。在市场均衡的条件下,金融商品停止流动意味着利差或价差的消失。

2. 流动性是实现金融资产安全性的基础。如果说金融商品收益性是强调金融商品增值的话,那么金融商品的安全性则是侧面于金融商品的保本。金融商品安全性最基本的体现是投资于金融商品上的资金能够完好无缺地流回来。如果流不回来或流回来少了,那就不是安全的。显然,没有流动性就谈不上安全性,缺少流动性或流动性不强,安全性就低。因此,只有金融商品能够比较充分的自由流动,金融商品的安全性才会获得保障。金融工具投资的安全性具体地体现在投资者投资于金融资产的资金能安全地进入和安全地退出两个方面,而进入和退出本身就是金融商品具有流动性的体现。

(二)流动性对股票类金融商品更为重要

任何商品和金融资产都有交易流通的需要,对于股票这种特殊商品而言,其对流动性的要求则更为迫切,这主要从以下两个方面分析:

1. 股票对流动性的要求比普通商品更为迫切。股票从本质上说虽然是一种商品,但它不同于普通商品,人们购买普通商品是满足其直接需求,而购买股票是一种引致需求,人们购买它并不是用于直接消费,而是谋求投资收益,当产生这种需求的原生需求发生改变时,人们便设法在市场上转让股票。由于股票具有虚拟资本的特性,一旦需求发生变化时,人们转让股票的愿望就十分迫切。所以,股票的流动性越强,就越有吸引力,流动性差的股票,投资者不愿持有。

2. 股票对流动性的要求比债券更强。股票和债券虽然都是一种虚拟资本,但与债券相比,股票作为一种无偿还期的投资品种,只能通过在市场上交易才能收回投资。虽然能够依靠企业股票回购、公司改制等可收回投资或由新发股票所代替,但这种情况很少出现,而且公司一旦破产或摘牌,投资者就会蒙受投资损失。而债券由于具有到期偿还的特性,要比股票具有更大的安全保障。因此,股票只有在具有较好流动性的前提下,才能满足股票持有者变现的需要。

(三)流动性可提高股票市场效率

股票市场不仅具有筹资功能,而且还可以为资源配置和市场均衡提供一种流转机制。我们必须看到,正是由于这种流转机制的存在,才使得股票市场的筹资功能得以发挥。而且,股票市场的流动性越高,市场就越有效率。

1. 优化资源配置不能没有流动。产权经济理论认为,资源有效配置的条件有两个:一是产权最初的界定必须合理;二是已经界定的产权必须可以进行边界的交易。而这两个条件的同时实现必须借助于股票市场的流转机制。

（1）股票市场的流转机制有利于产权最初的合理界定。在缺少流转机制的股票市场，虽然也可以界定产权，将企业不可分割的物质财产进行细分，明确投资成果的享受者以及投资成果的分配比例，但却无法保证产权最初界定的合理性。只有在股票市场建立一种流转机制，使附着在企业物质财产之上的各种权利分离出来单独进行交易，并进行充分竞争和自由选择，产权最初界定才具有合理性。

（2）股票市场的流转机制为产权提供连续交易，从而达到资源的有效配置。股票市场健全的产权连续交易，既可保证信息的公开性与易得性，也保证了产权的流动性，使市场主体能够依据效率原则自由地进入和撤出股票市场，能够较容易地完成兼并和重组，使有限的经济资源配置到符合经济发展和社会需要的产业上去。当某些地区、部门、产业具有发展潜力时，人们便会购买这种股票，使社会资金大量流入，否则则会大量抛售股票，使资金纷纷退出，从而达到在全社会范围内灵活有效配置有限经济资源的目的。

2. 流动性有利于实现股票市场动态均衡。均衡状态是西方经济学家认为的理想状态，在均衡状态下，经济是最有效率的。股票市场均衡是一个动态的概念，总是由不均衡走向均衡，再出现不均衡，再走向新的均衡。股票市场不断交易的存在，使市场上供求双方通过价格博弈，实现市场供求均衡。如果没有健全的流转机制，市场价值发现功能的作用就不能发挥，使市场供求失衡，从而就可能出现资源的浪费和市场的无效率。

案例研究

案例一 "沪港通"对我国金融市场的作用

一、"沪港通"的概况

为促进内地与香港资本市场的共同发展，中国证券监督管理委员会、香港证券及期货事务监察委员会决定批准上海与香港证券交易所开展股票市场互通互联机制试点，简称"沪港通"。这不仅是我国金融市场的一次深度改革，也是中国政府为推动我国经济的一次新的尝试，对国内及国际金融、经济产生了重大影响，是中国金融市场的里程碑。2014年4月10日李克强总理在博鳌论坛上明确表示，将积极推动上海与香港股市交易互联互通。之后，由两地证监会正式批复开展市场互联互通机制试点。公告中指出，在初期，投资于香港的股票总额度为2 500亿元，每日额度为105亿元人民币；投资于上海的股票总额度为3 000亿元，每日额度为150亿元人民币。参与港股通的个人投资者资金账户余额应不低于50万元人民币。2014年11月14日中国政府下发《关于沪港股票市场交易互联互通机制试点有关税收政策的通知》，规定自2014年11月17日起三年之内，内地个人投资者通过投资香港交易所内股票取得的股票转让差价，给予暂免个人所得税。

二、"沪港通"对我国金融市场的意义及作用

第一，有利于刺激经济的发展。2014年中国的经济运行数据始终处于低迷状态，制造业采购经理指数(PMI)、居民消费价格指数(CPI)、工业生产者出厂价格(PPI)，都同比持续下滑。2014年上半年国内A股市场的表现一般，上半年全球主要股指的涨幅排名榜上，深证成指位居倒数第一，上证综指位居倒数第三，在此期间，上证综指还创下了有史以来半年度振幅最窄的纪录。在经济低迷时期，我国政府通过宽松政策进行调控，这其实就是对未来经济走势的一种预防。我国早就在2007年颁布过"港股直通车"概念，这使得当日恒指收盘暴涨逾1 200点，创历史第三大单日涨幅。此后，恒生指数仅用9周时间就到达港股历史上的第三个10 000点，而前两个万点则分别用了30年、10年，政策刺激有效推动了中国经济的发展。所以在此经济疲软之时，我国政府推行"沪港通"政策，准备再一次刺激经济。"沪港通"的开通使得A股市场向香港市场开放，也就是向全球一切境外资本开放，这使得我国在股票制度、管理理念、交易机制和监管等领域逐步与国际接轨，使得内地股票市场的投资环境逐步提高，同时也为香港投资者向内地投资提供便利。

第二，有利于推动人民币国际化的发展。由于香港是全球第三大国际金融中心，也是全球最大的人民币离岸金融市场，根据交易的规则，"沪港通"业务属于双向流通，货币以人民币为主，这就扩大了人民币流向香港市场的数量，这不仅能够巩固香港国际金融中心的地位，同时也可以为香港注入新的资金来源。"沪港通""深港通"将会极大刺激中国的经济发展。

第三，有利于短期抹平两地股票差价。在试点消息发布前，中国A股的位置在低点，香港股市的位置在高点，两地股票差价较大，而在消息发布后，A股与港股巨大的价差使得海外资金进入，使得A股不断上扬，缩小两地股票的差价。如果说A股市场和香港市场是两个相等的水池，要是从池子底部联通一根管子，就会缓解两个水池水平面的落差，但是"沪港通"并不是底部的管子，而是在水上面的一座小桥，真正意义上的套利无法进行，即使如此，池子上的水平面也会逐渐地缩小落差。

案例思考与讨论：

1. 试分析"沪港通"推行以后中国股市将会有何变化？
2. "沪港通"可能存在的风险有哪些？

案例二 新三板市场发展现状

2014年是中国新一轮经济改革的元年，也是全国中小企业股份转让系统(俗

称新三板)发展的元年,新三板成为资本市场内最关键的词汇。新三板全国扩容、交易结算系统及挂牌审查系统上线、做市商制度落地等大事件无不成为多层次资本市场发展建设的亮点。2014年新三板企业挂牌数量、交易量、融资能力、估值等方面都有大幅提升。

一、挂牌公司数量快速增长

2014年全年新增挂牌公司1 276家,挂牌公司总量同比增长341.57%;年末总股本658.35亿股,同比增长577.52%;总市值4 591.42亿元,同比增长730.18%。

二、市场交易量大幅提升

2014年新三板挂牌公司总成交92 654笔,总成交量为22.82亿股,总成交额130.36亿元,同比分别放大92.68倍、10.30倍、15.01倍。换手率由2013的4.47%增长至19.67%,市场流动性趋于改善。

三、市场融资能力显著增强

2014年挂牌公司完成329次股票发行,融资金额132.09亿元,是2013年全年股票融资金额的13.18倍,平均单笔融资额4 014.89万元,是去年的2.40倍。另外,2014年全国中小企业股份转让系统合作银行达27家,对挂牌公司贷款超过430亿元,其中股权质押贷款130笔,融资18.93亿元。

四、挂牌公司估值有所提高

2014年挂牌公司股票平均发行价格为4.92元,市盈率为35.27倍,而去年两项指标分别是3.43元和21.44倍,挂牌公司的估值有所提高,市场前景被看好。

案例思考与讨论：

1. 试分析新三板的发展对于中国股市的意义。
2. 试分析新三板存在的风险有哪些,应如何更好地发展新三板市场?

思考题

1. 股票投资的概念是什么?
2. 股票的种类有哪些?
3. 世界较有影响的价格指数有哪些?
4. 股票市场流动性有什么重要性?

第十一章 国际债券投资

International Bond Investment

债券投资是最古老的投资方式之一，也是最安全的投资工具。本章主要介绍的内容是：债券的概念、性质、特征、种类及其与股票的区别，包括外国债券、欧洲债券和全球债券在内的各种国际债券，债券的价格及其决定因素，债券收益及其计算方法，债券收益曲线的理论解释，包括美国、日本和英国在内的国际债券市场，以及国际债券发行条件和方法。

学习要点

Bond is one of the oldest investment ways, and is also the safest investment tool. This chapter mainly introduces the concept, natures, characters and kinds of bonds, and the difference between bonds and stocks. This chapter also includes Foreign Bonds, European Bonds and Global Bonds, the price and its deciding factors of bonds, the earnings and its calculation method of bonds, and the theoretical explanation of bond yield curve. Besides, it introduces the international bond markets including American, Japanese and English Bond Markets, and the issuing conditions and ways of international securities.

第一节 债券的概念及特点

一、债券的概念及其性质

债券是按照法定程序发行的,并在规定的期限内还本付息的一种有价证券,债券所表明的是一种债务和债权的关系。债券是由国家、地方政府、金融机构和企事业单位为筹集资金而发行的一种借款凭证。债券实际上是把债务和债权之间的关系转化为一种有价证券,它是以法律和信用为基础的借款凭证,是发行人对其借款承担还本付息义务所开具的凭证。债券对发行者来说是一种筹资手段,也表明了它对持有者所欠的债务;债券对购买者来说却是一种投资工具,还表明了它对发行者所享有的债权。人们购买债券的行为就是债券投资,如果投资者购买的是国际债券,那就是国际债券投资。国际债券投资具有收益性、安全性和流动性等特点。债券的性质跟借款收据是一样的,但是,债券通常有固定的格式,较为规范,因此持券人可以在债券到期前随时把债券出售给第三者,而借款收据就不能做到这一点。

债券上规定资金借贷权责关系的内容主要有三点:一是所借贷的货币的数额;二是借款时间;三是在借贷时间内应有的补偿或称代价是多少,即债息。债券的权利和责任是一个对立面,在贷款者的立场上说它是一种特定的权利,而从借款者方面来看,它是一种特定的责任或称义务,但其内容的含义则是一致的,贷方的权利就是借方的责任,借方的责任也就是贷方的权利。总之,我们可以从以下三个方面来理解债券的性质:①债券是一种以法律为基础的借款凭证,具有法律的约束力,其表现出的债务债权关系受到法律的保护;②债券是以信誉为基础的借款凭证,发债方要想成功地将投资者变为其债权人,必须有良好的信誉;③债券是一种有价证券,债券对发行者来说是一种集资手段,对购买者来说是一种投资工具,债券的购买者和发行者之间是一种借贷关系。

二、债券的特征

债券一种虚拟资本,债券作为有价证券中的一种,既具有有价证券的共同点,也有其自身的特征。

(一)收益性

债券投资者的收益可以来自两个方面:一是固定的债息,这部分的收入是稳定的;二是低买高卖的买卖差价。债券的利率通常介于存款和贷款利率之间,比存款、储蓄、信托贷款等间接利息率要高。因为债券融资是直接融资,中间费用较少,债券发行者直接得到长期稳定的资金,因此债券既受投资者的欢迎,又是债务人最愿意采用的融资工具。

(二) 收益的有限性

由于债券的利息是固定的,所以持有者的收益与企业的业绩无关,即使在二级市场上博取买卖差价,固定的利息决定了其差价不可能很大,再加上不计复利,这使得投资者的收入是相当有限的。

(三) 安全性

与其他证券相比,债券风险远比股票要小,安全性略低于银行存款,这主要体现在以下几个方面:①发行者若是各国的中央政府、地方政府等各级政府,一般不存在不能按时还债的风险,如果发债者是企业,各国对发行者的信用、抵押、担保额、减债制度等有严密的资信审查制度,因此发债者一般都有较高的信誉度和偿债能力;②债券的面额、利息率和支付利息方式都是事先确定好的,并载于票面之上,不受市场利率变动的影响,因此,投资者的本金与利息是受法律保护的;③债券由于是债权和债务的凭证,即使企业出现亏损甚至倒闭,债券的投资者也可优先于股东获得赔偿。

(四) 流动性

债券是具有高度流动性的有价证券,其变现能力仅次于银行存款。在二级市场较为发达的情况下,债券持有者若临时需要资金时,可随时在市场上出售债券。

总之,由于债券具有收益性、安全性、流动性等特点,所以它是稳健投资者的最佳选择。

三、债券与股票的区别

债券与股票相比,虽然都是有价资本证券,并都属于虚拟资本,但在本质上却有着较大的不同:

其一是发行者与持有者的关系不同,债券的发行者与持有者的关系是债权债务关系,而股票是所有者的关系,持有者可参与公司管理和决策。

其二是收入来源不同,债券持有者的收益来自固定的债息,与公司的盈利状况无关,而股票持有者的收益来自公司的红利,其收益与效益有关。

其三是风险不同,由于债券的持有人与发行人是债权债务关系,并与企业效益无关,当公司破产时,也须按先债券后股票的顺序进行清偿,因此购买债券的风险要小于购买股票。

其四是融资的期限不同,债券在发行时就明确规定了借贷期限,发行者到期必须还本付息,股票融资对投资者来说是一种无限期的投资,股票的发行者不存在还本付息的压力,可无限期地使用其资本。

其五是发行人的范围不同,债券的发行人既可以是各级政府,也可以是各类企业,而股票的发行者只能是股份有限公司。

第六是纳税的方式不同,债券的发行人支付的债券利息是从纳税前的利润中支付的,而股东分得的红利则是从纳税后的纯利润中分得的,也就是说,发行债券的利息可算做企业的生产成本,不必纳税,而分给股东的红利,不能列入生产成本,只能从税后利润中支付。

从上述区别来看,债券最适合稳健的投资者,而股票更适合追求利润最大化的投资者。

第二节 债券的种类与类型

一、债券的种类

债券种类的划分方法很多,下面介绍几种最常见的分类方法。

(一)按债券发行主体分类

1. 政府债券。它包括国家债券和地方债券。国家债券是中央政府为维持其财政平衡所发行的债券,地方债券是地方政府为解决其财政开支所发行的债券。

2. 公司债券。它是由股份公司为筹集资金而发行的债券,是由公司发行并承诺在一定时期内还本付息的债权债务凭证。发行公司债券多是为了筹集长期资金,期限多为10~30年。

3. 金融债券。金融债券是由金融机构为筹集资金而发行的债券。发行金融债券的金融机构一般资金实力雄厚,资信度高,债券的利率要高于同期存款的利率水平。其期限一般为1~5年,发行目的是筹措长期资金。

(二)按债券是否记名分类

1. 记名债券。记名债券是指在债券上标有投资者姓名,转让时需办理过户手续的债券。债券投资者必须凭印鉴领取本息。它的优点是比较安全,但是转让时手续复杂,流动性差。

2. 无记名债券。无记名债券是指在债券上没有投资者的印鉴,转让时也无需办理过户手续的债券。因此流动性强,但缺点是债券遗失或被损毁时,不能挂失和补发,安全性较差。一般来说无记名债券的持有者可以要求公司将债券转换为记名债券。

(三)按债券是否有抵押或担保分类

1. 抵押债券。抵押债券是债券的发行者以其所有的不动产和动产为抵押而发行的债券,包括以下几类:

(1)抵押公司债券,指以土地、房屋、机器、设备等不动产为抵押担保品而发行的债券。当债务人在债务到期不能按时偿还本息时,债券持有者有权变卖抵押品来收回本息。抵押公司债券是现代公司债券中最重要的一种。在实践中,可以将同一不动产作为抵押品而多次发行债券,可按发行顺序分为第一抵押债券和第二抵押债券。第一抵押债券对于抵押品有第一留置权;第二抵押债券对于抵押品有第二留置权,即在第一抵押债券清偿后,可用其余额偿付本息。所以,第一抵押又称优先抵押,第二抵押又称一般抵押。

(2)抵押信托债券。它是以公司拥有的其他有价证券(如股票和其他债券)为担保品而发行的债券。一般来说,发行这种债券的公司是一些合资附属机构,以总公司的证券作为担保。作为担保的有价证券通常委托信托人保管,当该公司不能按期清偿债务时,即由受托人处理其抵押的证券并代为偿债,以保护债权人的合法利益。

(3)承保债券,指由第三者担保偿还本息的债券。这种债券的担保人一般为银行或非银行金融机构,或是公司的主管部门,个别的是由政府担保。

2. 无抵押债券。无抵押债券是指债券的发行者不以自己的任何物品做抵押,而是以自己的信誉为担保的债券。

3. 收入债券。收入债券是地方政府以某些项目的收入为担保而发行的债券。

4. 普通债务债券。普通债务债券是国家政府以其信誉及税收等为担保而发行的债券。

(四)按债券形态分类

1. 剪息债券。剪息债券指的是券面上附有息票,定期到指定的地点凭息票取息的债券。

2. 贴现债券。贴现债券是指以低于债券面额发行,到期按债券面额偿还,其差额为投资者利息的债券。

(五)按债券的偿还期限分类

1. 短期债券。短期债券一般是指偿还期限在 1 年以内的债券。

2. 中期债券。中期债券一般是指偿还期限在 2~5 年的债券。

3. 长期债券。长期债券一般是指偿还期限在 5 年以上的债券。

4. 永久债券。永久债券也叫无期债券,它并不规定到期期限,持有人也不能要求清偿本金,但可以按期取得利息。永久债券一般仅限于政府债券,而且是在不得已的情况下才采用。

(六) 按债券募集方式分类

1. 公募债券。公募债券是公开向社会募集的债券。

2. 私募债券。私募债券是指向少数特定人募集的债券。

(七) 按债券发行的地域分类

1. 国内债券。国内债券是由本国政府、银行、企业等机构在国内发行并以本国货币计价的债券。

2. 国际债券。国际债券是指由一国政府、金融机构、企业在国外发行的、并以某种货币计价的债券。

(八) 按债券的利率浮动与否分类

1. 固定利率债券。它是指债券利率在偿还期内不发生变化的债券。由于其利率水平不能变动,在偿还期内若通货膨胀率较高时,会有市场利率上升的风险。

2. 浮动利率债券。它是指债券的息票利率会在某种预先规定的基准上定期调整的债券。作为基准的多是一些权威的金融指数(如伦敦银行同业拆借利率),也有以非金融指数作为基准的(如按照某种初级产品的价格)。采取浮动利率形式,减少了持有者的利率风险,也有利于债券发行人按照短期利率筹集中长期的资金。

(九) 按计息的方式分类

1. 附息债券。它是指债券券面上附有各种息票的债券。息票上标明利息额、支付利息的期限及债券号码等内容。息票一般以 6 个月为一期。债券到期时,持有人从债券上剪下息票并据此领取利息。由于息票到期时可获取利息收入,因此附息债券可被看做是一种可以流通、转让的金融工具,也叫复利债券。

2. 贴现债券,亦称贴水债券,是指券面上不附有息票、发行时按规定的折扣率以低于票面的价格出售、到期按票面价值偿还本金的一种债券。贴现债券的发行价格与票面价值的差价即为贴现债券的利息。

3. 单利债券。它是指债券利息的计算采用单利计算方法,即按本金只计算一次利息,利不能生利。计息公式为:

利息＝债券面额×年利率×期限

4.累进利率债券。它是指债券的利率按照债券的期限分为不同的等级,每一个时间段按相应的利率计付利息,然后将几个分段的利息相加,便可得出该债券总的利息收入。

二、国际债券的种类与类型

国际债券是由一国政府、金融机构、企业或国际组织,为筹措资金而在外国证券市场上发行的、以某种货币为面值的债券。随着世界各国对外国投资者限制的放松和国际证券市场的迅速发展,国际债券的发行量在20世纪80年代初超过了银团贷款的数量,出现了国际借贷证券化的趋势。

(一)国际债券的种类

国际债券大致可分为三大类:一类是外国债券,第二类是欧洲债券,第三类是全球债券。

1.外国债券。外国债券是借款国在外国证券市场上发行的、以市场所在国货币为面值的债券,如某国在美国证券市场上发行的美元债券、在英国证券市场发行的英镑债券等。习惯上人们把外国人在美国发行的美元债券称为"扬基债券",在英国发行的英镑债券叫"哈巴狗债券",在日本发行的日元债券叫"武士债券"。外国债券的发行一般均由市场所在国的金融机构承保。中国曾在日本、美国、欧洲等地的证券市场上发行过外国债券。外国债券实际上是一种传统的国际债券。

2.欧洲债券。欧洲债券是指以某一种或某几种货币为面额,由国际辛迪加承销,同时在面额货币以外的若干个国家发行的债券。如美国在法国证券市场发行的英镑债券就叫欧洲债券。按习惯,如果面值为美元的欧洲债券一般被称为欧洲美元债券,面值为日元的欧洲债券被称为欧洲日元债券,其他面值的欧洲债券可以如此类推。在日本东京发行的外币债券,通常称为将军债券。总之,欧洲债券的发行者、面值货币和发行地点分属于不同的国家。

欧洲债券既有期限为1~2年的短期债券,也有5~10年的中长期债券,还有无偿还期的永久性债券。欧洲债券往往采取无担保的不记名形式发行,投资欧洲债券的收益免缴收入所得税。除瑞士法郎市场以外,欧洲债券可以不受各国法规的约束,进行自由流通。欧洲债券往往通过国际辛迪加发行,并可在一个或几个国家的证券交易所同时挂牌。欧洲债券具有发行成本低、发行自由、投资安全、市场容量大等特点。

欧洲债券的发行者主要是公司和国际组织,近些年来,一些国家的政府也开始涉足这一市场,而欧洲债券的投资者主要是公司和个人。欧洲债券的币种以美元、日元、欧元和瑞士法郎居多。欧洲债券于1961年2月1日首先在卢森堡发行,目前,卢森堡和伦敦是欧洲债券市场的中心。

3. 全球债券。全球债券是指在国际金融市场上同时发行、在世界各国众多的证券交易所同时上市、24小时均可进行交易的债券。全球债券最初的发行者是世界银行,后来被欧美以及一些发展中国家所效仿。全球债券先后采用过美元、加元、澳元、日元等货币发行。全球债券采取记名形式发行,在美国证券交易所登记。全球债券具有发行成本低、发行规模大、流动性强等特点。全球债券是一种新兴的债券,它的发行规则和程序还有待完善。

（二）国际债券的类型

1. 一般欧洲债券。一般欧洲债券是一种期限和利率均固定不变的债券。它属于传统的欧洲债券,目前这种债券的发行量在不断减少。

2. 浮动利率债券。浮动利率债券是一种以银行间拆借利率为基准,再加一定的加息率,每3个月或6个月调整一次利率的债券。这种债券始于20世纪70年代初期。

3. 锁定利率债券。锁定利率债券是一种可由浮动利率转为固定利率的债券,即债券发行时只确定一个基础利率,待债券发行之后,如果市场利率降到预先确定的水平时,则将债券利率锁在一定的利率水平上,成为固定利率,直到债券到期时止。锁定利率债券于20世纪70年代中期才开始发行。

4. 授权债券。授权债券是指在债券发行时附有授权证,债券的持有人可按确定的价格在未来某一时间内购买指定的债券或股票。

5. 复合欧洲债券。复合欧洲债券是指以一揽子货币为面值发行的债券。到目前为止,发行这种债券已采用过的货币单位有欧洲记账单位、欧洲货币单位、特别提款权、欧洲货币合成单位等。复合欧洲债券的利率固定而且水平较高。

（三）主要国际债券简介

1. 美国债券。美国债券是指在美国发行的外国债券,亦称为扬基债券,是非美国居民在美国国内市场发行的、吸收美元资金的债券。

2. 日本债券。日本债券是指日本的外国债券,亦称为武士债券,是外国发行人在日本债券市场上发行的、以日元计价的中长期债券。

3. 龙债券。龙债券一般是一次到期还本、每年付息一次的长期固定利率债券;或者是以美元计价,以伦敦银行同业拆放利率为基准、每一季或每半年重新制订一次利率的浮动利率债券。龙债券发行以非亚洲货币标定面额,尽管有一些债券是以加拿大元、澳元和日元标价,但多数是以美元标价。

第三节　国际债券的投资收益

一、债券的价格

(一) 债券价格的种类

债券的价格分为两种：一种是指债券一级市场上的发行价格，另一种是在二级市场上买卖债券的成交价格，即交易价格。鉴于债券本身的特点，债券价格波动的幅度远没有股票波动的幅度那样大。

从理论上讲债券的票面价格就是它的发行价格，但由于债券市场供求关系的变化以及发行者出于某种目的考虑，有可能采用低于面值的价格发行，即折价发行；当然也有可能采用高于面值的价格发行，即溢价发行；或采用与面额价格相同的价格发行，即平价发行。债券市场上多数发行者还是采用平价发行。

债券的发行价格，是指投资者从发行者手中购买债券的价格，即债券一级市场（发行市场）上的价格。债券的发行价格，一般是根据债券票面利率与当时市场利率的差异、投资者的收益率、偿还期限和发行者的资信等级等因素综合考虑的。计算债券发行价格的公式是：

$$债券的发行价格 = \frac{票面额 + 票面年利息 \times 偿还期限(年数)}{1 + 市场收益率 \times 偿还期限(年数)}$$

债券的交易价格是指投资者之间转让债券的价格。计算债券交易价格的公式与发行价格的公式基本相同，其具体计算公式是：

$$债券的交易价格 = \frac{债券的面额 + 票面年利息 \times 剩余年限}{1 + 市场收益率 \times 剩余年限}$$

(二) 债券价格的决定因素

债券价格受利率、经济、社会、政治、心理、通货膨胀、信誉级别、汇率和突发事件等各种因素的影响，债券发行者的类别和行业不同，其决定因素也有所不同，但大致有以下决定因素：

1. 债券的期限。在一般情况下，债券的期限越长，其在证券市场上价格波动的可能性越大，而期限短的债券，价格波动的可能性一般会很小。

2. 债券利率与市场利率的差距。债券的利率越低，其价格波动的可能性越大；在经济出现繁荣的时候，政府为抑制通货膨胀，会采用提高利率的政策，由于这时的存款利率接近或超过原来债券发行时规定的利率，这会使债券的价格下跌；在经济出现萧条的时候，政府为刺激经济的复苏，往往会降低存款利率,于是存款利率水平与原来发行的债券利率水平的差距拉大,这又会导致债券的价格上涨。

3. 可赎回性。如果债券的发行人规定在发行后若干天以后可以赎回,这就增加了投资者的机会风险,由于这一规定有利于发行人减少融资成本,在发行人要付较高债息的同时,也使债券有了较高的价值。

4. 税收待遇。债券在不同的国家享受着不同的税收待遇,有些国家免税,有些国家纳税,有些国家对不同的债券进行分类交税或免税。一般来说,由于风险的原因,免税债券的到期收益率要低于应纳税债券的到期收益率,这就影响了债券在证券市场上的交易价格。

5. 流动性的强弱。如果债券的发行企业信誉好,发展潜力大,那么该债券在证券市场很容易以市场价格变现,这说明其流动性强,因此该债券价格也会较高。如果发行债券的企业信誉差,经营状况也不好,那么该债券的持有者很难在证券市场上以较好的价格卖出,说明其流动性差,流动性差的债券一般价格较低。

6. 通货膨胀率。在通货膨胀率很高的时候,出于保值的目的,人们一般不愿储蓄货币,而是愿意购买房地产和贵金属等能保值的东西,债券的价格会因此下降。在经济较为稳定而且通货膨胀率不高的时候,人们在一定程度上愿意购买债券,致使债券价格上升。

7. 汇率的变动。在发达国家的金融市场上,不同国家货币之间的套汇交易十分发达,这也导致不同债券价格的变动。当某一国的货币升值时,就会导致很多投资者购买用该国货币发行的债券,致使该种货币债券价格上升;当某国货币汇率下调时,很多投资者就会卖出用该币种发行的债券,该债券价格便随之下跌,而相应升值币种的债券价格则会上升。

8. 央行的金融政策。各国的中央银行一般都会使用利率、公开市场活动、调整存款准备金率等手段来稳定金融和经济秩序,这些活动都是影响债券价格的重要因素。

9. 政治因素。在政治稳定的国家或一国的政治状况处于稳定的时候,由于投资者愿意购买债券,债券的价格也会相应稳定或稳中有升。如果一国政治不稳定,或处于政治动荡时期,其债券的价格也会相应下降。

10. 投机因素。由于债券是证券市场上的一个交易品种,投资者贱买贵卖债券的行为也导致债券价格的上下波动。

实际上,影响股票价格波动的主要因素同时也影响债券价格变动,只不过债券价格的波动幅度要远远小于股票价格的波动幅度,这主要是因为债券本身的特点决定的。

二、债券的收益

债券投资收益是指投资者在一定的时期所获取的利润。债券投资收益通常是用收益率来表示的,而收益率指的是债券投资的收益占最初投资额的比例。针对每位债券投资者的不同情况,可选用以下几种收益率作为衡量投资者收益的标准。

(一)名义收益率

名义收益率是指根据债券每年的固定利息与债券面额之比,计算出来投资者每年的收益率,其计算公式为:

$$名义收益率 = \frac{债券年利息}{债券面额} \times 100\%$$

例如,一张面额为 100 元、年利息为 15% 的债券,其持有者的名义收益率为:

$$\frac{15}{100} \times 100\% = 15\%$$

(二)本期收益率

本期收益率是债券每年的固定利息与债券本期市场价格之比。投资者可以通过对市场上各证券本期收益率的计算和比较,做出投资哪种证券的决定。本期收益率的计算公式为:

$$本期收益率 = \frac{债券年利息}{本期市场价格} \times 100\%$$

例如,一张面额为 100 元、利率为 15%、期限为 5 年的债券,该债券发行时最初的认购者在购买后的第 3 年初以 90 元卖出,那么,该债券新的购买者的本期收益率为:

$$\frac{15}{90} \times 100\% \approx 16.67\%$$

(三)持有期收益率

债券的持有期收益率是指投资者从买入债券到卖出债券期间所得的实际收入。其计算公式为:

$$持有期收益率 = \frac{卖出价 - 买入价}{买入价} \times \frac{360}{持有期限} \times 100\%$$

例如,某人在证券市场上以 100 元买了一张刚发行的、利率为 15%、期限为 5 年的债券,两年之后又以 120 元的价格卖出,其持有期的收益率为:

$$\frac{120 - 100}{100} \times \frac{360}{720} \times 100\% = 10\%$$

（四）到期收益率

债券的到期收益率是指投资者从买入债券到债券到期时止的收益率,其计算公式为:

$$到期收益率 = \frac{债券到期后的本金和利息总额 - 买入价}{买入价 \times 待偿还的期限} \times 100\%$$

例如,某人以 120 元购买了一张面值为 100 元、利率为 15%、期限为 5 年的债券,由于该投资者买入这张债券时,该债券已发行了 3 年,那么该投资者待 2 年后债券到期时的收益率为:

$$\frac{100 + (15 \times 5) - 120}{120 \times 2} \times 100\% \approx 22.92\%$$

三、债券的收益曲线

（一）收益曲线

债券的收益曲线也称债券的收益率曲线,它反映的是在一定时点不同期限的债券与到期期限之间的关系。债券的收益取决于市场利率、价格、期限长短的相互作用,在不同的时期和阶段,它们对债券价格影响的大小是不同的。债券的收益曲线实际上是一种时点图,假设上述三种因素对债券价格的影响力都是相同,在考察债券的到期收益时间对到期收益的影响时,我们可以看到不同的到期时间具有不同的收益,通过计算不同到期时间的债券收益,并分别将计算出的到期收益以点的形式标在纵轴上,横轴表示时间,然后将各点连接起来变成了一条收益曲线。

债券的收益曲线表示的就是债券利率的期限结构,而利率期限结构就是债券的到期收益率与到期期限之间的关系。债券的收益曲线体现的仅仅是利率在一定时点上不同到期时间的关系,但不能反映债券的质量。只有在假设质量相同的情况下,才能使利率进行对比,并会形成收益曲线。

（二）收益曲线的种类

收益曲线大致有以下四种:

1. 正常收益曲线。正常收益曲线显示(见图 11-1)在正常情况下,近期利率低于远期利率,时间越长,不确定因素越多,风险也不断加大,因此需要较高的利率来补偿。

2. 负坡度收益曲线。负坡度收益曲线也称反方向收益曲线。该曲线显示(见图 11-2)短期利率高,而远期利率在降低,这种情况一般发生在银根紧缩时期。

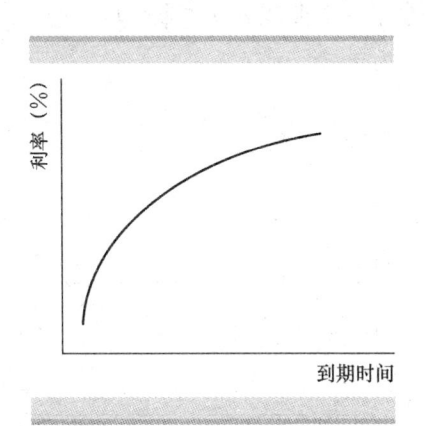

图 11－1　正常收益曲线图

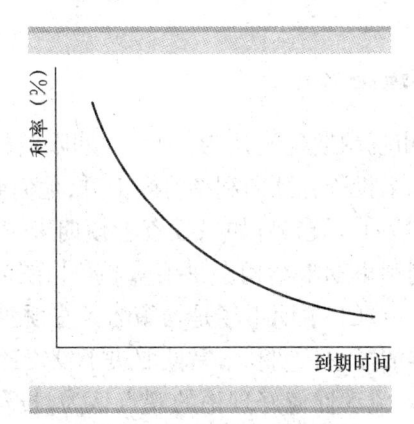

图 11－2　负坡度收益曲线图

3. 驼背收益曲线。驼背收益曲线图显示(见图 11－3)在货币累缩的时候，短期利率不断飙升，过了一段时间短期利率又开始下降，长期利率又开始上升。

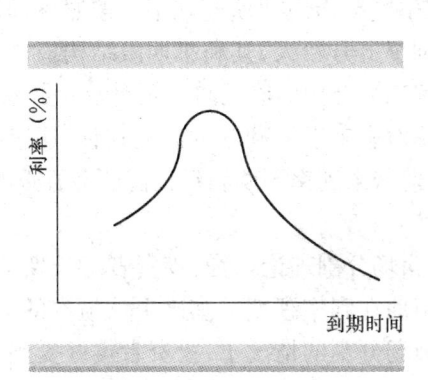

图 11－3　驼背收益曲线图

4. 水平收益曲线。水平收益曲线表明(见图11-4)短期利率与长期利率水平差不多,总体波动很小。

图11-4 水平收益曲线图

(三)收益曲线的理论解释

1. 市场预期理论。市场预期理论认为,利率的期限结构取决于投资者对未来市场利率一致的预期:如果投资者预期利率将会上升,他们会购买当前短期利率的债券,则利率期限结构会呈上升趋势;如果投资者预期未来的债券收益会下降,短期利率比长期利率高,则利率期限结构会呈下降趋势;在某些情况下,投资者预期中长期债券的利率都是一致的,说明市场是均衡的。按预期理论,投资者对债券的到期时间并不在乎,债券的短中长期利率高低取决于投资者对未来的预期。

2. 流动性偏好理论。流动性偏好理论的观点认为,投资者更愿意接受收益较低的到期时间较短的债券,而不是收益较高到期时间较长的债券,这是因为到期时间较长的债券由于时间长,有很多的不确定性,投资者为此要承担流动性风险。要想让投资者接受长期债券,必须加上一些流动性补偿,期限越长补偿越多,补偿主要体现在长期债券的利率要高于短期债券利率。按照该理论的观点,因为流动性溢价的存在,如果预期利率上升较大,其利率期限结构应该是向上倾斜的;如果投资者预期利率下降,利率期限结构应该是向下倾斜或者是水平的。由此可见,该理论认为,远期利率不再是对未来即期利率的无偏估计,还包括了一种流动性溢价,收益曲线的形状也是由对未来利率预期和延长偿还期所必需的流动性溢价共同决定的。

3. 市场分割理论。市场分割理论认为,投资者对长期债券和短期债券有不同的爱好,他们不可能自由地在利率预期的基础上从债券的一个偿还期部分转移到另一个偿还期部分,在市场分割的情况下,投资者偏好受到了法律、偏好和投资期限习惯的制约,很难从一个市场转到另一个市场,结果市场分成短期和长期两部分资金市场。在市场分割理论下,利率期限结构取决于短期资金市场供求曲线交叉点的利率与长期资金市场供求曲线交叉点的利率对比:如果短期资金市场供求曲线交叉点的利率高于长期资金市场供求曲线交叉点的利率,利率期限结构呈现向下倾斜的趋势;如果短期资金市场供求曲线交叉点利率低于长期资金市场供求曲线交叉点的利率,利率期限结构呈现向上倾斜的趋势。

第四节 国际债券市场及债券的发行

一、国际债券市场

国际债券市场是发行和买卖国际债券的市场。国际债券市场分为一级市场和二级市场。国际债券一级市场是新债券的发行市场,是各级政府、银行以及工商企业等为筹措资金,通过社会企业团体或个人发行债券的市场。国际债券二级市场是债券买卖的市场,亦即证券流通市场。债券二级市场的活动并不增加发行者的筹资额,但却增强了债券的流动性和变现能力,二级市场对推动各类新债券的发行、活跃债券市场起到了重要的作用。

二、国际债券的评级

国际债券评级是指由证券市场上专门从事证券研究、统计和咨询的机构,根据债券发行者的请求,对债券发行企业支付的可能性和信用度进行等级评定。

按国际惯例,债券一般分为三等,每一等中又分三级,即三等九级。

AAA 级:等级中的最高级,表明债券发行企业还本付息的能力极高。

AA 级:属高级,表明还本付息的能力很高。

A 级:属中高级,表明还本付息的能力较高。

BBB 级:属中级,表示具有一定的还本付息的能力,但需要一定的保护措施。

BB 级:属中低级,本金和收益缺乏足够的保障。

B 级:属于较低级,本金和收益保障很小。

CCC 级:属于低级,本金和利息没有保障。

CC 级:经常违约,具有较高的投机性。

C 级:属于最低级,不能承担还本付息的义务。

在上述等级中,一般在 BB 级以上的债券,属于可投资级,B 级以下的债券属于不可投资级。债券评级的目的就是将发行者的信誉和偿债的可靠度公之于投资者,使投资者可据此做出投资选择,以保护投资者的利益。债券评级是根据债券发行者的自愿申请而进行的,但未经评级的债券在国际证券市场上难以找到销路。

三、国际债券的发行

(一)国际债券市场对发行者的要求

国际债券市场一般有严格的管理制度,但也有一些国家债券市场相当自由。管理较严的国家一般对发行者均有如下要求:

1. 必须经过正式申请和登记,并由专门的评审机构对发行者进行审查。
2. 发行者必须公布其财政收支状况和资产负债情况。
3. 在发行期间,每年应向投资人报告资产负债及盈亏情况。
4. 债券发行获得批准后,必须根据市场容量,统一安排发行的先后次序。
5. 债券的发行与销售一般只许证券公司或投资银行经营,一般银行只能办理登记及还本、付息、转让等业务。
6. 一般须由发行者国家政府或中央银行进行担保,担保必须是无条件的和不可撤销的。

(二)国际债券的发行程序

国际债券的发行分为公募发行和私募发行。公募发行是通过中介机构的承接包销,公开向社会募集资金;私募发行则是在中介机构的协助下,向有限的特定投资者募集资金。其具体发行程序大致可分为以下几个步骤:

1. 发行企业选任一家金融公司作为此债券发行的组织者,即主干事银行或主干事证券公司。双方就此债券的形式、发行市场、发行数量、币种、利率、价格、期限以及发行的报酬和费用等进行磋商。
2. 向当地外汇管理部门提出发行债券申请,经该部门审查并提出意见后,报经该国政府有关管理部门批准。
3. 向国外有关资信评审机构申请评级。申请评级以前,需先向国内的审查管理机构提出书面申请,并提供评级机构名称和用于评级的资料等。发行者应在得到评级结果的三日内向审批管理部门报告评级结果。
4. 向拟发行证券的市场所在国政府提出申请,征得市场所在国政府的许可。
5. 发行者在得到发行许可后,委托主干事银行组织承销团,由其负责债券的发行与包销。

四、国际债券清算机构与清算程序

(一)国际债券清算机构

目前,国际上有两大债券清算机构,即欧洲清算系统和塞德尔国际清算机构。欧洲清算系统成立于 1968 年,总部在布鲁塞尔,它是一个股份制的机构,现有股东 125 个,主要从事债券的清算、保管、出租、借用,并提供清算场所等业务,该系统还在世界上 16 个国家和地区设立了分支机构。塞德尔国际清算机构也是一个股份制机构,它成立于 1970 年,总部设在卢森堡,它与欧洲很多国家的银行建立了清算代理关系,其业务范围与欧洲清算系统大致相同。上述两家清算机构均有现代化的各种设施,目前,国际债券交易的清算绝大部分是通过这两个机构进行的,它们已发展成为当今世界两家最大的清算机构。

(二)国际债券清算程序

国际债券的清算大致包括以下几个程序:

1. 开立债券清算账户和货币清算账户。申请加入清算系统的银行或证券公司必须开立债券清算账户和货币清算账户。债券清算账户用于债券面额的转账,而货币清算账户用于买卖债券时按市场价格和生息后计算出的总额转账。因为国际债券交易既转移所有权,还要按市场价格计算出的等值货币支付。

2. 发送债券清算指示。债券买卖成交以后,买卖双方分别向其清算机构发送清算指示。清算指示主要包括清算机构名称、买入或卖出债券的种类、买入对象的或卖出对象、成交日期、结算日期、债券的面额和币种、成交价格、生息与否、货币总额、结算路线、清算指示的发送者名称和发送日期等。

3. 核对清算机构发回的有关交易细节的报告,以便及时纠正。

4. 在结算日进行内部账务处理。

5. 核对清算机构的对账单,如有不符,可立即向对方和清算机构查询,如无异议,便应制作对账平衡表。

第五节 发达国家的债券市场

一、发达国家债券市场概述

(一)美国债券市场

美国债券市场上发行的债券主要包括联邦政府债券、市政债券、公司债券和外国债券等几大类,这些债券分别在不同的债券市场、通过各个证券交易所和全国证券商协会自动报价系统进行交易。

1. 联邦政府债券。联邦政府债券分别由美国财政部和美国联邦代理机构发行,短期国库券、中期国库券和长期国库券是这种债券的主要品种。短期国库券是货币市场上数量最大的一种,一般以不记名、贴现式发行,并可以转让,其面额有1万、1.5万、5万、10万和100万美元几种,期限通常为91天、182天,最长不超过365天。短期国库券是由美国财政部发行的一种短期债券。中期国家债券是由美国财政部发行的期限在1~10年的债券,属于记名式附息票债券,最小面额通常为1 000美元。这种债券利息收入可以免交州和地方政府税收,中期国家债券在美国资本市场的可转让证券中所占比重最大。长期国家债券是由美国财政部发行的期限在10年以上的债券。这种债券的特点与中期国家债券基本相同,只是期限更长,长期国家债券在到期前可以由政府提前收回。长期国家债券在美国政府债券中所占的比重较小。

2. 市政债券。市政债券是由美国的州、县、城镇市政当局或其他公共机构发行,筹措资金主要用于平衡当地政府预算、建设大型项目集资、兴建公共设施的债券。这种债券的购买者也可免交联邦所得税和多数地方所得税。这种债券的发行面额多为100美元、500美元、1 000美元、5 000美元几种。市政债券以州和地方政府的税收为担保,或是以当地政府所建项目得到的收益用来还本付息,所以信誉也较高,仅次于联邦政府发行的债券,为最受投资者青睐的债券之一。市政债券的主要投资人为保险公司、商业银行和个人等。

3. 公司债券。公司债券顾名思义就是美国企业发行的债券,期限一般为10年或20年。公司债券持有人为公司的债权人,可以定期从公司得到预先规定的利息。由于公司债券风险要高于联邦、州和地方政府发行的债券,而且还要交纳所得税,所以公司债券的利率一般高于相同期限联邦政府债券及市政债券的利率。公司债券还可以细分为固定利率和浮动利率公司债、可转换公司债、附权公司债等,其债券种类不同,各自的利率也并不相同。

4. 外国债券。外国债券,即"扬基债券",是由外国筹资人在美国发行、以美元为面值并还本付息的债券。这种债券的发行人为外国政府、外国企业或某些国际性组织。外国筹资者在美国证券市场发行债券,必须向美国证券交易管理委员会注册,提供有关文件、资料,并需经过信用评级机构的信用评级。

美国是世界上最大的债券市场,不仅发行量很大,上市种类也很多,到2014年年底,仅在纽约证券交易所上市的债券数量就近9 000多种。各类债券的交易主要通过场外交易电讯系统和各交易所的债券自动交易系统进行,通过这些系统交易的债券金额,目前已占到全部债券交易额的90%以上。在上述四大类债券中,联邦政府债券发行量和交易量均属首位。

(二)日本债券市场

1.日本债券的种类。日本债券的种类有许多区分方式,有以发行者分类的,也有以有无担保分类、以票面形式分类、以利率高低分类、以偿还期限分类等多种分类方法。其中,按发行者分类,即以发行者性质差异作为基准的分类最为普遍。下文简述日本以发行者分类的债券种类情况:

国债,具体包括岁入债(长期附息、中期贴现、中期附息、短期贴现、超长期)、融通债(政府短期证券)、结转债。

地方债,如公募地方债、非公募地方债。

政府关联机构债,如政府保证债、非政府保证债。

金融债,如银行债(贴现金融债)、金库债(付息金融债)。

公司债,具体包括普通公司债(电力债、电信电话债、一般公司债)、转换公司债、附权债。

外债,如外国债和外汇债。

在上述债券中,岁入债是指为了维持各种财政支出而筹措收入的国债。融通债是指为维持国库日常资金周转而筹措收入的国债。结转债则是指为补充流动资金支出而发行的,可将支出延期到国债偿还日,从而间接地起到筹措资金作用的国债。金融债是长期信用银行法等特别法批准的金融机构所发行的债券。1989年以前,日本只有日本兴业银行、日本长期信用银行、日本债券信用银行和东京银行四大银行,以及工商组合中中央金库和农村中央金库等6家金融机构发行金融债,1989年6月,信用金库的上属团体全国信用金库联合会也被允许发行金融债。

日本的外债实际上又可分为外国债和外汇债。

(1)日元外国债券(日元外债),包括武士债券、欧洲日元债券、大名债券等。

武士债券是国外发债人在日本国内发行的以日元为面值的债券,一般来说日元外债指的就是武士债券。武士债券与其他外债不同之处是,这种外债与国内债同样要受到国内法律的约束。因此,买卖武士债券与其他国内债的交易方法没有什么不同之处。武士债券的一个显著特征就是全部为无担保发行。

欧洲日元债券是指欧洲发行的日元债券,发债人不仅有海外的发行体,也有日本的企业。欧洲日元债券的交易方法与外汇外国债的手续相同,不同之处是结算不用外汇而全部用日元,这点与国内债相同。由于1989年对欧洲日元债发行体的限制完全放开,所以发行欧洲日元债券比武士债券更便利,加上日元在20世纪80年代以后升值,造成非居民对日元债的兴趣提高,使欧洲日元债券的发行量急增,目前欧洲日元债券的发行额仅次于美元债券。

大名债券是武士债的一种,但其结构与欧洲日元债相同。从法律上讲大名债属于国内债券,但其发行与交易的方法却以欧洲日元债为基准。发债人只限于有日本参加的国际组织,如世界银行、亚洲开发银行、非洲开发银行、美洲开发银行等。大名债的显著特点是可以在欧洲金融市场上结算,从而使日本的非居民便于向日本债券投资。大名债券也可以说是国内债和欧洲日元债的复合债券,它增强了日元外债的流动性。

(2)外汇外国债。所谓外汇外国债就是非居民发债人以日元以外的货币发行的债券,根据发行市场和货币种类可以分为以下几种:

一是国内市场发行的外汇外国债券。这种债券通常被称为"将军债券",1978年和1979年欧洲投资银行发行了美元债,东京外汇外国债市场于1985年8月发行世界银行美元债。随着欧洲美元债券市场的扩大,将军债券的市场规模呈现缩小趋势。

二是国外市场发行的外汇外国债券。在国外市场发行的这种债券的发行主体有政府、金融机构、公司企业和国际机构等。日本国外市场实际上就是其他国家的国内市场。

三是外汇日本债券。外汇日本债券是日本发行主体在国外发行的外汇债券。这种债券始于1870年日本政府发行的英镑国债,现已在美国市场、欧洲市场和瑞士法郎市场等世界主要国家市场发行外汇日本债券。公司发行的外汇日本债券开始时只有普通公司债,最近转换公司债券及附权债券的比率有所上升。

2. 日本的债券发行市场。日本的债券发行市场基本上由需求资金的债券发行人和供给资金的债券投资者构成,通常还包括认购公司和受托公司等中介机构。日本的国债市场发行比较便利,但是日本的公司债发行市场尚存在灵活性不足、成本较高等问题。

3. 日本的债券交易市场。日本的债券交易市场是主要以场外交易为中心的市场,场外交易占到债市交易的95%左右,交易所的交易只占5%。1978年以前,转换公司债占交易所债券交易额的90%以上,此后引入了国债大额交易制度,使国债交易额急剧增加。目前,在日本债券市场上,转换公司债和国债在交易所交易中几乎各占一半,其他债券所占比例很小。在场外交易中,国债交易额占95%以上,其余的5%是以回购协议的形式完成的。回购协议是日本独有的交易形式。

(三)英国债券市场

英国的债券主要包括国库券、金边债券、地方当局债券、公司债券和外国债券五大类。

1. 国库券。英国债券市场上的国库券是由英国政府发行的短期债券,这种债券期限通常为90天,流动性和变现性极高,以不记名贴现形式,由英格兰银行通过招标方式发行。这种债券的面额分为5 000英镑、1万、2.5万、10万、25万和100万英镑几种。

2. 金边债券。这种债券实际上就是英国国债或叫英国政府公债,它大致分为常规债、指数关联债、转换国债和变动附息债。金边债券有1~2年的短期债、20~30年长期债和无偿还期限的永久债券等。

3. 地方当局债券。地方当局债券是由英国的地方当局发行,但地方当局发行债券的额度由英格兰银行负责控制。地方当局债券的期限一般为1~5年,并可以上市交易。

4. 公司债券。英国的公司债券种类比较多,一般以公司资产做抵押,可以分为:将公司资产抵押给银行,由银行担保发行的全面抵押公司债券;以公司固定资产做担保发行的固定公司债券;以公司流动资产做抵押发行的流动公司债券;只能从公司利润中支付利息的收益债券;可在规定的时间内或以抽签方式提高偿还的可赎回公司债券;无担保公司债券;等等。

英国债券市场交易的债券品种主要以国债为主,1986年10月英国证券制度变革以前,国债的交易主要是通过交易所内的自营商进行的,变革后取消了自营商和经纪人之间的限制,他们和造市经纪人一起都可以直接与顾客进行交易。

二、西方主要国家的债券发行制度及程序

(一)债券发行制度

世界各国的证券主管机关对债券发行都采取审核制度。审核方式主要有两种:一种是核准制,一种是注册制。

1. 核准制。核准制是按照"实质管理原则",由主管机关规定若干核准条件,其中包括:发行人的性质,管理人员的资格和能力,发行人的资产负债结构,发行中介机构所得的报酬,债权人和债务人的权利和义务,募集资金投向,资料公开是否充分和真实等。发行人在符合债券发行基本条件的同时,每笔债券发行都需报请主管机关批准,按核准条件审查许可后,债券才能发行。

2. 注册制。注册制即按照"公开原则",只要符合由主管机关规定的债券发行的法定条件,并依照法定程序注册的,主管机关就必须认可该债券的发行。登记注册须经主管机关审查,如发现有严重失实、遗漏、虚报,则发出终止命令,终止其注册;如属一般情节,则通知注册人加以纠正。未予注册或自动生效日之前,发行人不得发行债券。

(二)债券发行的程序

1. 政府债券的发行程序。

(1)日本政府长期国债的发行程序,具体有:①大藏大臣(财政部长)根据《国债法》决定每月的发行额和发行条件。②举行起债(即发债)例会。长期国债每月都发行,故例会为每月一次。例会由参加承销金融机构的常务董事和高级常务董事一级的人员参加,在该会议上对国债的发行额、发行条件等进行惯例审核。③签订承销合同。④签订承销集团内部合同。⑤正式开始发售债券。⑥发行结束后至付款日,日本银行接受承销集团成员缴来的债券款项,并将款项汇总一并上缴国库。

(2)日本政府中期和短期附息国债的发行程序(采用公募投标方式时),具体有:①大藏省根据资金需求情况以及市场情况决定发行时间、发行额度和招标的有关事项。②通过日本银行向有关的金融机构和证券公司发布招标时间、数额、条件等。③委托日本银行组织招标。④投标机构填写投标意向书。参加投标的机构要在意向书中写明自己所希望的承销价格或收益率以及承销额度。⑤裁定中标者。⑥日本银行将中标结果通知中标者。⑦中标者向一般投资者销售债券。⑧发行结束后至付款日,日本银行接受各承购集团成员缴来的债券款项,并将款项汇总上缴国库。

(3)美国政府国库券的发行程序,具体有:①认购者索取投标单。美国财政部通常于每星期四宣布7日后发行国库券的数量、期限等情况,愿意认购者可以向联邦储备银行或其分行索取投标单。投标单主要包括下列各项内容:所希望购买的国库券数额;注明期限类别,如3个月、6个月或1年期等;注明参加竞争性投标或非竞争性投标,如果为竞争性投标,则要注明年收益率;注明所购买的国库券到期时是否愿意再进行投资;投标人的姓名及通信地址;投标人的社会保障号码;投标人在一般营业时期中的电话号码。②联邦储备银行接受投标单。③决定中标者及中标价格。④由财政部宣布投标结果。⑤财政部正式发行国库券。

2. 公司债券的发行程序。公司债券的发行程序以发行人与承销商谈判为界可以分为两大阶段:第一阶段为债券发行的准备阶段,主要是公司内部就发行债券的金额、用途等问题进行研究决策;第二阶段为债券发行的实施阶段。

(1)公司债券发行的准备阶段,主要是制定发行文件和通过董事会决议。

制定发行文件。发行文件主要包括债券发行所筹资金的用途、期限、利率、发行范围、发行方式、公司现有资金、收益分配状况、筹资项目的可行性研究或经济效益预测、还本资金来源等。

董事会决议。发行公司债需要经董事会通过决议,而且要有2/3以上董事出席以及超过半数的出席董事通过方有效。董事会的决议应决定公司债券发行的总额、券面金额、发行价格、利率、发行日、偿还期限和偿还方式等内容。

（2）公司债券发行的实施阶段，发行债券的公司在董事会就发行的主要事项形成原则性决议之后，就进入了债券发行的实施阶段。一般需经过以下几个步骤：

一是债券的信用评级。公司发行债券首先要由证券评级机构对其所发行的债券进行评级。

二是发行人与承销商谈判确定发行的主要内容。发行人与承销商（在美国多是投资银行，在日本则多是证券公司）就承销问题举行各种会议，以决定发行的主要问题：①决定发行债券的总额；②决定债券的发行方式，决定是公募发行还是私募发行；③就发行条件达成协议，承销商与发行人进一步就发行条件协商达成协议，该协议中应包括发行数量、债券到期日、票面利率及承销商的报酬等；④确定承销方式。

三是组织承销团。如果发行债券的数量颇大，承销商将组成承销团。

四是申报发行及办理各种发行手续。在多数国家，公司发行债券都须向主管部门申请注册，未经批准不得发行债券。发行申报包括呈报债券发行申报书、印制债券认购申请书、撰写并公布债券发行公告等环节。

五是向公众出售债券。

案例研究

案例一　哈利大卫控股公司案例

哈利大卫公司是一家成立于1910年的美国公司，公司最出名的是水果邮购直销业务，特别是通过其"当月水果俱乐部"进行销售，其"Harry&David"品牌专营高档礼品篮和节日礼物塔等产品。近年来，随着互联网及大型零售商等竞争对手不断进入公司的经营领域，且疲软的市场及令人失望的假期消费情况使公司的经营业绩每况愈下，因此公司负债经营的到期利息成了压垮骆驼的最后一根稻草。

2011年3月28日，哈利大卫及其附属公司根据美国破产法案第11章向美国破产法院提交了一份自愿申请重组的申请。

2011年3月29日，公司根据美国破产法案第11章申请了破产保护，并申请与大部分的优先票据债券持有人达成一项协议，其重组计划为将现有债券转换为股权，从而为公司摆脱破产提供必要的股权融资。同时公司聘请罗斯柴尔德公司（Rothschild Inc.）和奥迈（Alvarez & Marsal）作为其财务顾问、众达（Jones Day）作为法律顾问，探索资本重组方案。

2011年3月31日,哈里大卫公司获得美国破产法院批准其使用由公司的抵押贷款人提供的为第一留置权的DIP(Debtor In Possession,债权人信用展期,使申请破产前的信用额度成为债务人的信用额度)一亿美元循环信用额度,以及一个由公司优先票据持有人提供的为第二留置权DIP 5 500万美元长期贷款,供公司重组之用。公司同时还获得法院批准其继续支付员工的工资、薪金和福利,并确认公司有能力继续支付供应商商品和服务以继续经营。

2011年6月11日,哈里大卫公司宣布该公司及其附属公司作为债务人根据美国破产法第11章向美国破产法院申请了一项关于重组及披露声明的联合计划。

2011年8月11日,哈利大卫公司的优先票据持有人针对公司的重组联合计划进行了听证及投票,进行投票的119名债券持有人中有114票对重组计划投出了赞同票,使其从债券数量上取得了95.80%的赞同票,在债券总金额上,则取得了99.42%的赞同票。

2011年8月29日,美国破产法院批准哈利大卫公司的重组计划,并将于2011年9月13日生效,这使哈利大卫公司所有的2亿美元公募票据转换为重组后公司的股本。

案例思考与讨论:

哈利大卫公司为什么要进行债券转换?

案例二 麦当劳首发人民币债券

经中国外汇管理局、中国人民银行和香港金融管理局的批准,麦当劳于2010年8月19日在香港成功发行总金额为2亿元人民币的3年期债券,成为首家在港发行人民币债券的跨国公司。

作为一家上市公司,麦当劳长期以来都是资本市场上活跃的参与者和发行主体。麦当劳曾经在欧洲、美国和日本等债券市场上发行过债券。此次在港发行的人民币债券是由麦当劳公司(McDonald's Corporation)担当发行主体,期限从2010年9月16日起至2013年9月16日止,为期3年,总金额为2亿元人民币,年利率为3%,每半年付息一次。

麦当劳以其完善的资金管理机制和良好的信誉记录,一直以来都享有国际高信誉评级。穆迪(Moody's)、标准普尔(Standard Poor's)两家评级机构对麦当劳此次发行的人民币债券给出了相当高的评级,分别为A3和A。

该债券通过香港渣打银行作为私募基金发行,面向机构和专业投资者。债券一经发售即受到香港投资者的热烈追捧,最终获得了超过5倍的超额认购。所募集到的营运资金将用于支持麦当劳在中国业务的发展。

案例思考与讨论：
麦当劳选择在香港发行债券的原因是什么？

思 考 题

1. 债券的特征是什么？
2. 债券和股票的区别是什么？
3. 国际债券有哪几种？
4. 债券价格的决定因素有哪些？
5. 国际债券评级机构根据发行者的支付能力和信誉一般被把债券分为哪几级？
6. 国际债券市场一般对发行者有何要求？

第十二章 国际投资基金

International Investment Fund

投资基金已经成为一种大众化的投资工具。本章阐述了国际投资基金的概念和特征,详细介绍了国际投资基金的种类,其中包括:开放式和封闭式基金、公司型和契约型基金、对冲基金、指数基金,并就国际投资基金的管理依据和运作程序做了较为细致的概述。

学习要点

Investment fund has become a popular investment tool. This chapter introduces the concept and features of international investment fund, and the types of it, including open and closed-end funds, corporate and contractual funds, hedge funds and index funds. It also explains how to manage and operate international investment funds.

第一节　国际投资基金概述

一、投资基金的概念

世界各国对投资基金(Investment Fund)的称谓有所不同,美国叫共同基金(Mutual Fund)或互惠基金,英国叫单位信托基金(Unit Trust)。按国务院批准颁布的《证券投资基金管理暂行办法》的解释,投资基金是指"一种利益共享、风险共担的集合证券投资方式,即通过发行基金单位,集中投资者的资金,由基金托管人托管,基金管理人管理和运用资金,从事股票、债券等金融工具投资"。投资基金属于间接投资,也是证券投资的一种形式。它实际是证券投资基金的募集人受投资者的委托,以向投资者发行基金凭证的方式,把分散的投资者的资金汇集起来,由具有专业知识和投资经验的专家按组合投资的原理分别投资于各种金融工具,以使投资者在承担较小风险的前提下获取最大的投资收益。

投资基金是一种大众化的信托投资工具,像股票、债券、期货、黄金等金融工具又是投资基金的主要投资对象。投资基金源于100年前的英国,它是在西方国家证券投资盛行、市场操纵和市场欺诈严重、股灾遍布的背景下产生的,投资基金迎合了投资者的安全心理和对海外金融投资的普遍需求。后来,随美国金融业的迅速崛起,投资基金在美国得到不断发展和完善。

投资基金是建立在金融市场充分发展和日益完善的基础之上的,金融市场充分发展的一个重要表现是融资方式多样化,而投资基金的出现与发展正是金融市场深入发展的重要体现。金融业的充分发展扩大了投资基金的投资领域,投资基金的发展也无疑是对金融市场进一步发展的一种推动。现代投资基金代表了一种新的投资方式,它已从最初的债券和股票投资逐步发展成为各种货币市场的投资工具。进入20世纪80年代以后,随着投资基金制度的日益完善、投资基金品种的不断增多以及投资基金运作技术的创新,货币市场基金每年都以成倍的速度增长,从而带动了整个投资基金业的发展。尤其是90年代以来,美国共同基金的增长更为神速,1990～1996年共同基金的增长速度为218%,美国大约有37%的家庭拥有共同基金,共同基金占美国所有家庭资产的36%,英国和日本拥有投资基金的家庭也接近10%。2013年,全球共同基金管理资产规模达到26.8万亿美元,美国共同基金资产额达到13万亿美元,占全球半数。投资基金的迅速发展使目前竞争日趋激烈的金融市场体系中,呈现出银行业、保险业、投资基金业三足鼎立的局面。

二、投资基金的特点

投资基金是一种证券信托投资方式,是以金融资产为经营对象,以金融资产的保值或增值为目的的投资工具。作为投资工具,投资基金与其他投资工具相比具有以下几个特点:

(一)专家理财

投资基金是一种投资工具,投资于投资基金就等于聘请了一位具有专业知识和丰富经验的专家为你进行投资决策和运作。他们的投资决策一般是在根据随时了解到的最新的有关经济形势、国内外市场的发展动态、上市公司的经营状况等信息,并经过认真分析和对证券市场总体走势进行预测后做出的,因此能为投资者带来较高的回报。而个人投资者往往缺乏专业知识、投资经验不足、信息不灵,只能随风炒作,多数投资者难有收益。

(二)风险较小

投资基金的运作人为了减少风险,进行组合投资。投资组合一般是指债券与股票等有价证券的组合,它们主要包括上市或未上市公司的股票、股权凭证、新股认购权证、政府债券、地方债券、公司债券、金融债券等,在个别国家也允许利用少部分资金用于房地产业的投资。即使投资股票,也不能将全部基金只用于购买一种股票。理想的投资组合一般是选择 15~25 种证券,购买各种证券的数量也有一个适当的比例,这就大大降低了投资风险,增加了投资的安全系数。

(三)管理和运作法制化

目前,世界各国都颁布了有关投资基金的管理和运作的法规,对投资基金的设立、管理和运作做出严格的限定。按多数国家的规定,投资基金的经营机构由基金公司、基金管理公司和基金托管公司组成;基金必须委托银行作为托管人托管基金资产,委托基金管理公司作为基金管理人管理基金资产和进行投资运作;基金资产独立于基金托管人和基金管理人的资产,基金托管人与基金管理人在行政上和财务上相互独立,其高级管理人员不得在对方兼任任何职务。此外,还规定了每个基金投资于股票和债券的比例、一个基金持有一家上市公司股票占基金资产净值的最高比例、同一基金管理人管理的全部基金持有一家公司证券占该公司发行证券总数的最高比例、一个基金投资国家债券的最低比例等。管理和运作的法制化有利于保护投资者的利益。

(四)选择性强,适合各类投资者

在发达的西方国家证券市场上,投资基金的种类众多,涉及一切投资领域。因此,投资者对投资基金有很大的选择性,投资基金的品种也适合各类投资者。对于不愿冒大风险的稳健型投资者来说,可选择购买债券基金、货币基金、优先股基金或蓝筹股基金等。对敢冒风险追求较高利润的投资者来说,可选择购买期货基金、杠杆基金或认股权证基金等。与此同时,不管是力图降低风险还是寻求高利润的投资者,为实现他们各自的目标,根据国内外经济和市场形势,既可选择国家基金,也可通过本国的基金管理公司购买国际基金和海外基金。此外,由于投资基金是以基金单位为基金的认购单位,认购多少应视投资者的自身实力而定,因而说投资基金既适合资金雄厚的大投资者,也适合资金较少的中小投资者。

(五)交易成本低

在当前国际基金市场竞争日趋激烈的情况下,基金公司除了加强管理和服务之外,还在不断降低其所收取的管理费和购买手续费,而且很多国家投资基金的买卖还免交印花税。基金的管理费一般一年交纳基金净资产的1%~1.5%,购买费一般一次性交纳3%~5%,持有基金的第一年交纳了6.5%,从第二年开始每年只需交1%~1.5%。而如果购买股票,一年之内只要交易5~6次的费用就会达到或超过基金投资者第一年所交纳的6.5%的费用,如果交易两次就可超过基金投资者第一年之后每年交纳的费用,这样算起来购买投资基金所需的费用要比购买股票所需的费用低得多。

从投资基金的上述特点来看,投资基金确实是一种风险较小、收益一般会高于储蓄和购买债券的投资方式。但它也并非是十全十美的,由于它在实际运作中采用组合投资,这虽然降低了风险,但也限制了投资者的收益。而且由于一次性交纳购买费,这就使投资基金只适合长线投资,不适合短线炒作,投资者若频繁买卖基金,成本会很高,收益会低于其他投资方式。此外,投资基金也并非没有风险,它采用的组合投资虽然将风险降到最小,但仍需面对风云变幻的市场风险,以及情报与预测是否准确和管理是否严谨的经营风险,如香港的太阳基金在半年内从每基金单位14.8美元跌至面值以下的4.35美元,使基金的投资者损失巨大。投资基金与其他投资方式一样,是一种收益与风险并存的投资方式。

第二节 国际投资基金的种类

世界各国发行的投资基金种类繁多,形式多样,这正是投资基金在当今世界得以迅速发展的因素之一,但是国际上众多的投资基金也给其进行统一分类带来一定的难度,从目前的投资基金分类情况看,已被国际上认可的分类标准有:按投资基金的组织形态分,可分为公司型投资基金和契约型投资基金;按受益凭证能否赎回来分,可分为开放型投资基金和封闭型投资基金;从基金运用方法上分类,可分为固定型投资基金与管理型投资基金;按是否可以追加来区分,可分为单位型投资基金与追加型投资基金;按照投资的性质区分,可分为股权式投资基金与有价证券式投资基金;按投资的金融业务种类分,可分为综合型投资基金与单项型投资基金;从募集资金的币种、来源与运用国别分,可分为本币投资基金与外币投资基金;按基金买卖有价证券的主要种类分,可分为货币型投资基金、债券型投资基金和股票型投资基金;按照基金所指向的金融市场目标与方向不同,投资基金可分为资本市场投资基金与货币市场投资基金;按投资目标不同,又可分为成长型基金、收入型基金、成长收入型基金、积极成长型基金、平衡基金和新兴成长基金;按基金的来源和运用的地域来分,可分为国内基金、国际基金、海外基金和国家基金。

一、公司型投资基金与契约型投资基金

(一)公司型投资基金

公司型基金就是美国所称的共同基金,它是以盈利为目的、依据公司法的规定而不是依据信托契约而设立、受基金投资者的委托通过发行股票来筹集资金并从事各种有价证券投资的股份有限公司。公司型基金涉及五个当事人,即投资者、基金公司、管理公司、托管公司和承销商。基金的投资者是基金的股东,是基金资产的实际持有人,以其所持有公司股份的份额分享投资收益和承担风险,并通过股东大会及其所拥有的投票权来选举董事会;基金公司是基金本身,也是基金资产的名义持有人,其主要职责是根据章程做出投资决策;基金的管理公司是一个独立于基金公司并由专家组成的、执行基金公司决策的机构,即负责进行投资组合和进行投资运作,基金管理公司根据与基金公司签署的管理协议行使权利、履行义务并收取管理费;托管公司也是一个独立的机构,它主要负责保管基金资产、进行资产核算、配发股息及办理过户手续、监督基金管理公司的投资运作,托管公司一般由银行和信托机构承担,它也是根据与基金公司签署的保管协议行使权利、履行义务并收取托管费;承销商是管理公司的代理机构,主要负责基金受益凭证的销售、股息的发放及基金的赎回等。公司型投资基金的设立必须在工商管理部门和证券交易委员会注册,并同时在股票发行和交易的所在地登记。公司型投资基金已被世界各国广泛采用。

(二) 契约型投资基金

契约型投资基金又称信托投资基金,是指通过发行受益凭证筹资,由基金管理公司、托管公司、投资者以签订信托契约的形式组建的一种投资基金。契约型投资基金不仅涉及基金的管理公司和托管公司,也涉及投资者。基金管理公司作为受托者是基金的发起人,负责设定基金的类型,发行受益凭证,依据信托契约进行投资运作,并指定基金的托管机构;托管公司作为基金的受托人主要负责基金的有价证券和现金的管理,及其他有关代理业务和会计核算业务,托管公司一般是银行或信托公司;基金的投资者也称受益人,是以购买受益凭证的方式成为信托契约的当事人,并以此享有基金收益的分配权。契约型投资基金是历史最为悠久并被广泛采用的一种投资基金,英国、日本、韩国、新加坡、中国香港地区和中国台湾地区设立的投资基金多属于这一类。

(三) 公司型投资基金与契约型投资基金的区别

公司型投资基金和契约型投资基金是以其组织形态来划分的,这就决定了它们具有以下区别:

1. 法律地位不同。公司型投资基金是按各国的《公司法》设立的,故具有法人地位;契约型投资基金则是按各国的《信托法》设立的,多数国家都不承认其法人资格。

2. 基金存在的时间不同。公司型投资基金由于具有法人地位,所以它在不破产或不解散的前提下可以无限期地永远存续下去;契约型投资基金由于多数国家不承认其法人地位,在契约到期时投资基金便自动终止。

3. 融资渠道不同。具有法人地位的公司型投资基金可以通过向银行贷款来发展自己,扩大运营的规模;不具有法人地位的公司一般得不到银行的贷款,投资者的收益也因此可能会受到影响。

4. 投资运作的依据不同。公司型投资基金是股份有限公司,其投资运作的依据是公司章程;契约型投资基金的设立以信托契约为纽带,其投资运作依据当然是信托契约。

5. 投资者在投资基金中所处的地位不同。投资者在公司型投资基金中是股东,作为股东可以通过股东大会行使表决权,间接参与基金的经营与管理;在契约型投资基金的形式下,投资者以购买受益凭证的方式作为信托契约的当事人,不具有任何形式的经营管理权,只是投资基金的受益人。

6. 投资者成为股东或受益人所需经过的手续不同。公司型投资基金的投资者在购买股票以后,还得根据交易所的规定,日后办理完交割手续后才能成为股东;

契约型投资基金的投资者只要向基金管理公司购买了受益凭证之后,便可成为受益人。

二、开放型投资基金和封闭型投资基金

(一) 开放型投资基金

开放型投资基金是指投资基金发行的资本总额和份数不是固定不变的,而是根据基金自身的需要及金融市场供求关系的不断变化,随时增发新的基金份额或发行已被投资者赎回的投资基金。开放型投资基金的资本总额是不封顶的,基金公司可以根据其经营策略和金融市场的变化发行新的基金份额,因此它也被称为追加型投资基金。开放型投资基金的投资者不仅仅可以随时购买基金份额,还可以根据行市的变化在基金首次发行一段时间以后,将所购买的投资基金的全部或部分在基金管理公司设定的内部交易日,通过内部交易柜台再卖给基金管理公司,即赎回现金。若被赎回的基金数额过大并超过了基金正常的现金储备时,基金公司还可以重新发售已赎回的受益凭证。开放型投资基金的买卖价格是由基金的净资产价值加一定的手续费决定的,当然开放型投资基金的买卖价格也反映了投资基金所投资的股票、债券等有价证券的价值及基金的收益情况。开放型基金在18世纪起源于英国,第一次世界大战以后,随着国际金融中心从英国移至美国,开放型基金开始在美国盛行,20世纪60年代以后美国的共同基金逐步从储蓄保值型走向增长型,70年代又从封闭型走向开放型。开放型基金适合缺乏证券知识、风险承受能力低、期望获得稳健收益的投资者。

(二) 封闭型投资基金

封闭型投资基金指的是基金在设立时规定一个基金发行的固定数额,并在规定的时间内不再追加发行,投资者也不能赎回现金。封闭型投资基金由于基金的资本总额是固定的,因此在基金资本数额达到了计划要求时,便进行封闭,在规定的时间内基金公司既不能增发基金,投资者也不能赎回现金。封闭型投资基金虽然不能赎回,但却可以像普通股一样在二级市场上通过经纪人进行买卖。封闭型投资基金的交易价格虽然也以基金的净资产为基础,但更能反映经济形势和金融市场的状况。

(三) 开放型投资基金和封闭型投资基金的区别

开放型投资基金和封闭型投资基金都是相对而言的,它们是不同经济发展阶段的产物,从目前各国发行的这两类基金的规则来看,它们的区别主要体现在以下

几个方面：

1. 基金的发行限额不同。封闭型投资基金设立时规定有基金资本的最高限额，当发行的基金额度达到规定的份额或发行期已过时便停止发行，并且在基金规定的期限内不得追加资本，扩大规模；开放型投资基金的基金数额则不加以限制，基金公司可根据具体情况随时增发新的基金份额，扩大基金规模。

2. 交易的方式与地点不同。封闭型投资基金的投资者在基金规定的期限内不得赎回其资金，只能在到期后赎回或在基金上市后通过经纪人进行交易；开放型投资基金在基金规定的期限内可以随时直接向基金管理公司赎回其资金，这也节省或免除了交易的手续费和各类税费，从而降低了投资成本。

3. 交易价格的依据不同。封闭型投资基金在上市之前，投资者以基金的净资产价值买入，当基金发行完毕或发行期已过，基金可以上市交易时其价格根据金融市场的供求关系，以及世界经济形势或基金所在国的经济状况而定，而不是依据基金的净资产价值确定，这就增加了投资者的投资风险；开放型投资基金的投资者在直接向基金公司赎回资金时，其价格按基金的净资产价值，这就大大降低了投资风险。

4. 基金运用率和运用的投资组合不同。封闭型投资基金的投资者由于不能随时赎回其资金，基金的数额不会随时增大或减少，即基金的数额是稳定的，于是基金管理公司可以将全部基金用于投资，尤其是长线投资，这实际上增加了基金的收益；投资者可随时赎回的开放型投资基金，基金公司不能将全部基金用来投资，必须预留出一部分基金，或在投资组合时购买一定比例的随时可出手的金融商品以应付随时想赎回现金的投资者，而且能用于长线投资的部分很少，从而会影响基金的长期收益。

5. 适用的投资市场不同。封闭型投资基金由于资本总额固定不变并不能随时赎回，这就只适合在规模较小而且开放度不高的金融市场上进行投资；开放型投资基金由于资本总额不固定并随时可以赎回资金，从而使它适合在开放度较高及规模较大的金融市场上进行投资。世界各国在最初建立投资基金时，一般都先采用封闭型基金，随着投资基金业的成熟及金融市场的发展与完善才会过渡到开放型基金，这也正是封闭型投资基金的历史早于开放型投资基金的原因所在。

6. 适合的投资者不同。封闭型投资基金的受益凭证上市买卖时，往往对每手的最低交易额度要求较高，这就使资金较少的投资者难以上市进行买卖，它更适合机构投资者或资金较多的个人投资者；开放型投资基金每手的交易额度要求较低，符合中小投资者的投资需求。

开放型投资基金和封闭型投资基金是可以相互转化的，封闭型投资基金如果上市满3年，而且市价低于净资产价值的20%时，经投资者大会决定可以转为开放型投资基金;开放型投资基金如果规模过大,也可以停止基金的扩大发放,使其处于类似封闭型投资基金的状态。从投资基金的发展趋势来看,更适合于金融市场操作、能满足金融市场对资金不断增长的需求,以及更有利于投资者的开放型投资基金将会占据投资基金市场的主导地位。

三、固定型投资基金与管理型投资基金

固定型投资基金是指基金的经营者只能投资于预先确定的证券,在整个信托期间,原则上既不允许变更投资方向,也不允许转卖证券。管理型投资基金又称自由型或融通型基金,这是英国的一种传统的投资基金,管理型投资基金是指允许经营者可以根据证券市场的市场状况,对已购进的证券进行自由买卖,及不断调整投资组合。半固定型投资基金是一种介于固定型和管理型之间的一种投资基金,在日本非常流行,即在一定的条件和范围内,可以变更投资方向和内容。

四、单位型投资基金与追加型投资基金

单位型投资基金是契约型基金的一种,是以某一特定的货币总额单位为限筹集设立的一种基金,每次新募集的基金组成一个单独的基金管理公司,分别作为单独的信托财产运用和管理。单位型投资基金往往规定一定的期限,在规定的信托期限届满之前不得追加新的资金。信托期限有3年、5年、7年、10年、15年、20年等数种,信托契约终止后,退回本金和收益,中途既不能退回本金,也不得追加投资。在一般情况下,单位型投资基金多属于封闭型和半封闭型,或属于固定型与半固定型。此外,也有少数单位型投资基金在信托期间可以解约,即相当于单位开放型,有些基金规定经过一段时间后允许解约,投资这类基金也称单位半封闭型的基金。

与单位型相对的是追加型。追加型投资基金是指投资基金在设立后,经营者可以视基金单位的售出情况或市场状况,随时以当时的市场价格追加发行新的基金单位的一种基金。追加型投资基金大都没有期限,中途可以解约,即可以要求发行机构赎回,所以追加型投资基金多数属于开放型,也有极少数是封闭型的,即中途不可以解约。

五、股权式投资基金与有价证券式投资基金

股权式投资基金就是基金的经营者以股权方式投向某一产业或某类企业公开发行或上市的股份或股票,或以参股或合资的方式进行投资。这种方式的主要目的以获得投资收益为主,可以参与企业经营,但不以控制企业为目的。有价证券式投资基金是基金的管理以投资于公开发行和公开上市的股票和债券为主,即主要

参与二级市场中的证券买卖。股权式投资基金与有价证券式投资基金有以下几个区别:

第一,股权式基金是基金经营者直接投入企业,变成企业的股东,并主要着眼于企业股权增值或资本收益。有价证券式基金则主要着眼于二级市场买卖差价和红利收入,通过购买上市公司的股票和债券间接投资企业。

第二,股权式基金侧重于分红和投资资本的增值,投机成分很少。有价证券式基金既注重分红,更注重股票和债券在二级市场上的买卖差价收入,有很大的投机成分。

第三,有价证券式基金对二级市场的依赖性较大,必须以一定规模和一定范围的证券二级市场为基础。股权式基金则对二级市场的依赖性很小,但对股份制企业质量和有关上市公司管理的法规有较高的要求。

第四,股权式投资的流动性较差,即变现性较弱,这类基金一般是封闭式的,这样可以稳定运作。有价证券式基金的流通性较好,这种类型的基金一般是开放式、追加型、期限短或没有明确的期限。

六、综合型投资基金与单项型投资基金

综合型投资基金是指基金投资的业务种类可以多样,既可以进行直接投资,也可以进行贷款、租赁、证券买卖、拆借融资等业务。在一般情况下,这类基金在很多国家受到严格的限制或被禁止,因为这类基金从事的业务,不能体现金融分工的要求,在某种程度上等同于综合性金融公司,既有银行业务,又有信托业务,不能体现基金的特色与独特功能。与此相对应的是单项型投资基金,单项型投资基金从事的业务是单一的,要么从事股权式投资,要么只从事有价证券式的投资业务。

七、本币投资基金与外币投资基金

本币投资基金是指投资基金公司向本国的投资者募集并以本国货币为面值的基金。本币投资基金的管理者仅在本国从事股权式或有价证券式投资活动。外币投资基金有三个含义:①指向国外投资者募集国际上可自由兑换的任意一种外币而设立的投资基金,这种基金主要用于国内投资,并在对象国或国际上某一交易场所交易流通,分红也是以外币进行;②向国内投资者募集外币资金的一种投资基金,这种基金投资于国内可以进行外币投资的企业股权、股票和债券,分红或转让也用外币进行;③用任一种形式向国内投资者募集外币资金,并用于在海外进行股权收购或买卖外国有价证券的一种投资基金。

八、货币型投资基金、债券型投资基金和股票型投资基金

货币型投资基金是指基金的投资组合由货币存款构成,它一般可以分成两类:

一类是管理货币基金,是投资在以各种货币发行的短期金融商品上的基金;另一类是货币市场基金,它是投资在以一种货币发行的金融商品上的基金。货币基金的主要业务是在金融市场上进行一系列的长期和短期的存款和贷款。货币基金的基金单位一般是固定的,经营无限期延续,投资成本也较低。

债券型投资基金可分为很多种:一种是政府公债基金,这种基金只能投资于政府发行的公债,或由政府担保的债券,这种基金存在利率风险,期限越长风险越大;第二种是公用债券基金,也叫市政公债基金,这类基金主要投资于地方政府发行的债券,利息是可以免税的;第三种是公司债券基金,该基金的管理者将其基金的60%以上用于公司债券,公司债券基金虽然风险比前两种基金大,但获利也较前两种基金高。

股票型投资基金是经营者以股票为主要投资对象的一种投资基金。从理论上说,股票型投资基金投资的对象为股票,债券型投资基金的投资对象为债券。但这样划分并不绝对,在欧美国家,只要投资对象以债券为主,即使投资一些股票,也属于债券型投资基金。而以股票投资为主要对象的基金,投资适当比例的债券,也属于股票型投资基金。在日本,只有纯粹是债券投资,才算做债券型基金,若购入少量股票,便归类为股票型基金。在日本的股票投资基金中,除可以投资债券以外,还常把部分资金用于放款和同业拆借。由于上述复杂性,股票型投资基金以股票投资的具体方向又可细分为优先股型基金、普通股型基金、均衡型基金、特定产业型基金、收益型基金、债券优先型基金:①优先股型基金,以投资安全性和收益性均较高的优先股为主要对象的投资基金;②普通股型基金,以投资普通股为主要对象的投资基金,美国大部分的共同基金属于此种类型,普通股型基金又细分为成长型、收益型和成长收益型三种;③均衡型基金,该种基金的资产分散投资于普通股、优先股及公司债券,为安全起见,各国对这种基金投资股票的比例做了严格的限制,一般对同一股票投资额不得超过其净值总额的5%;④特定产业型基金,此种基金主要投资于特定产业上市公司的股权、股票或债券;⑤收益型基金,此种基金注重目前收益,一般将资产分散投资于收益较高的股票;⑥债券优先型基金,此种基金的投资对象主要是各种债券,兼顾少量的优先股、普通股,这是美国式的分类方式。

九、资本市场投资基金与货币市场投资基金

资本市场投资基金是将所发行基金投向资本市场或流动型较好的证券市场、衍生产品市场等,作为中长期投资,以发挥资金作为资本的作用。这类基金主要包括股票基金、国债基金、公司债基金、创业基金、认股权证基金、期货基金等。

货币市场投资基金是由小额存款集合成为大额存款的投资基金,主要投资指

向为短期金融市场。它最初产生于美国,是由于大额存款和大量债券购买具有优惠条件而引发,这种基金主要购买大额可转让存单、各类商业票据、银行票据,进行证券回购、短期融资等。在基金市场上,货币市场投资基金属于低风险的安全基金。该类基金又可分为两类:一类是投资在以各种货币发行的短期金融商品上的管理货币基金;另一类是投资在以一种货币发行的短期金融商品上的单一货币基金。

十、成长型基金、收入型基金、成长收入型基金、积极成长型基金、平衡型基金和新兴成长型基金

成长型基金指以追求长期的资本利得为主要目的而设立的投资基金。该基金多投资于企业信誉好、长期保持盈利、有良好的发展前景、股价长期稳定增值的绩优蓝筹股。这种基金的投资一般属于长期投资。

收入型基金主要投资于可以带来当期收入的有价证券,该种基金一般有两种:一种是主要投资于股票和债券的固定收入的投资基金;另一种是以投资股票为主要收入的股票收入型基金,股票收入型基金一般成长潜力大,但风险也高。

成长收入型基金是投资于能带来收入的证券及有成长潜力的股票来达到既有收入又有成长目的的基金。该种类型的基金要比成长型基金保守。

积极成长型基金亦称高成长型基金、资本增值型基金或最大成长基金。该类型基金主要以赚取在二级市场上的股票买卖差价为收入的主要来源,其目的就是追求最大利润。该类基金主要投资于具有高成长潜能的股票或其他有价证券。

平衡型基金既追求资金的长期成长,又要赚取当期的收入,它既投资于股票,也投资于证券,该基金除限定一定的比例投资于债券和绩优股之外,其余的一般投资于普通股。

新兴成长型基金与积极成长型基金一样,追求的是成长而不是收入,投资的重点对象是新兴行业中有成长潜力或高成长潜力的小公司或新公司,只将极少数资金投资于信誉好的大公司。

十一、国内基金、国际基金、海外基金和国家基金

(一)国内基金

国内基金是指面向国内投资者发行并用于在国内金融市场上进行投资活动的投资基金。国内基金虽然在大多数国家仍占主导地位,但其筹资范围的局限性、投资机会选择的有限性和收益的有限性已表现得非常明显。

（二）国际基金

国际基金是指面向国内投资者发行的,用于在国际金融市场上进行投资运作的投资基金。国际基金由于是到境外金融市场上进行投资运作,这不仅为本国的投资者带来了更多的投资机会,增加了投资收益和分散了投资风险,还可使本国的投资者及有关投资和金融机构了解、认识和熟悉国际金融市场,并为其开辟了投资国际金融市场的手段。

（三）海外基金

海外基金又称离岸基金,它是指面向基金公司所在国以外的投资者发行的,并投资于境外金融市场的投资基金。海外基金的发行范围广,投资的地域宽,投资组合的选择性强。对一国的国内投资机构或金融机构来说,发行海外基金是一种熟悉国际金融市场、了解国际金融市场法规、成为跨国经营企业的重要途径。

（四）国家基金

国家基金是指面向境外投资者发行的,用于在国内金融市场投资运作,并在基金发行完毕后受益凭证在境外证券市场上市进行交易的一种投资基金。国家基金是一种不仅基金公司的所在国没有还本付息的债务压力,而且操作简便、成本较低、风险较小的投资基金。国家基金是一个国家利用外资、解决本国发展资金不足的重要手段。

十二、交易所交易基金

（一）交易所交易基金的概念

交易所交易基金(Exchange Traded Fund,ETF)是指可以在交易所上市交易的基金,又称交易型开放式指数基金或交易所指数基金,是近年来在美国出现的一种新型的开放式基金。它是随着组合交易和程序化交易技术的发展而出现的。

交易所交易基金代表的是一揽子股票的投资组合,与传统的证券投资基金的投资方法和依据有所不同。传统的股票投资基金主要是基金公司依据对上市公司的基本面和技术图形来对股票是否有投资价值进行分析,而交易所交易基金不按个人意向进行投资,而是被动地根据指数成分股的构成来决定所投资的股票,投资股票的比重也跟指数的成分股权重保持一致,每只交易所交易基金都被动地跟踪某一个特定指数,所跟踪的指数被叫做交易所交易基金的"标的指数"。交易所交易基金的"标的指数"一般具有一定的知名度、市场代表性、良好的流动性。交易所交易基金的净值价格可以随标的指数一道,由交易所行情显示系统实时和动态地公布出来,普通投资者可以在交易时间内,根据指数的波动对其进行同步买卖。交易所交易基金可以使投资者实现既赚指数又赚钱的目的。因为采取被动式管理的指数化投资,所以交易所交易基金不需要负担庞大的投资和研究团队的支出,其管理费率甚至低于收费最低的指数共同基金。交易所交易基金之所以得到投资人的欢迎,关键在于其交易灵活和成本低廉。

交易所交易基金最早出现于加拿大,其发展与成熟主要是在美国。世界上第一只交易所交易基金是由加拿大多伦多证券交易所(TSE)于1990年推出的多伦多指数参与单位(Toronto Index Participation Units,TIPS),1993年美国也推出了交易所交易基金,交易所交易基金便从此得到发展。交易所交易基金的资产持续由欧美地区的成熟市场主导,但发展中市场的ETF有很高的增长率,特别是亚洲地区,虽然目前亚洲市场只占全球ETF规模的7%,但增长率将会最高。截至2014年年末,上海和深圳两家证券交易所107只ETF市值规模合计达到人民币2 531亿元,较2013年末增加25只新产品,市值规模增长58%。

(二)交易所交易基金的交易方式

1. 投资人直接向基金公司申购和赎回。这有一定的数量限制,一般为5万个基金单位或者其整数倍;而且是一种以货代款的交易,即申购和赎回的时候,付出的或收回的不是现金而是一揽子股票组合。

2. 在交易所挂牌上市交易,以现金方式进行。与通常的开放式基金不同的是,交易所交易基金在交易日全天交易过程中都可以进行买卖,就像买卖股票一样,还可以进行短线套利交易。

(三)交易所交易基金的特点

1. 交易所交易基金的发行和赎回只面向机构投资者进行批发,而不面向个人投资者进行零售。

2. 投资者申购交易所交易基金时,使用的通常不是现金,而是一揽子证券组合,投资者赎回时得到的也是一揽子证券组合。

3. 交易所交易基金的零售交易是在该基金所挂牌的股票交易所的正常交易时间内以市价进行,对于个人投资者来说,他们可以像买卖股票、封闭式基金那样在二级市场随时购买或出售交易所交易基金。

4. 交易所交易基金的二级市场交易价格与其单位净值非常接近,一般不会出现大的折价或溢价现象。

5. 交易所交易基金是以某个市场指数为目标指数,采用完全复制或统计抽样等方法跟踪该目标指数,以期获得与目标指数相近的投资收益率。

交易所交易基金属于一种基金创新产品,它是在封闭式基金、开放式基金以及指数基金的基础上发展起来的一种基金"混合产品",兼具封闭式基金与开放式基金的特点。

交易所交易基金同时具有封闭式基金与开放式基金的优点。首先与封闭式基金相比,它避免了折价交易的缺陷。在弱势市场中,封闭式基金的折价交易在全球金融市场上是非常普遍的现象,这种折价现象用金融理论是无法解释的,有人也把它叫做"封闭式基金折价之谜"。交易所交易基金与开放式基金相比,具有交易成本低、交易方便、信息公开化程度高的特点。投资者投资开放式基金一般是通过银行、券商等途径向基金管理公司进行基金的申购、赎回,而且股票型开放式基金交易手续费用一般较高,买不同的基金需要去不同的基金公司或者银行等代理机构,给投资者很多不便。交易所交易基金的投资者可以像买卖股票和封闭式基金一样,直接通过交易所公开报价进行交易。此外,交易所交易基金由于采用指数化投资,从而有效地规避了股票投资的非系统性风险。

十三、上市型开放基金

上市型开放基金(Listed Open – Ended Fund,LOF)是指上市型开放式基金发行结束后,投资者既可以在指定网点申购与赎回基金份额,同时也可以在交易所买卖该基金。不过投资者如果是在指定网点申购的基金份额,想要上网抛出,须办理一定的转托管手续;同样,如果是在交易所网上买进的基金份额,想要在指定网点赎回,也要办理一定的转托管手续。

上市型开放基金是开放式基金,它的份额是可以增加和减少的,所不同的是增加了场内交易的渠道,它实际上是交易方式的一种创新。它的主要特征表现在以下几个方面:

上市型开放基金本质上仍是开放式基金,基金份额总额不固定,基金份额可以在基金合同约定的时间和场所申购和赎回。

上市型开放基金的发售既可以通过银行等代销机构,也可以通过交易所交易网络。

上市型开放基金的投资者既可以选择在银行等代销机构按当日收市的基金份额净值申购、赎回基金份额,也可以选择在交易所各会员证券营业部按撮合成交的价格买卖基金份额。

投资者可以通过跨系统转托管实现在交易所交易系统买卖和在银行等代销机构申购、赎回基金份额两种交易方式的转换。

上市型开放基金的场外申购是在银行和证券公司等代销的网点,它的费率在招募说明书中规定,一般为0.5%~1.5%。场内交易是在证券公司的营业部,同封闭式基金一样买卖,费率大约3‰左右,大资金可优惠到1‰。费用低廉的场内交易应该是上市型开放基金的发展方向。

十四、对冲基金

(一) 对冲基金的概念

对冲基金(Hedge Fund)是一种衍生工具基金,目前国际上尚未有一个权威性的概念。国际货币基金组织给对冲基金所下的定义为:对冲基金是私人投资组合,常离岸设立,以充分利用税收和管制的好处。美国第一家提供对冲基金商业数据的机构 Mar/Hedge 给对冲基金下的定义为,采取奖励性的佣金(通常占15%~25%),并至少满足以下各标准中的一个:基金投资于多种资产;只做多头的基金一定利用杠杆效应;基金在其投资组合内运用各种套利技术。美国一家对冲基金研究机构 HFR 将对冲基金概括为:采取私人投资合伙公司或离岸基金的形式,按业绩提取佣金,运用不同的投资策略。美国著名的先锋对冲基金国际顾问公司 VHFA 认为:对冲基金是采取私人合伙公司或有限责任公司的形式,主要投资于公开发行的证券或金融衍生品。

依据上述的解释,对冲基金实际上是对少数投资者发行的,以高于市场平均风险的条件,投资对象涵盖证券、货币、期货、期权、利率、汇率等几乎所有金融产品,并通过财务杠杆来牟取超额收益率的一种私人投资基金。

(二) 对冲基金的操作方法

对冲基金又称套利基金或避险基金。对冲(Hedge)一词,原意指在赌博中为防止损失而采用两方下注的投机方法,因而把在金融市场既买又卖的投机基金称为对冲基金。

其操作的方法是,基金管理者在购入一种股票的同时,购入这种股票的一定价位和时效的看跌期权(Put Option)。买入看跌期权的意义在于当购入股票价位跌破期权限定的价格时,卖方期权的持有者可将手中持有的股票以期权限定的价格卖出,从而使股票跌价的风险得到对冲。同样,基金管理人买进几只其看涨的行业的优质股,同时以一定比率卖出该行业中几只劣质股。这样对冲的结果是,如果对看好行业的预期正确,优质股涨幅必超过其他同行业的股票,买入优质股的收益将大于卖空劣质股的损失;如果预期错误,此行业股票不涨反跌,那么较差公司的股票跌幅必大于优质股,则卖空盘口所获利润必高于买入优质股下跌造成的损失。由此得出,早期的对冲基金可以说是一种基于避险保值的保守投资方式。

(三)对冲基金的产生与发展

1. 初始阶段(1949~1966年)。对冲基金的鼻祖是美国社会学家琼斯(Alfred Winslow Jones),1949年琼斯在《财富》杂志任职期间,受命从事证券市场的技术分析方法栏目,由于琼斯对证券市场的研究颇有建树并撰写了大量的文章,因此建立起一家合伙性质的Jones投资公司,并成为基金经理人。该公司带有典型的特征,所以被认为是世界上第一家对冲基金。公司实施奖励佣金制,他把他自己的资本投入到基金中,将利润的20%作为薪水支付给一般经理人员。后来该公司改为有限合伙公司,该公司还创建了一套模拟指标,其运作保持着秘密状态,经营业绩良好。

2. 初步发展阶段(1966~1968年)。1966年媒体发现并盛赞业绩不凡的Jones基金,详细描述了Jones基金的结构和激励方式,以及Jones在后来几年创建的模拟指标。大家发现Jones基金的回报率大大超过了一些经营最成功的共同基金,Jones基金过去五年的回报率比诚信趋势(Fidelity Trend)基金高出44%,过去10年的回报率则比Dreyfas基金高87%。该基金的这一成就使美国的对冲基金数目大增,虽然难以知道美国在随后几年中所建立的对冲基金的准确数字,但根据美国证券交易委员会(SEC)的一项调查,截至1968年底成立的215家投资合伙公司中有140家是对冲基金。但一些基金经理发现通过卖空来对冲投资组合不仅难度大、耗时长,而且成本高,从而使对冲基金向多种类别发展。

3. 低潮阶段(1969~1974年)。对冲基金的迅速成长是伴随着强劲的股票市场发展的,1969~1970年的股市暴跌给基金业以灾难性的打击,对冲基金也难以避免。据SEC调查,美国28家最大的对冲基金中,从1966年至70年代末其管理的资产减少了70%,其中有5家倒闭。1973~1974年的股市下跌,再次冲击基金业,使对冲基金的资产急剧下降。

4. 恢复发展阶段(1974~1985年)。随着1974年美国股市的转暖,对冲基金逐渐重新运作,对冲基金的数量和规模都在不断地发展壮大,但由于金融管制较严,影响了对冲基金的发展速度。

5. 迅速发展阶段(20世纪90年代之后)。进入90年代以后,随着金融管制放松,金融创新工具的大量出现,以及经济和金融全球化趋势的增强,对冲基金如雨后春笋迅速增多,迎来了对冲基金发展的黄金时期。1990年,全球仅有各种对冲基金1 500家,资本总额不过500多亿美元。基金顾问公司TAS根据美国《对冲基金》杂志的调查,截至2004年底全球约有4 000多个对冲基金,比两年前的数目多出逾一倍,所管理的资产总值则由1996年1 500亿美元增至4 000亿美元。目前全球对冲基金总数已超过9 000个,管理的总资产超过8 500亿美元。截至2014年第一季度末,全球对冲基金市场规模上升到创纪录的2.7万亿美元。

(四) 对冲基金的分类

1. 低风险对冲基金。低风险对冲基金主要是指一般不以高于本身资本两倍的借贷款在美国和国外的股票市场上进行投资和投机交易的基金。低风险对冲基金的操作方式以长买短卖为主,即购买可能会上升的股票,借用和出售可能会下跌的股票;待市场出现好转后,再买回这些股票。当然低风险也会使回报受到限制。

2. 高风险对冲基金。高风险对冲基金指的是以高于资本两倍甚至经常以高于资本2.5倍的借贷款,既在全球股票市场上进行长买短卖,也在全球债券、货币和商品期货等市场上进行大规模投资和投机交易的一种对冲基金。索罗斯经营的量子基金就属于这一类对冲基金。高风险对冲基金的收益率一般也会很高。

3. 疯狂对冲基金。疯狂对冲基金是以高于本身资本十倍甚至几十倍的借贷款在国际金融市场上进行投资交易的一种对冲基金。美国长期资本管理基金属于疯狂对冲基金,该基金曾以40多亿美元的资产向银行贷款100多亿美元,其买进卖出的各种证券和股票市面价值一度高达1.25万亿美元,结果导致了1998年9月美国对冲基金事件的爆发。

索罗斯的量子基金在国际资本市场上经常疯狂交易,尤其对英镑、比索、泰铢发起攻击的得手,说明对冲基金已经有挑战一个国家的能力。从巴林银行事件、德国MG事件、日本住友铜事件,以及中国的中航油事件,可以让人们感到对冲基金对金融市场影响的程度。

(五) 对冲基金的特征

从广义上来说,对冲基金也是共同基金的一种,但与一般共同基金相比,对冲基金又有许多特点:

1. 对投资者资格要求较高。对冲基金对投资者资格有严格的限制,美国证券法规定:以个人名义参加,其净资产不少于100万美元,最近两年内个人年收入至少在25万美元以上;如以家庭名义参加,夫妇俩最近两年的收入至少在30万美元以上;如以机构名义参加,其参与者必须为500人。共同基金等其他基金一般无此限制。

2. 运用各种金融工具操作。基金的管理者可以自由、灵活地运用各种包括卖空在内的投资技术和衍生工具进行交易,特别是可以利用财务杠杆进行运作。据统计,对冲基金资本的杠杆率多在2~20,采用的手段是通过抵押借款在回购市场上投资于政府债券,从而在短时间内聚集巨额资金来操纵市场。对冲基金的操作一般不受限制,而一般的共同基金在操作上受限制较多。

3.筹资方式为私募。证券法律一般规定对冲基金通过私募发起,不得利用任何传媒做广告。对冲基金的投资者主要通过四种方式参与:根据在上流社会获得的所谓投资可靠消息;直接认识某个对冲基金的管理者;通过别的基金转入;通过投资银行、证券中介公司或投资咨询公司的特别介绍。共同基金一般是通过公募,而且可以通过广告公开吸引投资者参与。

4.可以设立离岸基金。对冲基金通常可以设立离岸基金,其好处是可以避开法律的投资人数限制和避税效应。离岸基金一般设立在免税和税率低的地区,如维尔京群岛(Virgin Islands)、巴哈马(Bahamas)、百慕大(Bermuda)、开曼群岛(Cayman Islands)、都柏林(Dublin)和卢森堡(Luxembourg)等。如果不把"基金的基金"计算在内,目前离岸基金管理的资产几乎是在岸基金的两倍,而共同基金一般不能离岸设立。

5.采用激励性机制。由于对冲基金的收益分配采用激励性机制,从而吸引了市场中许多优秀的投资专家,对冲基金的经理人在按交易规模收取固定比例管理费外,基金还将投资收益的一定比例作为激励费给予经理人,这笔费用一般都高于固定的管理费,有时甚至高达上亿甚至数亿美元。

对冲基金的最大特点是进行贷款投机交易,即买空卖空。美国大约有85%的对冲基金进行贷款投机交易,在选准市场或项目后,即以数额并不多的资本做抵押,到商业银行、投资银行或证券交易所进行巨额贷款,然后倾注大量资金进行歼灭战,或大输或大赢,其投资战略绝对保密。20世纪90年代以后,美国对冲基金的冒险系数越来越大,但大多比较成功。经过几十年的演变,对冲基金已失去其初始的风险对冲的内涵,成为一种新的投资模式的代名词,即基于最新的投资理论和复杂的金融市场操作技巧,充分利用各种金融衍生产品的杠杆效用,承担高风险、追求高收益的投资模式。

第三节 投资基金的管理

一、投资基金管理的主要依据

投资基金管理的主要依据包括投资基金章程、信托契约、委托管理协议、委托保管协议和招募说明书等。

(一)*投资基金章程*

投资基金章程是基金的发起人在设立基金时所制定的纲领性文件。其主要内容包括总则(基金的名称、地址、法人代表、类型、宗旨、管理人、托管人及制订该章程的依据)、基金证券的有关规定、基金的发行与转让(发行对象、规模、方式、认购的最低额、期限及存续期)、基金持有人的权利与义务、投资目标、投资政策、投资范围、投资限制、有关当事人的职责、资产评估与经营情况的报告时间和方式、基金运作所需的各项费用及其计算、会计与税收、终止与清算、公司董事会的产生办法和权限、附则等。投资基金章程是对基金管理的主要法律依据,也是投资者或债权人了解基金的重要文件。

(二) 信托契约

信托契约是基金管理人与托管人在设立基金时,为明确双方的权利和义务而制定的一种核心性文件。它的主要内容包括当事人的名称和地址、基金的名称和期限、基金的规模(发行总额、单位面额、受益凭证单位总数)、基金设立的目标、投资政策、投资限制、派息政策、基金资产净值的计算和报告方法、基金的发行与认购方法、基金所有当事人(包括管理人、托管人、投资顾问、投资者、律师等)的权利与义务、信托费用种类与标准、信托契约的修改与终止等。信托契约与基金章程一样也是投资基金的根本大法,投资基金的所有文件如招募说明书、设立基金的申请报告、基金募集与发行计划、受益证书等都是以信托契约为依据的。

(三) 委托管理协议

委托管理协议是公司型投资基金与基金管理公司就委托管理公司、对基金资产进行投资管理问题达成的协议。委托管理协议的作用在于从法律上确立了基金公司和基金管理公司的权利和义务。选择合格的基金管理人是使基金增值及投资者权益得以保护的重要保障,作为基金的管理人不仅应具有法律所规定的资产、固定的经营场所、必备的设施和一定数量的专业技术人员,还应具有优良的业绩和良好的信誉。基金管理公司应该是经国家有关主管部门批准的信托投资公司、证券公司或专门从事基金管理工作的基金管理公司。

(四) 委托保管协议

委托保管协议是基金公司或基金管理公司与基金托管人就保管基金资产问题达成的协议。委托保管协议的作用在于明确委托人(基金公司或基金管理公司)与受托人(基金托管公司)的权利与义务,其中主要是明确受托人的责任和义务。委托保管协议一般都要求受托人承担以下几方面义务:一是按委托人的指示保管基金的资产;二是对投资项目进行清算;三是负责基金证券买卖的交割、清算和过户;四是负责向投资者派息及新增基金份额的认购;五是对管理公司进行监督。委托保管协议应在基金设立之前签署,而且也是提出设立基金申请时必须附带的材料。

(五) 招募说明书

招募说明书在前面已经做了介绍,它是经国家有关部门认可的一个法律性文件。招募说明书实际上是一种自我介绍性文件,在该文件中基金公司向投资者介绍了基金本身以及基金的管理人、托管人、法律顾问、投资顾问、审计师、律师等有关当事人的详细情况。其目的是让投资者了解本基金,以便投资者做出是否投资本基金的决策。实际上,招募说明书是基金对投资者的许诺,投资者也以此监督基金公司的运作。当投资者的权益受到侵犯时,他们便可依此行使权利来维护其自身利益。招募说明书已成为基金经营与管理的纲领性文件。

二、投资基金运作与管理的法律规范

从事投资基金活动国家的政府,为了规范证券市场的正常运行机制,保护每一个基金投资者的利益及其资金安全,对投资基金的运作与管理进行不同程度的监督和限制。其限制具体体现在以下三个方面:

(一) 基金投资对象的限制

作为一种信托投资工具,投资基金应具有一定的投资范围,按多数国家的法律规定,投资基金主要用于投资上市或未上市公司的股票、股权凭证、新股认购权证、政府债券、可转换公司债券、金融债券等有价证券,以及一些变现性较强的商业票据。有些国家不许投资未上市的公司股票,只有极个别国家允许做一些诸如房地产业务等直接投资。

(二) 基金投资数量的限制

投资基金在投资股票时,各国都规定了每个基金投资股票和债券的最低比例、购买同一公司证券的数量占该公司已发行证券的最高比例,以及购买同一公司的股票占该基金资产净值的最高比例等。其具体比例各国的规定是不一致的,据了解,多数国家一般把每个基金投资股票和债券的最低比例限定在80%左右,而购买同一公司证券的数量占该公司已发行证券的最高比例,以及购买同一公司的股票占该基金资产净值的最高比例限定在5%~10%。有些国家对不同类别的投资基金采取不同的比例限定,也有些国家对所有各类投资基金采用相同的比例限定。

(三) 基金投资方法的限制

为了防止出现欺诈行为使投资者受到伤害,各国都严格规定禁止利用基金购买本基金或基金的董事、主要股东、主要承销商所持有的证券,将基金资产出售或借给上述与基金本身的有关人员;禁止经营多种投资基金的基金管理公司对其所经营投资基金进行相互间的交易;禁止从事信用交易,即利用拆借资金或贷款买入证券以及卖出借来的证券。

三、投资基金的投资政策与投资组合

(一)投资基金政策

投资基金政策是基金公司为实现投资基金设立的宗旨和目标而制定的原则性的指导方针。在制定投资政策时,应从以下五个方面入手:①投资组合,不同的投资政策将会影响基金运作时所采用的投资组合,制定的投资政策一定要符合基金的性质,收入型或平衡型基金往往制定保守的投资政策,积极成长型或成长型基金应制定较激进的投资政策,而成长型及收入型投资基金应制定较适中的投资政策;②购买证券的分散程度,即基金持有股票所属公司的数量和购买各种不同公司证券的比例,较保守的投资基金制定的政策应有利于证券的分散化,追求高利润基金的投资政策往往对证券分散化的限制较宽;③各种证券质量的搭配,保守型基金为了取得稳定的收益,其投资政策对证券发行者的业绩要求较高,否则不许买进,而追求高利润基金的投资政策给予基金的操作者较大的证券选择自由;④充分利用基金进行投资的程度,谋求高利润基金的投资政策一般允许把基金的全部用于投资股票和债券等,而求得稳定收益基金的政策则要求用基金资产在短期票据、债券和股票之间进行转移,并保留一定数量的现金;⑤收益的发放方式,收入型基金和平衡型基金一般把基金的收益定期以现金的形式直接发放给投资者,而追求高利润的积极成长型或成长型基金则一般不将收益以现金的形式直接分配给投资者,而是将收益滚入本金进行再投资,以求更高的收益。

投资基金政策是由基金性质决定的,它实际上是投资基金运作的导向,积极成长型、成长型投资基金适合勇于冒险的投资者,平衡型、收入型投资基金适合较为保守和十分保守的投资者,而成长型及收入型投资基金更适合介于两者之间的投资者。投资基金政策应在其招募说明书中体现出来,以使投资者选择适合自己需要的投资基金。

(二)投资基金的投资组合

投资组合就是基金管理公司在利用基金资产进行投资运作时,将基金资产分散投资于国内外各种有价证券和不动产等。投资组合是投资基金运作与管理的一个核心问题,因为投资组合是投资基金的一大特征。投资于投资基金虽然风险较

小,但并非没有风险,它也像投资于其他证券一样,存在来自政治、经济、社会等方面的变动所导致损失的风险,以及来自金融市场、利率、购买力、基金本身经营不善或欺诈行为造成损失的风险。

投资组合的目标就是降低投资风险,根据金融市场上收益与风险成正比的关系,投资组合分为收入型投资组合、成长型投资组合及两者结合型的投资组合。收入型投资组合一般将投资风险较大的股票与安全性较高的债券的比例定为1:9或2:8之间,而成长型投资组合的这一比例则为9:1或8:2之间,两者结合型一般是5:5左右。以降低投资风险为目标的投资组合的具体内容就是分散风险,而分散风险的方法应从以下几方面考虑:①证券种类的分散,即投资股票与债券的比例;②国别的分散,即购买国外证券和国内证券的比例;③行业或部门的分散,即选购工业、农业、交通、通讯、金融等部门及电子、化工、汽车、服装等行业的比例;④证券发行公司的分散,即投资不同规模、不同实力、不同前景公司证券的比例;⑤证券到期时间的分散,即选购期限长短不同证券的比例;⑥投资时间的分散,即可以先把基金的一部分存入银行或购买一些短期商业票据,然后逐步分期和适时地将这部分资金用于选购目标证券。投资组合依据投资政策而制定,它是投资基金性质的具体体现。投资组合往往还会随着基金管理人的变化、投资目标的改变、费用的调整、基金资产的增减和配置的变化而变化。

四、投资基金的费用、利润的分配、税收和报告制度

(一) 投资基金的费用

投资基金的费用主要是指基金在整个运作过程中所需的各种投入,它主要由基金的开办费(设计费、注册费及与此有关的投入费)、固定资产的购置费、操作费(会计师费、律师费、广告费、召开受益人大会的投入费)、受益凭证的销售费、基金利润的分配费,以及行政开支费(管理人员的办公、工资、福利、保险等费用)构成。

投资基金设立与运作所需的费用主要来自投资者和基金本身的收益。投资者交纳的费用有以下几项:①首次认购费,它是投资者首次认购基金时一次性支付的费用,该费用一般为买卖基金总额的3%左右,用于刊登广告、购买设备和支付中间人的佣金;②管理年费,即基金管理人因经营和管理基金而从基金收益中提取的费用,提取的标准各国不一,主要由基金的性质而定,一般为基金资产净值的0.25%~2.5%;③保管年费,即基金的托管人因保管和处分基金资产而从基金收益中提取的手续费,提取标准一般为基金资产净值的0.2%;④赎回费和投资财务费,即投资者出售或赎回基金时所交的费用,该费用一般为单位基金资产净值的0.5%~1%;⑤业绩费,基金管理人根据其业绩从基金收益中提取的费用,业绩

一般为年利润的 3%~4%。

(二) 收益及其分配

投资基金的收益除了来自债券与股票的利息和股利之外,还有一部分来自利用基金资产投资于有价证券所得到的买卖差价收益(资本利得),以及基金所持有的证券增值所带来的收益即资本增值。基金净收益的分配比例各国不一,一般要求将每年盈利的 90% 以上分配给投资者,美国规定不少于 95%,我国规定不少于 90%。收益的发放方式既可采用以现金的方式直接发放给投资者,也可将其收益滚入本金进行再投资。

(三) 投资基金的税收

世界各国对投资基金的收税方法是不一致的,多数国家对投资基金的经营者是免税的,因为投资基金的经营者既不是基金资产的所有者,也不是基金的受益者。基金的收益是运用信托资产创造的,投资基金的经营者只不过是一个委托代理机构。纳税人应该是基金的投资者,交纳所得股息、利息、红利收入的所得税,股票基金和债券基金的交易税及交易单据的印花税等。纳税可采用由投资者自缴和由基金公司代缴两种方式。有些国家和地区对基金的投资者免征一定的税金,特别是对海外投资基金的投资者免除一切税收。

(四) 投资基金的报告

按各国的法律规定,基金公司应定期或不定期向投资者公布基金的有关信息,这些信息主要通过基金运作过程中发布的报告与公告来披露。这些报告与公告包括:①基金的年度报告与中期报告,主要介绍基金一年或半年来的运营状况和基金管理人的经营业绩,其中包括基金的资产负债表和损益表等;②基金资产净值公告,每月至少公告一次,介绍基金的资产净值及每基金单位资产净值;③基金投资组合公告,至少每季度公告一次,主要介绍基金资产投资于股票、债券及其持有现金等的比例。上述报告一般由基金管理人编制并向投资者公布。

案例研究

案例一 凯雷投资集团联席 CEO:投资于中国长期可持续的增长

凯雷 CEO 称,除美国之外,中国是凯雷投资的最佳目的地,相信中国是进行长期投资的绝佳市场。

凯雷是第一家进入中国的大型国际私募企业,并在这里拥有一席之地,如今已经成为中国规模最大和最活跃的外国投资者之一,自1998年以来,已经投资了80多个项目,股本投资总额超过57亿美元。

在2014年,凯雷在中国以及世界各地均取得重要进展。在中国,顺应互联网和移动革命的浪潮,凯雷投资了像赶集网这样的互联网公司。第四期亚洲并购基金融资额达到39亿美元,预计其中40%~50%将投资于中国。在世界其他地方,凯雷在美洲和欧洲继续保持良好的发展势头,同时进一步拓展了在新兴市场的足迹,例如在印度尼西亚的雅加达开设办事处,完成募集了7亿美元的撒哈拉以南非洲基金,并在非洲大陆进行了多笔投资。

来自凯雷中国投资组合公司的数据显示,中国的商品住宅投资、用于制造的海运工业品需求、固定资产投资都大幅放缓,与此同时,家庭消费支出继续保持每年10%的增长。经济增长从固定资产投资向家庭消费支出转型,难免会引发增长放缓,因为长期以来,固定资产投资占中国GDP的比重居高不下。从长远来看,缓速但更可持续的经济增长,对中国、全球经济和投资环境更为有利。在近期,这个转型可能会带来一些困难,尤其是在信贷市场。但凯雷CEO表示,相信中国有足够资源处理这些问题。

尽管经济增速放缓让人心存忧虑,中国仍然是世界十大经济体中增长最快的国家。对凯雷而言,中国是美国之外最具吸引力的投资之地。

成长型资本在中国可以有大作为。根据联合国的统计,中国的创业企业家数量比世界其他任何国家都要多。此外,中国政府认可私募股权投资能够创造价值,能帮助被投企业增值。中国不仅极具吸引力,而且非常欢迎私募股权投资,这也是为什么凯雷在全世界每12位员工中就有一位在中国工作。

案例思考与讨论:
1. 中国吸引凯雷投资的原因有哪些?
2. 为什么成长型资本在中国可以大有作为?

案例二　丝路基金挂牌113天敲定101亿元首单

丝路基金负责人表示,已确定一批重点跟踪项目和若干潜在可"落地"的投资项目。

相关消息介绍,2015年4月20日,丝路基金、三峡集团及巴基斯坦私营电力和基础设施委员会在伊斯兰堡共同签署了《关于联合开发巴基斯坦水电项目的谅解合作备忘录》。该项目是丝路基金注册成立后投资的首个项目,标志着丝路基金按照市场化、国际化、专业化的方向开展实质性投资运作迈出了坚实步伐。

丝路基金有限责任公司于2014年12月29日在北京注册成立并正式开始

运行。

丝路基金负责人表示,丝路基金与三峡集团合作,支持巴基斯坦开发水电等清洁能源,"首单"将投资于卡洛特水电项目,总投资金额约16.5亿美元(按4月20日人民币对美元中间价计算约合101亿元人民币)。卡洛特水电站是中巴经济走廊优先实施的能源项目之一。三峡集团与丝路基金等投资各方计划通过新开发和并购等方式,在吉拉姆河流域实现3 350兆瓦的水电项目开发目标。

"丝路基金投资卡洛特水电站,将采取股权加债权的方式",丝路基金负责人表示。一是投资三峡南亚公司部分股权,为项目提供资本金支持。三峡南亚公司是三峡集团对巴基斯坦等南亚国家进行水电等清洁能源开发的投资运营平台,此前已在巴基斯坦投产了一个风电项目,卡洛特水电站是该公司投资的首个水电项目。二是参与中国进出口银行牵头的银团,向项目提供贷款资金支持。

据了解,丝路基金的投资理念包括商业化运作、互利共赢和开放包容。

一位接近丝路基金的人士表示,丝路基金在挂牌113天即敲定101亿元人民币首单海外投资,与其所秉承的投资理念分不开。未来丝路基金的投资项目也将兼顾经济效益和社会效益。

案例思考与讨论:

1. 丝路基金的运作特点有哪些?
2. 丝路基金能够敲定101亿元人民币首单的原因是什么?

思考题

1. 什么是投资基金?
2. 投资基金有哪些特点?
3. 公司型投资基金与契约型投资基金的区别是什么?
4. 开放型投资基金与封闭型投资基金有哪些不同点?
5. 投资基金的管理依据有哪些?

第十三章 国际风险投资

International Venture Capital

当今社会风险投资对经济发展与技术进步的促进作用日益明显。本章主要介绍了风险投资的概念、特点、作用,风险投资与高新技术产业的关系,风险投资的资金来源,风险投资进入与退出等的运作过程,国际风险投资发展的制约因素,以及中国风险投资发展的情况等。

学习要点

Venture capital is playing an increasingly important role in economic development and technical improvement. This chapter introduces the concept, the features and the function of venture capital, and illustrates its positive role in economic development and technical progress, its relationship with high-tech industry, its financial source, entry and exit mode, the constraints in its development and the situation of venture capital in China.

第一节 风险投资的含义及特点

一、风险投资的含义

　　风险投资的英文名称是 Venture Capital,也被译做创业投资。多年来,国际上对风险投资的理解一直存在多种角度,因此,对于风险投资的概念目前还没有一个能被普遍接受的解释。经济合作与发展组织(OECD)把风险投资定义为,凡是以高科技与知识为基础,生产与经营技术密集的创新产品或服务的投资。英国学者认为,从广义上看风险投资是指以股权资本方式对未上市企业的投资,以扶持该企业的未来发展并获得投资收益,风险投资是一种长期的风险性股权融资,它为风险投资者首先带来的是资本增值而不是红利。按照美国风险投资协会的定义,风险投资是指由职业金融家投入到新兴的、迅速发展的、具有巨大竞争潜力的企业中的一种权益资本。我国著名学者成思危先生在其发表的《积极稳妥地推进我国的风险投资事业》一文中对风险投资的定义是:"所谓风险投资是指把资金投向蕴藏着较大失败危险的高新技术开发领域,以期获得成功后取得高资本收益的一种商业投资行为。"综上所述,我们认为风险投资应有广义和狭义之分,从广义上说风险投资是指对蕴藏着高风险的高新技术及其产品伴有高回报预期的资金投入活动。从狭义上说,风险投资是为获取未来成熟企业高额转让收益而在其孵化阶段冒险投入的即期货币,即通过投资于一个高风险、高回报的项目群,将其中成功的项目进行出售或上市,实现所有者权益的变现,此时不仅能弥补失败项目的损失,而且还能使投资者获得高额回报。

　　风险投资是一种从事高技术并伴随着高风险和高回报的活动,高新技术产业的创业风险是技术风险、产业化风险和规模化风险的综合体现,这些风险都与高新技术产业有着直接的关系。比如在高科技产业中,技术研究风险带来的技术开发风险;开发出的产品能否在现有生产状况下生产出来的生产风险;开发出的高科技产品能否被市场接受和广泛使用的市场风险;能否从售出的产品中获得利润的营销管理风险;该产品能否继续被改进或发展的创业风险。

　　对创业者而言,涉足和发展高新技术产业,不但要有研究开发能力,还要具有生产能力,进而还要具有市场开拓能力、营销管理和获利能力、再创业的发展能力等。这些能力的综合,构成了高新技术产业发展的全部动力。割裂这些能力,高新技术产业的发展必然受阻。教学和科研机构具有研究开发能力和再开发能力,但缺乏生产能力、市场开拓能力以及营销管理能力;企业具有生产、市场开拓和营销管理能力,但研究开发能力和再开发能力比较弱。因此,它们均不能单独完成高新技术产业的创业与发展。产、学、研的结合是高新技术产业发展的经济规律的客观反映。

一般认为,高新技术转化为现实的产品或生产力通常要经过三个阶段:高新技术的研究开发、高新技术的资本产业化和高新技术的金融市场化,或称为实验室成果、中间放大实验和产品化三个阶段,在我国则被称为研究与开发(R&D)阶段、R&D成果转化阶段和工业化大生产阶段。

长期以来,美国作为风险投资的先驱,以其完善的风险投资机制和法律体系、高效的风险投资运作模式,使风险投资业为促进美国经济发展模式的转变和推动经济的高速发展做出了杰出的贡献,并为世界各国争相效仿。在我国,风险投资还是一个新生事物,正处于起步阶段,我国的科技发展水平和科技竞争力与发达国家相比还有很大差距。因此,我们迫切需要一种符合我国国情的有效机制、运作模式和工具来发展我国的高新技术产业。我国政府提出实施"科教兴国"战略,把加强技术创新、发展高科技、实现高新技术产业化作为政府的重要任务。自1998年民建中央《关于加快我国的风险投资事业》的提案被列为全国政协九届一次会议一号提案以来,人们越来越认识到,风险投资对推动我国高新技术产业发展、改善经济结构、转变经济增长方式具有十分重要的战略意义。因此,我国的中小企业能否在海外从事风险投资成为中国企业能否在世界市场上立足的重要因素。

二、风险投资的特点与作用

(一)风险投资的特点

1. 高风险、高收益性。顾名思义,风险投资是一种高风险的投资行为,这是风险投资区别于一般投资的首要特征。在美国硅谷,有一个广为流传的"大拇指定律",即在10个从事风险投资的创业公司中,有3个会垮台,3个会勉强生存,还有3个能上市并有不错的市值,只有1个能够脱颖而出。风险投资是冒着九死一生的巨大风险进行技术创新投资的,虽然失败的可能性远大于成功的可能性,但技术创新一旦成功,便可获得超额垄断利润,进而弥补其他项目失败带来的损失。据一些国外风险投资公司估计,风险投资的失败率高达80%~90%,成功率仅为10%~20%。与高风险相联系的是高收益性。根据对美国218家风险企业的调查,投资完全损失的占14.7%,部分损失的占24.8%。但在成功项目中,有60%的项目收益率可超过100%。

2. 风险投资是一种长期投资。风险投资将一项科研成果转化为新技术产品,要经历研究开发、产品试制、正式生产、扩大生产、进一步扩大生产和销售等阶段，直到企业股票上市，或通过出售等其他方式兑现才能取得收益。这一过程少则3~5年，多则7~10年，而且在此期间通常还要不断地对有成功希望的高新技术项目进行增资。因此，风险投资也被誉为"耐心的投资"。

3. 风险投资是一种组合投资。为了分散风险，风险投资通常投资于一个包含10个项目以上的高新技术项目群，以成功项目所获取的高回报来抵偿失败项目的损失并取得收益。

4. 风险投资是一种权益投资。风险投资是一种权益资本投资，而不是一种借贷资本投资，因此其着眼点并不在于投资对象当前的盈亏，而在于它们的发展前景和资产的增值，以便能通过上市或出售来获取高额回报。

5. 风险投资是一种分阶段的投资。风险资本家通常把风险企业的成长过程分成几个阶段，并相应的把资金分为几次投入，上一阶段发展目标的实现成为下一阶段资金投入的前提，这是风险资本家降低风险的一种重要手段。

6. 风险投资资金主要投向从事高新技术的中小企业。风险投资向来是以冒高风险为代价并追求高收益的。传统的产业无论是劳动密集型的轻纺工业，还是资金密集型的重化工业，由于其技术、工艺的成熟性和产品市场的相对稳定性，风险相对较小，因而收益也就相对稳定和平均。而高科技产业，由于其风险大，产品附加值高，因而收益也高，适应了风险投资的特点，理所当然地成为风险投资者选择的对象。

7. 风险投资是一种主动参与管理型的专业投资。风险投资不仅向创业者提供资金，其管理者（风险投资家）用他们长期积累的经验、知识和信息网络帮助企业管理人员更好地经营企业。风险投资者一旦将资金投入到高技术风险企业，他们与风险企业就形成了一种"风险共担，利益共享"的共生关系。这种"一荣俱荣、一损俱损"的关系，要求风险投资者必须参与风险企业的全过程管理，从产品的开发到商业化生产，从机构的设立到人员的安排，从产品的上市到市场的开拓，以及企业形象的策划、产品的广告宣传等都离不开风险投资者的积极参与和管理。

8. 风险资本具有再循环性。风险投资以"投入—回报—再投入"的资金运行方式为特征，而不是以时断时续的阶段方式进行投资。风险投资者在风险企业的创业阶段投入资金，一旦创业成功，他们即在证券市场上转让股权或抛售股票，收回资金并获得高额利润。风险资本退出风险企业后，并不会就此罢休，而是带着更大的投资能力和更大的雄心去寻找新的风险投资机会，使高新技术企业不断涌现，从而推进高科技产业化的进程。

表 13-1　　　　　　　　风险投资与一般金融投资的比较

	风险投资	一般金融投资
投资对象	用于高新技术创业及新产品开发,主要以中小型企业为主	用于传统企业扩展传统技术新产品的开发,主要以大中型企业为主
投资审查	以技术实现的可能性为审查重点,技术创新与市场前景的研究是关键	以财务分析与物质保证为审查重点,有无偿还能力是关键
投资方式	通常采用股权式投资,其关心的是企业的发展前景	主要采用贷款方式,需要按时偿还本息,关心的是安全性
投资管理	参与企业的经营管理与决策,投资管理较严密,是合作开发的关系	对企业经营管理有参考咨询作用,一般不介入企业决策系统,是借贷关系
投资回收	风险共担、利润共享,企业若获得巨大发展,进入市场运作,可转让股权收回投资,再投向新企业	按贷款和合同期限收回本息
投资风险	风险大,投资的大部分企业可能失败,但一旦成功,其收益足以弥补全部损失	风险小,若到期不能收回本金,除追究企业经营者的责任外,所欠本息也不能豁免
人员素质	懂技术、经营、管理、金融、市场,有预测风险、处理风险的能力,有较强的承受能力	懂财务管理,不懂技术开发,可行性研究水平较低
市场重点	未来潜在市场,难以预测	现有市场,易于预测

(二) 风险投资的作用

风险投资的作用集中表现在以下三个方面:

1. 风险投资是高科技产业化的助推器。风险投资是在高技术产业化的关键时刻,即中试或小批量生产阶段切入的,它填补了高科技产业化过程中研究与开发阶段的政府拨款或企业自筹与工业化大生产阶段的银行贷款之间的空白,使高科技产业化的各个环节由于有了资金的承诺而成为可能。正如前英国首相撒切尔夫人所说:"欧洲在高科技产业方面落后于美国,并不是由于欧洲在科学技术方面落后,而是由于欧洲在风险投资方面落后了美国 10 年。"

2. 风险投资为高科技中小企业开辟了新的融资渠道。融资渠道对于企业的发展十分重要,限制了企业的融资渠道就等于降低了企业的增长能力和竞争能力。与传统大企业相比,高科技中小企业具有很高的风险,主要表现在:高科技中小企业的市场是需要开拓的潜在市场;现金流量存在巨大的不确定性,往往不是巨大成功就是完全失败;企业在成长初期一般既没有资产可抵押,也很难找到合适的担保,同时往往还没有得到社会的承认。但是从技术创新角度看,中小企业比大企业更具有活力。风险投资以其特有的投资方式,为中小企业尤其是高科技中小企业的成长与发展开辟了新的融资渠道。

3.风险投资有利于提高全社会资源的利用率。从宏观角度讲,风险投资优化了资源配置。传统的银行在资源配置上存在一个逆向选择的问题,即最需要资金、资金生产率最高的项目往往因为风险较高而得不到贷款,而发展成熟、收入趋于稳定的企业因风险较小成为银行追逐的对象。而风险投资看重的却是企业的成长性,只有最具成长性的项目才可能吸引风险投资。另外,风险资本的目的是取得最大的预期资本增值,而不是保本付息。在市场经济下,对利润最大化的追求能带来资源的最佳配置。风险资本的特征决定了其将大部分资源投向科技含量高、成长性高的高技术企业。风险投资一旦进入风险企业或项目后,风险投资者与风险企业就结成了一种"同舟共济"的关系,保证了风险企业或项目能始终运行在比较理想的状态之中,从而提高了风险资金的运营效益。

三、风险投资的产生与发展

风险投资的历史最早可以追溯到15世纪的欧洲,英国、荷兰等国的一些富商为了到海外开拓市场和寻找新的商业机会,开始投资于远洋探险,由此首次出现了"Venture Capital"这一术语。19世纪末20世纪初,美国一些富商投资于油田开发、铁路建设、钢铁生产和玻璃研发等,于是"Venture Capital"在美国广为流传。

但真正形成系统的、有组织的产业或叫现代意义的风险投资是在第二次世界大战之后的美国。其诞生的标志是1946年哈佛大学经济学教授乔治·多瑞特(Georges Doriot)等人与波士顿地区的一些商人共同创立的美国研究与发展公司(American Research and Development Corporation,简称ARD)。美国研究与发展公司当时的业务是向高风险、技术型新兴国防工业公司进行投资,是一家上市的封闭型投资公司。1956年,ARD对数控设备公司(DEC)投资7万美元,占该公司当时股份的77%。14年后的1971年,这7万美元的投资增值为3.55亿美元,增长了5 000倍,年均投资回报率达到84%。从此,风险投资出现在美国及全世界各地,成为推动新兴高科技企业发展的一支生力军。

美国风险投资业的正式起步缘于1958年《中小企业投资法案》,该法案促成了中小企业投资公司(Small Business Investment Company,简称SBIC)制度的成立,风险投资事业的第一波浪潮应运而生。同在1958年,第一家合伙制风险投资公司在美国诞生,这种形式很快被其他人模仿,在某种程度上使风险投资产业的发展有所加快,但总的来说,整个产业的发展步伐仍然非常缓慢。到20世纪60年代末

70年代初,美国全部风险投资机构累计筹集的资本总额只有几百万美元。

1978~1981年,风险投资的发展出现了重大转折。美国国会连续通过了一系列具有重大意义的法案,其中最重要的一项是允许养老基金进入风险投资领域,在这之前养老基金被禁止进入该领域,从此奠定了有限合伙制在风险投资领域的主导地位。80年代以后至今,有限合伙形式占整个风险投资机构的80%以上。

自1992年以后,随着全球高科技产业的兴起、新经济模式的提出和美国经济的持续景气,美国风险投资更加繁荣,使美国成为目前世界上最大的、机制最完善的风险投资地。风险投资的数量急剧增加,1993年流入风险投资领域的资本为37.6亿美元,1995年提高到47亿美元,提高的幅度近25%。1998年突破100亿美元达到135亿美元,与1993年相比提高了2.87倍。2003年美国的风险投资额受美国经济和伊拉克战争的影响有了一定幅度的下降,为1998年以来的最低水平153亿美元。截至2014年年底,美国共有风险投资公司600多家,风险投资总额超过了2 800亿美元,每年大约有3 000个项目得到风险资本的支持。

步美国的后尘,以英国为首的欧洲国家也在20世纪70年代末至80年代初纷纷建立起本国的风险投资产业。目前,欧洲的风险投资无论是从规模方面还是从制度建设方面都处于世界第二位。其中,英国是仅次于美国的第二大风险投资国。英国风险投资的快速发展时期是在20世纪80年代,当时英国经济发展比较强劲,创业环境得到改善,并建起了创业板股票市场。英国拥有欧洲最发达的股票市场——伦敦股票交易所。法国的风险投资产业位居欧洲第二位,目前处于相对较为成熟的阶段。

继美国和欧洲之后,日本、加拿大、澳大利亚等国家和地区的风险投资产业也相继建立,并对全球风险投资市场产生了一定的影响。进入21世纪以来,日本风险资本已达120多亿日元,合格的风险企业1 800多家,比1980年增加了近40倍。据不完全统计,目前日本已拥有较大的风险投资公司40多家,股东大部分是银行、保险公司、证券公司和一些大企业。中国台湾省第一家风险投资公司成立于1976年,从事微机系统的开发,其业务以每年翻番的速度发展。现在,该公司支持的风险企业的计算机业务已扩展到美国、日本等地。

四、风险投资与高新技术产业的关系

(一)高新技术产业的含义

高新技术一词起源于美国,对于高新技术产业,目前国内外在基本概念的定性上是一致的,在界定高科技时一般考虑两个因素:

1. 资金投入的产业是否属于高新技术产业。高新技术产业一般具有以下特征：

(1)智力密集,知识密集。高新技术通常都是尖端技术,其本身的研究难度很大,需要当代基础科学研究的成果作为支撑,需要投入大量高级人才,然而高新技术从开发成功到最终实现产业化还有一定距离。

(2)高投入。高新技术的开发和产业化需要大量的资金投入,如研究开发所需的仪器设备、进行商业利用的设备投入等。美国20世纪80年代初提出的以高技术为基础的战略防御计划,耗资万亿美元,其中高新技术研究与开发费用就达数千亿美元。又如英特尔公司在计算机中央处理器CPU上的研究开发费用每年多达十亿美元,建立一家CPU生产基地的设备投资也达到数十亿美元。

(3)高风险。高新技术不仅投资巨大,而且作为一种开创性、探索性很强的工作,其难度非常高,所以相应的风险也很大。因此,当今世界一些同行业的大型跨国公司往往结成战略联盟,共同进行一些重大技术的研究开发。这些结成联盟的公司很多在市场上是竞争关系,但之所以在技术开发上进行合作,其主要目的是共同投资、共担风险和共享收益。

(4)高回报。尽管高新技术产业具有高投入、高风险的特点,但其回报也是惊人的。因为高新技术在一开始是垄断性的,而且对市场具有明显的吸引力,在后来者掌握之后,由于市场开发、规模经济等方面的原因,使得它仍然可以继续获得可观的经济回报。这种高回报可以从一些高新技术产业的快速发展得到证实。计算机和通信产业在近几十年的时间里已经成为仅次于钢铁、汽车、化学工业的第四大工业部门,其在利润回报上则远远超过这些传统产业,微软、英特尔等的获利能力是传统产业望尘莫及的。

(5)带动性强。当代高新技术的发展已经不像20世纪之前的传统产业(如蒸汽机、纺织机、电力等技术)那样独立出现,而是多种技术同时出现。高新技术通常是一个群体,彼此之间有着密切的联系,相互渗透,这就使得高新技术的发展有着很强的带动性。从纵向看,高新技术之间的依赖性比较强,某一技术往往以其先导技术为基础并在其带动下才能得以成功开发;从横向看,由于高新技术多为交叉学科的技术综合而成,因此,它们的渗透力很强。如计算机技术的出现,推动了微电子技术的迅猛发展,并产生了软件工程技术,应用中又触发了数据库技术的诞生,在与通信技术结合的过程中又产生了网络技术和信息高速公路。

(6)技术发展周期短。一方面高新技术具有相对性,特别是在时间方面,新技术不断地替代旧技术。高新技术的巨大利益吸引人们投入巨大人力、财力和物力去研究和掌握。高新技术的发展对技术含量高的产业或某些与高新技术相关产业的发展有强力的推动作用。另一方面,高新技术以新概念、新方法、新手段进行创造性的活动,因此使其得以超常规地快速发展。

20世纪高新技术的研究与开发实践,为未来高新技术的发展奠定了强有力的基础,高新技术的发展取向越来越成为人类社会共同关注的焦点。据专家预测,21世纪最具潜力的高新技术产业有以下几种:

光电子信息产业,包括以电子器件、激光技术、光纤系统、全息图像、光电集成电路、光计算机等为基本内涵的新一代光电子信息系统。

智能机械产业,即传统的各种机械工具广泛与微电子、光电子和人工智能技术相结合而形成的全新的智能机械产品及产业。

生物工程,即以动植物工程、药物及疫苗、蛋白工程、基因重组、生物芯片、生物计算机等为基本内涵的生物工程产业。

超导体产业,超导电机、超导输电系统、超导蓄能装置、超导计算机等一系列高科技产业。

空间产业,包括卫星及发射、载荷搭载、太空旅行等商业、科研活动与服务,以及利用微重力在太空进行科学实验,生产高精尖产品。

海洋开发与生产业,如南极开发、海水利用、深海采矿、海底城市建设等。

2. 考虑资金投入开发和生产产品的技术含量。按要求高新技术产品必须达到一定的技术含量,对于技术含量的要求和哪些算做技术因素,各国或各机构标准不一。美国商务部对高技术产品中技术因素做了如下规定:①研究与开发支出占销售额的比重;②科学家、工程师和技术工人占职工总数的比重;③产品的主导技术必须属于所确定的高新技术领域;④产品的主导技术必须包括高新技术领域中处于技术前沿的工艺或技术突破。经济合作与发展组织在国际标准产业分类统计的基础上,主要将 R&D 强度(即 R&D 经费占企业产值的比重)作为界定高新技术产业的标准,其比重在 3% 以上的为高技术产业,在 1%~2% 的为中技术产业,小于 1% 的则为低技术产业。

实际上各国对高新技术的理解并没有多大异议,只是表述上有所不同。美国学者纳尔逊(Nelson)认为高新技术产业是指那些投入大量研究与开发资金、以迅速的技术进步为标志的产业。在美国,高新技术产业泛指那些依赖先进科学和工程技术的多种生产部门。日本学者则把高新技术定义为以当代尖端科技和未来科学技术为基础建立起来的技术群。澳大利亚学者认为高新技术产业是指那些投入大量研究与开发经费、与科学技术人员联系紧密、生产新产品的过程,并且有科学或技术背景企业的产业。我们认为凡是那些技术含量高而且可以代表未来技术发展趋势的产业都应视为高新技术产业。

(二)风险投资与高新技术产业的关系

从西方发达国家风险投资发展的历程和高新技术产业近些年来迅速发展

的原因来看,风险投资资金的注入是高新技术产业发展的基础,风险资金的背后巨额收益又离不开高新技术产业的众多成就。高新技术企业正是在风险资本的支持下,使高新技术转化为高技术产品,使高技术产品的生产成熟化和规模化。

  1. 风险投资可以形成高新技术产业重要的资金来源。高新技术产业由于运作周期长、失败率高,所以往往需要高额的投入。由于高新技术产业的高风险,导致一般金融机构和个人投资者不愿介入或无力承担所需的高额资金,风险投资资金则为高新技术产业发展提供了资金支持。

  2. 风险投资者分担了高新技术产业运营者的高风险。在很多国家,为了振兴科技发展经济,都设立了风险投资基金,供从事高科技产业的企业享用,这实际上是由众多的投资者来分担高科技产业的风险。这种做法不仅让更多的投资者分担风险,还会使更多的个人或企业加入到高科技产业中去。

  3. 高新技术产业能够给风险投资者带来高收益。投资于高新技术企业的投资者在风险企业中由于拥有较大比例的股权,一旦风险企业获得成功,风险投资公司利用有效的退出机制和途径出售风险企业的股份,从而获取高额投资回报。

  4. 风险投资增加了高新技术产业的数量并推动了高新技术产业的发展。风险投资资金多是在高新技术企业创立的初期(研究与开发的成果转化阶段)介入的,弥补了高新技术企业发展初期的资金短缺,使高新技术企业在各个发展阶段均有特定的资金来源。风险投资以它特殊的、灵活的和高效的投融资方式,在高收益的驱动下,为高新技术产业投入资金,扶持高新技术创业企业的创建、成长和扩张,这就使更多的本无力筹集巨额资金或无力承担巨大风险的企业加入到风险投资者的行业中来,并最终使高新技术产业成为成熟的产业,使其得到迅速发展。从国外的发展经验看,由风险资本组成的创业基金在培植高新技术企业中发挥了极其重要的作用,当今世界上著名的高新技术企业的发展无不与风险投资的支持相关。如微软公司(Microsoft)、戴尔计算机公司(Dell)、康柏计算机公司(Compaq)、苹果电脑公司(Apple)、莲花发展公司(Lotus)等。

  高新技术产业是在风险资本的支持下才得以发展和成熟的,而风险资本也只有投资于高新技术产业才能实现快速增值并获得巨额的利润,进而又产生更多的可投资于高新技术产业的风险资本。高新技术产业在风险资本的支持下发展,风险资本在高科技产业发展中增加。总之,风险投资与高新技术产业是相互依赖、相互促进、风险共担、利益共享的共生关系。

第二节 风险投资的运作

一、风险投资运行的主体

风险投资运行的主体主要包括风险投资家（或风险投资机构）、投资者和创业企业（或创业者）。从流动的角度看，风险资本首先从投资者流向风险投资机构，经过风险机构的筛选决策，再流向创业企业，通过创业企业的运作，资本得到增值，再回流至风险投资机构，风险投资机构再将收益回馈给投资者，构成一个资金循环。周而复始的循环，形成风险投资的周转。

（一）投资者

资本是在流动中增值的，不论是富裕的家庭和个人，还是大企业、保险公司、养老基金和其他一些基金会等，他们手里掌握着大量的闲置资金急需寻求投资出路，他们就构成了风险资本的提供者。在政府的鼓励性政策与优惠税收政策的引导下，出于高回报的动机，他们极力想将手中的资金投入收益高于其他投资方式的风险投资，但由于个人投资者的资金有限，其时间和能力也都制约着他们直接投资于风险企业。为回避风险，他们往往把一部分资金交给风险投资机构代为理财和运作。

（二）风险投资机构

风险投资机构既是风险投资的运作者，也是风险投资流程中的中心环节。事实上，风险投资机构并不是资金的最终使用者，其主要职能是辨认和寻找投资机会，筛选投资项目，决定投资方向，获益后退出投资。即资金经由风险投资机构的筛选，流向创业企业，取得收益后，再经风险投资机构回流至投资者。

在风险投资业较为发达的美国和欧洲，风险投资机构的组织形式一般分为公司制和有限合伙制，其中有限合伙制更为流行，它包括负有限责任的股东（即有限合伙人）和负无限责任的股东（即普通合伙人）。有限合伙人一般提供99%的资本金，一般分得75%~85%的税后利润，其责任也仅以其在公司的出资额为限。普通合伙人一般提供1%的资本金，一般分得5%~25%的税后利润，对公司要负担无限连带责任。有限合伙制的普遍存在是由风险投资机构的性质决定的，它把风险投资家个人利益与公司利益结合起来，建立了激励与约束协调一致的运行机制，因而有限合伙成为风险投资机构的最佳组织形式。

风险投资组合的内在原因完全不同于银行这样的金融中介。一家银行力图持有一个能满足其客户多样化要求的投资组合,这些客户包括大量小额存款人。与之相反,风险资本基金会持有一个高风险高收益的投资组合,这只不过是其最终出资人拥有的大型投资组合中的一部分而已。要求有专业指导特长的风险投资家同时管理一家多元化的资本基金是没有效率的。

风险投资机构拥有众多的风险投资家,他们通常由三类专家组成,即技术型专家、金融型专家和管理创业型专家。例如:凯文·冯在加入梅菲尔德基金以前,曾在Plantronics和惠普这样的公司中担任过多种技术职务;卢瑟思·昆德伦(Ruthann Quindlen)在加入Institutional Venture Partner以前,是Alex公司和Brown&Sons公司非常有名的投资银行家;莲花软件公司著名的极富个性的创始人卡波(Mitch Kapor),现在是Accel Partner的合伙人之一。许多风险投资家同时拥有上述几种技能。梅菲尔德基金另一个合伙人约根·达拉尔(Yogen Dalal),不仅参与过两个成功的软件创业企业,而且当他还是斯坦福大学的学生时就加入了施乐帕拉阿托研究中心的以太网开发小组,同时还参与了TCP/IP传输协议的开发。

风险投资家在业务实践过程中获得了更多的经验和关系,在领导一些公司获得成功后,风险投资家更受潜在创业者的吹捧,而这又可以使他选择更好的公司,从而进一步提高自己的声誉。成功的风险投资家都有一个被社会认可的过程,这反过来又可以使他获得更大的成功。风险投资家市场不是一个完全竞争的劳动力市场,第一,丰厚的报酬可以防止机会主义行为,与强激励因素相结合的高报酬为防范机会主义行为提供了类似的保障。第二,风险投资家之所以可以抽取部分利润是因为他们都有独特的专门知识。

(三)创业企业

创业企业才是风险资金的最终使用者。风险资金需求量往往随着风险投资的进程而不断加大,尤其当创业企业家从事新技术、新发明等创新活动进入到最后阶段时,由于缺乏后继资金和管理的经验和技能,必须寻求风险投资家的帮助。风险投资家有权利对创业企业进行鉴定、评估,确定创业企业的技术与产品是否为市场需要,以及是否具备足够大的市场潜力或盈利能力,从而决定是否提供及如何提供资金。与此同时,创业企业家也有权对风险投资家进行考察,确定风险投资者的知识水平、资金状况、经营风格和运作能力。

二、风险投资的资金来源

风险资本属于一种权益资本,一般以股权投资方式进行,在相对较长的时期内不能变现。因为风险资本需要一个相对稳定的资金来源,不少研究风险投资的学者都探讨过风险资本的来源与构成,但由于分类角度的不同,即使同一国家的数据

也会出现较大的差异。但归纳起来,主要有以下几个来源:

(一) 基金

基金主要包括养老基金、退休基金和捐赠基金,其中养老金占的比重最大。例如,美国的养老基金、退休基金和捐赠基金分别占风险资本来源的 21.46%、50.23% 和 10.04%,三者之和构成了资本总额的 81.73%,由此可见,基金是美国风险资本的最大来源。

(二) 银行控股公司

银行控股公司是风险资本市场的早期投资者。由于受有关银行法律的限制,银行控股公司一般通过资本分离的银行控股公司的附属机构向风险资本投资,直接投资则需通过特许的小型商业投资公司进行,对有限合伙人的投资则通过独立的分支机构进行。据统计,在最大的向私人资本投资的 20 家银行控股公司中,前 5 家占了投资总额的 60% 以上。

(三) 富有阶层

早期风险投资的资金主要来自富有家庭和个人,除了消费以外,他们手上拥有大量的闲置资金,并继续寻找投资渠道来使其资本增值。他们除了购买风险相对较低的债券、股票或直接创办企业以外,还把部分资金投向了风险投资领域。因此,在风险资本的发展过程中,富有家庭和个人资金对风险投资事业曾经起到了重要的作用。但是随着各类基金投资的增长,富有阶层对风险投资的重要性已经大不如以前。富有家庭的投资者群体既包括退休的首席执行官(CEO)及具有敏锐商业眼光和大量资金的公司经理们,也包括商业银行和投资银行的富有客户。

(四) 保险公司

保险公司的风险投资业务是从公司的私募业务中衍生出来的。多年来,保险公司通过购买那些具有资产特性的债务为风险更大的公司客户提供资金。在公共的垃圾债券市场出现之前,保险公司通过麦则恩(Mevcanine)债务方式为一些早期的杠杆收购业务提供资金(麦则恩投资方式也称次级债务投资和半层楼投资,它属于一种中期投资,是一种介于传统风险投资和一般商业贷款之间的投资行为)。随着专业技术的发展,保险公司开始投资于有限合伙责任公司。

(五) 投资银行

投资银行通常通过投资于自身就是合伙人的合伙公司,特别是通过风险投资合伙公司方式介入风险投资。这一点与商业银行不同,它的业务目的是为大型收购项目提供融资和相应的服务。投资银行支持的合伙公司的业务方向是对已设立公司的发展后期的投资和风险小或无风险性投资,同时合伙公司的融资活动与投资银行的其他业务活动处于同一经营范围。在进行大型的收购交易时,投资银行也提供包销服务和并购咨询服务。

(六)非银行金融机构

非银行金融机构大约从20世纪60年代开始成为风险资本的来源之一,它们通过一些专设附属机构,主要是通过自己的直接风险投资计划进行投资。

三、风险投资的进入与退出

(一)风险投资的进入

1. 风险投资进入的目标企业的特点:①从事生产和经营的产品多与高新技术行业有关;②一般都是中小型企业或是新型的风险企业;③发展潜力大和成长快;④受益大且风险高。

2. 风险投资进入的三个阶段。

(1)投资项目的产生与初步筛选。风险投资公司每天接到大量的风险投资项目申请书,不可能对每一个都去仔细研究,因此,第一步是去粗取精,初步筛选出可能较有市场潜力并符合公司投资要求的项目。不同的风险投资公司会有不同的筛选标准,但基本上不外乎这样一些标准:①投资产业。风险投资一般侧重于高新技术产业,若不是则先行剔除;另外,随着风险投资的行业分工逐渐趋于细化,有些风险投资公司会侧重于某些擅长行业,若该项目不在擅长之列,就有可能会被剔除。②技术创新的可行性。由于风险投资一般涉足高新技术产业,不少项目只是一项发明创造,有的甚至只是一个想法或一个概念。因此,这一项目是否可行,就成为风险投资家所关心的问题之一。他们需要判断产品的技术设想是否具有超前意识、是否可实现、是否需经过大量研究才能变为产品、产品是否会为市场所接受,以及技术是否易于保密等。③市场前景。不管一项投资计划做得多漂亮、技术有多先进,如果没有市场,就不会有收益。因此,一个项目的市场前景是风险投资公司必须考虑的因素。④投资项目的发展阶段。一个风险企业的成长通常分为种子期、创业期、成长期和成熟期四个阶段,不同发展阶段的企业会面临不同的风险,并有不同的资金需求,因此筛选时需要考虑其所处的阶段:处在种子期的企业资金需求量少,但风险大,同时面临着技术风险、市场风险和管理风险;处在创业期的企业资金需求量比种子期明显增加,但技术风险已有所下降;处在成长期的企业资金需求量比前者又有增加,此时主要面临的是加大的市场风险和管理风险;处在成熟期的企业各方面都比较成熟,资金需求量很大,但由于其收益相对较低,风险资本一般很少介入。⑤投资规模。考虑到风险问题,风险投资公司不会将资金全部投入一个项目中。此外,由于精力和时间有限,风险投资公司也不会投资于太多的小项目,而是要寻求一个好的组合。风险投资公司会结合自身的实际情况来综合权衡投资规模。⑥公司人员和管理状况。一流的管理加上二流的项目远优于一流的项目加上二流的管理,这是风险投资界公认的准则。风险投资说到底还是对人的投资,因此,风险投资家在审核计划时会有意识地捕捉有关公司的人员及管理状况方面的信息。

经过这几方面的审核和筛选,会初步产生一批有投资价值的项目。按照国外的经验,通过这一阶段筛选的项目所占比例一般为10%。

(2)投资项目的调查、评价与选择。在对风险投资项目进行初步筛选后,风险投资人即开始展开对这些项目的调查,并做出相应的评价,根据评价结果做出选择,确定项目。

风险投资人对风险企业的调查一般是通过向公司员工和有关管理人员提问、交流等方式进行的。但绝大多数风险投资人还会采取其他方式了解风险企业的状况,如搜集该公司以往的经营资料,向公司的供应商、客户、竞争对手以及其他熟悉该公司的人员了解情况,通过中介机构掌握资料并深入取证,分析企业的经营计划和财务报表,征求其他风险投资人的意见等。

经过调查,掌握充分确凿的资料后,风险投资人会对该项目的产品市场情况、人员素质情况、经济核算情况,以及有关的法律和政策等方面进行进一步的评价。通过上述综合评价,确定有投资价值的项目。

(3)投资项目的谈判与协议。通过前两阶段的审查评价,风险投资人基本确定了有投资意向的项目,之后就开始与风险企业的有关管理人员进行谈判协商,共同设计、确定交易结构,并达成协议。在达成协议后,双方会成为利益共同体,通过合作来推动风险企业的发展,实现各自的利益。同时,双方又有着各自的小算盘,都要追求自身利益的最大化,这一谈判阶段相当关键和艰难,需要确定一套相互协作的机制来平衡各自的权益。

3.风险投资进入的风险管理。从风险投资本身而言,是通过尽量减少风险、控制风险、管理风险来确保收益的实现。只有从风险投资进入的那一刻起就开始风险管理,才能减少今后的风险,保证收益的实现。风险投资进入的风险管理是通过以下几种方式进行的:

(1)组合投资。这包括以下几个层次:一是对不同行业项目的投资组合;二是对处于不同阶段项目的投资组合;三是对不同风险程度项目的投资组合;四是对不同地域空间项目的投资组合。通过组合投资,可尽量减少风险,获取最大利润。

(2)联合投资。由于有些项目投资规模较大,单个投资家实力不够,风险投资公司有时会联合其他同行共同投资,这样也可以相互借鉴经验,取长补短,加大项目成功的可能性。

(3)专业投资。随着竞争的加剧以及风险投资公司自身人员构成的专业背景不同,风险投资公司越来越倾向于专门进行某一领域的投资。长期从事同一领域的投资,更易于挑选出真正优秀的投资项目。

(二)风险投资的退出

尽管风险投资在投入风险企业后占有相当一部分股份,但风险投资的目的并不是控股,而是带着丰厚的利润和显赫的功绩从风险企业中退出,继续下一轮的投资。因此,退出对风险投资是至关重要的。风险投资的退出主要有以下几种方式:

1. 公开上市。公开上市被誉为风险投资的黄金通道,对于风险投资公司和风险企业都能较好地实现各自的利益。公开上市可分为首次公开上市(IPO)和买壳上市:首次公开上市通常是在第二板市场发行上市,如美国和欧洲一些发达国家的中小风险投资企业一般通过在纳斯达克市场上市发行;买壳上市又称借壳上市,是指收购公司通过一定的途径获得对上市公司的控股权,再通过资产置换或反向收购等方式,将收购公司的资产注入上市公司,从而达到间接上市的目的。

2. 收购。收购方式的主要模式有以下两种:

(1)兼并,也称一般收购。随着第五次并购浪潮的兴起,兼并越来越受到重视。中小科技企业发展势头好,又有新技术做支撑,价格往往不是很高,这对于一些想介入这一新领域或是想在这一领域保持领先地位的大公司来说很有吸引力。同时,对于风险企业家来说,兼并有利于迅速变现或得到短期债券,能够迅速撤出,也是很好的退出方式。

(2)其他风险投资介入,也称第二期收购。经过几十年的发展,风险投资已经衍生出众多新品种,逐渐由传统风险投资向新兴的风险投资过渡,如麦则恩投资、杠杆购并等。第二期收购以麦则恩投资为主,这是一种中期风险投资,投资对象一般已进入发展扩张阶段,需要资金来增加人员、扩展生产,虽然此时可能还没有盈利。

3. 回购。回购主要是指由风险企业购回风险投资公司所占的股份,有两种情况:一种是风险企业管理者从风险投资公司手中购回其所持股份,达到对企业更大程度的控制;另一种则是由风险投资公司与风险企业在初始阶段就约定好的行为,主要是为了保证风险投资公司的利益,在该项投资不是很成功的情况下,风险投资公司可以要求风险企业购回股份。

4. 破产清算。风险投资的成功比例一般较低,根据著名的"2-6-2"法则,风险投资很成功的项目一般占项目总数的20%、业绩平平的占60%、完全失败的占20%。一旦确认失败就该果断退出,以保证最大限度地减少损失,并及时收回资金。破产清算固然痛苦,却是风险投资必不可少的一种退出方式。

四、风险投资的运作与评估

(一) 风险投资的运作

一个完整意义上的风险投资运作模式,一般涉及风险资本供给方(投资者)、风险资本运作方(风险投资公司)和风险资本需求方(风险企业)三方。这三方之间的相互关系及风险投资的运行机制见图13-1。具体而言,从风险资本的投入到退出,基本要经历如下几个阶段或程序(见图13-2):筹措资本,建立投资公司或基金;选择投资项目;洽谈、评估、达成投资协议;投入资本并进行经营、监管和辅导;成功后退出。

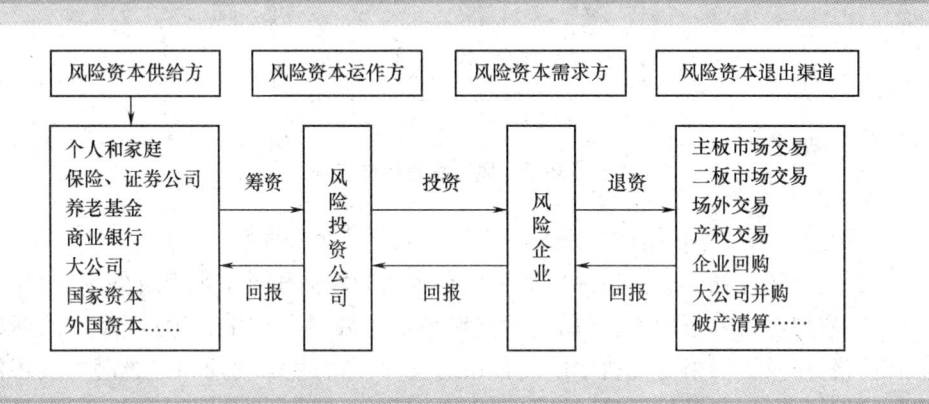

风险资本供给方	风险资本运作方	风险资本需求方	风险资本退出渠道
个人和家庭 保险、证券公司 养老基金 商业银行 大公司 国家资本 外国资本……	筹资 → ← 回报 风险投资公司	投资 → ← 回报 风险企业	退资 → ← 回报 主板市场交易 二板市场交易 场外交易 产权交易 企业回购 大公司并购 破产清算……

图13-1 风险投资的运行机制

(二) 评估与定价

风险投资要从成百上千的投资项目中挑选出最具有市场前景和发展潜力的项目,因此,风险投资项目评估与定价是风险资本运作成败与否的关键一环。

1. 风险投资项目评估指标的选择。在进行项目评估时,一般需要确认和分解评估指标,依据项目和投资公司的具体情况,就各项指标的重要性进行排序,给出定性或定量的描述,最后综合决策。对于某个具体项目的评估,涉及的指标和因素方方面面,这些指标的取舍和分解因项目的不同会有很大的差别,但总的来说,一

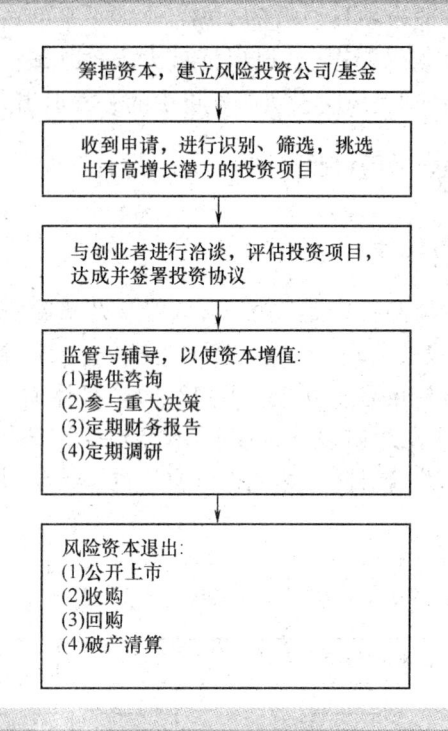

```
┌─────────────────────────┐
│ 筹措资本，建立风险投资公司/基金 │
└─────────────┬───────────┘
              ↓
┌─────────────────────────┐
│ 收到申请，进行识别、筛选，挑选 │
│ 出有高增长潜力的投资项目    │
└─────────────┬───────────┘
              ↓
┌─────────────────────────┐
│ 与创业者进行洽谈，评估投资项目，│
│ 达成并签署投资协议         │
└─────────────┬───────────┘
              ↓
┌─────────────────────────┐
│ 监管与辅导，以使资本增值：  │
│ (1)提供咨询               │
│ (2)参与重大决策            │
│ (3)定期财务报告            │
│ (4)定期调研               │
└─────────────┬───────────┘
              ↓
┌─────────────────────────┐
│ 风险资本退出：             │
│ (1)公开上市               │
│ (2)收购                   │
│ (3)回购                   │
│ (4)破产清算               │
└─────────────────────────┘
```

图 13-2　风险投资运作流程

个较好的投资项目评估指标体系至少应包含以下几个方面：

第一，市场评估。这一指标包括对现有市场的评估和对未来市场的预测，并侧重后者，主要考虑以下因素：产品的消费对象及主要竞争对手分析；产品的预期成本和价格，以及该价格与消费水平是否相适应；产品的生命周期和升级潜力及替代产品的发展趋势；产品的运输、储藏、销售渠道和方式及成本分析。

第二，产品与技术评估。这主要包括现有产品与技术纵向、横向延伸的空间和创新开发能力，着重考察被评估产品与技术的独特性、技术含量、边际利润、竞争保护及持续创新的可能性等。具体来说要分析：主要产品的技术特征、技术水平、技术壁垒及知识产权保护情况；产品的竞争优势、更新周期、技术发展的方向和重点；产品的研究开发能力、生产能力及其各种支撑条件等。

第三，投资项目的规模评估。一个投资项目规模的确定需要考虑多方面因素，应着重把握好如下几条原则：一是规模经济，这可以从规模能否导致成本最小化或利润最大化两个不同角度进行判断。对于风险投资项目来说，考虑规模经济问题时，要视项目自身的行业、产品特点而界定。二是供求状况，项目的投资、生产规模受制于市场供求状况。生产规模反映了公司可以提供的市场供给能力,而供给能否充分实现,最终要看市场对其需求的容纳情况。在评估风险投资项目时,要从动态的角度对市场供求长期趋势进行预测。三是筹资能力,风险投资项目的规模还受资金筹措能力的制约,规模不同,所需投资额就不同,对项目筹资能力的要求也就不同。对这一指标的评估,一方面要考虑国家宏观的金融政策、资本市场的完善程度,另一方面还要考虑项目公司的资信状况、融资方案的选择等。四是生产要素的持续供给,项目投产后,要充分发挥其生产能力,需要在寿命期内有稳定而充足的生产要素的供给。

第四,项目人员构成与能力的评估。风险投资是对项目的投资,更是对人的投资。在具体评估时,主要对项目人员的知识结构、工作经验、地域分布、技术状况以及团队的总体素质及互补情况等方面进行评估。

第五,财务评估。这一指标主要包括项目投产后未来五年的财务预测及投资回报的预测。其中:财务预测主要预测损益表、现金流量表、资产负债表;投资回报的预测主要是根据投资项目的特点,选择和确定能够正确反映项目风险的贴现率,建立合理的现金流量模型,并使用这一贴现率计算项目的投资效率、净现值和投资回收期、投资回报率等。

第六,风险及退出方式的评估。风险投资项目所面临的风险主要有产品的技术风险、市场风险、财务与融资风险、管理风险、法律风险、道德风险、退出变现风险、宏观经济环境风险等。

总体而言,风险投资家对投资项目的评估可以概括成一个公式:

$$V = P \times S \times E$$

其中:V(Venture Capital)指对投资项目的评估;P(Problem)指解决的问题或机会的大小(产业前景);S(Solution)指对问题解决的程度(商业模式);E(Entrepreneurship)指风险企业家素质(创业团队)。

这个公式的含义是:首先,一个项目能够解决社会或产业中现存的一个重大问题或缺陷(例如采用基因技术治疗癌症);其次,这一项目解决问题的方法(即技术)具有不易被模仿的独到之处和良好的市场前景;第三,风险企业家具有较强的管理能力,从而保持这种技术的领先优势,并能将其转化为商业利润。具备这些,风险投资家对于这项投资会给予很高的评价。

2. 风险投资项目的定价方法。风险投资项目的定价方法很多,其评价指标也各不相同,大体有以下两种分类:

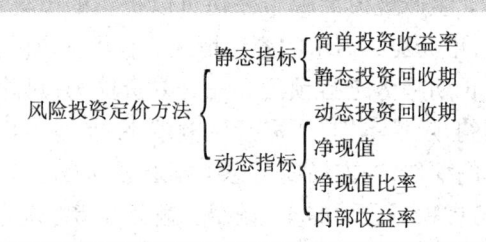

```
                              ┌─静态指标─┬─简单投资收益率
                              │          └─静态投资回收期
风险投资定价方法─┤          ┌─动态投资回收期
                              │          │─净现值
                              └─动态指标─┤
                                         │─净现值比率
                                         └─内部收益率
```

图 13-3　风险投资项目定价的评价指标

(1)简单投资收益率(Return on Investment),是反映项目获利能力的静态评价指标,是指项目正常年份的净收益与总投资之比。其计算公式为:

$$Rr = \frac{年平均利润}{投资总额}$$

在采用简单投资收益率这一指标时,应事先确定企业要求达到的投资收益率标准。在进行决策时,只有高于企业投资收益率标准的方案才能入选。

简单投资收益率法的优点是计算简单,考虑了整个投资收益年限内的收益,其缺点是没有考虑资金的时间价值。很明显,由于资金是有时间价值的,早期支出比后期支出负担重,收入同样的钱,早期收入比后期收入更为有利。

(2)静态投资回收期(Payback Time),是指用项目投产后的净收益及折旧来收回原来的投资支出所需的时间,通常以年数表示。投资回收期的计算时间应从投资实际支出算起,其计算公式为:

$$\sum_{i=1}^{Pt}(C_i - C_o)_t = 0$$

式中:C_i 为现金流入量;C_o 为现金流出量;$(C_i - C_o)_t$ 为第 t 年的净现金流;$\sum_{i=1}^{Pt}$ 为自投资开始年至 Pt 年的总和;t 为投资回收期。

静态投资回收期还可直接用全部投资现金流量表推算。当累计净现金流量等于零或出现正值的年份,即为项目投资回收期的最终年份。投资回收期的小数部分(即不足一整年的部分)可用上年累计净现金流量的绝对值除以当年现金流量求得。其计算公式为:

$$投资回收期 = \frac{累计净现金流量}{开始出现正值年份数} - 1 + \frac{上年累计净现值流的绝对值}{当年净现金流量}$$

静态投资回收期法的优点是计算简便、容易理解,但它未考虑资金回收之后的情况、项目寿命期内的总收益情况以及获利能力,同时它还忽略了资金流入和流出的时间因素。

(3)动态投资回收期是按现值法计算的投资回收期,采用如下方程式求 P'_t,即为项目自投资开始年算起的动态投资回收期。其计算公式如下：

$$\sum_{i=1}^{P'_t} (C_i - C_0) a_t \cdot t = 0$$

式中：P'_t 为动态投资回收期；a_t 为第 t 年的贴现系数，$a_t = \dfrac{1}{(1+i)^t}$；i 为基准收益率，或设定的贴现率。

动态投资回收期也可直接用全部投资现金流量现值表推算。其计算公式为：

动态投资回收期 = $\dfrac{累计净现金流量现值}{开始出现正值年份数} - 1 + \dfrac{上年累计净现金流量现值的绝对值}{当年净现金流量现值}$

与静态投资回收期相比，动态投资回收期的优点是考虑了现金流入和流出的时间因素。它的缺点一方面是计算较麻烦，另一方面它和静态投资回收期一样，也未考虑资金回收后的情况、项目寿命期的总收益及获利能力。

(4) 净现值(Net Present Value, NPV)，是指在投资方案的整个寿命期内，各年的净现值流量按规定的贴现率或基准收益率折现到基准年的所有值之和。其计算公式为：

$$NPV = \sum_{i=1}^{n} (C_i - C_o)_t \cdot a_t$$

式中：C_i 为现金流入量；C_o 为现金流出量；$(C_i - C_o)_t$ 为第 t 年现金流量；a_t 为第 t 年的贴现系数(与设定的折现率或基准收益率 i 相对应)；n 为建设和生产服务年限的总和。

如果净现值是正数，说明投资方案按现值计算的投资报酬率高于所用的贴现率，是盈利的方案，可以初步被接受。在选择方案时，净现值越大越好。

净现值指标的优点是考虑了资金流入与流出的时间，其缺点是不能反映开发项目的获利程序。如果两个投资方案所需的投资额不同、收益不同，对他们的收益水平就难以比较了。同时，净现值中的基准收益率也不容易确定。

(5) 净现值比率(Net Present Value Ratio, NPVR)，是指项目净现值与投资现值的比值，即单位投资提供的净现值数量，其计算公式为：

$$NPVR = \frac{NPV}{P(I)}$$

式中：NPV 为净现值；$P(I)$ 为投资现值。

显而易见，净现值比率越高，说明经济效果越好。

(6) 内部收益率，是指令项目净现值为 0 的贴现率，具有净现值的一部分特征，常缩写为 IRR。它的基本原理是指出一个能体现出项目内在价值的数值。内部收益率本身不受资本市场利息率的影响，而取决于项目的现金流量，是每个项目的完全内生变量。其计算公式是：

$$CF_0 + \frac{CF_1}{1+IRR} + \frac{CF_2}{(1+IRR)^2} + \cdots + \frac{CF_N}{(1+IRR)^N} = 0$$

式中：CF_N 为第 N 期的现金流。

如果内部收益率大于贴现率，项目可以接受；反之，项目不能接受。

在实际应用中，对投资方案的经济效益进行评价最常用的指标是"净现值""净现值比率""内部收益率"三种，"简单投资收益率""静态投资回收期""动态投资回收期"只起辅助作用。

五、风险投资的运作过程

作为风险投资的对象，风险企业发展的不同阶段相应地对风险资本有不同的需求，其营运方式也各有特点。高科技创业企业的发展阶段大致可以划分为五个阶段，即种子期、导入期、成长期、扩张期和成熟期。

（一）种子期

种子期（Seed Stage）是指技术的酝酿与发展阶段，这一阶段仅有产品的构想，没有产品的原型，所以难以确定产品在技术上和商业上的可行性，它的失败概率超过了70%，即风险投资中的大部分风险企业在"种子期"就被淘汰了。种子期的主要任务是研究与开发。研究与开发的目标主要有三个：①开发出有应用价值的产品并力图得到专利；②开发出的产品不仅高于竞争对手，而且难以让对手模仿；③开发出的技术和产品有广泛的用途，并能在此基础上进一步发展。这一时期的资金需要量很少，从创意的酝酿到实验室样品再到粗糙制品，一般由科技创业家自己解决。有许多发明是工程师和发明家在进行其他实验时的"灵机一动"，但这个"灵机一动"在原有的投资渠道下无法成为样品和进一步形成产品，于是发明人就会寻找新的投资渠道。这个时期的风险投资称做种子资本（Seed Capital），其来源主要有个人积蓄、家庭财产、朋友借款、申请自然科学基金等。如果还不够，则会寻找专门的风险投资家和风险投资机构。要得到风险投资家的投资，仅凭一个"念头"是远远不够的，最好能有一个样品。而且，仅仅说明这种产品的技术如何先进、如何可靠、如何有创意也是不够的，必须对这种产品的市场销售情况和利润情况进行详细调查、科学预测，并形成文字性的报告或材料，将它交给风险投资家。此外，发明人还必须懂得管理企业，并对市场营销、企业理财有相当的了解。经过考察，风险投资家同意出资，就会合建一个小型股份公司。风险投资家和发明家各占一定股份，合作生产，直至形成正式的产品。这种企业主要面临以下风险：一是待开发技术成功的不确定性风险；二是待开发技术完善的不确定性风险；三是高新技术企业的管理风险。风险投资家在种子期的投资占其全部风险投资额的比例是很低的，一般不超过10%，但却承担着很大的风险。这些风险一是不确定性因素多且不易测评，二是离收获季节时间长，因此也就需要更高的回报。

(二) 导入期

导入期(Start-up Stage)一般也被称为初创期,它是技术创新和产品试销阶段。在这一阶段,企业已经掌握了新产品的样品、样机或较为完善的生产工艺和生产方案,但还需要通过与市场的结合对产品和生产技术进行改进和完善。这一阶段的经费投入显著增加,约是种子期的10倍。这个阶段的资金要想让银行提供借贷是十分困难的,其资金主要来源于原有风险投资机构增加的资本投入。这一时期投入的资本被称为导入资本(Start-up Capital)。如果这种渠道无法完全满足需要,还有可能从其他风险投资渠道获得。这一阶段的主要工作是中试,中试就是一个在扩大生产的基础上进行反复设计、试验和评估的过程。此外,中试还需要解决两个问题:一是解决产品与市场的关系,即通过小批量产品让客户试用,然后根据反馈回来的信息对产品和生产工艺进行改进;二是解决产品与生产的关系,通过改进制造方法和生产工艺,使产品能够大批量的生产,以提高生产效率。这一阶段的风险主要包括技术风险和市场风险。技术风险主要包括产品生产的不确定性和新产品技术效果的不确定性,市场风险主要是指市场接受新产品的能力、时间及产品的普及速度。这一阶段所需资金量大,是风险投资的主要阶段。对于较大的项目来说,往往一个风险投资机构难以满足,风险投资机构有时组成集团(Syndicate)共同向一个项目投资,这样做也可分散风险。这个阶段风险投资要求的回报率也是很高的,一旦风险投资发现存在无法克服的技术风险,或市场风险超过自己所能接受的程度,投资者就有可能退出投资。这时无论是增加投资还是退出,都要果断,力戒观望:该投资时缩足不前,可能错过一个大好机会,并且使原有投资作用无法充分发挥;在该退出时犹犹豫豫,很可能就会陷入无底的深渊。是进入还是退出,除了科学冷静的判断分析外,还要依靠直觉,这就是个艺术的问题了。大约有10%的风险企业在这个阶段夭折。初创期企业的组织结构不仅只有研发部门,并配有生产部门和市场营销部门,各部门把研究出适销对路的产品作为自己的职责。

(三) 成长期

成长期(Development Stage)是指技术发展和生产扩大阶段。它是在经历了初创期的考验后,风险企业在生产、销售、服务等方面基本上有了成功的把握,新产品的设计和制造方法与工艺已经定型,并具备了批量生产的能力。这一阶段的主要工作是市场开拓,随技术不确定因素风险的减少和新产品被市场的逐渐接受,技术风险和市场风险将相对降低,而管理却成为这一时期最突出的风险。这时是风险企业的增长转型期,即企业从研发型向生产经营型转变,这时出现的管理风险主要是由两个原因导致的:一是由于新研发出的产品收益大,造成企业急于扩大规模,有时增长的速度达到300% ~

500%,而企业管理人员的扩充需要时间及新上岗的管理人员需要一个适应的过程,所以企业会出现力不从心的现象;二是这时的企业管理人员大多是工程师出身,他们习惯把精力用于技术的创新上,而缺乏企业管理、财务和法律等知识,这种忽视或缺乏管理技能的状况会使企业停留在那种原始的管理状态中,从而给企业带来风险。这一阶段的资本需求相对前两个阶段又有大幅度的增加,一方面是为扩大生产,另一方面是开拓市场、增加营销投入,其资金需求量往往是初创期的10倍。这一阶段的资金被称做成长资本(Expansion Capital)或扩展资本,主要来源于原有风险投资家的增资和新的风险资本的进入。另外,通过产品销售出现了回笼资金,银行等稳健资金也开始择机而入。这一阶段的风险相比前面两个阶段已大大减少,但利润也在逐步降低。一般来说,在这一阶段,风险投资家在帮助企业提高价值的同时,也应开始考虑退出问题。

(四)扩张期

这一时期,风险企业由研发、试验和把产品拖入市场阶段走进营销阶段。在扩张期(Expansion Stage),创新企业已经开始出售产品和服务,但支出仍大于收入。在最初的试销阶段获得成功后,企业需要投资以提高生产和销售能力。在这一阶段,公司的生产、销售、服务已经具备成功的把握,公司可能希望组建自己的销售队伍,扩大生产线,增强其研究发展的后劲,进一步开拓市场,或拓展其生产能力和服务能力。

这一阶段的融资活动又称做"Mezzanine",在英文里意思是"底楼与二楼之间的夹层楼面"。可以把它理解为"承上启下"的资金,是拓展资金或是公开上市前的拓展资金。这一阶段意味着企业介于风险投资和传统市场投资之间。

(五)成熟期

成熟期(Mature Stage)是指技术成熟和产品进入大工业生产阶段,这一阶段的资金称做成熟资本(Mature Capital)。该阶段资金需要量很大,但风险投资家已很少再增加投资了,一方面是因为企业产品的销售本身已能产生相当的现金流入,另一方面是因为这一阶段的技术成熟和市场稳定,而且企业这时已有足够的资信能力去吸引银行借款、发行债券或发行股票。更重要的是,随着各种风险的大幅降低,利润率也已不再诱人,对风险投资不再具有足够的吸引力。成熟阶段是风险投资的收获季节,也是风险投资的退出阶段。风险投资家可以拿出丰厚的投资回报给投资者了。风险投资在这一阶段退出,不仅因为这一阶段对风险投资不再具有吸引力,而且也因为这一阶段对其他投资者(如银行和一般股东)具有吸引力,风险投资可以以较好的价格退出,将企业的接力棒交给其他投资者。这时风险投资的退出方式有多种可以选择。

美国风险投资协会(NVCA)的统计表明,1992~1993年风险投资主要集中在处于成长阶段和销售阶段的创新企业,约有80%的风险投资资金投在这两个阶段,仅有4%左右投在创建阶段,另有14%左右投资于开始获利阶段。

第三节 国际风险投资发展的制约因素

风险投资是金融市场的一种创新形态,它的运作有其内在的特殊规律性,其产生和发展需要与之相适应的环境。制约影响风险投资发展的因素很多,涉及社会、经济、文化、法律等多方面。总结国际上数种风险投资发展模式的经验和教训,可以把这些因素归纳为以下几方面。

一、法律法规的完整性及契约的有效性

与一般资本市场相比,风险投资具有较高的不确定性和信息不对称性,在这种高风险环境中,需要有一整套相应的法律法规来界定和规范各市场参与者的资格、行为及相互之间的关系,这样才有可能有效地保护投资者的权益,增强投资者的信心,降低投资风险。

涉及风险投资的法律法规有很多,其中包括投资主体的确认、投资管理机构的组织与管理、风险资本二级市场的组织与监管、企业产权与知识产权的保护、风险投资企业的会计审计制度等。风险投资的法律法规既要能有效地降低市场风险,又要有利于市场的发展,其中最关键的是要适应风险投资的特点。例如,在理论和实践上都证明了有限合伙制是适应风险投资发展的一项制度创新,它最能降低风险投资的运作成本和代理成本,因此在法律法规上就应给予其相应的地位。又如,风险资本的本质特征是其资本和投资活动的循环流动性,因此应该从法规上尽可能减少风险资本所投资企业股份流动的障碍。再如,风险资本的投资对象主要是具有一定知识产权的高新技术企业,因此需要有一套保护知识产权和反不正当竞争的法律。另外,适应风险投资信息高度不对称的特点,需要有相应的会计审计制度和规范中介机构的法规。总之,适应风险投资特点的一套法律法规是保证其顺利发展的前提条件。

有了相应的法律法规之后,还必须确保建立在此基础上的契约的有效性。风险投资是一种长期的股权投资,风险投资各参与者之间特殊的委托代理关系是通过一系列特殊的契约来确定的,其中最主要的是投资者与投资管理者之间的有限合伙契约、投资管理者与企业之间的可转换优先股份契约。只有确保这些契约的有效性,才能降低市场风险,增强投资者信心,保证风险投资的顺利发展。

二、政府的政策措施扶持

各国的实践都证明,政府的政策措施在风险投资的发展过程中具有十分重要

的作用。尽管各国的实践各不相同,但总结起来,以下几方面的政策措施被证明在风险投资发展过程中是至关重要的。

一是增加风险资本的供给,具体包括:①政府在政策上允许一定比例的退休基金和保险基金等机构投资者进行长期风险投资;②政府利用税收政策激励个人和民间机构进行风险投资;③政府出资介入风险投资,起到引导和示范作用。

二是降低投资者风险。政府通过资助投资前的技术评估和审计、通过对风险投资的部分股份担保或损失补偿,来降低投资者风险。

三是增加流动性。政府采取多种政策措施,如鼓励企业收购兼并、培育产权交易市场、培育高新技术企业股票二级市场等退出渠道,来提高风险资本的流动性。

四是促进企业化。政府采取多种政策措施来促进高新技术企业化,这些措施包括风险分担税制、特许贷款制度、信息咨询服务等。

总之,作为一种新兴的资本市场形态,风险投资的发展需要政府的强力扶持。政府政策措施扶持是吸引风险投资特别是民间投资的主要条件。

三、高新技术产业化基础与成熟的企业制度

风险投资是一种将资金、技术、管理与创业精神有机结合起来,在支持创新活动与培育高新技术产业过程中使参与者获取超额利润的一种新型市场形态。

理论上讲,市场的发展总是依赖于供求双方的增长。从供给方面看,风险投资的发展需要一定的高新技术产业化基础。只有存在一定数量的投资机会,风险资本才有足够的选择空间,才有可能产生与高风险相对应的超额利润,从而刺激风险投资。从实践上看,美国风险投资之所以起步早、发展快、功能健全,其重要原因之一就是在半导体、计算机、生物技术等领域内的研究与开发基础较强,如数据设备公司、苹果计算机公司等有巨大超额利润的投资项目的产生,极大地刺激了美国风险投资的发展。当然,高新技术产业与风险投资存在着相互促进的关系,不能把前者作为独立外生变量来解释后者。但可以肯定地说,在一个缺乏创新的经济环境中,投资利润已经被平均化,以追求超额利润为主要目标的风险投资不可能有快速的发展。

有了一定的产业化基础,还必须具备较成熟的企业制度。从企业组织制度的历史发展过程看,经历了个人企业、合伙制企业和股份制企业三种基本企业制度的演变。风险资本作为一种长期的权益资本,当然要求股份制的企业组织制度与之相对应。不仅如此,作为一种创新的投资方式,风险资本对所投资企业的组织制度还有一些特殊的要求。例如,由于风险投资人承担比企业家更大的风险,因而他们往往要求控股权,即使单个风险投资者不处于控股地位,在可转换优先股份合同中也必须被赋予比其所占股份大的权利。又如,在风险投资企业中,风险投资者不仅

要进入董事会,还要直接参与企业的经营管理。相反,不成熟的个人业主制、家族制的企业制度,容易产生内部人控制,加大代理成本,同时不太可能放弃对企业的控制权,因此,这些企业不太可能成为风险资本的投资对象。

四、文化的适宜性

作为创新的市场形态,风险投资要在一个适宜的文化环境中才能顺利发展,文化因素从多个方面制约并影响着风险投资的发展。

首先,风险投资的发展需要一种勇于冒险的创业文化。这种文化的精髓就是敢于凭借丰富的想象力和创造力,通过建立生产新产品、引进新工艺、开发新资源和采用新组织形式的企业,来实现自己的抱负和理想。这种创业精神在科技企业家和风险资本家身上得到了充分体现。

第二,风险投资的发展需要"以人为本"的文化氛围。在高新技术产业诞生和发育的过程中,人才是关键的因素。风险资本家和科技企业家是社会的精英,他们的共同特点是敢于冒险、勇于开拓,并兼有对科学技术的前瞻力和对市场的敏锐性。这些人才不是天生的,是从"以人为本"的高科技文化环境中孕育出来的。"以人为本"的高科技文化主要体现在以下几个方面:一是鼓励个人创新,鼓励个人创办企业;二是尊重知识和人才,提倡人才流动;三是鼓励专业人才通过创新和建立高新技术企业获取高额报酬;四是尊重和鼓励科技企业家和风险资本家的个性化发展。

第三,风险投资的发展需要一个活跃的高科技股份投资文化。风险投资是一种股份投资,市场参与者通过股份运作获得收益,企业则从中获得不断成长所需的资金。从企业的角度讲,创业者要有开明的态度,必须克服"独立性"与控股心态,为了企业的长远发展,要敢于让外部投资者参股进来,甚至放弃或暂时放弃企业的控制权。同时,要有一种向股东负责、与股东坦诚相待、追求股东价值最大化的企业文化。从投资者的角度看,要有一种敢于冒风险、愿意进行长期股份投资的高科技投资文化。

五、规范有效的中介服务体系

风险投资是有组织有中介的投资,是一个有明显特性的经济活动领域,除了风险资本家本身就是一个中介外,还需要一系列针对风险投资机构、高科技企业,以及政府、投资人、公众等的中介服务机构。这些中介服务机构主要包括标准认证机构、知识产权增值机构、项目市场咨询机构、专业融资担保机构、行业协会等。随着风险投资的不断深入发展,市场分工越来越细,对中介服务机构的要求会愈来愈高。

从理论上讲,中介服务机构的经济功能主要体现在两个方面:一是通过专业分工提高效率;二是通过规范化和规模化的信息搜集和传播降低市场信息不对称性。风险投资具有高度专业化和信息不对称的特点,这就要求有较完善的中介服务与之配合。

不仅如此,由于技术、产品、市场、财务等方面存在高度的不确定性,而市场参与者之间又依靠一定契约相连接,因此要求有较规范的中介服务体系。

六、资金供给的数量和价格

风险资本的供给是影响风险投资发展的重要因素之一。资金供给的数量和价格是紧密联系在一起的,主要受两方面因素的影响和制约:

一是政府的限制。政府规定可以进入风险投资领域的资金类型和数量,包括国际资本和国内资本两部分,对国内资本的限制主要表现在机构投资者上。美国风险投资的发展,在相当程度上依靠退休基金和保险基金提供资本,其所提供的资本占风险资本总额的一半以上。可以想象,如果美国政府没有放宽风险资本的供给限制,就不可能有今天这样一个繁荣的风险投资业。

二是经济环境的影响。风险资本供给的数量和价格取决于所处经济环境所能提供的机会收益。一个低利率的经济环境有利于增加风险资本的供给,而一个泡沫化程度较高的经济环境则不利于从事长期的风险投资。

七、专业人才及与之相配套的人才市场

在风险投资主客观诸多要素的组合中,最重要的是人才资源。那些开创高新技术产业的科技企业家和风险资本家,无一不是具有冒险精神和创业精神的社会精英。不管是英特尔的罗易斯、DEC 的奥尔森等科技企业家,还是朋山的创始人多里奥特、多家著名公司的投资人洛克等风险资本家,都是敢于冒风险、勇于开拓,并兼有对科学技术的前瞻力和对市场敏锐性的复合型人才。这些人才在市场上的聚集与竞争,是推动风险投资发展的最重要的力量。

第四节 中国企业与风险投资

一、中国风险投资业的发展历程

中国风险投资问题的提出,可以追溯到 20 世纪 80 年代中期。从实践上看,并不比欧洲、日本晚多少,几乎与我国台湾地区同步。和世界上大多数国家的情形类似,中国风险投资的萌芽是在政府的推动下,从以政府为主导的风险投资开始的。

1985年3月,中共中央《关于科学技术体制改革的决定》中指出:对于变化迅速、风险较大的高技术开发工作,可以设立创业投资给以支持。1985年9月,国务院正式批准成立了"中国新技术创业投资公司"(现已清盘),它是我国大陆第一家专营风险投资业的全国性金融机构。之后,我国又在各地陆续成立了数家类似机构,并颁布了一系列相关规定和决定。1987年,由国家经贸委和财政部创办成立了"中国经济技术投资担保公司"。1989年,由国家科委、国防科工委、招商局集团共同出资兴建了"中国科招高技术有限公司"。

自1987年,除风险投资公司外,各地高新技术开发区还建立了一批具有风险投资公司性质的创业中心,通过提供资金、信息、管理、市场等服务,吸引高新技术项目和高技术中小企业,促进高技术成果的商品化、产业化,起到了新兴中小企业"孵化器"的作用。

1996年,我国正式通过并颁布了《中华人民共和国促进科技成果转化法》,并于同年开始实施。该法明确规定:科技成果转化的国家财政经费,主要用于科技成果转化的引导资金、贷款贴息、补助资金和风险投资以及其他科技成果转化基金或者风险基金。该法的实施进一步推动了我国风险投资事业的发展。

20世纪90年代以来,随着我国对外开放的进一步扩大和高技术产业的迅速发展,国际风险投资公司开始进入我国市场。1992年,美国太平洋风险投资基金在中国成立,这是美国数据集团投资成立的中国第一个风险投资基金。目前,国外风险投资公司在国内已有多家合资风险投资企业或分支联络机构,国家科技部火炬中心也分别与香港汇丰银行、新加坡科技集团合作,共同发展和建立了两个风险投资基金。

1998年3月"政协一号提案"提出以后,风险投资更是受到科技界、企业界和金融界的普遍关注。1999年8月20日,中共中央国务院做出了《中共中央、国务院关于加强技术创新、发展高科技、实现产业化的决定》,这一决定把建立国家创新体系、发展高科技提到了"维护国家主权和经济安全的命脉"的高度。1999年被誉为中国风险投资年,一批新的风险投资机构成立,以上市公司为主的民间资本也开始进入。1999年9月中国人民大学风险投资研究中心成立,1999年9月北京大学21世纪创业投资研究中心成立,2000年12月清华大学创业投资研究中心成立,2000年12月复旦大学风险投资研究中心成立等。2001年中国科技金融促进会风险投资专业委员会在北京成立,它是第一家全国性的风险投资行业协会。其作用在于加强政府和民间风险投资机构的沟通和联系,研究政策环境及推动风险投资业界的交流与合作,开展风险投资专业培训等。此后地方性的行业协会也相继成立,如北京创业投资协会、上海创业投资企业协会、深圳创业投资同业公会、广州创业促进会等。2011年,科技部、财政部、国资委、人民银行、银监会、证监会、保监会、税务总局等八部委联合出台《关于促进科技和金融结合 加快实施自主创新战略的若干意见》。

二、中国风险投资业的发展现状

经过20余年的发展,中国的风险投资已初具规模,风险投资公司在国民经济特别是投融资体系的改革中发挥着越来越大的作用,在建立风险投资体系、吸引国际风险资本等方面都积累了有益的经验,为中国今后风险投资的发展奠定了良好的基础。风险投资业在中国已从起步阶段进入初步发展阶段。

(一)风险投资公司与资本总量不断增长

1986年,全国只有1家风险投资公司,到2000年时,全国已有100多家风险投资公司,资金总额为30多亿元。1998年"一号提案"之后,风险投资有了迅猛发展,期间经过起伏,至2004年,中国创业投资延续了2003年以来的回暖趋势,投资更为活跃,并首次突破10亿美元大关。

截至2005年底,全国有近300余家创业投资或风险投资机构,资金规模共计441.29亿元人民币,较2004年的438.7亿元有了小幅增长。其中北京约有70家相关机构,占有风险资本70亿元,分别占到了全国总数的1/4和1/6左右。到2010年,风险投资企业达到720家,风险投资管理资金总量达到2 406.6亿元。2014年,中国的风险投资总额达到155亿美元,中国的风险投资呈现良好的发展态势。随着对风险投资认识的加深,各地政府对当地风险投资业的发展也越来越重视,一些企业尤其是实力雄厚的高科技公司也加入到风险投资的行列。除风险投资公司外,各地高新技术开发区还建立了多种形式的风险投资机构和风险投资基金。

(二)风险投资机构的发展日趋多样化

我国风险投资机构的类型和组织形式正日趋多样化,多年前主要以国有独资企业或由政府等从事风险投资的情况,现在已经从根本上发生了变化。目前,我国风险投资机构主要有以下五种类型:一是国有独资的风险投资机构,其资金基本上由地方财政直接提供或由国有独资公司安排,目前仅占19%;二是政府参股的风险投资机构,其资金一部分由地方财政直接提供或国有独资公司安排,另一部分由其他机构或自然人提供,目前,这类机构约占20%;三是民间设立的风险投资机构,其资金不含地方财政或国有独资公司提供的资金,目前占到约44%;四是外资设立的投资机构,约占13%;五是大公司或专业性投资机构所属的风险投资机构,约占4%,这类风险投资机构,一部分是由上市公司或大公司出资成立的风险投资机构,另一部分是在计划经济体制下成立的一些专业性投资机构(如纺织投资公司),安排一部分资金开展风险投资业务。

(三)风险投资有效地吸引了大量民间资金

我国风险资本的来源也日趋多样化,政府资金的比重明显降低,非国有资金正逐步成为风险资本的主要来源。调查显示,来源于国内的资金结构中,2012年政府资金占比只有27.61%,非金融类企业占比35.83%,个人资金占比达到21.52%。

截至2012年年底,来自海外的资本比例为10.37%,与2011年相比下降超过7个百分点,而来自内地的资本比例为89.63%,与2011年相比有所上升。

(四)风险投资推动了高新技术产业的发展

各地政府在筹建风险投资公司时,都明确地把投资领域规定在国家经济政策重点扶持的高新技术范围内,如电子信息、生物医药、新材料、光机电一体化、资源与环境、新能源与高效节能技术等。从所投企业所处的发展阶段来看,获得风险投资的企业28%是种子期企业,53.6%是成长期企业,18.4%是成熟期企业。从所投企业所处的行业来看,98%的风险投资投向技术型企业,其中有65.4%与因特网有关。一部分企业在风险投资的推动下,迅速发展起来,一些企业已经上市。

(五)风险投资机构的管理正逐步成熟

目前风险投资机构的运作基本良好,通过一段时间的实践,很多机构已经摸索出了符合自身特点的管理方法。

1. 风险投资管理团队的素质普遍较高。调查显示,风险投资机构管理团队的素质明显高于其他行业。平均来讲,在全部员工中,有一半以上是从事风险投资的专业人员,大学本科以上学历者占了80%以上,其中硕士占30%左右,博士占10%以上。

2. 投资决策更加合理。国内风险投资机构在投资决策时主要考虑的因素,按照重要性排序为:市场前景、管理团队、投资项目的技术先进性、未来现金流量等。这一排序与国外同行考虑的因素大致相同,说明国内的风险投资机构正在逐步成熟起来。

3. 投资管理受到高度重视。调查显示,我国的风险投资机构的投资管理模式通常选择参加董事会、提供管理咨询、派驻高层管理人员、派驻财务人员等几种方式,这一选择与国外同行的做法也大致相同。

4. 管理更加严格。很多机构通过一段时间的摸索,逐步形成了符合自身特点的管理方法,确定了一整套严格的管理规则。在提高投资效率的同时,有效地规避了风险。

5. 风险投资的经营业绩普遍较好。由于管理严格、评估准确、投资谨慎,很多风险投资机构的经营业绩表现良好。由风险投资机构扶植的企业已经上市或即将上市的已经为数不少。风险投资机构在支持高新技术产业发展的同时，其自身实力也大为增强。

三、中国企业风险投资业面临的问题

尽管中国风险投资业已经具备一定规模，达到一定成效，但同国外风险投资发达的国家和地区相比，中国的风险投资业仍处于发展初期。就目前国内外环境而言，我国企业开展风险投资有一定的有利条件，但还存在诸多障碍，制约着风险投资的发展，使现在许多从事风险投资的机构规模都较小。

(一) 法律法规的制约和契约失灵的影响

在我国现行的法律法规中，存在着不少不适应风险投资的规定，主要表现见表13-2。另外，除法律法规不健全外，在我国经济生活中还存在着较为严重的契约失灵现象，主要表现在契约制定的规范性较差、契约执行的监督力度不够、违约处罚的执行率较低等方面，这在一定程度上影响着企业在海外从事风险投资的严肃性。

表13-2　　　中国现行的法律法规与风险投资的矛盾与冲突

	现行法律法规	风险投资	矛盾与冲突的结果
组织形式	不能按有限合伙制组织形式成立风险投资公司(基金)	有限合伙制是最能降低代理成本、降低投资者风险的制度创新	不能形成有效的机制并吸引投资者参与，产生重复征税
公司(基金)设立	程序烦琐、条件苛刻的核准制	灵活多样、个性化生存	不利于吸收民间资金进入，不能发挥市场的作用，不能调动个人的积极性和创造性
资本金	统一的实收资本金制度	分阶段投资	不能有效处理投资者与风险资本家之间的关系
投资主体	不允许退休基金、保险基金进入风险投资	需要相对独立的机构投资者	资金供给不足，投资主体缺位
知识产权	硬性规定无形资产在注册资本中所占的比例上限	市场化原则，投资于新的设想和主意	在技术与资本之间设置了一道障碍
投资比例	累计投资额不得超过净资产的50%	用活用好投资者的每一分钱，选择较多的项目组合，实现较高的平均投资收益率	限制了风险投资能力，压缩了投资组合，风险增加

续表

	现行法律法规	风险投资	矛盾与冲突的结果
退出渠道	(1) 股东不能自由转让出资 (2) 发起人持有股份3年之内不得转让 (3) 不得收购本公司股票 (4) 较高的上市公司规模和盈利历史规定 (5) 法人股在上市后不得流通	资本和投资活动具有循环流动性	退出渠道不畅,风险投资发展不完善,缺少了极为重要的组成部分

(二) 政策资源配置失衡

应该说,近年来我国中央和各级地方政府已经出台了不少扶持高科技企业的政策措施,其中包括税收优惠、人才优惠、信贷优惠等等,但是对于投资于高科技企业的风险投资者和风险投资管理企业的扶持政策却很少,在市场进入、税收优惠、投融资管理等方面没有对风险投资的扶持性政策法规。

在财政政策方面,政策失衡突出表现在税收上。由于没有专门的税收政策,风险投资公司要执行一般实业投资公司的税收规定,对投资公司的收入征一次税,对投资人分得的收入又征一次税,这种重复征税的做法显然不符合国际惯例。在另一方面,虽然风险投资公司是专业投资于高新技术企业的,但又不能享受高新技术企业的税收优惠。

在金融政策方面,进入20世纪90年代以来,尤其是从亚洲金融危机以来,我国政府和金融机构对金融风险的防范采取了更加严格的措施,造成新生企业融资更加困难、金融机构的业务创新放慢甚至停顿、有关的政策措施迟迟不能出台等,这就难以引起中国企业从事海外风险投资的兴趣。

(三) 高科技企业制度还不成熟

从前文对我国风险投资的现状分析可知,在风险投资的推动下,我国高科技产业得到迅速发展。从高科技产业发展较快的北京、上海、深圳三个城市来看,其产业规模已达到相当高的水平。高新技术产业的迅速发展,为风险资本市场的发展奠定了良好的基础、创造了有利的条件。2011年,深圳具有自主知识产权的高新技术产品产值为7 220.36亿元,10年增长了近8倍。深圳专利申请量一直居于全国大中城市第一位。

但是,由于我国的高新技术企业是从传统的旧体制变革中走出来的,在其成长过程中,也同时形成了一些难以用风险投资的国际惯例加以处置的特殊性和内在矛盾。我国高新技术企业多在企业制度和内部管理上存在一定缺陷,主要表现在产权不明晰、财务制度不健全、内部人控制严重等方面。这些问题的存在会使风险投资者望而却步,一个完善的风险资本市场不可能建立在这样的企业制度基础上。没有完善的风险投资企业制度,很难使我国的风险投资企业在国内外有所作为。

(四)缺乏适宜的文化环境

我国长期的计划经济体制及其所形成的惯性思维,阻碍了一个适合风险投资发展的文化环境的形成。从一般意义上的文化环境分析,不适宜性主要表现在以下几个方面:①长期的计划安排方式,使许多科技人员产生了安于现状、依赖国家的思想,缺乏勇于冒险的创业精神;②在国家创新体系的各个组成部分中,普遍存在着论资排辈、讲关系讲人情的现象,没有真正形成"以人为本"的文化氛围;③传统文化中诚信观念的淡薄和职业道德的缺乏,直接影响到社会的各个层面,导致市场的严重失序。

(五)缺乏专业性中介服务机构

经过多年市场经济的实践,我国经济运行中的中介服务机构有了较大发展,律师事务所、资产评估事务所、投融资咨询机构、证券商等在逐步发展壮大。但是,风险投资所需的特殊中介服务机构如行业协会、标准认证机构、知识产权评估机构等还比较缺乏。在这种情况下,科技企业家和风险资本家往往要做很多自己专业以外的事情,降低了市场效率。

除专业性中介服务机构不到位以外,目前还存在着中介服务不规范的问题。这是市场发展初期比较容易产生的问题,但它会严重妨碍风险投资的发展。缺乏专业性的中介机构,使中国的风险投资机构不能熟悉国外风险投资的运作方法。

(六)缺乏合理的资金来源

从资金来源结构来看,我国目前风险投资有政府、上市公司、非银行金融机构、民间资本四种资金来源,其中政府是资金的主要来源。尽管政府资金的比例近年来有所减少,如2012年国内风险投资资金中政府资金占27.61%,但与美国等发达国家不到9%的比例相比,我国政府资金比例还是明显偏大,民间资金、上市公司、非银行金融机构资金直到最近才开始有所增加。

(七)专业人才严重匮乏

风险投资是专业化的投资,风险投资家要有丰富的知识、经验和专业水平的管理能力,对技术、金融、资本市场要有深刻的认识和较强的市场运作能力。目前国内风险投资多数还停留在学术论坛和理论研究层次上,在实际操作中真正懂风险投资的人为数不多,具有现代意识的风险资本运作家更是凤毛麟角。没有合格的投资人才,对风险投资基金和项目的管理就很难达到国外同行水平,投资效果也将大打折扣,甚至会出现投资决策失误。"中创"的失败便是一个例证。尤其要在海外从事风险投资,中国风险投资机构必须配备熟悉国际风险投资业务的人才,因为他们是我国企业在海外风险投资领域成功的保证。

值得注意的是,上述分析仅说明我国目前存在的不足之处,其中大多数是主观因素造成的,并不能说明我们不具备发展海内外风险投资的条件。特别是加入世界贸易组织,对中国的企业发展海内外风险投资事业带来机会。

四、中国企业开展风险投资业的有利条件

(一)稳定的社会经济环境和政府的高度重视

中国目前的宏观经济保持了一个高增长、低通胀的良好态势,国内外对正在进行的国企改革和金融体制改革信心十足。稳定的社会经济环境为风险投资的发展提供了良好的契机。同时,政府对风险投资业给予了高度重视,先后颁布了一系列政策法规支持鼓励风险投资的发展。随着改革的进一步深入,一些制约风险投资发展的因素将逐步消除。

(二)民间资本和产业型投资公司的兴起

经过几十年的建设和发展,中国已经具备了一定的资本积累。中国有极大的民间资本潜力,仅城乡居民存款就超过 30 万亿元。随着中国资本市场的开放,先后出现了包括产业附属型风险投资公司、大型企业集团、证券公司在内的战略投资者群体。

(三)世界贸易组织的推动

我国加入世界贸易组织后,在外资、外企介入以及国内经济格局调整的背景下,制约我国风险投资发展的因素将会提早消除,并给我国的风险投资业带来巨大的发展空间,主要表现在以下几方面:

1. 风险资金来源扩大。加入 WTO 后,一方面由于服务贸易行业的开放,对于

引进外资的限制将被放宽,必然有助于外资的流入,从而扩大风险投资的资金来源。另一方面加入世贸组织使中国的经济前景被普遍看好,借此机遇可以带动国内企业和私人资本的投入,吸收民间闲散资本,从而扩大我国风险投资的资金来源。

2. 将国外的管理经验"请进来"。加入 WTO 后,在引进资金的同时,可以吸收国外风险投资的先进技术和管理经验,引进风险投资的专业化人才及信用体系,增强投资经理人才市场的国际竞争力。

3. 使国内的风险投资"走出去"。加入 WTO 后,国内风险投资走向海外的条件更加便利,这不仅有利于国内风险投资参与国际风险投资组合、提高竞争力,而且有利于培养国内的风险投资家。

4. 营造良好的投资环境。加入 WTO 后,国内改革步伐加快,投资环境、市场环境和制度环境进一步改善,能更好地发挥我国的资源优势、人才优势和本土优势,促进我国风险投资的发展。

5. 资本市场的开放和金融产品的丰富。加入 WTO,有利于国内金融市场的逐步开放,加速与国际金融市场的接轨,有利于丰富金融产品,进一步推动我国风险投资业的发展。

(四)多家高技术产业赴海外上市

1999 年 7 月 12 日,中华网以第一个中文网络股的身份在美国纳斯达克以每股 20 美元定价发行,总筹资额达到 9 600 万美元,次日挂牌上市,当天的收市价高达 67 美元,是发行价的 335%,此后回稳在 45 美元左右。之后,到纳斯达克上市成为当时中国很多风险企业的目标。2000 年 4 月 13 日新浪网也步中华网的后尘,走进纳斯达克市场挂牌交易,每股发行价为 17 美元,次日便升至 20 美元。此后,网易和搜狐也分别于 2000 年的 6 月 30 日和 7 月 12 日在纳斯达克上市。截至 2011 年,在纳斯达克上市的中国公司数量达到 167 家,4 156 家公司在新加坡创业板上市。中国企业在海外上市虽然是一种融资行为,但它对中国企业在海外从事风险投资是一种鼓舞。

案例研究

案例一 P2P 行业前景可观 今年超 15 家网贷平台获风投

所谓朝阳行业,指的就是一个刚刚兴起、正处于发展阶段、有相当大发展空间的行业。纵观目前,电子信息行业、通信行业、软件业、生物工程行业、电子工程行业等都是朝阳行业的范畴。近几年,随着互联网金融的崛起,吸引了一大批投资创业者的关注和青睐,据保守估计,仅在P2P网贷领域,2014年就有超过15家平台获得风投,且大部分平台是首次获得风投。

可以说,P2P行业已然是一个朝阳行业。众所周知,P2P平台在一定程度上缓解了小微企业融资难的问题,也为老百姓的投资理财开拓了新渠道,利好国家普惠金融的发展。作为互联网金融的一种表现形态,P2P频频高调亮相媒体,沐浴政策利好的春风。

在政府和监管层的大力支持下,P2P网贷降低了民间借贷的利率,"P2P特别有利于小微企业和个体户的发展,并且目前政策鼓励创业,未来将会有更多的个体工商户、小微企业、大学生、职场人士、自由职业者不断在各行业进行创业,对融资的需求也在逐渐膨胀",名车贷风险总监谭鹏如是认为。

同时,随着央行两次降息、两次降准政策的施行,辅以一系列(如存款保险制度)制度的催化,社会闲置资金量不断增加。特别是现在金融理财常识不断普及,大量自由投资人不断涌现,以宜人贷、陆金所、红岭创投、名车贷等为代表的P2P行业,又以50~100元的起投门槛、行业平均15%的年收益率,优于其他理财方式。由此可见,未来P2P行业将会出现更多的投资人。

所以,网贷行业迎来了发展的契机,这样一组数据也足以说明网贷正在呈现几何式高速发展:在2014年的3月份,网贷行业整体成交量达到了492.6亿,创下了历史新高,环比2月上升了近50%,是去年同期的3.51倍。行业贷款余额已增至1 518.03亿,环比2月增加了21.83%,是去年同期的近4倍。业内分析人士预计,2015年底,网贷行业全年成交量将突破6 000亿元,贷款余额或突破3 500亿元。

特别是随着信用消费时代的到来,相对于各大银行15%~25%不等的信用卡分期年利率,P2P网贷具有一定的吸引力。在未来的发展中,相信会有越来越多的借款人和投资人进入网贷行业,享受更便捷的融资和更高收益的回报。

案例思考与讨论:

1. 为什么P2P行业能够吸引风险投资?
2. 风险投资对于P2P行业的发展将发挥哪些作用?

案例二　中国新一轮投资潮汹涌来袭

为了稳定经济增长,2014年四季度以来,国家发改委密集批复了50个交通基建项目,这些项目大都在今年开工建设,其中30个项目是在西部省份,主要集中在新疆、四川、内蒙古、贵州、云南、广西、甘肃等地。从西部各省公布的资料来看,2015年西部各省在交通建设方面将重点推进高速公路、高铁等建设。

2015年1月14日,国务院总理李克强主持召开国务院常务会议,决定设立国家新兴产业创业投资引导基金,助力创业创新和产业升级。会议确定,将中央财政战略性新兴产业发展专项资金、中央基建投资资金等合并使用,盘活存量,发挥政府资金杠杆作用,吸引有实力的企业、大型金融机构等社会、民间资本参与,形成总规模400亿元的新兴产业创投引导基金。该基金实行市场化运作、专业化管理的方式。

上述决定意义重大,新基金的设立改变了过去补贴制的办法,可以通过引导基金撬动社会资本。此前阿里巴巴创始人马云在创立企业时,曾遭遇融资难题,最后主要由外资进行投资,软银仅以2 000万美元投资,获得上市后数百亿美元回报。

上述400亿总额的中央财政战略性新兴产业发展专项资金,在地方和社会资本跟进投资后,会进一步放大对企业的投资额,进而实现企业的快速发展和产业升级。

案例思考与讨论:

根据材料分析风险投资发展的制约因素有哪些?

案例三　AppVirality 获 46.5 万美元种子轮融资

帕皮莱尼表示,AppVirality 创始团队是在按计划开发一个网站和应用的时候想到这个为初创企业服务的主意。他们可以监测到他们网站的流量来自哪里,但无法在他们的移动应用上跟踪到同样的信息。

帕皮莱尼说,"大家都使用不同的营销增长方式,作为开发者,我们不知道哪一种最适合我们的应用。因此我们决定创建一个软件开发工具包,把所有的营销增长方式都放在里面,人们可以无需编码就能进行各种尝试。"

AppVirality 是一家印度初创公司,旨在让开发者增加他们的用户群变得容易。这次的种子轮融资标志着这家公司第一次获得来自外部的投资,此轮融资的资金将用于产品开发和人员招聘。

案例思考与讨论:

1. 风险投资家在种子期面临的风险有哪些?
2. 你认为 AppVirality 会用什么方式进行资金运行?

思考题

1. 风险投资的特征是什么?
2. 风险投资与高科技产业的关系是什么?
3. 从事风险投资的主要机构有哪些?
4. 风险投资的退出方式有哪几种?
5. 风险投资运作一般经过哪几个阶段?
6. 影响风险投资发展的制约因素有哪些?

第十四章 国际多双边投资协定

International Multilateral and Bilateral Investment Agreements

国际多双边投资协定是有关国家、国际组织、跨国公司以及各类投资者从事国际投资活动的主要依据。本章主要介绍了国际多双边投资协定的产生与发展，国际双边投资协定的种类，区域性国际投资协定的作用，并着重介绍了由世界银行主持签订的《华盛顿公约》和《汉城公约》，由世界贸易组织主持签署的《与贸易有关的投资措施协定》和《服务贸易总协定》，并阐述了未来国际多边投资的框架构想。

学习要点

The international multilateral and bilateral investment agreements are the main basis for relevant countries, international organizations, global companies and different kinds of investors to conduct international investment. This chapter mainly introduces the emergence and development of international multilateral and bilateral investment agreements, the types of the international bilateral investment agreement, the function of the regional international investment agreement. It emphatically introduces Washington Convention and Convention Establishing the Multilateral Investment Guarantee Agency which were signed under the auspices of the World Bank, The Trade –Related Investment Measures (TRIMs) Agreement and General Agreement on Trade in Services (GATS) which were signed under the auspices of the World Trade Organization (WTO). It also describes the idea about the framework of international multilateral investment in the future.

第一节　国际双边投资协定

为了促进协定双方之间的投资,国际双边投资协定最初是在发达国家和发展中国家之间签订的,但随后越来越多的双边投资协定在发达国家之间或发展中国家与转型国家之间签订,发展中国家之间也在签这类协定。20 世纪 90 年代以来,全球范围内签订《双边投资协定》(BITs)的数量陡增。[1] 截至 2013 年年底,已有近 200 个国家或地区签署了 3 236 个多边协议,其中双边协议为 2 920 个。2013 年签订双边协议的国家中,德国签订的最多,数量为 196 个,美国有 154 个,中国共 147 个。[2]

双边投资协定对国际直接投资政策框架产生了一些影响,被外国投资者认为是在过去几十年里产生的制度结构的标准特征。通过帮助改善投资环境,特别是通过提高双方贸易保护的标准和外国投资者的待遇,以及建立解决争议的机制,双边投资协定有助于减少在签约国的投资风险。当然这类协定没有改变对外直接投资的经济决定因素,也很少规定政府应采取的积极的投资促进措施。

一、双边协定的产生

第二次世界大战后,国际直接投资规模有了很大发展。但随着发展中国家的纷纷独立,为恢复和维护自己的经济主权,从 20 世纪 50 年代开始,发展中国家开展了大规模国有化运动;同时,发展中国家政局不稳也给国际直接投资带来很大风险,从而妨碍了国际直接投资从发达国家向发展中国家的流动。对发展中国家而言,他们需要吸收大量国外资本来促进本国经济的发展,虽然在国内立法方面对外国投资有许多鼓励与保护措施,但这些并不足以消除外国投资者的顾虑。因而,发展中国家吸收外资和对外投资的发达国家保护其投资的共同需求促成了保护国际直接投资双边条约的出现。

二、双边投资协定的一般内容

双边投资协定适用于缔约国双方投资者,它保证为外国分支机构提供非歧视政策条件(国民待遇)和投资保护。虽然各国签订的保护和鼓励投资协定的内容在表述上有诸多差异,但在一些核心条款上大同小异。协定一般包括以下几部分内容:

一是投资的定义。以资产为基础,包括有形资产和无形资产,一般适用于现有

---

[1] OECD. World Investment Report 2014.
[2] OECD. World Investment Report 2014.

的投资,同时适用于新投资或再投资。

二是投资准入。受各主权国家法律和法规的约束,在投资准入和开业方面,大多数双边投资协定没有授予开业权。

三是国民待遇和最惠国待遇。这些待遇通常以具体的标准予以描述,如禁止任意的或歧视性的措施,有义务遵守有关投资的承诺。一般给予国民待遇,但有若干限制和例外。所有的双边投资协定都包括保证最惠国待遇的条款。

四是没收和补偿。所有的双边投资协定都承认东道国拥有在一定条件下没收财产的权利,但这种没收必须出于公众的目的,且是非歧视性的,应符合法定程序并且给予补偿。

五是转移支付。双边投资协定都保证对投资有关的转移支付不应加以限制,但在发生国际收支困难时可以有例外。

六是争端解决。双边投资协定包括国与国之间的争端条款,以及解决投资者与东道国政府之间争端的条款。

此外,双边投资协定大多还包含东道国政府应保证外国投资者可以获得与国家法律有关的信息;禁止向外国投资者施加业绩要求,如以当地含量、出口和雇佣要求等作为投资进入或经营的条件;允许与投资经营有关的外国公民进入、居留或为之提供方便。

三、双边投资协定的类型

国际直接投资的双边性国际法规范主要有友好通商航海条约、双边投资保证协议和双边税收协定。

(一) 友好通商航海条约

友好通商航海条约所调整的对象和规定的内容主要为确认缔约国之间的友好关系、双方对于对方国民前来从事商业活动应给予应有的保障、赋予航海上的自由权等。此类条约由于范围较大,对于外国投资者的法律保护往往缺乏具体的规定。这类条约主要为早期的一些双边协定。

(二) 双边投资保证协议

为弥补友好通商航海条约的缺陷,从 20 世纪 50 年代初期起,美国大力推行双边投资保证协议。双边投资保证协议是两国政府间签订的、以促进和相互保护彼此在对方国家的投资为目的的国际协议。

国际上签订的双边投资保护协议可分为以下两种类型:

1. 美国式"投资保证协定"。此类协定的特点是注重对政治风险的保证,特别着重对代位求偿权及投资争议处理程序的规定。由于美国海外投资保险制度的实行以美国和东道国订有双边投资保证协定为前提,因而政治风险的担保及代位权是其主要内容。

2. 德国式"促进与保护投资协定"。这类协定虽以政治风险保证为主,但有关规定具体而详尽,诸如利息汇回本国的具体保证措施、国有化补偿的具体标准和计算方法等。德国式的投资协定因规定明确具体,有利于保证投资安全,因而大多数欧洲国家及日本等国基本都签订这种形式的协定,故又称为欧洲式"促进与保护投资协定"。

(三) 双边税收协定

双边税收协定主要是指避免双重征税协定。

1. 避免双重征税协定的产生。由于外国投资企业在一体化的国际生产体系中分散配置其生产经营活动,而且各国税收标准不尽相同,母国和东道国如果在征税时既考虑收入的来源地又考虑纳税者的所在地,那么就可能对同一母公司的外国子公司的收入都进行征税,从而造成双方利益冲突。双重征税是两个国家同时行使征税权利的一种现象,这会对外国投资产生直接影响。为避免双重征税的发生,解决征税权问题,产生了避免双重征税的双边税收协定,以解决国家之间的收入分配和利益均衡问题。作为东道国,要寻找到一种合适的均衡,使其既能从境内经营的外国子公司获得一部分收益,又能保持吸引外资的环境;作为投资母国,一方面要使他们的子公司从东道国的税收减让中获益,以维持公司的国际竞争力,另一方面要平等对待所有的纳税人。

政府间签订双边避免双重征税协定的目的不是建立征税的一般标准,而是建立防止双重征税的税收标准,在母国和东道国都为投资者提供法律的确定性。避免双重征税协定通过协议限制缔约双方各自的税收管辖权范围,避免对跨国所得双重征税,排除国际资本自由流动的障碍,实现对跨国纳税人公平征税,促进国际经济交往。避免双重征税协定发展迅速,截至2012年年底,我国共与96个国家签订了避免双重征税协定。

2. 避免双重征税协定的内容。避免双重征税协定一般包括下述内容:

(1) 明确表明解决双边税收问题的目标,界定有关法人或自然人及征税的适用范围。

(2) 对于各类收入的分配原则。如在来源国可不加限制予以征税的不动产收入和在来源国征税的利息收入的详细分配原则。

(3) 以正常交易原则作为税收部门对关联企业内部交易所用的转移价格进行调整的标准。

(4)当收入在来源国征税时,在居住国免税或对国外税款抵免优待的规则。

(5)关于非歧视、相互援助和交换信息的规则。

(6)建立税务机构之间相互一致同意的程序,以避免发生争端时的双重征税。

3.避免双重征税的方法与范本。避免双重征税的方法主要有免税法和税收抵免法。免税法的主要特点是投资者居住国对来自国外的某些项目的收入免税,主要是对主动收入免税,而对被动收入(如利息、专利费或红利等)一般要征税。税收抵免法的主要特点是投资者居住国在一定的法定限制范围内,将外国征收的税款视为本国征收的税款,协定的每一方都征收收入税,但居住国允许投资者收入税中扣除在来源国已缴纳的税款。

当前,国际避免双重征税协定有两个范本:一个是经济合作与发展组织(OECD)于1977年正式通过的《关于对所得和资本避免双重征税的协定范本》(简称为OECD范本),发达国家之间签订的避免双重征税协定多以该范本为依据;另一个是联合国经济及社会理事会成立的税收专家小组为促进发达国家与发展中国家之间缔结税收协定,于1979年通过的《关于发达国家与发展中国家间避免双重税收协定范本》(简称为联合国范本)。两个范本的结构完全相同,都包括协定的范围、定义、对所得的征税、避免双重征税的方法、特别规定等内容。不同方面是OECD范本倾向于发达国家利益,未能全面反映发展中国家的要求,而联合国范本则较多地照顾到发展中国家的征税权。

(四)双边投资保护协定与双边税收协定的互补关系

双边投资保护协定与双边税收协定都有其各自的特定目的。投资保护协定的主要目的是保护产生收入的对外投资的利益,而双边税收协定的主要目的是解决国家间因投资而产生的收入分配问题。二者的目的虽然不同,但在保护投资与促进投资方面的终极目标是一致的,因而二者彼此形成一种互补关系。

从历史上看,由于发达国家是传统的主要投资母国和东道国,双边税收协定问题主要发生在发达国家之间,因而早期的双边税收协定大多是在发达国家之间签订的。双边投资保护协定最初主要是在发达国家和发展中国家之间签订的,发达国家之间并没有双边投资保护协定,因为一般认为在发展中国家投资风险较大。但是,随着发展中国家逐步开展对外投资,而且其大部分投资的东道国是其他发展中国家,发展中国家之间也开始签订上述两类协定。因而除去发达国家之间签订的协定数目外,双边税收协定与双边投资保护协定的地区分布也变得逐渐相似了。

实证研究发现,各国签订的双边税收协定的数量与双边投资保护协定的数量之间一般存在正相关关系,20世纪80年代这种关系明显得到了加强,并且在90年代进一步被强化,形成了互补型的全球协定网络。1980年全球投资保护协定和双边税收协定分别只有181个和719个,到2001年则分别增至2 009个和2 185个。发达国家作为对外投资的主要来源国签订双边投资保护协定的倾向和签订双边税收协定的倾向已经变得几乎相同了。与此同时,发展中国家对签订这两种协定也有自身的需求。

总之,尽管双边投资保护协定和双边税收协定的管辖范围和目的不同,但二者间存在互补的关系,它们正朝着相同的方向发展。同时签订这两类协定的倾向已经增加,这反映出国际直接投资在经济全球化中的作用日益提高,也反映了各国为对外直接投资提供便利条件的愿望。

第二节 国际投资的区域协定

一、区域投资协定的产生

20世纪80年代以来,区域内贸易的发展速度大大超过了世界贸易的发展速度,而区域内贸易增长与区域内外国直接投资增长有着密不可分的关系。随着企业超越国界发展业务,区域内相互直接投资增加,贸易也随之增加,生产一体化也就出现了,因而在区域一体化的过程中,伴随着政策一体化与生产一体化。区域一体化能够为成员方提供扩大贸易的机会,鼓励企业在区域内扩大经营,以谋取规模经济效益。随着区域经济合作和经济一体化的发展,以前以国家为单位的投资法律规范便趋向于以区域为单位实行多边调整的投资法律规范,以解决区域与区域之间、区域内国家之间关于外国投资的保护问题,于是区域投资协定就在这样的背景下产生了。区域投资协定主要包含在自由贸易区协议或区域一体化安排之中,其发展十分迅速,截至2014年,区域投资协定已达到575个。①

二、区域投资协定的特点

与双边层次相比,区域层次上国际直接投资协定所涉及的投资问题更为广泛,各地区所采取的方法也更多样化,这表明地区之间在兴趣与需要、发展水平和未来发展目标等方面存在较大差异。区域投资协定的主要目的在于放松对外国直接投资进入与开业的限制,进而取消歧视性经营条件,具体包括:逐步取消现有的限制,公布现有管理制度及其变化,以保证政策与管理措施的透明度和自由化计划的进一步实施。

区域投资协定发展的基本趋势是:所包括的自由化和保护内容不断增多;逐步

---

① http://www.wto.org. 2006-3-20.

取消限制的机制进一步增强；增加了投资者与东道国争端解决条款。但也有些区域性协定没有达到这种程度，如经合组织的国际投资与多国公司声明及其相关的决议、亚太经济合作组织非约束性投资原则等。

具体来说，区域投资协定的发展表现出以下几个方面的特点：

（一）规定进入与开业权

越来越多的区域协定规定了进入与开业权，如经合组织资本流动自由化法典和北美自由贸易区协定都含有此类条款，亚太经合组织原则上要求其成员方在这方面做出最大努力。

（二）经营业绩要求受重视程度有限

经营业绩要求在区域层次上受到重视的程度较为有限。只有北美自由贸易协定明文规定禁止使用对投资者采取的业绩要求措施。但一些区域协议，特别是经合组织的相关声明与决议已开始涉及投资鼓励措施问题，通过业绩要求条款或者通过竞争规则条款，间接地对优惠鼓励政策予以限制。

（三）进入后待遇和保护条款内容和结构与双边投资协定类似

区域协定与双边协定一样，对进入后待遇和保护规定了一般标准，如国民待遇、最惠国待遇、公平公正待遇、根据国际法提供的待遇，以及在征收问题上具体的保护义务。许多区域协定还涉及与投资相关的资金自由转移问题及争端仲裁程序，如果通过协商不能解决投资争端，可依据东道国与他国居民投资争端解决惯例或其他机制与规则来解决。

（四）区域协定涉及一些其他重要问题

区域协定还涉及其他一些重要问题，包括技术转让、竞争、环境保护、税收、信息披露、雇佣与劳资关系、科技创新，以及不正当支付（转移价格）等与跨国公司经营行为有关的标准。

虽然区域协定背后存在着不同的需要和不同的利益，但区域协定成员却对国际直接投资有着相同或相似的看法，因而与双边和多边安排相比，因发展水平不同而给缔约方以特殊待遇的做法较少。如果确实需要予以特别照顾，大多采用类似多边层次上的做法。如北美自由贸易协定通过例外、部分免除、保障和承诺义务等进行。亚太经合组织在原则上没有标明法律约束力，而只要求尽最大努力，这就意味着在加强合作的总的精神指导下，各国在具体实施过程中允许有差异。

三、典型的区域投资协定

(一) 欧盟的相关规范

欧盟的前身——欧洲共同体在1957年签订的《罗马条约》中已要求在欧洲共同体内逐步废止成员国的资本流动限制。

于1993年生效的《马斯特里赫特条约》规定,原则上禁止对欧盟成员国之间及成员国和第三国之间的资本跨国流动和支付加以限制,从而将资本跨国流动自由化原则扩大到适用于非成员国和欧盟之间的资本流动,但如果出于税收和公共安全等方面的考虑可允许成员国另行规定。《马斯特里赫特条约》大大促进了成员国之间和成员国与第三国之间的直接投资。

(二) 北美自由贸易协定

1992年8月,美国、加拿大和墨西哥三国达成《北美自由贸易协定》,于1994年1月1日正式生效。该协定的宗旨是:取消贸易壁垒;创造公平条件,增加投资机会;保护知识产权;建立执行协定和解决贸易争端的有效机制,促进三边和多边合作。

由于三国对外国投资的限制程度有很大差异,因此协定中对于投资问题进行了专门规定。其中有关投资方面的规定与一般双边投资协定内容相似,基本为美式双边投资保护协定的翻版和改进,但它对外国投资的保护比一般协议更进了一步。根据该协议,北美三国各自对外国投资者的限制大部分不再适用于来自其他两国的投资者,因而实际上大大促进了美国和加拿大对墨西哥的投资,但是墨西哥出于保护本国经济的考虑,对外国投资做了一些限制性规定,如在娱乐、能源、汽车等行业仍可对外国投资者进行限制。

《北美自由贸易协定》的签订,对北美各国乃至世界经济产生了很大影响:①不仅美国工业制造业企业受益,高科技的各工业部门也增加了对加拿大、墨西哥的出口;②由于生产和贸易结构的调整,大量劳动力因而集中于关键工业部门;③该协定对墨西哥向美国的移民问题起到制约作用。

(三) 洛美协定

1975年2月28日,非洲、加勒比海和太平洋地区46个发展中国家(简称非加太地区国家)和欧洲经济共同体9国在多哥首都洛美签订了《欧洲经济共同体—非洲、加勒比和太平洋地区(国家)洛美协定》,简称《洛美协定》或《洛美公约》,于1976年4月1日起生效。这是第一个《洛美协定》。

第二个《洛美协定》于 1979 年 10 月 31 日在多哥续签,1980 年 4 月起生效,有效期 5 年。该协定引入了稳定矿产品出口收入的机制,以保证非加太地区国家向欧共体出口矿产品的稳定收益。

第三个《洛美协定》于 1984 年 12 月 8 日在多哥续签,1986 年 5 月 1 日起生效,有效期 5 年。该协定确定了双方之间的平等伙伴和相互依存关系。根据协定,欧共体在 5 年内向非加太地区国家提供财政援助 85 亿欧洲货币单位。签署该协定的非加太地区国家增至 65 个。

第四个《洛美协定》于 1989 年 12 月 15 日在多哥续签,有效期 10 年。1990 年 3 月 1 日其贸易条款生效,而协定的正式全面实施从同年 6 月 30 日开始。根据该协定,欧盟向非加太地区国家提供的援助分为两个阶段:第一阶段(1990~1995 年),提供财政援助 120 亿欧洲货币单位(约合 132 亿美元),其中 108 亿为欧洲发展基金拨款,12 亿为欧洲投资银行贷款,总额比前一个《洛美协定》增加 40%;第二阶段(1995~2000 年),援助总额为 146.25 亿欧洲货币单位(约合 190 亿美元),比第一阶段增加了 22%,其中 129.67 亿为欧洲发展基金拨款,16.58 亿为欧洲投资银行贷款,此外,欧盟用于稳定非加太地区国家农业和矿产品出口收入机制的两项资金,分别增加 62% 和 16%。

第五个《洛美协定》于 2000 年 2 月 3 日在布鲁塞尔达成,有效期 20 年。其主要规定是:民主、人权、法制为执行该协定的基本原则,欧盟有权中止向违反上述原则的国家提供援助;欧盟逐步取消对非加太地区国家提供单向贸易优惠政策,代之以向自由贸易过渡,双方最终建立自由贸易区,完成与世贸规则接轨;欧盟将建立总额为 135 亿欧元的第九个欧洲发展基金,用于向非加太地区国家提供援助,并从前几个发展基金余额中拨出 10 亿欧元用于补贴重债穷国等。

四、区域投资协定中的"强规则"与"弱规则"

在区域层次上,国际直接投资政策安排有"强规则"和"弱规则"之分。一般认为北美自由贸易协定的投资条款是"强规则",而亚太经合组织中的投资原则被认为是"弱规则"。

"强规则"源于具有法律约束性的协议,它意味着签约方需根据法律履行其义务,并且是依法可以在法庭诉讼裁决的义务。"强规则"协议不仅涉及外国投资者及其投资待遇方面的规定,还规定有减少和降低现有限制的条款,并且包括国与国、国家与投资者两方面的争端解决机制,其仲裁决议对争端各方具有法律约束力。"强规则"协议中对投资的定义较宽,包括所有类型的资产,且含有无保留地提供国别待遇和最惠国待遇的规定,并禁止业绩要求。

"弱规则"则是一些非约束性协议,缔约方政府只承担政治义务,但无法强制执行其协议。在自由化义务方面只是做出一般性承诺,不存在争端解决机制,对投资的定义也比较严格地限定在直接投资上。它一般提供国民待遇和最惠国待遇,不要求完全取消业绩要求。"弱规则"更多地强调自主、自愿和渐进性,并有许多例外。

第三节　国际多边投资协定

随着国际直接投资的进一步发展,投资范围进一步扩大,南北国家之间在国际投资方面的利害冲突日益增多,涉及的矛盾问题更加错综复杂,为此,缔结一项全面规范国际投资行为的世界性公约来协调国际投资多边矛盾是十分必要的,国际社会付出了很大努力,并在建立全球性投资规则方面取得了一些成果。

一、国际多边投资协定的发展过程

国际多边投资协定的发展经历了三个阶段,分别是:

(一)国际多边投资协定发展的第一阶段(战后到20世纪60年代)

1948年的《哈瓦那国际贸易组织宪章》是第二次世界大战后有关外国直接投资的最早的国际协议,由于美国国会拒绝批准有关成立"国际贸易组织"的"哈瓦那章程",使该组织未能成立,这份由国际贸易与就业会议制定的多边国际协议也最终未获批准。

1948年《关税与贸易总协定》(简称GATT)的诞生为国际投资规则的发展提供了条件。由于关贸总协定是在哈瓦那国际贸易组织大宪章贸易条款的基础上形成的,因此一生效就提出将投资条款的内容纳入该协定的范围。

1949年,由国际商会制定的《外国投资公平待遇国际法则》成为第一份获得通过的关于外国直接投资的专门性国际协议,但这份由非政府组织制定的协议并没有实际约束力。

1949年之后,关于外国直接投资的国际协议逐渐增多,且绝大多数获得通过。这些地区的、非政府的和多边的协议,无论是否具有实际约束力,均共同构成了对国际直接投资的行为规范。

(二)国际多边投资协定发展的第二阶段(20世纪60年代到80年代)

20世纪60年代特别是70年代以后,有关外国直接投资的国际多边协议越来越多,这是因为70年代以后经济全球化的发展要求建立与之相对应的全球化投资规则,从而大大促进了有关建立国际投资规则的努力。

这个阶段比较重要的是 1976 年由经济合作组织制定的《国际投资和多国企业宣言》。它对跨国公司在各国的行为准则做出界定,提出了跨国公司与东道国相互关系的基本原则,但是没有把东道国对跨国公司的态度写入条款,因此不能完全适应经济全球化发展的要求。

(三)国际多边投资协定发展的第三阶段(20 世纪 80 年代以后)

20 世纪 80 年代以后,经济全球化的发展达到了一个新的高度,因而迅速暴露出以往多边投资规则的不足。为克服这些不足,国际社会做出了很多努力,国际多边投资协定的发展因而进入了第三阶段。

其中,于 1988 年 1 月 1 日签订的《美加自由贸易协定》具有历史性的重要意义。该协定对国际多边投资规则的贡献在于:该协议的建立本身就是一种制度创新,它制定了一个模式,为后续的贸易和投资谈判和各项投资协定的签订提供了重要范例。例如,关于外国直接投资的部分被作为北美自由贸易协定的模式;关于免税部门以及与文化、医疗保健、社会服务、教育、交通和能源部门有关的国民待遇条例是多边投资协议模式基础;关于服务贸易的部分又是关税与贸易总协定和世界贸易组织的模式。

二、重要的国际多边投资协定

(一)由世界银行主持制定的多边协定

1.《华盛顿公约》。在世界银行主持下,于 1965 年 3 月 18 日在美国华盛顿市正式签署《解决国家与他国国民间投资争端公约》,也称为《华盛顿公约》,于 1966 年 10 月 14 日正式生效。

《华盛顿公约》是目前国际上仅有的关于解决投资争端的多边公约,根据公约而成立的"解决投资争议国际中心"(International Center for Settlement of Investment Disputes,缩写为 ICSID),是现代处理国际投资争议的专门的国际仲裁机构。截至 2013 年 5 月,世界上已有 158 个国家签署了该公约,中国于 1992 年 11 月 1 日正式成为公约的成员国。

(1)《华盛顿公约》的主旨。《华盛顿公约》制定的目的是加强各国在经济发展事业中的伙伴关系,创立一个解决国家和外国投资者之间争端的便利机构,以促进私人资本的国际流动。

ICSID 为解决争端提供各种设施和方便,为针对各项具体争端而组成的调解委员会和国际仲裁庭提供必要的条件,便于他们开展调解或仲裁工作。该公约受理的争端限于一缔约国政府(东道国)与另一缔约国国民(外国投资者)直接因国际投资而引起的法律争端。

(2)调解和仲裁程序。《华盛顿公约》中规定的调解和仲裁程序是：

由希望采取调解或仲裁程序的缔约国或缔约国公民向秘书长提出书面请求。

请求被接受后，由当事双方协议任命调解员或仲裁员组成调解委员会或仲裁庭，若双方当事人难以达成协议或一方拒绝任命的情况下，经任何一方请求，行政理事会主席应在尽可能双方磋商之后予以任命。

在调解或仲裁开始或进行中，若当事人任何一方对ICSID的管辖权提出异议，则由调解委员会或仲裁庭自行决定是否有管辖权。

在进行调解的场合，调解委员会应向双方提出建议，并促成双方达成协议，若调解失败，则应结束调解程序并做出有关报告。

在提交仲裁的场合，仲裁庭应依据当事人双方协议的法律规范处理争端。无此种协议时，仲裁庭应使用作为争端当事国的缔约国的法律(包括它的法律冲突规范)以及可适用的国际法规范。

裁决一旦确立，争端的当事人各方应当遵守和履行裁决的规定。与此同时，公约的全体缔约国都应当承认依照本公约做出的裁决具有约束力，将该裁决视同本国法院的终局判决，并在其各自的领土内履行该裁决所规定的义务。

2.《多边投资担保公约》。为缓解或消除外国投资者对政治风险的担心，世界银行于1984年重新修订了《多边投资担保公约》，并于1985年10月正式通过。根据该公约，于1988年4月建立了多边投资担保机构(Multilateral Investment Guarantee Agency,缩写为MIGA)，它在财务和法律上是一个独立于世界银行的实体，有自己的业务和法律人员，以进一步加强法律保障。

(1)公约的宗旨。根据公约的规定，MIGA的目标是通过自身业务活动来推动成员国相互之间进行以生产为目的的投资，特别是向发展中国家会员国进行生产性投资，以补充国际复兴开发银行、国际金融公司和其他国际性开发机构的活动；对投资的非商业性风险予以担保，以促进向发展中国家会员国和在发展中国家会员国间的投资流动。

(2)多边投资担保机构的主要业务。为促进国际直接投资，多边投资担保机构对"合格的投资"提供如下非商业性风险担保：①东道国对货币兑换和转移限制产生的转移风险；②东道国的法律或行动造成投资者投资所有权的丧失；③武装冲突或国内动乱而造成的风险。

设立多边投资担保机构并非为了与官办投资保险机构竞争，而是对其进行补充。由于各国投资保险机构受本国政府控制，又受本国法律约束，它们对投保公司国籍问题往往设置了限制性规定，并且一般对国家的违约风险不予承保，因而MI-

GA 在填补海外投资保险业务空白方面发挥了很大作用。MIGA 的优势在于:由于成员国均持有一定股份,所以它给吸收外资的每一个国家赋予双重身份,它们既是外资所在的东道国又是 MIGA 的股东,从而部分承担了外资风险承保人的责任。这样,一旦在东道国境内发生 MIGA 承保的风险事故,使有关投资方遭受损失,作为侵权行为人的东道国,不但在 MIGA 行使代位求偿权以后间接向外国投资者提供了赔偿,而且作为 MIGA 的股东,它有必要在 MIGA 对投保人理赔之际就直接向投资者部分提供赔偿。因此,在实践上,MIGA 加强了对东道国的约束力。另外,作为一个国际性海外投资保险机构,具有单个国家的保险机构无可比拟的优势。

(二) 与世界贸易组织有关的多边投资协定

国际协调的目的是为了减少矛盾和纠纷,是为了制定和执行一些各国都能遵守的国际规范和规则,以推动国际直接投资的发展。如世界贸易组织谈判等国际协调对促进国际投资产生了重要影响。

1.《与贸易有关的投资措施协定》。《与贸易有关的投资措施协定》(Agreement on Trade Related Investment Measures,缩写为 TRIMs)是乌拉圭回合多边贸易谈判的成果之一。

在乌拉圭回合谈判开始之前,在关贸总协定(GATT)的框架之内,贸易与投资的关系所受关注不多。随着国际直接投资迅速发展,东道国政府对国际直接投资采取了相应措施,但此类措施对贸易产生了限制和扭曲效应,因而在乌拉圭回合谈判中,将"与贸易有关的投资措施"列入议题。《与贸易有关的投资措施协定》列举了影响国际贸易自由进行的投资方面的措施,并要求成员方在一定时期内将其取消。随着世界贸易组织的成立和运作,这一协议已在其成员方间生效,成为国际经济贸易方面的通行规则和惯例,各国的有关政策与法规也因此做出了相应的修改与调整。

(1)《与贸易有关的投资措施协定》中的规定。投资措施通常是东道国针对外国直接投资行为所实施的。有些时候,投资措施还包括投资国为保护本国海外投资者的利益而采取的一些海外投资保险措施。但 TRIMs 所探讨的范围目前仅限于前者。另外,该协定仅考虑东道国政府所实施的投资措施,而不包括投资企业本身所实施的措施。

与贸易有关的投资措施是指由东道国政府通过政策法令,直接或间接实施的与货物贸易有关的对贸易产生限制和扭曲作用的投资措施。在理解多边投资担保机构时需要注意以下几点:①多边投资担保机构仅与货物贸易有关,不包括服务贸易;②多边投资担保机构仅为东道国政府对外商投资所采取的投资措施中的一小部分;③多边投资担保机构指的是那些对贸易产生限制和扭曲作用的投资措施,不包括对贸易产生积极推动作用的投资措施;④多边投资担保机构是要求世贸组织成员方限期取消的投资措施。

(2)《与贸易有关的投资措施协定》的主要内容,具体包括:

当地成分(含量)要求:在生产中使用一定价值的当地投入。

贸易平衡要求:进口要与一定比例的出口相当。

外汇平衡要求:规定进口所需外汇应来自公司出口及其他来源的外汇收入的一定比例。

外汇管制:限制使用外汇,从而限制进口。

国内销售要求:要求公司在当地销售一定比例的产品,其价值相当于出口限制水平。

生产要求:要求某些产品在当地生产。

出口实绩要求:规定应出口一定比例的产品。

产品授权要求:要求投资者用以规定的方式生产的指定产品供应特定的市场。

生产限制:不允许公司在东道国生产特定产品或生产线。

技术转让要求:要求非商业性地转让规定的技术和(或)在当地进行一定水平和类似的研究与开发活动。

许可要求:要求投资者取得与其在本国使用的类似或无关技术的许可证。

汇款限制:限制外国投资者将投资所得汇回本国的权利。

当地股份要求:规定公司股份的一定百分比由当地投资者持有。

《与贸易有关的投资措施协定》根据国民待遇原则和取消进出口数量限制的原则,规定属于禁止使用的投资措施主要有四项,即当地成分要求、贸易平衡要求、外汇平衡要求和国内销售要求。

此外,考虑到发展中国家在贸易和投资方面的实际情况和特殊要求,他们可以暂时自由地背离国民待遇和取消数量限制原则,但这种自由背离应符合1994年关贸总协定第18条的规定,即主要是为了平衡外汇收支和扶植国内幼稚产业发展等目的。

(3)《与贸易有关的投资措施协定》对国际直接投资的影响。《与贸易有关的投资措施协定》是到目前为止在国际范围内第一个正式实施的有关国际投资方面的多边协定。该协定扩大了多边贸易体系的管辖范围,将与贸易有关的投资措施纳入到多边贸易体系之中,对国际投资和国际贸易的自由化发展起到了推动作用。

总体而言,由于《与贸易有关的投资措施协定》构成了对与贸易有关的投资措施的有力约束和限制,所以东道国对国际投资的管制将放松,政策法规的透明度增强,投资环境改善,因而为国际直接投资的发展提供了更大的空间。

从产业结构的角度来看,由于电信、化工、汽车、制药等行业的国际直接投资受与贸易有关的投资措施影响最大,所以是该协定最大的受益行业,其利用外资将比其他行业获得更快的发展。

从地区结构的角度来看,由于发展中国家使用的与贸易有关的投资措施更多一些,所以发展中国家的投资环境将会得到更大的改善,区位优势会较以前有进一步的加强,国际直接投资的增长速度也会比以前加快。

《与贸易有关的投资措施协定》的实施对发达国家和发展中国家也会产生一些消极影响,相对而言,对发展中国家的消极影响会更大一点。许多发展中国家常常利用与贸易有关的投资措施引导外资流向,保护相关产业,随着协定的实施和这些措施的逐步取消,与此有关的一些产业政策将不复存在。另外,由于当地成分要求、贸易平衡要求和外汇平衡要求的禁用,使发展中国家的市场开放度扩大,某些市场有可能被国外大企业垄断,同时出口数额会减少,进口规模会扩大。

2.《服务贸易总协定》。《服务贸易总协定》(General Agreement on Trade in Service,GATS)的目标是通过发展服务贸易促进所有贸易伙伴的经济增长和发展中国家的发展。

货物与服务的不同特点决定了其国际交易方式的不同。货物的国际贸易涉及货物从一国到另一国的地理流动,而服务的交易活动仅有少数与跨越国境有关,跨境交易仅是那些可以通过电子流传输的服务,如银行的资金转移等。服务的国际提供是通过一种或同时通过如下四种方式进行的:①服务产品的跨境流动;②消费者向出口国的流动;③在要提供服务的国家建立商业存在;④自然人向另一个国家的临时流动,以便在那里提供服务。

(1)《服务贸易总协定》成员方的义务,主要包括最惠国待遇和自由化承诺。

一是最惠国待遇与例外。《服务贸易总协定》规定一个成员可以在10年的过渡期内维持与最惠国待遇不符的措施,但要将这些措施列入一个例外清单。这些例外是临时性的,而且维持这些例外的必要性在5年之后要进行定期审议。10年之后,最惠国待遇的规则原则上应无条件地在服务贸易中实施,如同在货物贸易中那样。

二是自由化承诺。《服务贸易总协定》规定市场准入自由化的承诺应通过修改国内规定,为服务产品和服务提供者提供更多的市场准入机会。这种承诺可能涉及的内容是:①对于最高外国所有权的限制,例如,对于外国持股的最大百分比限制或对于单个或总体外国投资总额的限制;②对于建立某种当地企业实体的限制;③对于服务业务总数的限制或对于服务产出总量的限制;④对于某一特定的服务部门所雇佣的服务人员总数的限制;⑤对于服务提供者选择他们所希望经营的商业形式(如公司、合伙)能力的限制;⑥由于配额制度或垄断的情况,对于市场内服务提供者总数的限制。

《服务贸易总协定》规定,在做出自由化承诺时,发展中国家成员可以设置条件,要求在那里投资的外国提供者:在服务业中投资并建立子公司(或其他形式的商业存在),同东道国合作设立合资企业,向当地公司提供技术或信息和销售渠道。

(2)《服务贸易总协定》对国际投资的影响。GATS 对国际投资的影响是多方面的,包括:

首先,促进科学技术的进步与传播,推动世界经济的发展。总协定所倡导的服务贸易自由化原则为企业以技术创新为特征、对生产要素实行新的组合创造了条件。

其次,促进生产国际化。第二次世界大战后,全球经济生活国际化、生产国际化是世界经济发展的主要规律及特征。总协定的签署为各国以服务业为投资行业的对外直接投资创造了良好的条件,加速了服务业的国际资本移动,推动服务生产的国际化。服务业对外直接投资成为许多服务业跨国公司全球经营战略的重要组成部分,也是制造业跨国公司在经济日益服务化形势下为增强自身在国际化经营中竞争力的客观要求。

最后,有助于发展中国家服务业引进外资。制造业和农业生产者的效率和竞争能力在很大程度上依赖于服务(银行、保险和其他服务)的可获得性,依赖于电信系统的存在和信息的基础设施。但是,在大多数发展中国家,服务业的增长落后于制造业的增长,而且,由于过度的保护,服务业的效率很低。因此,发展高效兴旺的服务业是许多发展中国家至关重要的大事。发展中国家成员在 GATS 中所做出的承诺将导致在这些国家建立更多的外国银行、保险公司和证券公司,这有利于制造业和农业以及整个国民经济效率和竞争力的提高。

3.《与贸易有关的知识产权协定》。世界经济的发展及其历史表明,在全球经济中,知识是关键。科学技术进步是社会生产力发展的原动力,善于创新知识、把新的知识转化为新技术和新产品是促进经济发展的重要因素和渠道。《与贸易有关的知识产权协定》(Agreement on Trade-related Aspects of Intellectual Property Rights,简写为 TRIRs)虽然没有直接涉及外国直接投资问题,但涉及外国直接投资法律环境的内容,即对知识产权的保护问题。随着科技与经济发展关系的日益密切,国际社会越来越认识到各国采取不同的知识产权保护标准和执法力度对经济发展具有重要意义。

(1)《与贸易有关的知识产权协定》保护的范围。TRIRs 规定知识产权保护的范围是:专利、版权及相关权利、商标、工业设计、集成电路布图和未公开的信息或商业秘密。

(2)《与贸易有关的知识产权协定》的构成。协定包括七个部分,共 73 条。其中:第一部分为一般规定和基本原则;第二部分为知识产权效力、范围和使用的标准;第三部分为知识产权的执法;第四部分为知识产权的取得、维持和相关程序;第五部分为争端的防止和解决;第六部分为过渡安排;第七部分为机构安排和最后条款。

(3)《与贸易有关的知识产权协定》的基本原则。《与贸易有关的知识产权协定》的基本原则有国民待遇原则和最惠国待遇原则。

一是国民待遇原则,同其他基本的知识产权保护国际公约一样,TRIRs 强调国民待遇原则。它明确规定:在保护知识产权方面,除《巴黎公约》《伯尔尼公约》《罗马公约》《集成电路知识产权保护条约》中规定的例外情况,各成员方应为其他成员方的国民提供不低于本国国民的待遇。

二是最惠国待遇原则,与其他公约不同,协定还规定了最惠国待遇原则。协定第四条规定:在保护知识产权方面,一成员方给另一成员方的公民提供的利益、优惠、特权或者豁免,应当同时无条件地给予所有其他成员方的公民。

(4)《与贸易有关的知识产权协定》对国际投资的影响。该协定第一次以国际法的名义,要求世界贸易组织成员方的国内立法对知识产权保护提供有效程序和补救措施。从各成员方看,协定要求许多发展中国家成员改革和完善其知识产权保护制度,并为各成员方知识产权的保护制定了一套最低标准,体现在知识产权保护范围、实施程序等方面,可执行性强。这有利于改善发展中国家的投资环境,有力地促进了国际直接投资的进一步发展。

知识产权保护的强化有利于技术开发和技术转让。因为知识产权保护水平的提高使发展中国家成员的工商企业通过反向工程或其他手段获得和利用外国公司的专利技术变得越来越困难,这将极大地推动发展中国家成员的企业通过合资或其他合作形式,通过商业手段来获得技术。研究显示,知识产权保护水平在其他工业的投资和技术转让决策中也日益成为一个重要的变量,特别是在那些易模仿的制造业领域,如电子和计算机产品等。同时,知识产权保护程度的提高将鼓励合资企业中外国合作伙伴在发展中国家成员内承担更多的研究与开发工作,目前很多跨国公司把研发中心转移至东道国,提高了跨国经营程度,促进对外投资的发展。

(三)《多边投资协定》

1.《多边投资协定》提出的背景。第二次世界大战以后,国际投资迅猛发展,随着国际投资和跨国公司的大发展,尤其是 20 世纪 80 年代以来,国际投资自由化、便利化和规范化的要求越来越强烈。但是,相对于国际贸易领域而言,国际投资领域的国际协调要落后许多,至今还没有制定出类似于货物贸易领域的 GATT 和服务贸易领域的 GATS 那样的一整套国际规范。因此,加强国际投资方面的国际协调努力,推动具有全球性国际投资规范性质的《多边投资协定》(Multilateral Agreement on Investment,MAI)的制定显得尤为重要。为此,经合组织做出了很多努力。

1991年以来,经合组织下属的"国际投资与多国公司委员会"和"资本流动与无形交易委员会"一直在进行多边投资协定问题的研究。1994年,经合组织部长级会议讨论了建立全面的投资协定框架的积极作用和可行性,并于1995年5月决定启动《多边投资协定》的谈判,并为协定准备了框架草案。根据原先计划,《多边投资协定》应当"为国际投资提供一个广泛的、拥有高标准的投资制度自由化和投资保护,以及有效的争端解决程序的多边框架",并且"是一个独立的国际条约,它对所有经合组织成员国以及欧盟成员国开放,并允许非经合组织成员国加入,这一点将随着谈判的进展予以磋商"。《多边投资协定》提出的核心原则包括透明度、国民待遇、最惠国待遇、资金转移、业绩要求、征用、争端处理等方面,考虑到每个国家的具体情况,还规定了一般例外、临时性保护措施、某一成员国特定的例外等条款,以照顾申请国的发展利益。但由于种种原因,《多边投资协定》于1998年宣告失败。

2.《多边投资协定》的特点。《多边投资协定》在货物贸易、服务贸易、与贸易有关的投资措施、与贸易有关的知识产权方面与世贸组织在部分内容上是一致的。与TRIMs相似,《多边投资协定》同样提出对限制贸易发展或产生贸易扭曲的投资措施加以限制和规范,但它在涵盖的范围和约束的程度上要超过《与贸易有关的投资措施协定》,因为《与贸易有关的投资措施协定》仅对货物贸易加以约束。

与世界上现存的各类投资协定相比,经合组织设想的《多边投资协定》具有以下几个特点:一是标准高,要求东道国向投资者提供安全、永久的保护和公平合理的待遇,禁止法律上和事实上的歧视做法,除非被列为一般例外、临时背离和国家保留;二是范围广,国际直接投资与国际间接投资、有形资产和无形资产、法人与自然人、与贸易有关的投资措施和与贸易无关的投资措施等都包括其中;三是约束力强,将世贸组织的争端解决机制引入;四是侧重考虑投资者利益,以此为核心来制定该协议,相反,对于如何制止投资者的不正当行为、如何保护东道国及东道国合作者的利益考虑较少;五是未考虑发展中国家的利益和要求,经合组织由发达国家组成,所以主要考虑发达国家利益,对发展中国家的要求未予反映;六是具有开放性,非经合组织国家也可申请加入。

3.《多边投资协定》的失败原因。过于宽广的范围和过强的义务要求可能是导致《多边投资协定》流产的原因之一,但在MAI谈判期间的政治因素也不可忽略,影响颇大。

首先,谈判期间政治气候发生变化,出现反全球化浪潮,尤其是1997年发生了东南亚金融危机,各国的政治家们为了保护其团体的政治利益,再也无法顾及整体的经济效益,使一场技术性谈判转变为政治谈判。

其次,在某些国家引起的公开争论的激烈程度远远超出预料。例如,在北美(尤其是加拿大)反对《多边投资协定》的非政府组织关于劳工、环境等问题的讨论影响很大。

再次,由于大多数经合组织国家已经实现投资自由化,让发展中国家参加到《多边投资协定》中来才是该协定的真正意义所在,然而,大多数发展中国家不能直接参与谈判,只能通过已经成为观察员的阿根廷、巴西、智利、爱沙尼亚等国家和地区来表达他们的意见,影响了其积极性。

最后,税收条款从《多边投资协定》中删除、劳工和环境问题被提上日程后,连原先对《多边投资协定》抱很大希望而且是《多边投资协定》重要支持者的企业界也对 MAI 失去了兴趣。

由于以上种种因素的干扰,该协定最终没有达成。

三、未来的多边投资框架

近年来,国际直接投资的进一步发展对各国经济产生了重要影响,经合组织《多边投资协定》的失败也促使国际社会继续为建立一整套国际投资规范而努力。因而,建立一套在世界范围内统一、公正、透明、具有法律约束力的多边投资框架(Multilateral Frame on Investment,MFI),从而规范东道国的投资政策以及跨国公司的行为,成为当前国际经济政策议论的焦点。下面将分别讨论多边投资框架的必要性、可行性、发展历程和主要内容等几个方面。

(一)建立多边投资框架的必要性

1.国际投资迅猛发展的需要。国际直接投资流量和存量的上升,以及参与国家的增加,客观上需要加快多边投资框架的建立。

从国际直接投资流量上看,20 多年来,国际直接投资流量显著增长。经历了 2012 年的下滑之后,2013 年,全球直接投资规模增长 9%,达到 1.45 万亿美元,并有望在今后几年内实现持续增长。[①] 全球绝大多数国家的国际直接投资都呈现出增长趋势,60 多个国家的年增长率达到了 30% 以上,另外有近 30 个国家的增长率在 20%~30%。而拥有 1 000 家以上跨国公司分支机构的东道国约有近 60 个。跨国公司国外分支机构的销售额占全球 GDP 的 40% 以上,是世界货物和服务出口额的两倍以上。

从国际直接投资的存量来看,发达国家国际直接投资流入存量超过百亿美元

---

① OECD. World Investment Report 2014.

的国家数量从 2005 年的 29 个下降到 2013 年的 13 个,同期留存量超百亿美元的国家从 29 个下降到 15 个。同样,发展中国家国际直接投资流入存量超过百亿美元的国家从 2005 年的 26 个下降到 17 个,流出存量超过百亿美元的达到 11 个。①

2. 国际投资的国际协调相对于国际贸易和国际金融滞后。在国际贸易和国际金融方面,已分别建立了以 WTO 为核心的国际贸易体制和以 IMF 为核心的国际金融体制,但国际投资领域的国际协调要落后许多,至今还没有制定出一整套标准的国际投资规范。

尽管《与贸易有关的投资措施协定》的制定和实施,在一定程度上推动了国际投资领域国际协调的发展和国际规范的制定,但 TRIMs 本身存在着诸多不足之处:①协议所列举的仅是与货物贸易有关的投资措施中的一部分,涵盖范围极为有限;②协议所涉及的投资措施都是对贸易具有副作用的限制性投资措施,并未涉及鼓励性的投资措施;③协议不包括广大发展中国家广泛关注的限制性商业惯例问题,而限制性商业惯例恰恰是多数与贸易有关的投资措施所针对的对象。《服务贸易总协定》在投资方面也仅仅涉及与服务贸易有关的市场开放。《与贸易有关的知识产权协定》只涉及部分以知识产权为投资的保护。

从国别来看,各国国际直接投资政策自由化与限制差别很大:从双边层次来看,大量双边投资协议的内容和标准存在较大差异;从区域的角度看,各个区域经济一体化组织的投资自由化进程不尽一致,它们在待遇标准、争端解决和投资保护措施等方面的规则也不相同,区域性的措施有很多局限性,还具有对非区域成员的排他性。

总之,现在所有的规范性安排,只是在不同的区域范围、内容、方法和法律上体现出一系列制度措施的差异。这些制度措施既非详尽完整,也缺乏相互协调。尽管国际规范性措施在不断扩展,涉及的问题和领域在增多,但即使把这些措施合在一起,也不能代替一个完整的国际投资框架。而且,现存的国际投资各种安排仍导致相当多的国际投资者面临投资壁垒、歧视性待遇、政策法规的不确定性以及由此而引发的各种矛盾和纠纷,因而加强国际投资方面的国际协调、建立多边投资框架势在必行。

(二)多边投资框架的发展历程

早在 20 世纪 40 年代的《哈瓦那国际贸易组织宪章》框架内,各主要国家就尝试建立针对外国投资的协议规则,但由于当时各国立场相去甚远,加之各方面条件尚未成熟而无法达成一致。

---

① OECD. World Investment Report 2014.

20世纪70年代,由于担心跨国公司对国内经济的冲击,发展中国家对国际直接投资的进入和经营普遍实施了限制和附加条件,这种趋势反映在那个时期内的一些区域性政策措施上。在多边层次上,由于发展中国家的要求,各种谈判的努力集中在规范跨国公司的行为准则方面,联合国《跨国公司行为守则》《技术转让守则》经历了漫长的谈判,最终并未达成一致。尽管如此,各国在一些具体问题上基本达成了多边性政策措施,例如关于《国际劳工组织、跨国公司和社会政策原则的三方宣言》。

乌拉圭回合谈判结束之后,世界各国关于建立多边投资框架的努力仍在继续。1996年12月,世贸组织新加坡首届部长会议决定设立一个贸易与投资工作组,研究更高层次的国际投资政策协议的必要性。1997年以来,世贸组织贸易和投资工作组一直在讨论建立全面的全球性的国际直接投资框架问题。该讨论集中在四个领域:一是贸易和投资的关系对于发展和经济增长的作用;二是贸易和投资之间的经济关系;三是对现有贸易和投资国际政策措施进行综合与分析;四是建立理想的外国投资多边规则的有关问题。2001年11月在多哈举行的第四次世贸组织部长级会议上经一致协商后,决定启动贸易与投资问题的谈判。

(三)多边投资框架的主要内容

国际投资协议中所涉及的核心条款可分为:定义和范围、自由化、投资保护、争端解决、市场职能与企业行为、发展等关键问题。

1.定义与范围。在各种国际论坛中,对多边投资框架的适用范围一直存在争论,争论的焦点集中在MFI应该使用宽泛的定义还是狭义的定义。现有的国际投资协议(特别是双边和区域层次上的协议)大都采用宽泛的定义,即从适用的投资形式看,既包括外国直接投资,也适用于各种形式的间接投资,许多协议中明确规定适用于"任何资产";从适用的投资者来看,既包括外籍个人和建立在东道国之外的公司,还包括海外本国人、无国籍人士、由外国人控制的当地公司、政府间组织和外国政府。由于采用宽泛的定义和范围,涉及因素众多,问题比较复杂,许多国家在使用时比较谨慎。目前,在世界贸易组织和联合国贸发会议的审议中,多数国家倾向于未来多边投资框架中使用狭义的国际投资定义,即MFI只适用于国际直接投资,而不包括间接投资。

2.自由化。投资自由化通常包括三方面内容:

(1)投资进入。有关国际直接投资的政府措施通常包括管制性投资进入。由于各国管制的程度不同,禁止、选择性开放、大部分开放、完全自由进入的各种情况都存在。

(2)进入后待遇。外国企业要服从东道国管辖,东道国对进入和进入后的经营实行国际待遇标准,即最惠国待遇和国民待遇。但在具体应用过程中,允许有例外和限制,其中最常见的是涉及公共秩序和健康以及国家安全方面的例外和限制。

(3)商业便利。这类条款是针对外国投资者经营的跨国特征,处理与其相关的具体问题并提供一定的保证措施。主要条款涉及外国投资者向东道国之外转移资金(利润、资本、版税等),以及雇用外国管理人员和专门人员免除限制。

3.投资保护。投资保护涉及保护外国投资者利益,使其免受东道国政府措施对其造成的过度损害。投资者主要针对东道国政府征收、国有化和其他剥夺投资者财产、侵害投资者权益的情形而寻求保护。保护条款适用于一些危害甚大的政府措施,例如忽视保护知识产权、随意拒发许可证等。

4.争端解决。争端解决条款是为了补充上述保护条款,主要涉及投资者与另一私有企业之间、不同国家之间、投资者和东道国之间三种争端类型。投资者与东道国之间的争端解决方式是最引起争议的问题,尚难以将其纳入MFI框架之中。

5.市场职能与企业行为。在世界经济趋于一体化的形势下,市场职能的良好发挥需要东道国管制外国投资者行为的一系列政策措施,需要存在一个免受公共或私人行为干扰造成市场扭曲的国家和国际法律框架。企业行为主要涉及诸如限制性商业措施(包括转移价格)、污染、消费者保护和劳动保护等问题。制定企业行为规范,旨在引导或限制企业行为,平衡跨国公司和东道国政府之间的权利和义务。

6.发展问题。发展问题在多边投资框架中居于重要位置,人们十分关注MFI将会对发展带来的影响。与所有其他国际协议一样,多边投资框架在一定程度上约束了参与国的行动自由,从而限制了政策决策者追求发展目标所能运用的政策选择。这样,发展中国家就面临这样一种困境:一方面,政府需要建立一个稳定、可预测并且透明的国际直接投资政策框架,吸引跨国公司的直接投资,并使外国投资企业能够根据其所处的政策环境制定适宜的长期发展战略,实现企业的发展目标;另一方面,政府又要保留必要的、最低限度的制定政策的自由空间,以有利于实现本国的发展目标。为此,联合国贸发会议提出了"灵活性"概念,这一概念基于发展中国家和发达国家之间经济发展水平不对称的现实,强调发展中国家履行国际投资协议的能力有限,以及履行协议时所需要考虑的当事国的特殊条件。

在多边投资框架中,对发展问题从多个方面加以处理:首先,多边投资框架强调发展问题,并将促进发展作为协议的主要目标,声明发展中国家与最不发达国家在履行义务时出于特殊需要可以掌握一定的灵活性。其次,将发达成员国和发展中成员国区分开来,在部分条款内,使他们履行不同类别的权利和义务。再次,在多边投资框架的主要条款上,对发展中国家进行特殊的区别对待,包括各种例外和特别条款。最后,发展所需要的灵活性也可以体现在 MFI 的执行中,解释国际投资协议的方式及生效的方式,决定了国际投资协议的目标、结构和基本条款能否产生预期的发展效果。总之,在构建为发展提供特定灵活性的投资政策措施中,可以运用一些技巧和方式,但是要确保国际投资协议能以一种对所有参与者权利和义务均衡的方式进行构建,从而使所有参与方都能从中获益。

(四)建立多边投资框架的前景

作为全球性的投资规则,多边投资框架的建立需要一个国际性机构来承担管理职能。作为被全球认可的国际贸易组织的最高全球性机构,世贸组织将管辖的范围从传统贸易拓展到服务贸易、与贸易相关的投资措施、与贸易相关的知识产权和农产品贸易,反映了经济全球化的内在要求,因此,世贸组织是一个合适的组织。然而,多边投资框架的建立仍存在很多困难。这是因为:

第一,世贸组织贸易与投资问题谈判本身存在法律对称与经济不对称的矛盾。世贸组织的原则是公平、透明和平等,谈判的目的是提倡公平竞争。但在实际的谈判过程中,公平竞争使得经济实力强的国家获得更大的好处,因而这一原则事实上对发达国家更有利。由此产生的后果是发达国家与发展中国家经济差距的进一步扩大,从而导致贫富分化,造成事实上的更不平等。这也正是发展中国家在投资问题谈判中踟躇不前的原因之一。

第二,大国影响力不容忽视。虽然世贸组织的表决机制是一国一票,但大国尤其是美国的影响力不可低估,在美国没有达成协议之前,很多国家也不会达成协议,他们期望援引最惠国待遇原则"搭便车"。虽然从长期来看,对外直接投资的国民待遇对美国来说至关重要,但就近期而言,美国最需要解决的问题是吸引外资问题,这也是导致美国在多哈议程谈判中对贸易与投资问题态度冷淡、既不支持也不反对的主要原因。

第三,在全球投资问题的谈判中,政治因素占据重要地位。从目前情况来看,造成经合组织《多边投资协定》流产的几个主要原因(如非政府组织的反对、反全球化运动等)没有发生根本性转变,这对世贸组织多边投资框架的建立不利。反全球化运动在 1998 年后愈演愈烈,其规模和影响达到了世界性的程度。

第四,从多哈会议的谈判情况和《多哈宣言》可以看出,各国在投资问题上并未形成一致意见,这种妥协、折中和矛盾会影响多边投资框架的建立。

建立多边投资框架的谈判并不是一个孤立的问题,涉及各国的态度和利益关系。美国、欧盟、日本和发展中国家之间的利益关系不仅代表了这几个国家和地区之间的利益关系,还分别代表了以其为首的经济和政治集团的利益关系。由于这些利益集团占据了世贸组织成员的大多数,其态度将直接影响世贸组织多边投资框架的实现。

美国作为一个在全球具有极大影响的经济和政治超级大国,美国主导着当前知识经济的发展,它在世界经济发展中具有举足轻重的重要地位,如果美国对这一问题不热心,那么多边投资框架建立的难度将加大。

欧盟希望通过建立多边投资框架来对美欧以及国际直接投资加以规范,为跨国公司的境外投资提供一个良好的投资环境。同时,还希望以此为筹码,在农业问题上争取更大的利益。因此,在多哈谈判中欧盟对贸易与投资问题的谈判态度积极,提议建立多边投资框架,还主张谈判应旨在强化和规范与反倾销相关的程序和法律。欧盟的积极态度是推动世贸组织贸易与投资问题谈判向前发展的重要力量。

日本在多哈议程中对贸易与投资问题的谈判态度积极,提议建立多边投资框架。而且,日本强调对发展中国家的问题也应当予以适当关注,同时,还支持将服务贸易谈判作为核心谈判议题。因而日本是欧盟推动世贸组织贸易与投资问题谈判的同盟军。

发展中国家由于经济实力弱,往往处于国际谈判的不利地位。对于发展中国家最为关心的,如限制性商业措施、跨国公司转移定价以及其他针对东道国的行为(母国限制)等对发展中国家的投资限制措施,在多边投资框架中不可能得到妥善解决。而且,由于国际多边投资框架将会束缚发展中国家政府的行为,使其难以根据国家发展需要和战略导向引导外国投资。因此,即使发展中国家在双边或区域层次上承诺了特定规则,也不太愿意在多边层次上做出相同的承诺。发展中国家目前处于一种两难境地:支持多边投资框架的建立对自己可能不利,不支持对国际投资的发展不利。面对这种形式上的平等(法律对称)和实质上的不平等(经济不对称),发展中国家就很可能会采取通过国际投资协定中的灵活性安排尽量为自己争取更多利益的方式被动地保持中立。

由此看出,在由美国、欧盟、日本和发展中国家及其代表的利益集团组成的谈判博弈中,欧盟和日本构成了积极的一极,美国主动保持中立,发展中国家则被动保持中立。

总之,多边投资框架的建立将是一个曲折的过程。世贸组织贸易与投资问题的谈判虽然是向推动多边投资框架建立的大方向发展,但在具体协议上能否达成一致意见则要看所在的实际情况,这牵涉进行具体谈判时各国的经济情况和国际、国内的政治形势。就总体而言,世贸组织多边投资框架谈判的前景不算明朗。

案例研究

案例一　美国 FTA，BIT 中的外资准入负面清单：细则与启示

　　美国是世界上签订自由贸易协定（FTA）和双边投资协定（BIT）最多的国家之一。迄今为止，美国与别国签署的 FTA 中已有 20 个生效，美国与别国签署的 BIT 中有 42 个也已生效。美国与别国就双边投资合作签订的协议，旨在保护美国的私人投资、推动东道国市场发展、促进美国出口，其内容主要涉及投资保护的范围、投资待遇、征收与补偿、货币汇兑和争端解决等。BIT 和 FTA 均设有专门附件作为负面清单。

　　以美国—韩国 FTA、美国—乌拉圭 BIT、美国—卢旺达 BIT 为例，美国针对韩国的负面清单共有 23 条不符措施，针对乌拉圭和卢旺达的负面清单一致，均为 16 条不符措施；负面清单涉及的行业主要为交通运输业、能源资源业、通信业和金融业等。乌拉圭针对美国的负面清单共有 20 条不符措施，涉及的行业主要为渔业、广播电视业和银行业等。卢旺达针对美国的负面清单仅有 5 条不符措施，除了其中 1 条针对保险业单独设置外，其他 4 条都针对所有产业。

　　美国的负面清单中，所涉及的产业较为集中，主要包括金融业、商业服务业、通信业和交通运输业，前三项都是美国的优势产业。由此可见，在对外开放、吸引国外投资者资金的同时，美国依然对其优势产业采取适度保护，控制风险，避免全盘放开。以金融业为例，在金融服务负面清单中，对保险业、银行及其他金融服务行业分为中央和地方两个法律层级，提出 18 项不符措施，包括保险业 4 项（地方层面 1 项）、银行及其他金融服务行业 14 项（地方层面 1 项），尤其对于外资银行和政府债券等几个关键领域做出重点阐述。

　　对于相对劣势产业或不占优势产业，美国则予以谨慎开放、审慎保护。以交通运输行业为例，交通运输行业已成为韩国贸易顺差的一大来源。2013 年，韩国向美国出口运输设备位居所有出口国首位，占运输设备出口总额的 17.8%，运输服务出口在世界位列第三。美国则是这一行业的贸易逆差国，竞争力远不及韩国。因此，美国在第一类和第二类负面清单中有四处设定了交通运输业对外开放的不符措施。通过这些不符措施，限制韩国投资者对美国交通运输行业的投资，给予美国国内处于弱势竞争地位的交通运输行业生存和调整的空间。与此同时，美国在负面清单不符措施的设计上形式多样，措辞灵活，无不体现对本国经济的保护。

当然缔约国也会采取相应措施保护自己权益。乌拉圭是典型的单一型产业的国家,农牧业发达,主要生产并出口肉类、羊毛、水产品、皮革和稻米等,相比美国,在金融业、服务贸易及高新技术产业处于劣势地位。因此,在与美国签订的双边投资协定中,充分考量本国产业劣势,结合美国对外投资热点领域,将金融保险和通信业列入其负面清单。综观乌拉圭设置的负面清单,不符措施多达20项,对渔业、广播电视业和银行业均提出了多条限制措施。除了应用普遍的绝对禁止和比例限制之外,针对乌拉圭本国国情和产业特征,灵活运用多种类型的不符措施。

卢旺达是世界上最不发达的国家之一,发展水平与美国相差甚远,国内经济以农牧业为主,但粮食不能自给。在与美国签订的双边投资协定中,除了保险业单列了一项限制条件以外,卢旺达设置的负面清单很少,给予美国非常自由宽松的双边贸易环境。对美国的优势领域,如服务贸易、电信、电子商务、农产品等,卢旺达的国内市场大力开放,使得美国获益良多。

近年来,中国与美国多次尝试对话协商,拟达成合理的双边贸易协定。目前,中国已在中国(上海)自由贸易区内试行外资准入负面清单,但该清单仅涉及限制措施和所涉部门,并未对设定的原则和法律依据予以说明,与国际通行规范相差甚远。此外,世界上也没有其他国家单方面公布负面清单的先例,都是在与别国签署经贸协定的过程中通过谈判而确定的。因此,中国负面清单的制定需要更多的前期准备。乌拉圭和卢旺达同为发展中国家,针对美国设置的负面清单特征和模式,对我国有着重要的借鉴意义。

第一,针对本国产业结构和特征,选择性地对外开放不同行业。我国和韩国的发展程度较接近,应明晰我国相较于美国的优势产业和劣势产业,对优势产业极力争取宽松自由的境外投资环境和投资政策,对劣势产业设置一定的保护措施,避免导致本就处于不利竞争地位的国内企业雪上加霜。

第二,合理设置限制措施,对重要性、敏感度及竞争力不同的行业采用不同限制强度、多样性的条款,最大限度地维护国家利益,避免危及国家安全,而非仅仅基于产业是否处于优势地位的考量。

第三,对影响力尚不清晰的产业可以设置"互利互惠"的缓冲带。

第四,将国有企业列入第二类负面清单,保留对现有的限制措施进行修订或设立更严格的新的限制措施的权利。

第五,充分权衡双边投资协定对已签订或将要签订的其他双边或多边协定的影响,谈判内容应具有长期性和前瞻性。

总之,进一步扩大对外开放对我国国民经济持续、稳定地发展意义重大。我国应谨慎设置负面清单,制定中国的双边投资协定范本,与美国达成合理的双边贸易协定,加之相关政策的扶持,国内企业实施"走出去"战略的发展前景将十分广阔。

案例思考与讨论：

1. 试分析中美双边协定对于中国的战略意义是什么？
2. 我们可以从美国对韩国等国家的双边协议中借鉴哪些经验？

案例二 中国—东盟自由贸易区《投资协议》

在框架协议签订之前，中国已经与东盟九国分别签署了《关于促进和保护投资的协定》，但是这些协议在日益复杂的国际投资环境中仍然没有足够优势，于是在2002年11月4日，我国与东盟签署了《中国—东盟全面经济合作框架协议》，至此中国—东盟自贸区的建设启动。随后在2004年和2007年分别签署了货物和服务贸易协定，而投资协议是在2009年8月签订的，于2010年2月15日生效。至2010年中国—东盟自贸区才全面建成。中国—东盟自贸区是我国与其他国家商洽的第一个自贸区，也是目前我国建成的最大的自贸区，继欧盟、北美自由贸易区之后，中国—东盟自贸区成为世界第三大自由贸易区。

中国和东盟投资协议的签署，有力地促进了双边投资的快速增长，为双方共同搭建投资合作新平台，实现投资环境的开放互动，实现互利共赢。该协议保障了中国和东盟各国的相互投资，尤其在弱势产业上，实现优势互补，增强竞争力，推动双方在相关产业上的深化发展。该投资协议的出台，是中国在投资法律制度建构中的一大进步。在国际投资条约的形成过程中，由于中国在世界的影响力不足，在投资条约形成中就没有话语权。这次投资协议的制定谈判，是提供给中国磨炼和提高自己的好机会，可以丰富中国与其他各国投资谈判博弈的经验。同时，中国和东盟各国都是发展中国家，形成自贸区后，可以增强发展中国家在多边投资协定谈判中的重要地位。

案例思考与讨论：

1. 双边投资协定的内容有哪些？
2. 简述中国和东盟的投资协议对中国的战略意义。

思考题

1. 国际双边投资协定的类型有哪些？
2. 国际上重要的多边投资协定有哪些？
3. 多边投资框架的主要内容是什么？
4. 《服务贸易总协定》的目标是什么？

附录　专业词汇中英文对照表

GLOSSARY

Acquisition	收购
Agreement on Trade Related Investment Measures, TRIMs	《与贸易有关的投资措施协定》
Arbitrage Pricing Theory, APT	资本资产套利定价理论
Behavioral Asset Pricing Model	行为资产定价模型
Behavioral Portfolio Theory	行为组合理论
Bilateral Agreement on Investment, BAI	双边投资协定
Bond	债券
Capital	资本
Capital Asset Pricing Model, CAPM	资本资产定价理论
Capital Securities	资本证券
Close End Investment Fund	封闭型投资基金
Conglomerate M&A	混合跨国并购
Consortium Loan or Syndicated Loan	银团贷款
Contractual Investment Fund	契约型投资金
Corporate Investment Fund	公司型投资基金
Cost Analytical Method	成本分析法
Development Stage	成长期
Dow Jones Average Index	道·琼斯股票价格平均指数
Dow Theory	道氏理论

Dynamic Analytical Method	动态分析法
Efficiency Market Hypothesis, EMH	有效市场假说
Efficient Set	有效集
Equity Participation	股权参与
Euro Bonds	欧洲债券
Exchange Traded Fund, ETF	交易所交易基金
Expansion Stage	扩张期
Feasible Set	可行集
Financial Investment	金融投资
Fixed Investment Fund	固定型投资基金
Foreign Bonds	外国债券
Foreign Sales Ratio, FSR	外销比例
Forward Business	期货交易
Forward Triangular	三角前向并购
General Agreement on Trade in Service, GATS	《服务贸易总协定》
Global Bonds	全球债券
Grading Method	等级评分法
Hedge Fund	对冲基金
Heng Sheng Index	香港恒生指数
High-and-new Technology	高新技术
Horizontal M&A	横向跨国并购
Industrial Investment	实业投资
International Capital Flow	国际资本流动
International Center for Settlement of Investment Disputes, ICSID	解决投资争议国际中心

International Cooperative Enterprise	国际合作企业
International Direct Investment	国际直接投资
International Indirect Investment	国际间接投资
International Investment	国际投资
International Joint Venture	国际合资企业
International Wholly – owned Enterprise	国际独资企业
Investment	投资
Investment Bank	投资银行
Investment Climates	投资环境
Investment Cycle Theory	投资发展周期理论
Investment Fund	投资基金
Investment Obstacle Analytical Method	投资障碍分析法
Investment Project	投资项目
Investment Project Cycle	投资项目周期
Investment Project Feasibility Research	投资项目可行性研究
Investment Project Management	投资项目管理
Key Factor Evaluation	关键因素评估法
London Financial Times Index	英国《金融时报》股票价格指数
London Stock Exchange	伦敦证券交易所
Long – term Financing	长期融资
M&A Effect Theory	跨国并购效应理论
M&A Motivation Theory	跨国并购动因理论
Management Investment Fund	管理型投资基金
Margin Transaction	保证金交易
Matrix Evaluation Model	矩阵评估模型

Mature Stage	成熟期
Merger	兼并
Method of Weighted Grading	加权等级评分法
Mid – term Financing	中期融资
Min's Multifactor Evaluation	闵氏多因素评估法
Miniature Technology Theory	小规模技术理论
Mitsubishi Evaluation	三菱评估法
Monopolistic Advantage Theory	垄断优势理论
Moving Average Convergence and Divergence, MACD	平滑异同移动平均线
Moving Average Line	移动平均线
Multilateral Agreement on Investment, MAI	多边投资协定
Multilateral Investment Guarantee Agency, MIGA	多边投资担保机构
Multinational Bank	跨国银行
Multinational Corporate	跨国公司
NASDAQ Index	纳斯达克综合指数
National Association of Securities Dealers Automated Quotation, NASDAQ	纳达斯达克证券交易市场
National Cold & Hot Comparison Method	国别冷热比较法
New York Stock Exchange	纽约证券交易所
Nikkei Stock Average of 225 Selected Issues	日经指数
Non – equity Arrangement	非股权安排
Open Investment Fund	开放型投资基金
Option Transaction	期权交易

Outward Significance Ratio, OSR	外向程度比率
Over The Counter Bulletin Board, OTCBB	电子柜台交易市场
Portfolio Investment	证券投资
Portfolio Theory	证券投资组合理论
Private Investment	私人投资
Public Investment	公共投资
Relative Strength Index, RSI	相对强弱指数
Reverse Triangular	三角反向并购
Sample Evaluation	抽样评估法
Samurai Bonds	武士债券
Securities	证券
Securities Circulation Market	证券流通市场
Security Issue Market	证券发行市场
Seed Stage	种子期
Spot Transaction	现货交易
Standard & Poor's Index	标准普尔股票价格指数
Start – up Stage	导入期
Stochastic, KD Line	随机指数
Stock	股票
Stock Price Index	股票价格指数
Stock Price Index Futures Transaction	股票价格指数期货交易
Technical Localization Theory	技术地方化理论
Technology Innovative Industry Upgrading Theory	技术创新产业升级理论
the Eclectic Theory of International Production	国际生产折中理论

the Theory of Comparative Advantage	比较优势理论
the Theory of Internalization	内部化理论
the Theory of Product Life Cycle	产品生命周期理论
Tokyo Stock Exchange	东京证券交易所
Transnationality Index	跨国经营指数
Venture Capital	风险投资
Vertical M&A	纵向跨国并购
Warrant Financing	股权融资
Washington Convention	《华盛顿公约》
Wave Principle	波浪理论
Yankee Bonds	扬基债券

参 考 文 献

1. [美]威廉·F.夏普,戈登·J.亚历山大,杰弗里·V.贝利. 投资学[M]. 北京:中国人民大学出版社,2002.

2. 杜奇华,卢进勇. 中小企业海外投资操作实务[M]. 北京:中国经济出版社,2003.

3. 何树平,胡莜周. 高新技术产业与风险投资[M]. 成都:西南财经大学出版社,2000.

4. 郭励宏,张承惠,李志军. 高新技术产业:发展规律与风险投资[M]. 北京:中国发展出版社,2000.

5. 黄汉权. 风险投资与创业[M]. 北京:中国人民大学出版社,2001.

6. 肖元真. 全球风险投资发展大趋势[M]. 北京:科学出版社,2000.

7. 张宏良. 证券投资概论[M]. 北京:中央民族大学出版社,1998.

8. 徐卫宇,代天宇. 证券投资基金操作指南[M]. 北京:中国人事出版社,1998.

9. 于凤捆,姚尔强. 投资基金理论与实务[M]. 北京:中国审计出版社,1999.

10. 陈共,周升业,吴晓求. 证券投资分析[M]. 北京:中国人民大学出版社,1999.

11. 史建山. 跨国并购论[M]. 上海:立信会计出版社,1999.

12. 林新. 企业并购与竞争规则[M]. 北京:中国社会科学出版社,1999.

13. 陶田,李好好. 国际投资学[M]. 太原:山西经济出版社,2003.

14. 李小北. 国际投资学[M]. 北京:经济管理出版社,2003.

15. 任映国. 国际投资学[M]. 北京:中国金融出版社,2001.

16. 李煜文. 国际投资学[M]. 武汉:华中科技大学出版社,2001.

17. 范爱军. 国际投资学[M]. 济南:山东大学出版社,1997.

18. 杨大楷. 国际投资学[M]. 上海:上海财经大学出版社,2003.

19. 刘红杰. 国际投资学教程[M]. 上海:立信会计出版社,2002.

20. 林康. 跨国公司与跨国经营[M]. 北京:对外经济贸易大学出版社,2000.

21. 文显武. 国际投资[M]. 武汉:武汉大学出版社,1999.

22. 裴长洪,卢圣亮,沈进建,等. 欧盟与中国经贸前景的估量[M]. 北京:社会科学文献出版社,2000.

23. 萧灼基. 2003年经济分析与展望[M]. 北京:经济科学出版社,2003.

24. 中华人民共和国商务部. 国别贸易投资环境报告[M]. 北京:人民出版社,2004.

25. 世界银行本书编写组. 全球经济展望与发展中国家[M]. 北京:中国财政经济出版社,2003.

26. 李世安,刘丽云,等. 欧洲一体化史[M]. 石家庄:河北人民出版社,2003.

27. 刘易斯·威尔斯. 第三世界跨国企业[M]. 上海:上海译文出版公司,1986.

28. 张晓红,郭波,施小蕾. 新编国际投资学[M]. 大连:东北财经大学出版社,2005.

29. 何孝星. 证券投资理论与实务[M]. 北京:清华大学出版社,2004.

30. 杨大楷. 国际投资学[M]. 上海:上海财经大学出版社,2005.

31. 黄庆波,陈双喜. 国际投资学[M]. 北京:中国商务出版社,2004.

32. 陈雨露. 现代金融理论[M]. 北京:中国金融出版社,2000.

33. 何德旭. 中国投资基金制度变迁分析[M]. 成都:西南财经大学出版社,2003.

34. 王彦国. 投资基金效应论[M]. 北京:经济科学出版社,2001.

35. 王志乐. 跨国公司在中国的投资报告[M]. 北京:中国经济出版社,2003.

36. 李东阳. 国际直接投资与经济发展[M]. 北京:经济科学出版社,2002.

37. 朱钟棣. 21世纪世界经济走势预测[M]. 北京:中国书籍出版社,1999.

38. 周斌. 国际直接投资教程[M]. 北京:中国对外经济贸易出版社,2003.

39. 伍贻康,张幼文,等. 全球村落:一体化进程中的世界经济[M]. 上海:上海社会科学院出版社,1999.

40. 袁东安. 国际投资学[M]. 上海:立信会计出版社,2003.

41. [美]麦克尔·波特. 竞争优势[M]. 陈小悦,译. 北京:华夏出版社,1997.

42. [美]保罗·克鲁格曼. 国际经济学[M]. 北京:中国人民大学出版社,1998.

43. [美]刘易斯·威尔斯. 第三世界跨国企业[M]. 上海:上海翻译出版公司,1986.

44. [日]小岛清. 对外贸易论[M]. 天津:南开大学出版社,1987.

45. United Nations Conference on Trade and Development. World Investment Report 1999: Foreign Direct Investment and the Challenge of Development[M]. United Nations Publicatio,1999.

46. Alan C. Shapiro. Multinational Financial Management (Fifth Edition) [M]. Prentice Hall Inc, 1996.

47. Jagdish Bhagwati. Political Economy and Investment Economics [M]. The MIT Press, 1991.

48. R. E. Lipesy. The Role of Foreign Direct Investment in International Capital Flows [D]. Cambridge MA: NBER, 1999.

49. Buckley, P. J. & Mark C. Casson. Models of the multinational Enterprise [J]. Journal of International Business Studies, 1998(29).

50. P. Streeten. Learning form the Asian Tigers: Studies in Technology and Industrial Policy [M]. London. Macmillan, 1996.

51. P. Streeten. Foreign Investment, Transnationals and Developing Countries [M]. London: Macmillan, 1997.

52. N. Kumar. Globalization, Foreign Direct Investment and Technology Transfers: Impacts on and Prospects for Developing Countries [M]. London and New York: Routledge for United Nations University, Institute for New Technologies, 1998.

53. C. Aaron, T. Andaya. The Link between Foreign Direct Investment and Human Poverty Alleviation and Social Development: a Framework, Paper Prepared for the High - Level Roundtable on Foreign Direct Investment and its Impact on Poverty Alleviation [C]. Singapore: 1998.

54. Kuemmerle, Walter. The Drivers Foreign Direct Investment into Research Development: An Empirical Investigation [J]. Journal of International Business studies, 1999(30).

55. Kumar, Nagesh. Investment on the WTO Agenda: A Developing Countries Perspective and the Way Forward for the Kuncun Ministerial Conference [C]. 2003.

56. E. Richard Caves. Multinational Enterprise and Economic Analysis [M]. Cambridge University Press, 1996.

57. Daniel B. Chudnovsky. Third Wave of FDI from Developing Countries: Latin American Multinationals in the 1990s [M]. UNCTAD, 1999.

58. Blomstrom Magnus. Foreign Investment Spillovers [M]. Routedge, 1986.

59. Buckley J. Peter. Studies in International Business [M]. St. Martin's press, 1992.

60. L. R. DE Mello. Foreign Direct Investment in the Developing Countries and Growth: a Selective Survey [J]. Journal of Development Studies, 1997(34).

61. Masataka Fujita. The Transnational Activities of Small and Medium - sized En-

terprises[M]. Kluwer Academic Publishers, 1998.

62. Peter J. Buckley. Foreign Direct Investment, China and the World Economy [M]. Palgrave Macmillan, 2010.